品牌管理

高等学校应用创新型人才培养系列教材

/ 市场营销专业 · 新课程体系

品牌管理

孙丽辉　李生校　主编

PINPAI GUANLI

高等教育出版社 · 北京

内容简介

品牌管理是20世纪80年代伴随着我国市场经济的迅速发展而形成的一门新兴的应用性学科。本书以品牌管理的全过程为主线，全面系统地介绍了企业产品品牌的创建、决策、管理和评估的相关理论，又辅之以翔实的品牌管理实践。

本书共分五篇十四章。第一篇为品牌管理导论，包括品牌概述、品牌战略管理过程；第二篇为品牌创建，包括品牌识别、品牌定位、品牌设计、品牌营销传播、品牌形象；第三篇为品牌战略决策与管理，包括品牌架构优化与品牌组合管理、品牌危机管理、品牌更新管理、品牌国际化；第四篇为品牌资产评估与管理，包括评估和提升品牌资产；第五篇为品牌管理新领域，包括不同领域的品牌管理、不同层级的品牌管理。每章开篇设有学习目标、知识结构图和引导案例；章后附有本章回顾、关键术语、讨论与思考、案例分析、实训练习和延伸阅读，供学生深入理解和巩固每章的学习内容。

全书内容新颖、资料翔实、脉络清晰、结构严谨，专业性与实用性兼备。既可作为高等学校经济与管理类本科生和研究生（包括MBA）的教材或参考教材，也可作为企业管理者、经理人、营销人员、研究人员的培训教材和指导工具使用。

总 序

市场营销学及其他相关课程重新引入中国以来，中国的市场营销教育事业有了迅速的发展。师资队伍的数量和质量，相关科研成果和教学实践的社会影响，专科、本科、硕士、博士、博士后等人才培养项目的推出和完善，都展示了一代又一代中国营销学人的历史性贡献和未来洞察力。各类各层级的营销专业毕业生在不同的岗位上，借助所学的营销知识和技能在增进社会福祉、满足人类需求、繁荣市场经济等各方面进取创新，积极做出贡献，赢得了社会各界对当代营销人的赞誉和认同，彰显了营销人的风采和营销科学的威力。

目前，我国社会经济发展仍面临不少风险和挑战，经济增长下行压力和产能相对过剩的矛盾有所加剧，企业生产经营成本上升和创新能力不足的问题并存。因此，加强产品创新、品牌创新、产业组织创新、商业模式创新，已成为企业界和教育界的共识。中国营销学人应该为国家强盛、民族振兴和人民幸福做出应有的贡献。为了适应社会对创新型营销人才的需求，营销教育工作者必须持续不断地实施教学方式和人才培养模式创新。其中，推进教材的创新是极其重要的一环。

正是在这一时代背景下，我们推出了这套“高等学校应用创新型人才培养系列教材/市场营销专业·新课程体系”，计16种。本系列教材既充分适应营销专业人才培养的一般规律，强调理论基础的夯实和实践技能的培养，又在知识创新、课程创新等方面做了一些积极的尝试，推出了若干新课程。

营销思想史是研究营销思想和学说的产生、发展和变化历史的科学，是基础营销学的一个重要分支学科。营销思想史以营销思想或营销学说本身为研究对象，专门研究各个历史时期具有代表性的营销观点、营销思想和营销学说，及其产生发展的背景、对后世的影响、所占的历史地位，以及各个人物、各个学派之间的承袭、更替、对立的关系等。就像作为人类的我们对于自己的身世来历有着天生的好奇一样，对于一门学科而言，对自身学科历史的探究和反思，是这门学科成长和发展过程中所不可缺少的。对学科思想史研究的深度和广度，是衡量一门学科成熟程度的一个重要指标。为此，我们推出了既传统又创新的《营销思想史论》一书。说它传统，是因为任何一门学科、一个专业要想发展壮大，都不能不注重其思想史的教育；说它创新，是因为目前国内营销学界类似的教材确实鲜见。

营销策划、市场调研、国际营销、广告学、销售原理与实务、消费者行为学、公共关系、渠道与物流管理、品牌营销是大多数高校都已陆续开设的成熟课程，其中，品牌营销在个别院校可能开设时间不长。这些教材，我们力求将国内外最新的理念、实践和方法奉献给读者，重在旧瓶子装新酒，令人有耳目一新的感觉。

《整合营销传播》可作为促销课程的升级版，体现把广告、促销、公关、直销、CI、包装、新闻媒体等一切传播活动都涵盖于营销活动范围之内的创新思想。《网络营销》、《营销信息分析与决策》和《营销决策模型》的推出，则体现了移动互联网、微信、微博等信息技术不断发展的时代背景下企业营销实践的最新需求。

从教材体系的整体布局看，既充分照顾到原有课程教材的延续和衔接，又体现出中国营销学人与时俱进、不断创新的精神境界。每一种教材都力求具备如下特点：

（1）系统性。由浅入深，分量适中，结构合理，全面系统地介绍市场营销专业各门课程的基本概念、理论和方法。

（2）科学性。采用定性与定量相结合的方法，准确地阐述相关原理，充分体现市场营销学科的科学性，尽量采用数量方法加以分析、说明。

（3）前瞻性。阐述市场营销专业各门课程的最新理论及其发展，充分考虑到中国和全球营销环境的新发展，超前预估到信息化社会给市场营销带来的新机会和新挑战。

（4）实践性。从我国发展社会主义市场经济的实际出发，在充分借鉴国内外营销学界最新成果的基础上，面对中国企业市场营销实践的现实，论述各门课程的基本概念、原理和方法，使学生容易掌握、消化、吸收和应用。

教材的主编和参编者大部分都是国内营销学界的知名学者、后起之秀。大家以高度的社会责任感和敬业精神，参与了整个市场营销系列教材的多次论证，又按照分工各自负责教材的编写。尽管在整个过程中，我们反复协商沟通，强调质量至上的理念，但是由于水平所限，难免出现谬误。恳请有识之士批评指正。

郭国庆

2014年1月

前　言

品牌管理是市场营销领域的重要分支学科，是以企业的产品品牌为主要研究对象，系统研究企业产品（个人和组织机构）实施品牌战略的目标、计划、执行和评估等一系列相关活动及其规律，其既是一门科学，也是一门艺术。品牌管理的目的在于提升企业产品（个人和组织机构）品牌的知名度、美誉度，积累和提升品牌资产，进而提高企业的盈利水平、可持续发展能力和对社会的贡献度。本书的研究重点是企业产品品牌的管理。

随着全球经济进入品牌竞争时代，品牌管理已成为一项战略性的管理主题。品牌管理作为研究品牌经营活动和运行规律的一门应用性和实践性很强的新兴学科，根植于国内外近百年来品牌管理实践经验的历史沉淀，并在当代企业努力践行品牌管理理论，通过建立和运用品牌资产进而寻求品牌价值最大化的现实和挑战中得以提升、发展并形成日臻成熟的理论体系。

本书反映了品牌管理研究的最新进展，富有创新性和前瞻性；同时又取材于21世纪全球标杆企业品牌管理的最优实践，富有鲜活性和生命力。本书尝试在下述三方面实现较重要创新：

体系结构的创新。本书以企业产品品牌管理运行过程为主线，沿着品牌创建、管理和评估的脉络，全书分为品牌导论、品牌创建、品牌管理、品牌资产评估、品牌管理新领域五篇展开论述。每篇均设计成一个独立的模块，每个模块自成体系，而模块之间又逐层递进、脉络清晰，从而易于学生系统地掌握企业整个品牌管理运行的全过程，形成系统化的品牌管理思想、设计和决策。

内容创新。本书将国外品牌管理的主流思想和前瞻理论与世界一流企业品牌管理的最优做法高度融合，从纵向和横向两个方面对品牌管理研究的领域进行拓展，分别就品牌管理在零售业、服务业、文化业、互联网等特殊领域的应用和公司品牌、产业区域品牌、国家品牌等不同层级的品牌管理做了系统介绍。同时，本书融入了大量丰富的国际与国内、经典与最新、成功与失败的案例，并附有具有较强指导作用和实践价值的实训设计方案，使学生能够亲身体验品牌实战经验，受到品牌构思、策划、设计、执行和诊断等方面的思维与操作训练，最终成就专业性与实战性并重的目标。

体例创新。本书在编写体例上别具匠心，力求栏目丰富、形式新颖。每章开篇设有引导性案例、知识结构图；结尾附有本章回顾、关键术语、讨论与思考、经典案例、实训练习和延伸阅读；中间穿插“案例”或“知识窗”，用以支撑与丰富本章节的相关理论观点。这些均有益于引发兴趣、启迪思考，为学生学习和掌握每章的主要内容提供了简便易行的途径和独到的方法。

本书的编写是在孙丽辉和李生校教授的主持下，由吉林财经大学工商管理学院和浙江绍兴文理学院的教师合作完成，是一部集体智慧的成果。本书按章节的编写顺序分工如下：卞志刚（第一章）、陈伟鸿（第二章）、赵宇飞（第三、十三章）、孙丽辉（第四、十四章）、王俊（第五、六章）、盛亚军（第七、十二章）、吴波（第八章）、李生校（第九、十章）、王华锋（第十一章）。孙丽辉、李生校教授对初稿和终稿进行了审校，最后由孙丽辉教授完成全书的统筹和定稿。

本书在编写过程中，参阅了国内外学者的大量文献资料，书中借鉴了一些学者的优秀研究成果，在此向这些文献的作者表示深深的谢意！本书虽力求兼收并蓄、博采众长，但由于编者的时间和水平有限，难免有不当之处，敬请同行和广大读者指正。最后，谨希望本书的出版能够为我国的品牌管理与市场营销学的高等教育教学事业做出一丝微薄的贡献。

孙丽辉	李生校
吉林财经大学学术委员会主任	绍兴文理学院经管学院教授
吉林财经大学工商管理学院教授	绍兴文理学院区域发展研究中心主任
中国高校市场学教学研究会常务理事	浙江省企业管理研究会理事会副会长
中国市场学会理事	
吉林省商业经济学会副会长、秘书长	
吉林省市场学会常务理事、副秘书长	

2014年5月

教学建议

教学目的

本课程的教学目的在于使学生系统掌握品牌管理的基本理论与方法，熟悉品牌管理的步骤与主要内容，掌握品牌管理战略与策略的制定和品牌资产评估的基本方法，了解国际品牌管理理论的最新应用与发展前瞻，以培养学生树立品牌管理意识，引导学生学会用品牌管理的思维方式独立思考问题，提高学生创造性地分析和解决品牌管理实际问题的能力。

教学方法

本课程主要采用理论教学与案例分析、实际训练相结合的教学方法。理论教学以启发式为原则，提倡教师主讲、学生参与的教学模式；案例分析采用学生课前自行准备（包括阅读案例材料、查阅教师指定的资料和搜集必要的信息、初步形成案例中品牌管理问题的系统解决方案）、小组讨论、课堂集中讨论、全班总结的方式；实训环节采用以团队（小组）为单位，团队成员合理分工，共同完成实训任务，最终形成文字报告或实训文案并制作PPT，进行课堂演示与交流，小组间互评成绩的方式。

教学课时分配

课时分配表

章节	教学内容	课时分配			
		课堂	练习	案例	合计
1	品牌概述	2（2）			2（2）
2	品牌战略管理过程	2（2）	1	（1）	4（4）
3	品牌识别	1（2）		0.5（1）	1.5（3）
4	品牌定位	2（3）	1	0.5（1）	3.5（5）
5	品牌设计	3（4）	1	0.5（1）	4.5（6）
6	品牌传播	2（3）	1	0.5（1）	3.5（5）
7	品牌形象	2（2）		0.5（1）	2.5（3）
8	品牌架构优化与品牌组合管理	2（3）	1	0.5（1）	3.5（5）
9	品牌危机管理	1（2）		0.5（1）	1.5（3）
10	品牌更新管理	1（2）		0.5（1）	1.5（3）
11	品牌国际化	1（2）		0.5（1）	1.5（3）
12	评估和提升品牌资产	2（3）		0.5（1）	2.5（4）
13	不同领域的品牌管理	2（3）		0.5（1）	2.5（4）
14	不同层级的品牌管理	2（3）		0.5（1）	2.5（4）
总计		25（36）	5	6（13）	36（54）

目　录

第一篇

品牌管理导论

第一章
品牌概述

箴言

21世纪的组织只有依靠品牌竞争了，因为除此之外它们一无所有。

——（美）彼得·德鲁克

本章学习目标

1. 了解国内外品牌发展情况
2. 理解品牌的内涵
3. 理解品牌的特征
4. 理解品牌对国家、企业和个人的意义

本章知识结构图

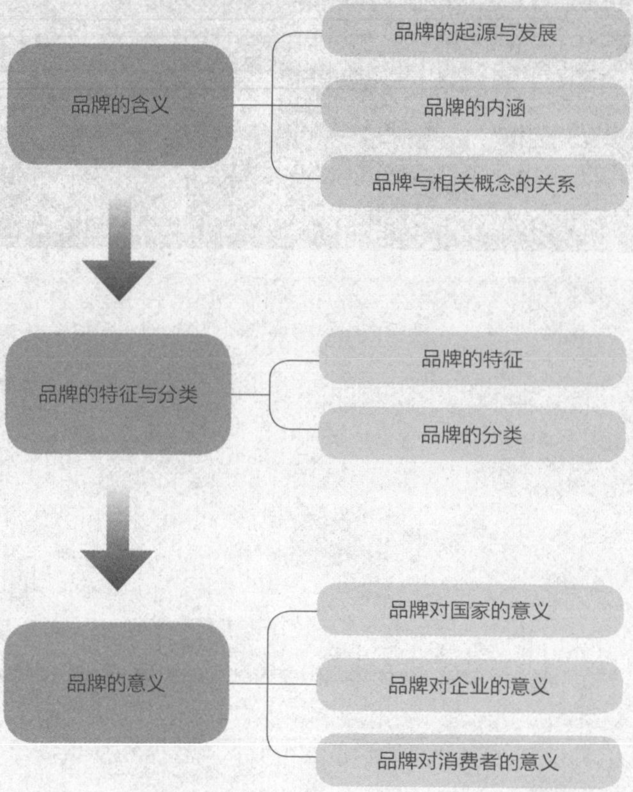

引导案例

企业品牌化　从以人为本开始

品牌这个词在现如今已不陌生，近年来，各种有关品牌和营销的理论被逐一推了出来，4P、4C、4M、4R……数不胜数，虽说这些理论引导了品牌知识的普及，但也让很多企业管理者脱离实际地盲目品牌化，没有能落地的措施，缺少能执行品牌管理的员工，有时让花大价钱买来的一些品牌策划成果付之东流，可惜又可悲。

我们已经看到，国内中小企业对品牌的认识较之几年前已是大有改观，品牌在企业管理者心目中的分量也是越来越重，品牌附加值、品牌推广、品牌定位这些词经常会从他们口中说出来，但通过走访调研企业发现，很多企业虽然有了VI、BI、MI等一系列品牌元素，但日常工作中却少有与品牌管理或者执行有关的部门和人员，这让人感到诧异。管理者对品牌的认知浮于皮毛，企业内部又缺少懂品牌、管理品牌的人，那究竟如何进行品牌管理呢？

企业品牌化战略是必然的发展趋势，缺少品牌化的企业，不仅利润空间低，也很难做长做久，但塑造品牌绝不能把“宝”压在一些策划公司身上，打铁还需自身硬，我们不否认国内有很多优秀的策划公司和策划专家，但也清楚地知道，企业能靠策划公司一时，靠不了一世，用句老话说——“师父领进门，修行在个人”，策划公司假如是品牌的领路人，那企业就应该清楚地知道，品牌化道路上内部人才储备的重要性。

一个国家的兴衰，在于以人为本；一个城市的兴衰，在于以市民为本；一个企业品牌的兴衰，在于以员工为本。企业全体人员的品牌意识强，则企业品牌基础牢固，再加上外脑策划的扶持，拥有顽强生命力的品牌就会应运而生，绿树长青。

（资料来源：王庆永．中国营销传播网，http://www.emkt.com.cn，2014-01-17.）

第一节　品牌的含义

一、品牌的起源与发展

（一）品牌的起源

品牌的英文“Brand”源于古挪威文“Brandr”，意思是通过“烧灼”打上烙印，最初是指通过在家畜身上打上不同的标记来表明其主人[①]。随着商品交换，人们逐渐习惯用特殊的标记来表明或区分产品的产地和生产者，生产者也特意以此为消费者提供产品质量担保，这就是品牌早期的雏形。

品牌现象可以追溯到古希腊、古罗马时代以及中国的商周时期，最初作为产品识别和保护的这些原始功能一直延续至今。直到McElroy（1931）提出和建立品牌经理制及品牌管理系统时，品牌实践才开始真正繁荣起来。品牌理论研究的专业化，严格地说，直到1950年世界著名广告大师Ogilvy和Levy在《哈佛商业评论》上发表《产品与品牌》一文才算正式开始。事实上，现代的品牌概念是非常复杂的，市场营销学、心理学、社会学等多学科的融入，极大地丰富了品牌的含义，使品牌成为具有多面性的概念。

（二）国内外品牌的发展

品牌已经存在了几个世纪，它的产生标志着商品交换理念的成熟。可以说，品牌的出现和发展是一种社会经济现象，是商品经济发展到一定阶段的产物。

① 里克·莱兹伯斯．品牌管理．北京：机械工业出版社，2006.

1. 国外品牌发展时期与发展阶段

（1）国外品牌发展时期。国外的品牌发展大致经历了四个时期：

① 原始期。在1450年活字印刷术发明之前，品牌是在一种原始的、无意识的状态下发展的。但是，人们在商业活动中已经不自觉地运用到了品牌的观念。当时随着经济的繁荣和商业活动的增多，人们开始以口耳相传的方式传播品牌。

② 萌芽期。工业革命之前，品牌发展处于萌芽阶段，那时主要是重视产品或生产者的标记，所以又称为标记期。例如在美国西部，最早的企业家们（即大农场主）在牲口的臀部烙上该公司的标志，用这样一个无法擦去的标记来表明他对牲口这一资产的所有权。自此，品牌具有了与别人的商品区别开来的功能。

③ 成长期。18世纪末和19世纪初，或者说工业革命之后，西方国家经济发展迅速，产品增加，竞争加剧，品牌发展进入了成长期或称商标期。这一时期品牌发展的最大特点就是企业普遍重视商标注册。

工业革命使机器大工业代替了手工生产，制造业更为发达，为了加强对品牌的保护，商标制度应运而生，现代意义上的品牌便是此后产生的。以1886年德国制造的第一辆配有单杠发动机的汽车为起点，1886年可口可乐诞生、1895年吉列剃须刀出现、1898年柯达品牌诞生、1908年福特T型车问世、1917年波音品牌悄然落地、1924年万宝路品牌问世、1938年雀巢咖啡问世，品牌大量涌现，一批品牌逐渐发展壮大起来。

19世纪初，法国出现了世界上最早的有关商标的法律条文。随后，英国、美国、德国、日本也相继颁布了各自的商标法。商标制度风行全世界，品牌得到了法律的认可和保障。

④ 成熟期。19世纪末和20世纪初，品牌作为重要竞争手段的作用逐渐显现出来。尤其是第二次世界大战之后，科学技术快速发展，高科技广泛应用于生产，企业集团走向成熟，消费需求日新月异，企业竞争空前激烈，从而迎来了所谓的“品牌经济”时代，品牌发展进入了成熟期或称品牌期。品牌传播的全球化趋势明显，但又有民族特色。大量具有独特内涵和先进理念的品牌诞生了，对品牌的研究也日益深化。这一时期出现了肯德基、麦当劳、迪士尼、丰田、日立、松下、索尼等著名品牌，已进入品牌竞争天下的时代。

（2）国外品牌的发展阶段。纵观国外品牌的发展史，可以归纳为四个阶段，即形式化阶段、法律化阶段、名牌化阶段和商品化阶段。

① 品牌的形式化阶段。在品牌发展阶段中，首先是品牌的形式化。从形式角度来看品牌，品牌是一种符号。从古代开始人们就在自己拥有的牲畜身上标上独特的印记，以便与他人的牲畜相区别。在英文中，品牌一词“Brand”就是打上印记的意思，表明产品或服务的产地、制造者。早期人们广泛使用形式品牌是从各类手工工匠为他们的产品上打上印记，以区别于他人制作的产品开始的。在这个阶段，人们理解品牌时也仅是将它看作为一种符号和标记的形式，以使消费者通过这个符号能分辨出产品的产地和来源，这种符号保证产品是由同一个供应者提供的具有相同质量和特性水平的产品，并在商品

出售后，可以使买者辨明产品的制造者，方便修理和调换。这种形式化的品牌对其他产品制造者也具有一定的约束力，一定程度上起到了防止自己的产品被他人假冒的作用。

② 品牌的法律化阶段。品牌的法律化其意义在于品牌的商标化，品牌成为了知识产权的组成部分。许多西方国家根据商品经济的发展、市场竞争的激烈，纷纷颁布和出台了商标法和相关的品牌保护法规，使得品牌通过商标这样一个概念在法学上有了明确的定义。由此商品和服务的品牌可以受到法律的保护，同时品牌一词也在相关法律中得到体现。品牌的法律化在法学意义上表明品牌经过注册以后，品牌的拥有者和品牌特许方获得了可保护的财产，也可以防止他人的冲击、假冒和伤害。法国于1803年推出世界上最早与品牌相关的法律《关于工厂、制作场和作坊的法律》，该法律将假冒他人商标定义为私自伪造文件罪，予以惩罚；美国在1870年开始实施《美利坚合众国联邦商标条例》；德国在1874年也公布了《商标保护法》，使品牌发展进入了法制化的时代。全球范围得到各国公认和实施的与品牌相关的法律主要有1883年3月20日颁布实施的《保护工业知识产权巴黎公约》和1891年4月14日颁布实施的《商标国际注册马德里协定》，中国也是上述两个公约和协定的成员国之一。

③ 品牌的名牌化阶段。第二次世界大战以后，世界经济发生了巨大变化，科技进步推动了生产力迅速发展，人们物质文化生活水平大大提高，消费者由满足基本的生理需要，转变为心理上、精神上更高的追求，注重个性的表现和发展，市场上商品丰富，商品的质量、性能、价格上的差异逐渐缩小。同时由于各种现代传播媒体的共同作用，使商品品牌的传播和扩散更为有效和快捷，推动和影响着消费者形成名牌消费的观念和价值趋向，而名牌产品在市场上的出色表现为企业带来了丰富的超值利润。名牌消费的示范效应更是在全球引起人们对名牌商品的追逐。这期间品牌已成为企业之间市场竞争的焦点，如美国的可口可乐饮料、柯达胶卷、福特汽车、日本的丰田汽车等。名牌成为这个时期企业参与国际市场竞争的有力武器。

④ 品牌的商品化阶段。当全球开始密切关注知识产权、企业兼并和品牌输出、实施特许经营等经营管理的时候，品牌的形式意义、品牌的法律属性和名牌化已经无法完整诠释品牌的真实含义，可以说品牌的性质发生了突变，即品牌已具备了一般商品的价值和交换功能的特征，品牌的商品属性显现了出来。品牌就是商品，品牌具有了商品的一般属性和特征，品牌发展进入了品牌商品化的时代。拥有品牌的企业更加注重品牌的内涵，更加注重品牌本身的无形资产价值。如在世界各地的许多可口可乐生产厂和灌装线，可口可乐公司并没有直接的投资，而是仅仅提供可乐原液和可口可乐品牌的使用许可，使用品牌的企业每年要支付数额可观的品牌使用费。又如使用麦当劳品牌的受许可人，除了要投入大约60万美元的初始成本外，在以后的经营活动中，还要向麦当劳支付占其经营收入11.5%的品牌服务费和品牌使用费。可以说，品牌商品化时代已经到来。

2. 国内品牌发展时期与发展阶段

与发达国家的品牌发展相比，中国品牌起步偏晚。但随着中国企业和企业家们品牌意识的增强，让我们看到了中国民族品牌的希望。

（1）中国品牌发展时期。早在我国的商周时期，就出现了很多以不同的特产而闻名的大都市，它们有的盛产铁器，有的盛产织物，有的盛产粮食作物，形成了区域品牌的雏形。在西周墓葬出土的文物中，发现有封建领主产品的标志和各种官工的印记，如果这些产品用来进行了交换，那就可以看成是早期商标和品牌的萌芽。

春秋战国时期，商业已经作为一门独立的职业从生产劳动中分离出来，人们在让渡自己的劳动产品时，都想得到交换对方最好的产品。于是，人们就开始根据口口相传的品牌信誉来确定交换的对象。为了明确自己的身份，宣传自己的产品，当时有固定营业场所的商人最常用的方法就是打出招牌和幌子。

在汉朝，朦胧的品牌意识已经深入社会生活中，实物招牌开始流行。据史书《三辅决录》记载："夫工欲善其事，必先利其器，用张芝笔，左伯纸及臣墨。"这些品牌都是以能工巧匠的名字命名，说明当时的人们已经懂得用具有鲜明特征的品牌来体现商品的卓越价值。

唐宋时期是我国封建社会的鼎盛时期，商业贸易繁荣，造纸业和印刷业开始广泛应用，品牌的传播和扩散已经达到了一个非常自觉的阶段，具有明显品牌指示并辅之以清晰消费导向的广告作品开始出现，鲜明的带有品牌意识的招牌广告遍布城乡。这在我国的品牌史上具有非常重要的意义。上海博物馆收藏了北宋时期的一章铜版雕刻广告——"认清门前白兔儿为记"的标签，此标签为"济南刘家功夫针铺"所制，图文并茂，很有代表性。这可以说是我国品牌的启蒙。它以人们熟悉的动物形象和简洁的语言向消费者传递企业信息。

明清时期，资本主义生产关系开始萌芽，商品经济较以前更为发达。广告显著增多，具有一定知名度和影响力的品牌开始出现。明朝嘉靖九年，京城酱菜铺的老板请当朝宰相严嵩为其品牌"六必居"题名，以此防止自家酱菜被他人假冒。这是自品牌现象出现后，我国第一个有明显品牌保护意识的注册防伪行为。公元1904年，清朝政府颁布了《商标注册试办章程》，这是中国历史上第一部保障企业权益的法规。从此，品牌的注册管理纳入法制轨道，品牌开始成为具有法律效应并受到法律保护的商业行为。

鸦片战争以后，中国门户洞开，西方列强开始对中国进行大规模的经济入侵和政治控制。在此过程中，外国人大量投放广告，企图摧毁中国的民族工业和民族品牌，民族品牌举步维艰。当时的广告品牌以外商经营的洋品牌居多，如汇丰银行、华英大药房、大英火轮船公司等，民族品牌只在第一次世界大战的间隙得到了发展的机遇，比较著名的有美丽牌香烟和三星牌牙膏等。当时，品牌宣传的载体也扩展到橱窗、路牌、霓虹灯、交通工具和广播等媒介。抗日战争爆发后，为了挽救濒临灭绝的中国品牌，人们发起了"用国货最光荣"的保护民族品牌运动，品牌第一次和中国的政治命运结合在一起，并正式成为社会生活和国力象征的一部分。

新中国成立初期，由于受计划经济体制的制约，品牌问题没有引起工商界的足够重视，发展十分缓慢。而一场“文化大革命”，使稍有发展的民族品牌又陷入了停顿甚至倒退。所以说，我国真正意义上大规模的品牌发展是在改革开放后才开始的。1979年年初，全国范围内开始逐步恢复广告业务，“参杞补酒”是第一个做电视广告的国产品牌，瑞士“雷达表”是“文革”后第一个在大陆媒体上做广告的外国品牌。自改革开放以来，一些有识之士引进西方的企业管理经验，真正的品牌经营才在中国悄然兴起。特别是20世纪90年代随着市场经济体制的建立，以及国外品牌的大举进入，我国企业意识到了品牌的重要性，在竞争中陆续产生了海尔、长虹、康佳、联想、春兰等一大批民族工业品牌，政府也相继出台了商标法、反不正当竞争法、产品质量法、广告法等有助于品牌健康成长的法律、法规。

（2）中国品牌的发展阶段。中国的品牌发展真正兴起于20世纪80年代，源自于改革开放和市场化经济的发展。改革开放以来，我国品牌从无到有，从少到多，大致经历了以下四个发展阶段：

① 品牌启蒙时期（20世纪80年代）。改革开放的头10年，企业的竞争环境并不是很激烈，国内企业还处在规模小、实力弱的竞争局面，中国企业和消费群体对品牌的理解还处于一知半解，这个时期对品牌的认识处于启蒙期。传统品牌在相对稳定的环境中得到了一些发展。

② 品牌发展时期（20世纪90年代）。随着改革开放的深化，外资企业大量进入中国，由于我国企业尚处于追求产品质量的阶段，缺乏现代品牌意识和品牌建设观念，许多民族品牌被国外品牌兼并或蚕食，中国品牌的生存环境变得空前紧张，很多民族品牌在竞争中消失。

令人欣慰的是，少数国内新生品牌在竞争中获得了生存空间，企业的发展速度和规模也日益扩大。特别是家电、通信、饮食、IT等消费品牌，在这一时期得到了发展。政府也在1993年对《中华人民共和国商标法》进行了重新修改和公布，从而使商标制度在中国逐渐建立并走上正轨，品牌的注册和管理也日臻完善。

③ 品牌国际化酝酿时期（2000年左右）。随着中国加入世界贸易组织（WTO），中国企业经过原始资本积累、技术水平提升、市场竞争磨砺后，逐步成熟起来，中国企业和企业家们开始意识到品牌对于国际竞争的紧迫性和必要性，国内理论界和消费者的品牌意识也逐步增强，与此同时，国家在政策上也积极鼓励有实力的企业“走出去”，极大地推动了中国企业参与国际化进程。我国涌现了如全聚德、海尔、联想、康佳、大宝、苏果、好孩子等一批具有知名度和美誉度的品牌。但是我国企业中仍然存在着品牌认识误区，品牌创新不足，因而品牌国际竞争力不强。

④ 品牌国际化的融入时期。进入21世纪以来，市场竞争的阵地已从传统的产品价格转移到以品牌为核心的较量，谁拥有知名品牌，谁就拥有了竞争的资本。这时，中国经济也进入了工业化转型、城市化加速、国际化提升和市场化完善的关键时期，在世界知名品牌全面进入中国市场的同时，中国民族品牌也迈开了“走出去”的步伐，国际品牌

和国内品牌的正面竞争拉开了序幕。在这种形势下，打造出具有世界影响力的自主品牌成为中国企业的不二选择。

（三）国内外品牌管理发展阶段

关于品牌管理的发展阶段，可以从国内外两个方面简单介绍。国外的品牌管理发展情况以西方国家为代表。

1. 国外的品牌管理发展阶段

（1）品牌由职能部门管理（1915—1929年）。在此期间，品牌的管理由企业内具有专业化知识的中层（或中高层）经理和广告机构承担。即把同一个品牌分配给两个或更多的职能经理及广告代理人来管理，这样虽然有利于发挥有关机构和人员的特长，但会由于各方面之间的利益冲突而使得品牌管理变得混乱和低效。

（2）品牌经理制出现（1930—1949年）。1929年爆发的全球性大危机使得生产者品牌受到了极大的挑战，因而促使企业寻找更有效的品牌方法。1931年宝洁公司首次为它的每一个品牌任命了一个品牌助理和品牌经理，并让他们负责协调各自品牌的广告和其他营销活动，品牌经理制应运而生。但是，在其诞生之后的一段时间内，这种管理方式并没有受到其他企业的重视。

（3）品牌经理制盛行（1950—1980年）。第二次世界大战以后，西方各国经济出现了高速增长，品牌经理制开始盛行起来。以美国为例，到1976年，美国的大型包装类消费品生产企业中有84%设立了品牌经理，耐用消费品生产企业中也有34%设立了品牌经理。

（4）品牌整合观点形成（1981—1995年）。随着环境的变化，被世界上很多企业采用的品牌经理制表现出许多缺陷。首先，这种体制没有从整个企业的角度来对品牌进行管理，它把品牌决策权分散授予给中下层管理者，造成了企业内部的过度竞争，也使得企业的整体品牌形象不好规划。其次，由于担任品牌经理的都是一些中基层管理者，比较年轻，他们需要业绩表现自己，所以他们很注重短期效应，这样会与企业的战略目标有冲突。这种分散的品牌管理方式，既浪费资源又不利于实现价值最大化，极容易使企业失去竞争优势。于是，越来越多的西方企业开始对原有的品牌管理体制做出调整。一种新的品牌管理方式——品牌整合应运而生。品牌整合就是企业把品牌管理的重点放在建立企业品牌上，明确企业品牌与其他品牌之间的关系，使它们能够相互支持。

（5）品牌关系管理出现（1996年至今）。以上几种传统品牌观点的出发点在于提供产品、吸引和争取顾客、每次交易的价值最大化以及提升品牌资产，从而可见，品牌与顾客之间的关系实质上是一种短期的交易关系。随着企业的经营环境迅速、急剧地发生变化，传统的品牌管理已经越来越显得苍白无力。越来越多的企业经营者把眼光转移到品牌关系管理上来了。品牌关系管理是指企业通过营销努力，建立、维持以及增强品牌与其顾客之间的关系，并通过互动的、个性化的、长期的、以增加价值为目的的接触、交流与沟通来持续地增强这种关系，以达到盈利的目的。

2. 中国的品牌管理发展阶段

（1）品牌管理的史前阶段。我国企业在1988年之前，没有系统的品牌管理，企业偶尔给产品起个名字，一般不进行大规模宣传。因为在20世纪80年代初，我国改革开放刚开始，市场需求增长迅速，整个市场快速进入卖方市场，在这个阶段的企业的发展思路就是大胆创新，进入不同的新的消费市场，满足不同的消费者需求。所以，这个阶段的许多企业的通常做法就是大量引进国外先进生产设备与技术，迅速满足增长的市场需求。企业对整体管理水平、服务水平和产品质量都不是很重视，这时的中国市场是不需要品牌的。但随着时代的发展和西方的一些管理理论的引进，品牌意识在一些企业开始受到关注。

（2）品牌经营阶段。1989—1993年前，由于许多产品已经出现了供过于求的状况，企业开始运用新的营销手段，扩大市场，进入品牌经营阶段。1989年之后，真正意义上的促销与宣传广告开始进入营销界。例如：春都集团57万元上中央电视台，杉杉集团6万元上上海电视台，等等；一些企业开始运用广告等手段宣传自己的品牌，虽然广告费用投入不大，但却取得了很好的效果。在这个阶段，那些率先进行广告投入、提高质量、增加品种的企业，迅速得到了消费者的认可。这些企业也就迅速取得了销售领先的地位，在全国的知名度提高很快，最终成长为现在中国市场上的名牌。

（3）大力推广品牌阶段。1993年之后，许多企业开始意识到广告对企业知名度提高的重要性，纷纷运用广告媒体进行宣传。有些企业在广告人的帮助下，开始进行了企业识别系统（CIS）的传播与推广。企业注重的是通过广告提高品牌的知名度，而没有注重品牌的美誉度提高。由于广告竞争激烈，媒体的价格也迅速上升，广告业得到快速发展。企业的上述行为是由广告人与公关策划人本身的特征与素质决定的，这种创新主要是宣传方式上的创新，而不是企业进行整体营销的创新，也不是企业管理层开始重视品牌管理了。

总结20世纪80年代到现在，我国企业发展之路基本上可以说是一种产品与生产为导向的发展之路。特别是20世纪90年代，一部分企业进入了以销售为导向的阶段，其特征是依靠产品质量与销售手段的竞争，而没有进入以消费者为中心的营销阶段。我国企业进入21世纪，特别是加入WTO后，外国强势品牌产品纷纷进入我国市场，占领我国的大部分消费品市场，我国企业才意识到品牌管理的重要性，品牌管理才真正开始进入一些企业家的视野。

二、品牌的内涵

（一）品牌内涵的演变

品牌是一个处在不断发展中的概念。要对品牌进行界定，首先需要理清品牌内涵的演变过程。英国伯明翰大学品牌营销教授莱斯利·德·切纳托尼（Leslie de Chernatony）

曾对现有的各种品牌内涵进行过归纳，提出了输入视角、输出视角和时间视角三个视角的观点[①]。我国品牌学者余明阳教授也曾提出过四种品牌内涵的观点[②]。这些观点尽管已经很全面，但并没有突出品牌内涵的发展性。从动态的角度来看，品牌内涵的演变经过了五个阶段：品牌是区隔符号；品牌是价值担保；品牌是联想载体；品牌是关系集合；品牌是无形资产。

1. 品牌是区隔符号

品牌最原始的含义是区隔的工具。按照荷兰学者里克·莱兹伯斯（Rik Riezebos）的观点，英语中“品牌”一词很可能起源于中世纪（公元476—1492年），源于古挪威词汇“Brandr”，意思是“烙印”，原指烙在动物身上以区分所有权的标记。在当时，西方游牧部落在牛马背上打上烙印，用以区别不同部落之间的财产，上面写着一句话：不许动，它是我的，并附有各个部落的标记。这就是最初的品牌标记和口号。中世纪的商品（如陶器、银器）上一般有三种标记：工匠名、行会名和城市名。工匠名相当于今天的品牌名称，说明商品的制作者是谁；行会名相当于今天的质量认证，以确保质量；城市名相当于今天的产地品牌，说明商品制造的地点。另一种比较流行的说法是，“品牌”一词起源于19世纪早期盛威士忌酒的木桶上的区别性标志，用以表明酒的生产厂商[③]。可见，早期的品牌是厂商区隔的标志，类似于今天的“商标”（Trade Mark）。

1960年，美国市场营销协会（American Marketing Association，AMA）在《营销术语词典》中提出，品牌是一种名称、术语、标志、符号或设计，或是它们的组合运用，其目的是借以辨认某个销售者或某群销售者的产品或服务，并使之同竞争对手的产品和服务区别开来。这一定义包含了三层含义：① 品牌与符号有关，品牌外显为一个可视的符号，符号代表了品牌；② 品牌是一种区分的工具，品牌存在的意义在于辨认或区别，其存在的前提是有同类产品或服务的竞争者；③ 品牌的界定有消费者和企业两个视角，消费者利用品牌来辨认产品或服务，而企业利用品牌来区别自己与竞争品。美国市场营销协会对品牌的定义着眼于差异化的品牌符号。

2. 品牌是价值担保

随着技术的迅猛发展，物质越来越丰富，人们可以选择的商品或服务也越来越多。这时，品牌仅仅作为区隔的工具并不足以吸引消费者，人们需要的是知名度高、特色鲜明的优质产品。因此，企业开始不断提升品牌带给消费者的功能性、情感性、社会性和财务性价值，使得品牌成为了某种消费价值的担保。一些学者的定义说明了品牌的这层含义。英国广告专家约翰·菲利普·琼斯把品牌定义成“能为顾客提供其认为值得购买的功能利益及附加价值的产品”[④]；英国品牌学者切纳托尼和麦克唐纳（McDonald）认为，一个成功的品牌是一个好的产品、服务、人或地方，使购买者或使用者获得相关的或独特的最能满足他们需要的

① 莱斯利·德·切纳托尼. 品牌制胜——从品牌展望到品牌评估. 北京：中信出版社，2002.

② 余明阳. 品牌学. 合肥：安徽人民出版社，2002.

③ 凯文·莱恩·凯勒. 战略品牌管理. 北京：中国人民大学出版社，2006.

④ 约翰·菲利普·琼斯. 广告与品牌策划. 北京：机械工业出版社，1999.

价值[①]。经过各种接触点的影响，消费者形成了对品牌价值的印象。

3. 品牌是联想载体

一提到某个品牌，人们想到的不仅是产品的价值，还有很多相关的联想物。比如，一提到肯德基，我们会想到白胡子的肯德基上校，会想到金灿灿的炸鸡腿，会想到干净明亮的用餐环境。从品牌联想的复杂性出发，很多专家学者对品牌做了比较全面的定义。比如，大卫·奥格威早在1955年就指出，品牌是一种错综复杂的象征，是产品（或服务）的属性、名称、包装、价格、历史、声誉、广告风格的无形组合。品牌同时也因消费者对其使用的印象及自身的经验而有所界定。1978年，莱维（Levy）教授提出，品牌是存在于人们心智中的图像和概念的群集，是关于品牌知识和对品牌主要态度的总和。科特勒则认为品牌至少包括六个方面的内容：① 属性。产品本身的性质特点，如奔驰具有昂贵、耐用的属性。② 利益。属性转化为功能或情感利益，如昂贵可以显示身份，耐用说明性能可靠，能长时间使用。③ 价值观。反映制造商的价值观，如美体小铺的社会关怀。④ 文化。如奔驰意味着德国式的严谨和效率，LG意味着韩国的时尚和流行。⑤ 个性。品牌也具有像人一样的个性特点，如万宝路具有豪迈的个性，贺曼卡具有纯真的个性。⑥ 使用者。品牌体现了其特定消费者的类型。有了品牌这一载体，这些分散的联想才能集中在消费者脑海当中。

① 莱斯利·德·切纳托尼，M. 麦克唐纳. 创建强有力的品牌——消费品工业品与服务业品牌的效益. 北京：中信出版社，2001.

4. 品牌是关系集合

一个品牌的建立实际上是企业和消费者双方共同努力的结果。因此，“品牌管家”奥美广告公司说：“品牌是消费者与产品之间的关系。”[②]《关系营销》一书的作者瑞吉斯·麦肯纳（Regis McKenna）也指出：“一个成功的关系就是一个成功的品牌。”一个品牌与顾客的关系是其成功的基础，国际著名市场调研机构TNS（Taylor Nelson Sofres）公司发现，全球最成功的品牌都有一个共同之处——与消费者之间有着强烈的、甚至激情的关系。联合利华董事长佩里认为，品牌是消费者对一个产品的感受，它代表消费者在其生活中对产品与服务的感受而滋生的信任、相关性与意义的总和。加拿大学者巴纳斯（Barnes）甚至认为，建立品牌与消费者的关系是创建品牌的目标。一个品牌包含了消费者与企业和产品互动后所积累而形成的全部感受，包括对品牌相关知识的认知、对品牌的情感以及对品牌的行为意向。

② 宋秩铭，庄淑芬，白崇亮，等. 奥美的观点. 北京：中国经济出版社，1997.

5. 品牌是无形资产

20世纪80年代兴起的企业兼并收购案例表明，品牌已成为一种重要的无形资产，其重要性已经超过了有形资产。这也正是目前非常热门的品牌概念“品牌资产”（Brand Equity）。并购方不只是并购了一个品牌本身，而是并购了这个品牌背后的消费者关系，这意味着巨大的市场盈利能力。用中国名牌战略推进委员会副主任、《经济日报》原总编辑艾丰的话说，有品牌才可以在市场上“卖得贵、卖得多、卖得快、卖得久”。

（二）品牌内涵的界定

随着商品经济的发展、竞争情势的加剧、消费理性的成熟，品牌已从烙在动物身上以示区别的印记逐渐增加了更多丰富的内涵。凯勒教授指出，今天的品牌已变成了一个复杂的、多面性的概念。甚至各个国家在品牌内涵的理解上都有所不同，如美国品牌学者古德伊尔基于其广泛的国际经历曾指出：各国管理者根据他们所处的不同环境，对品牌这一术语的理解或解释是不同的，如德国更多的是理解为功能性利益，而英国则更多的是强调心理利益。可见，要为品牌内涵做一个全面的界定是非常困难的。综合以上对品牌内涵演变过程的分析，本教材认为，品牌是由名称、标志、象征物、包装、口号、音乐或其组合等一些区隔竞争的符号而联想到的基于价值的消费者与组织或个人之间的关系及其所带来的无形资产。这个概念中包容了区隔符号、联想、价值、关系、无形资产等几个关键词，而且既有消费者角度的理解（如联想、价值），也有企业角度的理解（如区隔竞争、无形资产），同时 AMA（美国市场营销协会）、奥美广告等一些经典的定义都包括在其中，所以相对其他品牌定义来说更为全面。概念中的这些关键词均体现了品牌的某一方面内涵，它们之间并不是替代关系，而是不断升华、不断丰富的关系。为了分别探讨各组成部分的理论和实践，品牌学术界为这五个方面创造了相应的术语，即品牌符号、品牌核心价值、品牌联想、品牌关系、品牌资产。一个完整的品牌应该同时包括这五个方面，越是内容全面的品牌越是强势品牌。

三、品牌与相关概念的关系

在实践当中，经常会有人谈论到一些与品牌有关的概念，如牌子、标志、商标、名牌、产品、品类等。这些概念究竟与品牌是什么关系呢？

（一）品牌与牌子

在日常生活当中，我们经常用“牌子”这个口语化的词语来表述品牌，如“这是什么牌子的手机”、“什么牌子的计算机既便宜质量又好”等。不少人由此认为“牌子”就是口语化的“品牌”，二者是一回事，一些人甚至将“牌子”运用于书面文件。实际上，从本章前面对品牌的界定可以看出，“牌子”只是指品牌的名称，而不包括其他组成部分。尽管品牌名称是品牌当中最重要的组成要素，一切与品牌有关的联想、关系、资产都是因品牌名称而起，但仅仅用“牌子”替代“品牌”是不可取的。它的使用冲淡了品牌内涵的丰富性。

（二）品牌与标志

当前很多广告设计公司纷纷打出品牌策划的经营范围。事实上，他们大多把品牌等同于视觉识别的标志了。视觉识别（VI）是品牌识别系统（CIS）当中的视觉部分，主要指与品牌标志相关的图案、标准字、标准色等基本设计要素和信封、手提袋、名片等应用系统。这些只是品牌的可视部分，属于最浅层次的品牌符号设计。有了这些品牌视觉识别设计，消费者的确能够很好地区分品牌，但可能仅此而已。例如，太阳神是中国最早推出VI系统的公司，它的标志系统的确产生了很好的识别效果，但并没有给消费者提供更多有意义的价值，因此效果不能持久。真正打动消费者的不是这些视觉识别设计，而是品牌的内涵，这需要对品牌进行战略性的营销管理。因此，应当从内涵和意义的角度来理解品牌，而不是仅从视觉识别设计来理解。

（三）品牌与商标

很多企业分不清商标与品牌之间的关系，错误地认为只要将一个名字或图案到工商管理部门注册就成了品牌。其实，二者不是同一个概念。根据《中华人民共和国商标法》（2001年修正），商标是指能将自己的商品（含服务）与他人的商品（含服务）区别开的可视性标志，包括文字、图形、字母、数字、三维标志和颜色组合，以及上述要素的组合。多数情况下，商标不经注册即可使用，也可申请注册。由上可知，商标首先强调的是品牌的名称和标志，其次它是一个法律概念，是公司、产品或服务可以拿到工商管理部门申请法律保护的工具，是一种知识产权，是有形的，拥有者是企业，要用“®”明示；而品牌是一个营销和战略概念，是产品或服务在消费者头脑中形成的一种烙印，是企业满足消费者需求从而夺取市场的战略性工具，它属于消费者，是无形的。当一个企业的产品或服务不能令消费者满意时，消费者可以轻易地把这个品牌从头脑中删除掉，但商标依然存在。

（四）品牌与名牌

名牌的提法在政府、企业和消费者当中运用广泛，如“中国名牌”、“驰名商标”的评选等。但大力倡导该词的使用有一定的弊端。早在1997年，中山大学卢泰宏教授就在《人民日报》（华南版）撰文，对“名牌”一词的使用提出异议。在卢教授看来，名牌更多强调的是品牌的知名度，从而可能误导企业家，认为只要想尽办法出名，就能成为强势品牌。秦池酒基于这种错误认识，花了几个亿成为了央视广告标王，虽然使得秦池酒在短期内就产生了“天下无人不识君”的效果，但最终还是因为缺乏品牌底蕴，在危机面前不堪一击而落得一败涂地。出名并非难事，一夜成名的事例已不鲜见，但品牌绝非一朝一夕的事情，需要长期的培育和积累。正是由于很多企业把名牌当作品牌，才造成当前中国企业界盛行炒作、造势以及广告轰炸的局面，以此追逐名牌效应。这种短期的繁荣是泡沫，不能持久。后来有一些学者指出，尽管“名牌”从字面上的确只强调了知名度，但并不专指知名度，还包括美誉度。所以，名牌是指具有一定知名度和美誉度的品牌，并因此获得高价位。即使如此，“名牌”的提法还是不可取，原因是：① 知名度和美誉度只是从名气和质量的角度来描述品牌，而缺少了诸如品牌联想、品牌个性、品牌关系之类的丰富的品牌内涵，从而使得品牌的内涵过于苍白；② 名牌的提法会使得企业误认为创建品牌就是改善产品质量和加大广告宣传，从而在创建品牌的策略和手法上显得单一，比如，造就“绝对伏特加”品牌声望的精美绝伦的“绝对”系列平面广告根本就与产品质量无关。

（五）品牌与产品

1. 品牌与产品的联系

（1）品牌是产品的区隔符号。美国品牌权威学者凯文·莱恩·凯勒教授指出，品牌就是产品，但它是加上其他各种特性的产品，以便使其以某种方式区别于其他用于满足同样需求的产品。美国营销学者阿尔文·阿肯保（Alvin A. Achenbaum）指出，能够将一个品牌与其未品牌化的同类产品相区分，并且赋予它资产净值的是消费者对该产品的特性、功能、品牌名声及相关企业的感受与感觉。可见，两位学者都强调品牌是具有感性和理性附加值的产品。

（2）产品是品牌的载体和基础。武汉大学黄静教授指出，产品是品牌的载体，品牌依附于产品，因为品牌利益由产品属性转化而来，品牌核心价值是对产品功能性特征的高度提炼，品牌借助产品来兑现承诺。此外，产品质量还是品牌竞争力的基础。

（3）二者先捆绑后松绑。我国品牌实战专家张正、许喜林对品牌与产品的联系做了精辟分析。他们指出，在成功品牌的成长过程中，品牌与产品先是捆绑——品牌与产品紧紧地联系在一起，相辅相成，共同成长，品牌定位、鲜明的个性在这一时期形成；后是松绑——品牌与具体产品分离，品牌不再指向单一产品或单一类别，而要为品牌延伸提供支持，要为企业的多品种或多元化发展提供空间，品牌的核心价值在这一时期得到调整、丰富和提升。

2. 品牌与产品的区别

美国著名广告学者史蒂芬·金（Stephen King）精辟地指出了品牌与产品的本质区别："产品是工厂里所生产的东西，品牌是消费者所购买的东西。"工厂里生产出来的东西只是物理属性的集合，没有生命力，而消费者购买的是他们感觉中产品的物理属性所带来的功能利益，此外还有随之而来的形象和情感价值。当然，如果离开了好的产品，品牌必然无法在市场上长久立足。但是，有了好的产品，却不一定有好的品牌，因为品牌是消费者对产品的主观感受，而非产品质量的客观反映。

（六）品牌与品类

品类（Product Category）即产品的类别，是指满足消费者特定需求的某类产品总和。品类与我们通常所说的行业不同：行业由国家统计局规定，有严格的分类标准，而品类由企业决定，没有明确的边界。行业的范围更宽泛，如服装是一个行业，而商务装是一个品类；洗面奶是一个行业，而男士祛痘洗面奶是一个品类。可见，品类更关注消费者的特定需求，品类是同类产品的集合，而品牌是某个具体产品的区隔符号，如手提计算机是一个品类，而DELL是一个手提计算机的品牌，不同于联想和东芝。但是，事实上，已经有不少品牌转化成为或被等同于品类。例如，美国克莱斯勒汽车公司的"吉普"牌越野车在中国被看成是一种车型而非品牌；"商务通"曾一度被消费者认为就是掌上电脑（PDA）的代名词；可口可乐牌碳酸饮料开辟了可乐的新品类，直到今天还有很多人买可乐专指买"可口可乐"；酸酸乳是商标还是通用名称之争至今尚无定论……。通过分析大量品牌和品类的关系，不难发现传统的品类并不容易同品牌混为一谈，而目前出现二者混淆现象的最主要原因是一些厂商创造了新的品类，再在这个新品类当中推出新品牌，结果消费者在接受品牌的同时也混淆了品类。

第二节 品牌的特征与分类

一、品牌的特征

（一）非物质性

品牌本身不具有独立的物质实体，是无形的，但它以物质为载体，是通过一系列物质载体来表现自己的。直接的载体主要有图形、品牌标志、文字、声音；间接载体主要有产品的价格、质量、服务、市场占有率、知名度、亲近度、美誉度等。

（二）资产性

品牌是企业的一种无形资产。品牌所代表的意义、个性、品质和特征具有某种价值。这种价值是我们看不见、摸不到的，但却能为品牌拥有者创造大量的超额利益。如可口可乐品牌价值就是其有形资产的好几倍，创造的利润也是其有形产品创造的好几倍。所以，可口可乐原总经理伍德拉夫曾说："即使可口可乐公司在一夜之间化为灰烬，仅凭可口可乐这块牌子就能在很短时间内恢复原样，这完全是可能的。"

（三）集合性

品牌是一种沟通代码的集合体。品牌是一种错综复杂的象征，它把一个符号、一个单词、一个客体、一个概念同时集于一身，把各种符号如标志、色彩、包装都合并到一起。生产商（服务商）把品牌作为区别于其他生产商（服务商）产品（服务）的标志，以吸引人们，尤其是以引起消费者和潜在消费者对自己产品（服务）的注意与识别。从消费者角度看，品牌作为一种速记符号与产品类别信息一同储存于大脑中，而品牌也就成为了他们搜寻记忆的线索和对象。

（四）专有性

品牌具有明显的排他专有性。品牌代表一个企业在市场中的形象和地位，是企业进入市场的一个通行证，是企业和市场连接的桥梁与纽带。在某种意义上说，品牌是企业参与市场竞争的法宝、武器和资本。同时品牌属于知识产权的范畴。品牌拥有者经过法律程序的认定，享有品牌的专有权，有权要求其他企业或个人不能仿冒、伪造。企业有时通过保密和企业保护法来维护自己的品牌，有时通过在国家有关部门登记注册、申请专利等形式保护自己的品牌权益，有时又借助法律保护并以长期生产经营服务中的信誉取得社会的公认，如品牌名称、标志，这些都有力说明了品牌具有专有性。

（五）扩张性

品牌具有极强的扩张力、延伸力和影响力。品牌成为资产重组的旗帜，是公司品牌形成的重要标志。目前，我国一些企业亏损甚至倒闭，而我国最有价值的品牌企业在市场中却有着越来越高的号召力、影响力。在品牌扩张延伸过程中，逐步形成集团化发展，随着公司集团化发展，品牌行业界限越来越模糊，而其品牌的概念却越来越清晰。

（六）风险性和不确定性

品牌具有一定的风险性及不确定性。品牌潜在价值可能很大，也可能很小。它有时可使产品取得很高的附加值；有时则由于企业的产品或服务质量出现意外，或由于企业的资产运作状况不佳及产品售后服务不过关等，而使企业品牌迅速贬值，出现品牌“跳水”现象。例如，可口可乐1999年品牌价值为898.45亿美元，2001年品牌价值却为689.5亿美元，显然出现了大幅“缩水”的现象。

（七）承诺性

品牌是一种承诺和保证。这是以品牌提供的价值、利益和特征为基础的，品牌必须提供给消费者强劲的价值利益以满足消费者的需求与欲望，以赢得消费者的忠诚，取得他们长期的信赖与偏好。

（八）竞争性

现代市场竞争，从某种意义上说，就是品牌竞争。品牌是企业市场竞争的工具。在产品功能、结构等因素趋于一致的时代里，关键是看谁的品牌过硬。拥有强势品牌的企业，就能在未来竞争中处于有利的位置，留住老顾客，开发出大量潜在消费者，树立起良好的品牌形象，提高市场覆盖率和占有率，赢得更大的利润和效益。在品牌对市场份额的切割中，意大利巴莱多定律（也叫二八定律）也适用，20%的强势品牌占有80%的市场份额，20%的品牌企业为社会提供80%的经济贡献。

（九）忠诚性

许多消费者购买的是品牌，而不是产品，他们往往会根据自己的消费体验来指牌购买，甚至无他（她）指定要的品牌，他（她）就不购买。如有些消费者喝饮料，就专喝可口可乐，其他饮料一概不喝。品牌是赢得消费者重复购买、大量购买的“魔力”，强势品牌比起一般品牌更是棋高一招。强势品牌可以影响人们的生活态度和观点，甚至可以影响社会风气。

二、品牌的分类

（一）按照品牌的市场半径和影响范围大小分类

按照品牌市场半径和影响范围大小分类，品牌可划分为区域性品牌和国际品牌。

区域性品牌是在某一特定地区（一国或一个民族地区等）具有较高的社会认知度的品牌。这类品牌在当地或毗邻地区有较高的市场占有率，形成特定区域消费者的品牌偏好，对外来同类品牌有很大的排他性。区域性品牌往往是形成世界品牌的必经之路，世界上很多著名的品牌都是从区域性品牌起家的。在开放的市场环境中，有些区域性品牌的市场地位是不稳定的，本身的质量、功能、文化含量和价格不能优于竞争对手，就可能迅速被市场淘汰；相反，有些则可能迅速成长。

国际品牌，即在国际市场上具有极高的声誉，被全球公众广泛认知的品牌。这类品牌历经数载锤炼，经受国际市场竞争的洗礼，具有强大的生命力。同区域性品牌相比，国际品牌的市场半径更大，可以辐射到世界各地，有些大众性的国际品牌甚至可以伴随人类的踪迹到达地球的每一个角落，具有很强的“征服力”，满足不同民族、不同文化、不同生活方式的消费者的需要。国际品牌既是竞争力与财富的象征，也是文化的象征。它折射着一种生产力、一种生活方式、一种消费水平、一种文化信念。根据统计，目前几乎所有的国际顶级品牌多被发达国家，如美、日、英、法、意、德、荷等垄断。

（二）按照品牌目标顾客消费层次差异分类

按照品牌目标顾客消费层次差异分类，品牌可划分为高端品牌和大众品牌。

高端品牌面向具有较高收入的少数或极少数消费者。以品质特优、自身价值和文化品位较高而成为目标市场中的“垄断者”或“佼佼者”。高端品牌的绝对市场占有率并不高，但辐射面很广，影响力很大，实际上有些高端品牌虽然为一般消费者的购买能力所不及，但却妇孺皆知，成为财富、身份、地位和权力的象征，成为人们倾慕和追求的对象。多数高端品牌的绝对市场占有率不高，并不是因为生产资源和能力受限，而是生产者的一种营销战略。有些生产者有意限制产品生产量，满足拥有者的占有欲和优越感，以此在目标市场中造成“物以稀为贵”的特有品牌效应。生产者则通过增加产品附加值的办法获取高额利润。

大众品牌面向社会主流消费群体，与高端品牌相比，它的品质、价格和服务更适合一般或较高收入的消费者的需要。由于它的目标市场宽广，生产者能够以较低的生产成本实现规模生产，又能以适中的价格形成竞争优势，因此，能够获得极高的市场占有率和极好的效益。大众品牌一般涉及人们的生活必需品而非奢侈品，不管是在发达国家，还是在发展中国家，它都有极大的市场。因此，大众品牌是品牌大家族的主体，尤其是在发展中国家，总体消费水平不高，“大众品牌”更受市场推崇。

（三）按照品牌价值形成的特点不同分类

按照品牌价值形成的特点不同分类，品牌可划分为高技术品牌、高文化品牌、一般品牌和精英品牌。

从广义来讲，品牌或多或少都有一定的技术含量。技术含量既包括反映最先进的科技水平的专利、专有技术，也包括一些传统的秘方和特殊的工艺等。高技术含量品牌（简称高技术品牌），或拥有特殊配方、工艺，或拥有体现高科技的专利技术，或使用新材料、新能源等。这类品牌的价值主要源于科技含量，开发的成本比较高，一旦应用于品牌生产，被市场认可，在一定时期内生产具有一定的垄断性，生产者能够因此获得丰厚利润。

比较而言，有些品牌，技术含量并不太高，产品也并非不可模仿和替代，但通过赋予品牌深刻而丰富的文化内涵，建立鲜明的品牌文化个性，并充分利用各种强有效的内外部传播途径形成消费者对品牌在精神上的高度认同，创造品牌信仰，最终形成强烈的品牌忠诚，从而拥有庞大的忠诚群体，获得丰厚的超额利润回报，这类品牌就是高文化含量品牌（简称高文化品牌）。这类品牌的价值主要源于文化特性与魅力，其开发成本不一定很高（有些纯属偶然获得某种文化灵感），功能也未必独特，但其鲜明的核心价值、深刻的文化个性寓意，尤其是给顾客带来的美好联想、体验、启迪、身份象征和精神满足，足以使它价值倍增。

根据技术与文化含量的差异，还可划分出以下两种类型品牌：中低技术中低文化品牌，可称为一般品牌或平衡型品牌；高技术高文化品牌，可称为精英品牌或双峰型品牌。因为多数品牌在技术与文化含量上均呈现不均衡性，完全平衡型尤其是双峰型品牌更是凤毛麟角。

（四）按照品牌所依托的载体、层级和本体特征分类

按照品牌所依托的载体、层级和本体特征分类，品牌可划分为产品品牌、公司品牌、区域品牌和国家品牌。不同载体、层级和本体特征的品牌，具有不同的属性特点，在品牌形象塑造策略上存在根本差别。

产品品牌是指以有形产品为载体，在产品层次上设计的品牌名称与品牌标志等品牌元素在消费者中建立起来的联想、认知等。如奔驰、宝马、劳力士、欧米茄等都是世界闻名的产品品牌。品牌理论起源于对产品品牌的研究，至今为止有关品牌的理论主要围绕着产品品牌理论而建立，其理论体系已很成熟与完善。本教材亦是以产品品牌为研究对象构建起其内容结构体系。

企业品牌（公司品牌）是以企业为载体，在组织层次上设计的企业名称与企业标志等品牌元素及其在多重利益关系人（顾客、投资者、社区、员工、合作伙伴等）中建立起来的联想、认知等。如宝洁、雀巢、苹果、微软等都是世界闻名的企业品牌。企业品牌具有产品品牌无法比拟的更深的内涵，企业品牌传达的是企业的经营理念、企业文化、企业价值观及对消费者的态度等。企业品牌通过树立的企业形象，可以产生比产品品牌更加丰富的联想，由企业品牌引起的联想，对企业品牌资产及单个产品的市场业绩有着至关重要的作用。

区域品牌，亦称产业区域品牌，是指以产业所在空间区域为载体，在产业层面上设计的区域名称和区域标志等品牌元素所建立起来的品牌联想、认知等。如阿尔卑斯山矿泉水、加利福尼亚葡萄酒、景德镇陶瓷、青岛家电等。区域品牌是产业在区域范围内形成的具有相当规模和较强制造生产能力、较高市场占有率和影响力的企业和企业所属品牌的商誉总

和，归产业区域内相关企业共同拥有，因而，区域品牌对企业品牌具有“背书”作用。强大的区域品牌具有良好的品牌资产，能够为区域内的企业与产品提供质量“背书”与特色凸显作用，强化消费者对企业及产品的认知，增强消费者的购买意愿与信心。

国家品牌是指以国家为载体，在国家层面上设计的国家名称和国家标志等品牌元素所建立起来的品牌联想、认知等，如瑞士钟表、法国葡萄酒、意大利皮具。国家品牌是在一国范围内所形成的具有相当规模和较强生产能力与服务能力、较高市场占有率和影响力的企业和企业所属品牌的商誉总和，是一个国家一系列产品投射在国内外利益相关者心目中的形象，是外界对一国产品总体的、相对稳定的一般性评价。国家品牌是能给拥有者带来溢价、产生增值的一种无形资产。

第三节　品牌的意义

一、品牌对企业的意义

品牌是企业的无形资产。它对企业的根本意义在于其代表很高的经济效益和经济实力，是公司未来发展的主要驱动力，是公司产品的高附加价值的来源。一个著名品牌本身就是企业的一笔巨大的无形资产。

（一）创造市场和占有率

企业通过品牌达到对某一市场的占有权，并实现一定的市场占有率，包括通过品牌延伸开发新产品、进入新市场，获得顾客忠诚，冲破各个地区、国别市场所面临的各种壁垒等，而这正是企业发展的重要战略目标所在。联合国工业计划署的调查表明，目前，世界主流市场已被著名品牌瓜分。国际知名品牌在全球品牌中所占比例不到3%，但其所拥有的市场份额却高达40%，销售额超过50%。

（二）形成竞争防线

品牌的差别是竞争对手难以仿效的，它融多种差别化利益于一体，是企业综合实力和素质的反映。强势品牌能够使企业长期保持市场竞争的优势。面对来自竞争对手的正面进攻，品牌资产筑起森严的壁垒；对于未进入市场者，品牌资产代表的品质以及消费者对它的推崇往往会使竞争者放弃进入市场的想法。

（三）提供渠道上的助力

强势品牌面临的来自渠道的压力较轻，渠道人员往往更乐于与知名品牌打交道，他们知道如何让他们的顾客获得知名品牌，否则他们会失去顾客。因此，一个强势品牌在争夺货架空间位置以及在取得渠道更好地合作上都占有优势地位。

（四）获得更高的收益

美国的一项调查表明，领导品牌平均获利率是位居第二品牌的4倍，而在英国更高达6倍。消费者在许多情况下乐意为购买名牌而支付更高的价格。一方面，定价被作为质量的暗示认知，品牌资产所体现的品质支持更高的定价；另一方面，追求拥有名牌的满足与优越感使消费者不介意支付更多。同时，品牌有利于提高顾客的忠诚度，美国学者瑞奇海德和塞斯1990年的研究表明，顾客忠诚度每提高5%，企业的利润就会提高25% ~ 85%。

（五）应对环境变化

面对环境的变化，品牌资产为企业提供了更强的适应性与应变能力。当面对较高的通胀、原料与能源的短缺、消费者偏好的变化、新的竞争者的介入等环境变化时，有品牌资产强有力的支持，品牌与公司就有时间进行技术革新、重新定位、战略战术调整而立于不败之地。

（六）有助于企业的资本运营

企业融资、并购的关键是标明未来收益的经营资本的价值，除了企业的技术、人才、市场、运营模式等方面的因素外，企业的品牌资产是经营资本评估的非常重要的因素。品牌是吸引投资、开拓市场的卖点，因为强势品牌的背后是强大的市场需求和顾客关系。

二、品牌对消费者的意义

品牌除具有方便消费者识别产品来源、保护消费者权益的基本作用外，还具有降低购物风险、实现消费者自我认同和社会认同、减少购买后的认知不协调等作用。

（一）降低购物风险

行为学家研究表明，消费者在购买行为中存在五种可感知的风险：金钱风险、功能风险、生理风险、社会风险和心理风险。卡菲勒认为：消费者的不安全感是品牌产品存在的基础。由于产品本身具有模糊性，消费者只有在将产品买到手并使用后才能对产品的质量有所把握和了解，因此，大多数消费者在购买前存在着不安全感。品牌是产品质量的标志，代表着产品的品质和特色，消费者认牌购买，可大大降低其购物的风险程度，有助于消费者快速做出购买决策。

（二）实现消费者自我认同和社会认同

自我识别的研究是后现代消费关键的决定因素。成功的品牌一般都具有鲜明的个性和形象，通过使用某一品牌，消费者在内心实现了理想的自我，或者自我通过品牌在社会中彰显出来，被他人和社会所接受。消费者运用品牌建立了自己想要的理想形象。

（三）减少购买后的认知不协调

消费者在进行一次较重大的购买之前或之后，常常会问自己“我买对了，还是买错了？”这种担忧往往会形成不协调的感觉。但如果买的是名牌产品，人们在购买时不仅可以用这牌子消除自己的疑问，而且能感觉到一种荣耀的自我满足。所以，品牌可以充当促进消费者做出购买决策的“润滑剂”。

三、品牌对国家的意义

品牌是国家形象的代表。品牌不仅是一个企业开拓市场、战胜对手的有力武器，更是一个国家综合实力和整个民族财富的标志。民族品牌不仅代表国家产业水平，而且代表国家的国际形象，承载着重构民族自尊心和自信心的历史责任。

据联合国工业计划署统计，世界上各类名牌商品共约8.5万种，其中发达国家和新兴工业化经济体拥有90%以上的名牌所有权，处于垄断地位，而我国拥有的国际知名品牌却寥寥无几。目前我国有170多类产品的产量居世界第一位，却少有世界水平的品牌，是典型的“制造大国、品牌小国”。在经济全球化时代，如果一个国家没有优秀的民族品牌，它可能永远只能充当他国的贴牌生产基地，耗费大量的人力、物力来赚取可怜的加工费。中国在“十一五”规划中已把技术创新和品牌培育列为工业经济发展的两个亮点，表明培育国际品牌已经成为经济发展的重中之重。

品牌与国民经济存在相关性。从英特品牌公司（Inter Brand）、福布斯（Forbes）等各类机构对全球最有价值的品牌和最大企业业绩的排行榜来看，一个国家或地区的经济实力和地位，与品牌的多与寡、强与弱密切相关。在每年英特品牌公司与美国《商业周刊》（Business Week）联合发布的全球最有价值的100个品牌中，从未出现中国品牌的身影。近年来，世界经济开始进入品牌竞争的时代，品牌对国家经济发展的贡献度也在不断提高，美国品牌所创造的价值占GDP的比重达60%，而中国品牌产品对经济增长的贡献率仅为25%。由于品牌少而弱，虽然我国对外贸易规模不断壮大，但效益并不是很高。因此，培育品牌无疑是中国经济实现强大目标的关键路径。

本章回顾

品牌的原意是指通过在家畜身上打上不同的标记来表明其主人。随着商品交换，人们逐渐习惯用特殊的标记来表明或区分产品的产地和生产者，生产者也特意以此为消费者提供产品质量担保，这就是品牌早期的雏形。事实上，现代的品牌概念是非常复杂的，市场营销学、心理学、社会学等多学科的融入，极大地丰富了品牌的含义，使品牌成为具有多面性的概念。从动态的角度看，品牌内涵的演变经过了五个阶段：品牌是区隔标志；品牌是价值担保；品牌是联想载体；品牌是关系集合；品牌是无形资产。在理解和把握品牌概念时，还应注意明确品牌与牌子、品牌与标志、品牌与商标、品牌与名牌、品牌与产品、品牌与品类之间的联系与区别。

品牌具有非物质性、资产性、集合性、专有性、扩张性、承诺性、风险性和不确定性、竞争性、忠诚性等多方面特征。品牌从不同角度可划分为区域性品牌和国际品牌；高端品牌和大众品牌；高技术品牌、高文化品牌、一般品牌和精英品牌；产品品牌、公司品牌、区域品牌和国家品牌等。品牌对国家、企业和消费者均具有重要的意义，企业在品牌管理过程中要充分考虑面对不同的对象，发挥品牌的不同意义和作用。

关键术语

品牌　品牌与牌子　品牌与标志　品牌与商标　品牌与名牌　品牌与产品　品牌与品类

讨论与思考

1. 怎样理解品牌的内涵？
2. 怎样理解品牌与牌子、标志、商标、名牌的区别？
3. 品牌具有哪些基本特征？
4. 怎样认识品牌对企业发展的重要意义？

案例分析

亚马逊：贴近消费者的个性需求

亚马逊公司是一家“财富500强”公司，总部位于西雅图，成立于1995年7月，目前已成为全球商品种类最多的网上零售商。亚马逊致力于成为全球最“以客户为中心”的公司，使客户能在公司网站上找到和发现任何他们想在线购买的商品，并努力为客户提供最低的价格。亚马逊和其他卖家提供数百万种独特的全新、翻新及二手商品，类别包括图书、影视、音乐和游戏、数码下载、电子和计算机、家居和园艺用品、玩具、婴幼儿用品、杂货、服饰、鞋类、珠宝、健康和美容用品、体育、户外用品、工具，以及汽车和工业产品等。

Blake Project咨询公司的首席品牌策略师范傲乐（Brad Van Auken）认为亚马逊有着出类拔萃的产品可及度、功能和客户体验，创造出深受消费者信任的强大品牌。

范傲乐说：“Amazon.com提供数百万种产品，24小时营业，无与伦比的搜索和浏览技术，再加上用户评论和其他方面的产品深度信息，这些都为用户带来了优质的购物体验。”

他补充说，亚马逊品牌——其低廉的价格、购满一定金额即免邮费的政策——被认为真正让利于消费者，同时一键下单和快速送货选择帮购物者节省了宝贵时间。消费者还可以在亚马逊找到任何自己想要的东西，这要归功于亚马逊与Partner Count等销售渠道的合作关系。

尽管庞大的商品数量可能会被认为给消费者带来疏离感，但范傲乐认为亚马逊在培养与消费者的感情方面为所有企业树立了很好的榜样，比如通过消费者过去的购买记录推荐商品，良好的用户评论和打分系统，还有搭配购买推荐。消费者还可以通过很多渠道建立与品牌的私人感情联系，包括建立用户页面、为商品评论和打分、列心愿单和书目单来推荐自己喜欢的商品。

（资料来源：http://society.kankanews.com/job/2013-02-05/355032.shtml。）

【案例思考题】

结合上面案例并参考相关资料分析下列问题：

1. 亚马逊品牌具有哪些优势和劣势？

2. 亚马逊的品牌管理对中国的一些企业具有哪些可以借鉴的经验和做法？

本章实训

【实训目的】

（1）了解品牌的发展与历史。

（2）理解品牌的内涵。

（3）理解不同角度对品牌内涵的解释。

（4）理解品牌的意义。

【实训内容】

（1）查询5本品牌管理方面的书籍，了解品牌发展过程与品牌内涵。

（2）通过文献查询，试对不同学者关于品牌概念的定义进行归纳、分析和评价。

（3）查找与品牌的意义有关的案例，并让学生进行理解与分析品牌对社会、企业、消费者的意义表现在哪些方面。

【实训组织与步骤】

（1）提前布置实训内容，并进行分组。

（2）下次课上请各组学生代表本组进行发言，对所阅读书目及相关内容进行表述，其他本组同学可以适当补充。表述形式可以多样化。

（3）教师在此过程只作为组织者与协调者，在学生表述后可以适当点评。注意控制学生表述的时间。

延伸阅读

[1] 凯文·莱恩·凯勒．战略品牌管理．卢泰宏，等，译．北京：中国人民大学出版社，2012.

[2] 阿克．管理品牌资产（品牌三部曲1）．吴进操，常小虹，译．北京：机械工业出版社，2012.

[3] 阿克．创建强势品牌（品牌三部曲2）．李兆丰，译．北京：机械工业出版社，2012.

[4] 阿克，乔基姆塞勒．品牌领导（品牌三部曲3）．耿帅，译．北京：机械工业出版社，2012.

[5] 艾·里斯，劳拉·里斯．品牌的起源．寿文，译．太原：山西人民出版社，2010.

参考文献

[1] 凯文·莱恩·凯勒．战略品牌管理．卢泰宏，等，译．北京：中国人民大学出版社，2012.

[2] 莱斯利·德·切纳托尼．品牌制胜——从品牌展望到品牌评估．北京：中信出版社，2002.

[3] 里克·莱兹伯斯．品牌管理．北京：机械工业出版社，2006.

[4] 斯蒂芬·P．罗宾斯，等．管理学．孙健敏，等，译．北京：中国人民大学出版社，2004.

[5] 凯文·莱恩·凯勒．战略品牌管理．北京：中国人民大学出版社，2006.

[6] 莱斯利·德·切纳托尼，M．麦克唐纳．创建强有力的品牌——消费品工业品与服务业品牌的效益．北京：中信出版社，2001.

[7] 大卫．奥格威．一个广告人的自白．林桦，译．上海：中信出版社，2003.

[8] 余明阳．品牌学．合肥：安徽人民出版社，2002.

[9] 周志民．品牌管理．天津：南开大学出版社，2008.

[10] 庞守林．品牌管理．北京：清华大学出版社，2011.

[11] 翟艳萍．品牌管理研究．北京：中国物资出版社，2010.

第二章
品牌战略管理过程

箴言

战略管理过程，本质上是动态的，这一过程是一家公司要获得战略竞争力和超额利润的一整套约定、决策和行动。

——（美）迈克尔·A. 希特

本章学习目标

1. 了解国内外学者关于品牌战略管理内涵的不同表述
2. 理解品牌战略管理的定义和特征
3. 理解品牌战略管理对企业发展的意义
4. 理解品牌战略管理的流程，把握品牌战略管理的基本内容
5. 理解品牌管理的各种组织形式的含义及其优缺点
6. 能够运用品牌战略管理知识分析和评判企业的品牌战略管理实践

本章知识结构图

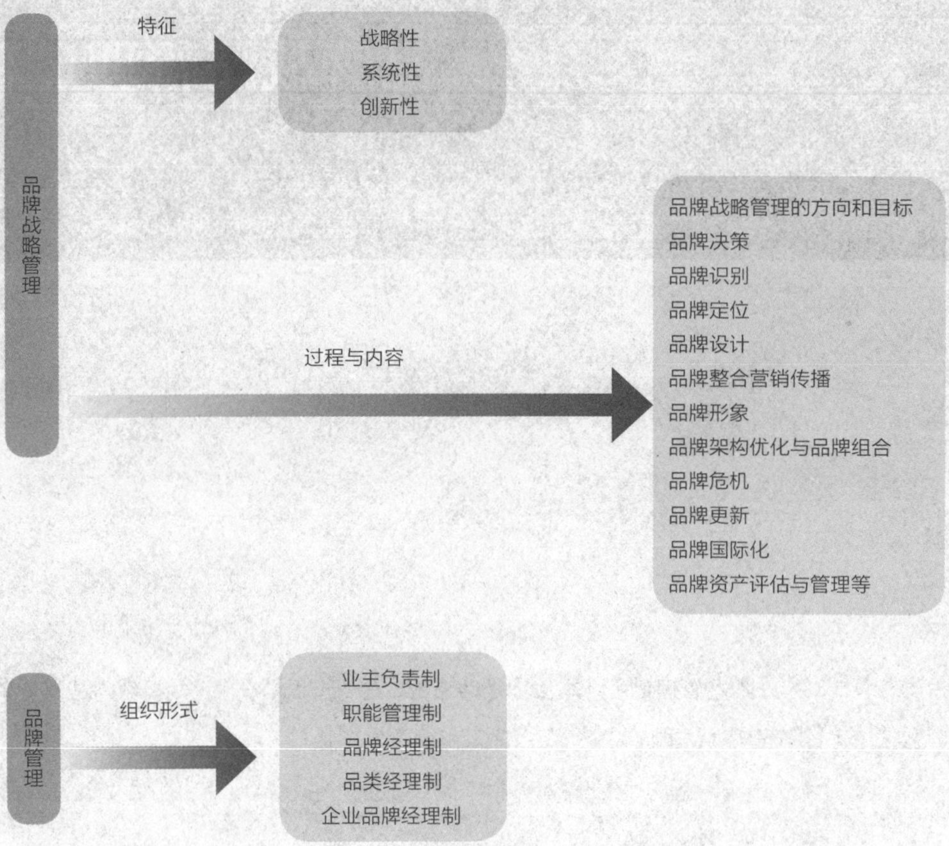

引导案例

研发营销双拳出击　尽显品牌发展活力

2013年8月6日，上海家化联合股份有限公司（以下简称“上海家化”）携旗下五大品牌佰草集、启初、玉泽、恒妍、茶颜齐聚亮相上海静安香格里拉大酒店，隆重举行了题为“中国美丽，中国创造”的品牌战略发布会。上海家化在发布会上正式提出了公司未来的发展战略：以中国领先、世界一流的研发体系和研发能力为基础，将中国优势、产品优势、营销优势和人才优势发挥到极致，在中国乃至世界的美丽事业中创造更多中国名牌。行业分析师认为，上海家化已具备化妆品集团即平台类公司的雏形，其细分化、多品牌、品牌与渠道相匹配的发展战略已初见成效。

在上海家化所发布的战略背后，蕴藏着该公司对日化行业的深刻洞察以及对自身实力的高度自信。目前，中国日化行业大部分的市场份额已被外资企业占据。难能可贵的是，上海家化却开拓出了一片属于自己的市场空间，连续八年以快于行业的速度增长，市场份额不断攀升。2012年，上海家化实现销售收入45.04亿元，同比增长26%，实现净利润6.15亿元，同比大幅增长70%，与同行所有企业相比都倍显亮丽。探究上海家化在竞争如此激烈的市场上仍能赢得可观份额背后的原因，其厚积薄发的强大研发实力和善于将优势发挥到极致的巧妙营销手段均功不可没。

企业要想永葆生机，过硬的产品是核心要素，而产品的优异必然依赖先进的科学技术和一流的研究开发。上海家化拥有国家级技术中心，该中心拥有配方开发、配方研究、应用基础研究、中医中药研究、包装创意设计和开发、消费者研究等五十多个内部实验室。除此之外，家化还与国内知名大学和专业研究机构建立了多个联合实验室。上海家化科研部有近200名研发人员，分别来自于皮肤学、药理学、植物学、中草药技术、微生物学、无机化学、有机化学、包装工程、色彩学、艺术、工业设计等二十多个学科。统计显示，本科以上学历占到90%以上，博士和硕士占到30%以上。上海家化每年的研发投入占总营业收入的3%，投入规模随着公司业务的逐年递增而同时递增。

“酒香也怕巷子深。”上海家化在练就内力打造精品的同时，丝毫没有放松在销售渠道、促销手段、传播模式等营销方式上的变革和创新。作为最了解中国市场的本土企业，上海家化已全面地覆盖百货、商超、化妆品专营店和电子商务等主流渠道和终端，其中佰草集是唯一一个进入高端百货商场的中国品牌，拥有中国其他本土品牌不可比拟的渠道优势；六神、美加净品牌主要占据商超渠道，与多数中国品牌相比也有明显的渠道优势；本次发布会上亮相的恒妍品牌聚焦本土品牌优势明显的化妆品专营店渠道，茶颜品牌则是根据中国年轻人群有一半以上喜爱网购这一特点，针对电子商务特别是移动互联网渠道专门推出的定制品牌。除了针对不同的渠道推出不同的品牌和产品以及针对不同的产品采取不同的促销手段之外，上海家化还深入研究新环境、新形势下的传播趋势和规律，加大传播创新力度，通过跨屏整合媒体传播、大媒体组合投放、网络整合营销、CRM和基于数据挖掘的精准传播等手段优化并突破营销传播模式，提高投入产出效益。

不难理解，化妆品市场同质现象严重，品牌之间的竞争极为激烈。从家化日渐强大的品牌家族来看，强劲的科研实力加有效的营销手段这一“组合拳”颇见成效，佰草集、六神、美加净成为三大超级品牌的基础已经具备，更多新品牌、新产品更是蓄势待发。在本次发布会上重点推介的佰草集太极丹以突破性的护肤方式和显性化的护肤效果傲视群雄，对佰草集品牌的持续大发展可谓是如虎添翼；玉泽品牌在好评如潮的皮肤屏障修护系列基础上，又在本次发布会上推出了清痘调护系列，必将进一步拓展未来在药妆市场上的广阔成长空间；

新品牌启初全力研发“专属于0—3岁中国婴幼儿个人护理产品及方案”，以“幼吾幼以及人之幼”的责任与使命，“取自然之初育生命之初”的科学理念，促进中国每一位婴幼儿的肌肤健康成长；同样亮相发布会的恒妍、茶颜两大新品牌，也预示了家化将开启化妆品专营店渠道和电子商务渠道的崭新征程。

上海家化旗下众多品牌之所以能呈现勃勃的生机和旺盛的活力，是因为公司心怀振兴民族品牌和产业报国的梦想，立足中国市场，贴近中国消费者，贴近渠道和终端，贴近媒体，不断学习竞争对手之长，不断反思，不断总结，勇于变革，勇于创新。

“只有民族的，才是世界的。”刻有民族烙印的上海家化在国内市场渐入佳境的同时，在海外市场也风生水起，以中国消费品“品牌出口”拓荒者的身姿，稳健地走在国际化的征程上。上海家化的明星品牌佰草集堪称中国品牌国际化的先锋和典范。在外资品牌纷纷进入中国市场的情形之下，佰草集作为中国第一个完整意义的现代中草药个人护理品牌，反其道而行之，致力于把中草药护肤理念带向全世界，进入跨国公司和国际大牌的老巢和后院，与其开展直接的正面交锋。五年前，上海家化董事长葛文耀在接受法国总统萨科齐会见时首次透露佰草集意欲进军法国市场，如今佰草集已成功进驻了法国、德国、意大利、西班牙、新加坡等10余个国家与地区，海外门店数超过300家，在丝芙兰和道格拉斯两大欧洲主流渠道展示来自中国的令当地消费者刮目相看的神奇中医药化妆品（“The Chinese Beauty Remedy”）。

“路漫漫其修远兮，吾将上下而求索。”上海家化，这位执民族日化行业之牛耳的开拓者和领导者，秉持“精致优雅、全心以赴”的理念，栉风沐雨走过百年，如今更显活力焕发。上海家化董事长葛文耀对未来的发展充满信心，他表示：“中国的化妆品人均销量与发达国家相比仍有很大距离，中国市场的潜力巨大，从纵向和横向的比较来看，现在是做民族品牌的最好时机。上海家化将把握机遇，深入了解和理解消费者需求及变化，不断增强科研实力，加大营销力度，发展多样化、多渠道的品牌战略，打造强大的综合实力，以实现企业的快速发展，争取早日跻身世界化妆品行业20强。我们也希望，上海家化的探索之路能够给更多的本土品牌带来一些经验，希望大家一起努力，共同担负起振兴民族品牌的重任。”

（资料来源：上海家化网站，http://www.jahwa.com.cn/newsdetail.aspx?id=184。）

第一节 品牌战略管理概述

一、品牌战略管理的定义

(一)战略与战略管理

战略(Strategy)一词原是指军事用语,意指军事将领对战争全局的谋略,常指根本性的长远的关系全局得失的谋划和部署。1965年,美国学者安索夫(H.I.Ansoff)首先将战略一词用于组织经营管理中。IBM公司将这一理念运用到其产品和服务的实践中获得成功后,其他企业随之效仿,制定自己的企业发展战略。关于战略的定义,有的认为是对开发核心竞争力并获得竞争优势的整套承诺和行动的整合和协调;[①]也有的认为是一个组织长期的发展方向和范围,它通过在不断变化的环境中调整资源配置来取得竞争优势,从而实现利益相关方的期望。[②]

战略管理(Strategic Management)是一组管理决策和行动,它决定了组织的长期绩效。[③]

(二)品牌管理、品牌战略与品牌战略管理

1. 品牌管理(Brand Management)

余明阳等认为,品牌管理是指有效运用各种内外部资源,通过计划、组织、领导、控制等管理职能创立、维护、塑造品牌以使品牌价值最大化的过程。[④]

周志民认为,品牌管理是指管理者为了培育品牌资产而展开的以消费者为中心的规划、传播、提升和评估等一系列战略决策和策略执行活动。[⑤]

庞守林认为,品牌管理是管理者以企业战略为引导,以品牌资产为核心,围绕品牌创建、维护和提升这一主线,综合运用各种资源和手段,达到增加品牌资产、打造强势品牌目的的一系列管理活动。品牌管理必须针对消费者的心理和行为规律,最终打造品牌的竞争优势。[⑥]

2. 品牌战略(Brand Strategy)

余明阳等认为,品牌战略是指品牌机构通过外部竞争环境的现实状况和未来趋势的分析,根据自身条件,在品牌战略思想指导下所进行的给予品牌塑造和未来发展的整体规划以及实施。[⑦]

黎建新认为,品牌战略是指企业对自己品牌发展的战略规划,是企业针对外部竞争环境的具体情况及其未来发展趋势,有效配置自身资源,对品牌塑造的整体规划和长远安排。[⑧]

堪飞龙认为,品牌战略是企业为提升其竞争优势,围绕产品或企业品

① 迈克尔·A. 希特,等. 战略竞争——竞争与全球化(概念). 吕巍,等,译. 北京:机械工业出版社,2005.

② 格里·约翰逊,等. 战略管理. 王军,等,译. 北京:人民邮电出版社,2006:7.

③ 斯蒂芬·P. 罗宾斯,等. 管理学. 孙健敏,等,译. 北京:中国人民大学出版社,2004:204.

④ 余明阳,姜炜. 品牌管理学. 上海:复旦大学出版社,2006:9.

⑤ 周志民. 品牌管理. 天津:南开大学出版社,2008:24.

⑥ 庞守林. 品牌管理. 北京:清华大学出版社,2011:18.

⑦ 同④

⑧ 黎建新. 品牌管理. 北京:机械工业出版社,2012:144.

牌所制定的一系列长期性、带有根本性的总体发展规划和行动方案，是企业获取相对持久的核心竞争力的一种有效方式，通过品牌战略使内部资源、能力和目标适应外部环境，或者对资源和能力加以延伸，创造新的机会和市场以适当改变外部环境。[①]

3. 品牌战略管理（Strategic Brand Management）

凯文·莱恩·凯勒认为，品牌战略管理，涉及创建、评估及管理品牌资产的营销规划和活动的设计和执行。[②]

余明阳等认为，品牌战略管理是以企业战略为指引，以品牌资产为核心，围绕企业创建、维护和发展品牌这一主线，综合运用各种资源和手段，以达到增加品牌资产、打造强势品牌的目的。[③]

二、品牌战略管理的特征

品牌战略管理是管理者为获得战略竞争力和超额利润，以企业战略为引导，以品牌资产为核心，围绕品牌创建、维护和提升这一主线，根据外部竞争环境及其可能的发展趋势，有效地整合运用各种资源和手段，实现对品牌塑造和未来发展的整体规划和实施。品牌战略管理具有战略性、系统性、创新性特征。

（一）战略性

品牌战略管理的战略性，不仅仅反映在品牌管理的战略性，而且应该从企业战略的视角来认识和实践。企业品牌战略，必须基于企业战略，其最终的目的是通过品牌战略管理增加品牌资产、打造强势品牌而获得企业战略竞争力和超额利润。

（二）系统性

管理是"一个协调工作活动的过程，以便能够有效率和效果地同别人一起或通过别人实现组织的目标"。[④]品牌战略管理需要"有效地整合运用各种资源和手段"，"涉及创建、评估及管理品牌资产的营销规划和活动的设计和执行"，"围绕品牌创建、维护和提升这一主线"。所以，品牌战略管理是一项系统工程，它涉及包括营销部门或品牌推广部门在内的企业各个职能部门，涉及整个生产、商业流程，涉及所有的品牌关系利益人，涉及企业价值链的各个环节。品牌战略管理的系统性特征，决定了企业品牌管理必须基于企业战略的品牌战略规划和实施的重要性。

（三）创新性

品牌战略管理着眼于品牌的可持续发展，一个强势品牌的打造不可能一蹴而就。品牌的创建、维护和提升，是一个长期的过程，而且，科学技术的突飞猛进和市场竞争环境的瞬息万变，以及自身情况的变化，决定了品牌战略管理必须具有创新性。差异化是

① 堪飞龙. 品牌运作与管理. 北京：经济管理出版社，2012：160.

② 凯文·莱恩·凯勒. 战略品牌管理. 卢泰宏，等，译. 北京：中国人民大学出版社，2012：55.

③ 余明阳，姜炜. 品牌管理学. 上海：复旦大学出版社，2006：372.

④ 斯蒂芬·P. 罗宾斯，等. 管理学. 孙健敏，等，译. 北京：中国人民大学出版社，2004：7.

品牌成长和发展的前提条件，一个没有独特性的品牌管理战略和一个一成不变的品牌管理战略，不可能打造一个可持续的强势品牌。

第二节　品牌战略管理过程与内容

一、品牌战略管理的过程

（一）国内外典型的观点

1. 凯文·莱恩·凯勒的战略品牌管理流程四个主要步骤

凯勒教授在其著名的品牌经典之作《战略品牌管理》（第二版）当中，提出了战略品牌管理的流程，将战略品牌管理过程分为以下四个步骤（如图2-1所示）。[①]

① 凯文·莱恩·凯勒. 战略品牌管理. 卢泰宏，等，译. 北京：中国人民大学出版社，2012：35.

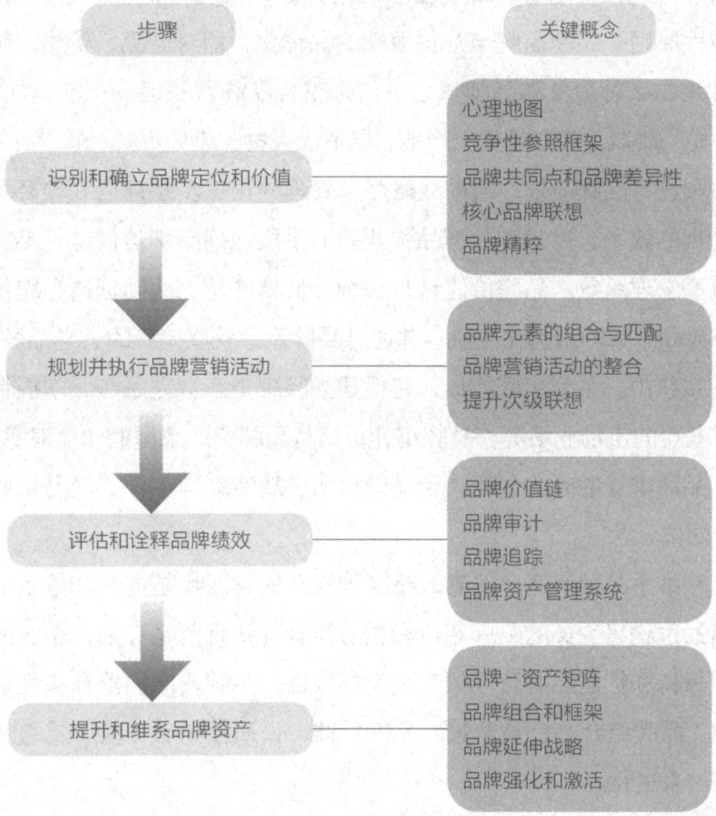

图2-1　凯文·莱恩·凯勒战略品牌管理流程

（1）识别和确立品牌定位和价值。凯勒的战略品牌管理从识别和确立品牌定位和价值入手，将清晰地理解品牌代表什么及应该如何定位作为品牌管理的第一步。品牌定位是指通过营销活动使品牌在目标顾客的脑海中占据独特的和有价值的地位，其目标是占据消费者脑海中的位置，使企业的潜在利润最大化。本质上，品牌定位就是让消费者信服该品牌的优势或相对于竞争者的差异点，减少任何可能不利的劣势，因此，企业可以通过建立共同点联想和差异点联想来进行品牌定位。另外，品牌定位还规定了品牌核心联想和品牌精粹。品牌核心联想是指能最好地描述和刻画品牌所具有的联想子集（属性和利益），而品牌精粹是指品牌的精髓或核心品牌承诺。品牌精粹可以用三言两语来概括品牌的关键部分及其核心联想，可以将它看作是永久性的“品牌DNA”——品牌对于消费者和企业来说最重要的部分。因而，品牌核心联想、共同点、差异点和品牌精粹可以看作是品牌的心脏和灵魂。

（2）规划与执行品牌营销活动。凯勒提出，创建品牌资产就是要求建立消费者能够充分感知，同时能够产生具有强有力的、积极的和独特品牌联想的品牌。一般来说，这种知识构建流程取决于以下三个因素：一是品牌要素的选择，如名称、域名、标志符号、品牌形象代表、包装及口号等，品牌要素的选择必须坚持记忆性、有意义性、可爱性、可转换和适应性原则；二是品牌与营销活动的一体化，即对产品、价格、渠道、促销等进行设计，并紧扣品牌形象和品牌核心价值来整合品牌营销活动；三是次级联想杠杆，其来源包括公司、联盟、成分品牌、产地、渠道、人物、事件等。

（3）评估和诠释品牌绩效。凯勒战略品牌管理的第三步是评估和诠释品牌业绩，了解品牌营销计划的效率。评估和诠释品牌业绩的手段包括品牌价值链、品牌审计、品牌追踪和品牌资产管理系统。品牌价值链是一种评价哪些营销活动创造品牌价值以及评价品牌资产的来源和结果的结构化方法，并通过品牌追踪获取笼统的、与品牌相关的信息。品牌资产评估系统由一系列步骤构成，包括建立品牌资产管理系统、掌握评估品牌资产的来源、分析获得的市场业绩等。品牌审计是指从品牌资产来源的角度对品牌进行全面、综合的审查，品牌审计的内容包括评价品牌价值、战略品牌审计、产品拓展审计和品牌投资组合审计四部分。

（4）提升和维系品牌资产。凯勒战略品牌管理的第四步是提升和维系品牌资产。凯勒认为，虽然通过构思完美的品牌定位和精心设计并执行营销计划，企业能够获得品牌领先地位，但保持和扩展品牌资产依然具有挑战性。品牌资产的提升和维系可以通过品牌-产品匹配、品牌组合、公益营销、品牌延伸、长期强化品牌资产及跨区域和细分市场构建品牌资产来进行。

2. 杜纳·E. 科耐普的品牌战略实施过程五个步骤

杜纳·E. 科耐普在《品牌智慧——品牌战略实施的五个步骤》（第二版）中，提出了品牌战略方针的实施过程包括：品牌评估、品牌承诺、品牌规划、品牌文化和品牌优势五个步骤[①]（如图2-2所示），即评估品牌的

① 杜纳·E. 科耐普. 品牌战略实施的五个步骤. 赵中秋，等，译. 北京：企业管理出版社，2006：30.

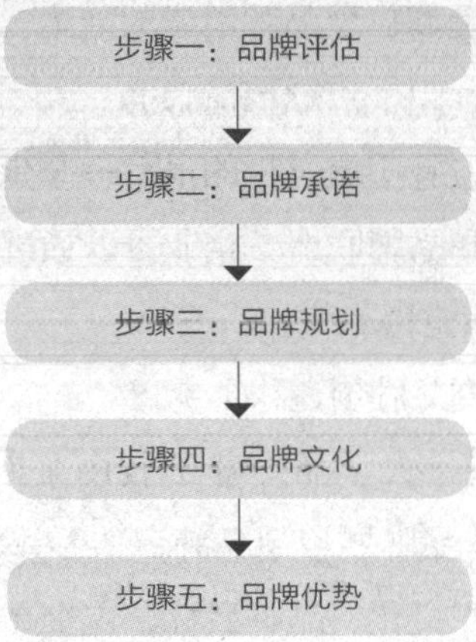

图2-2 杜纳·E. 科耐普品牌战略实施过程

目前状况或未来前景；制定品牌承诺；构建品牌规划；制定培植品牌文化计划和书面的品牌战略方针；提高品牌优势。

品牌战略方针实施过程的第一步是评估品牌现状，即采用人口和心理学的统计数据对市场、顾客、竞争对手和相关经济及产业环境等方面进行独立的“形势分析”，在事实和调查研究的基础上，对品牌的目前情况进行概括和总结，检查和确认企业的品牌形象和认知。品牌评估的目的是正确判断目前品牌的状况；对品牌当前的位置在企业内部取得统一认识。

在品牌评估的基础上，接下来的工作就是制定品牌承诺或价值主张。品牌承诺可以定义为：当前或潜在的顾客使用或体验某一品牌的产品或服务后，渴望能从功用和情感方面获得某些利益，这些利益的本质就是品牌承诺。可见，品牌承诺是品牌给予为顾客提供的产品或服务的一种保证，它包含了消费者的观点，其目的是为了展现品牌的内涵、灵魂和精神。品牌承诺是品牌能够卓尔不群的关键。其主要包含三个内在特性：① 承诺要做某事；② 体现某种保证；③ 对灿烂前景和未来业绩的认可。可见，无论是创建并培育一个新品牌，还是改进现有的品牌，毋庸置疑，品牌承诺都是相当重要的。

当企业最终确定品牌承诺后，就要进行确定品牌构架的品牌规划工作。品牌规划将制定出各类用来体现品牌承诺的品牌信息，这其中包括品牌名称、品牌说明、图形表述、品牌口号和品牌故事等。品牌媒介传播最终将由那些专门从事创意的广告公司或图形设计公司来策划完成。品牌规划的目的是提出或阐明用于传达品牌内涵的信息类型，从而致力于品牌信息本身。

品牌战略方针实施过程的第四个步骤是准备一份阐明品牌战略方针的行动计划书，其中包括指导下一年品牌工作的品牌原则和品牌文化培植计划。品牌战略方针每年都应该进行更新，并应当制定有关规则，以确保有效和连贯地培育品牌，最终确立品牌优势。培育品牌文化可以定义为：要求和促使企业的所有员工和有关人员（包括目前的或将来的）都遵从基于企业特定品牌的信念、行为和特色方式，从而提高他们对这个问题——

无论个人还是企业，都要不断提高兑现品牌承诺的能力——的认识水平，因此，在培育品牌文化这一步，企业的目标是要树立信念和行为。

创造品牌优势是品牌战略方针实施过程的最后一个步骤。品牌优势可以通过三条途径获得：商号品牌、未来品牌和品牌联盟。企业可以通过这些途径确立起自己的竞争优势，增强品牌特色，从长远角度定位品牌。

3. 莱斯利·德·切纳托尼的品牌创建八个步骤

英国著名品牌学者、伯明翰大学品牌营销教授莱斯利·德·切纳托尼（Leslie de Chernatony）在《品牌制胜：从品牌展望到品牌评估》一书中提出了创建品牌的八个步骤，具体包括：品牌展望、组织文化、品牌目标、审查品牌环境、品牌本质、内部实施策略、寻找品牌资源和品牌评估（如图2-3所示）。[①]

① 莱斯利·德·切纳托尼. 品牌制胜：从品牌展望到品牌评估. 北京：中信出版社，2001.

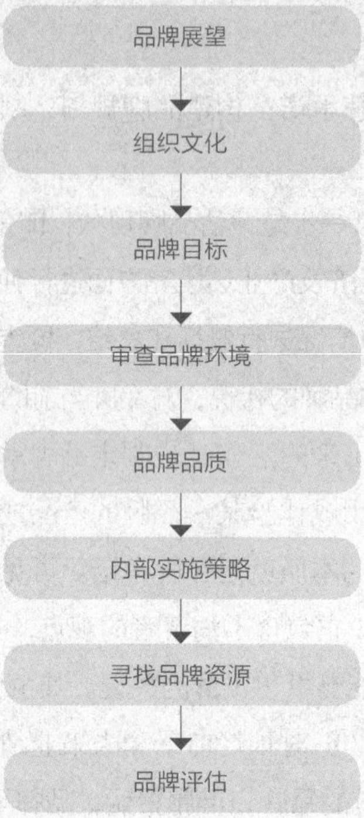

图2-3 莱斯利·德·切纳托尼品牌创建过程

切纳托尼的品牌管理过程强调品牌的战略意义，因此，其品牌管理过程从品牌展望、组织文化、品牌目标开始。品牌展望是指对品牌未来的环境和趋势进行预测，以便确定品牌发展的目标和所具有的价值观。组织文化是指将员工凝聚起来，采取统一行动的“黏合剂”。而品牌目标就是品牌在特定时期必须实现的目的，包括短期目标和长期目标。审查品牌环境是指检查可能促进或阻碍品牌成功的因素，根据切纳托尼的论述，有五个方面的因素会发挥作用，即公司、分销商、竞争者、消费者和宏观环境。品牌本质是对品牌核心概念的描述，如品牌特征、利益、感情回报、价值观、个性品质等，它可以进一步深化品牌定位和品牌个性。内部实施策略则是对公司内部进行的品牌传播，根据切纳托尼的描述，传播的途径有两条：一条是注重功能价值的机械途径，包括价值链分析、外包战略、核心竞争力及服务流程；一条是注重感情价值的人文途径，包括员工价值观、员工授权和相互关系等。寻找品牌资源是指建立表现品牌本质的元素，这些元素包括特色名称、所有权符号、功能能力、服务元素、降低风险元素、法律保护、速记符号、象征特征等。最后是品牌评估，包括内部评估和外部评估两个方面的评估。

4. 余明阳、姜炜的战略品牌管理过程五个步骤

我国学者余明阳、姜炜认为品牌战略管理过程（Brand Strategic Management Process）是指一个品牌战略的规划、实施、评估的过程。品牌战略管理过程最重要的是实施和客观评估实施的绩效，其基本思想是：品牌战略管理过程的每一个环节都必须考虑品牌机构的实力和核心竞争力、外部环境状况和发展趋势、消费者行为和心理的演变方向。每一个致力于塑造强势品牌的机构所面临的最大的挑战就是缺乏对自身现状的客观评估，对外部环境的科学监测和对目标消费者的把握。余明阳、姜炜将战略品牌管理过程分为以下五个步骤（见图2-4）。[①]

① 余明阳，姜炜. 品牌管理学. 上海：复旦大学出版社，2006：384.

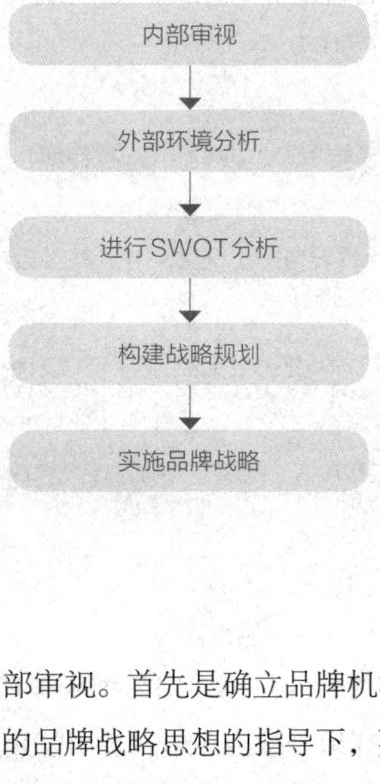

图2-4 余明阳、姜炜品牌战略管理过程

品牌战略管理过程始于内部审视。首先是确立品牌机构宗旨。每一个品牌机构都有一个统一的战略思想，在各自的品牌战略思想的指导下，要确定品牌机构的宗旨，向人们说明本品牌机构从事什么样的事业，通过什么样的主营业务来实现这一宗旨，从而明确品牌机构所能够提供的产品或服务的范围。其次是分析品牌机构资源。以摸清品牌机构现实拥有哪些资源，考虑自身是否有基本的资源和管理能力作为品牌创建的支撑。

品牌战略管理过程的第二个步骤是对品牌机构的外部环境进行分析。目的是准确地把握外部环境的现状、未来变化和发展趋势及其对品牌机构的重要影响。环境分析是品牌战略规划过程的关键要素。品牌环境分析包括对品牌机构的一般环境与具体环境的分析，品牌机构的具体环境和一般环境在很大程度上限定了品牌管理者的可选择性。实践

证明，成功的品牌战略大多是与其环境相适应的战略。

品牌战略管理过程的第三个步骤是进行SWOT分析。品牌机构若能够把握和利用机会，就能够增强品牌的核心竞争力，获得竞争优势；相反，若不能有效地回避或恰当地处理品牌危机，就会导致动摇或腐蚀品牌的优势和核心竞争力。品牌机构的领导和管理层必须对优势和劣势进行明确的评价，进而识别出什么才是本机构所具有的与众不同的能力，即决定进行外部竞争的独特技能和资源所形成的核心竞争力。

品牌战略管理过程的第四个步骤是构建战略规划。依照科学的决策程序，品牌机构的战略领导层需要开发和评估不同的战略选择方案，然后确定在品牌总战略指导下相互协调一致的各级战略体系，这些战略必须能够最佳地整合利用品牌机构的所有资源和充分利用环境所赋予的机会。成功的战略体系选择将使品牌机构得到最为有利的品牌竞争优势，并能够使这种竞争优势长期地保持下去，以达到永续经营的境界。

品牌战略管理过程的第五个步骤是实施品牌战略。

5. 周志民的品牌管理流程四阶段十一步骤

综合国内外学者的观点，我国学者周志民认为，品牌管理的流程和框架应当更多以品牌为核心来组织各项建设和管理工作，因此，其以凯勒教授的观点为蓝本，提出品牌管理的四阶段十一步骤的流程（见图2-5）。[①]

① 周志民. 品牌管理. 天津：南开大学出版社，2008：34.

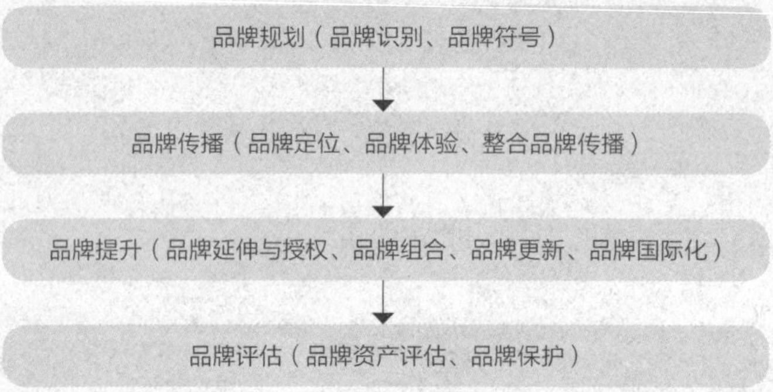

图2-5 周志民品牌管理流程

第一阶段，品牌规划阶段的目的是描绘出品牌应该在消费者心目中所呈现的图景。品牌图景是要在综合分析宏观环境、微观环境、公司愿景及品牌自身资源的前提下，从消费者角度提出的品牌未来可能的价值内涵，并以品牌符号外显出来。这包括品牌识别和品牌符号两个步骤。第二阶段，品牌传播阶段的目的是围绕所规划好的品牌识别进行品牌定位和品牌体验设计，然后策划各种传播工具和手段。这三个方面将帮助品牌在消费者脑海中建立起来。这一阶段包括品牌定位、品牌体验、整合品牌传播三个步骤。第三阶段，品牌提升阶段的目的是对已经建立起来的品牌进行进一步的调整和经营，以帮助品牌资产的提升。相关工作包括品牌延伸与授权、品牌组合管理、品牌更新、品牌国际化等。第四阶段，品牌评估阶段的目的是掌握品牌资产的现状，以检验品牌管理的成效，同时采取措施对已形成的品牌资产进行保护。主要包括品牌资产评估、品牌保护等工作。以上四大阶段应该成为一个闭环系统。根据第四阶段的评估结果，重新检查前三个阶段的工作，对出现问题的环节进行调整。

（二）本教材的观点

战略管理过程（Strategic Management Process）本质上是动态的，这一过程是一家公司要获得战略竞争力和超额利润的一整套约定、决策和行动。[①]基于本教材对品牌战略管理的定义，参考上述国内外学者关于品牌战略管理过程的观点，本教材以品牌核心价值的构建为主线，以品牌资产增值为目标，遵循品牌发生与成长的内在规律，将品牌战略管理过程归纳为由品牌创建、品牌决策、品牌提升和品牌评估四个阶段、十个步骤所组成，如图2-6所示。

① 迈克尔·A. 希特，等. 战略管理——竞争与全球化（概念）. 吕巍，等，译. 北京：机械工业出版社，2005：5.

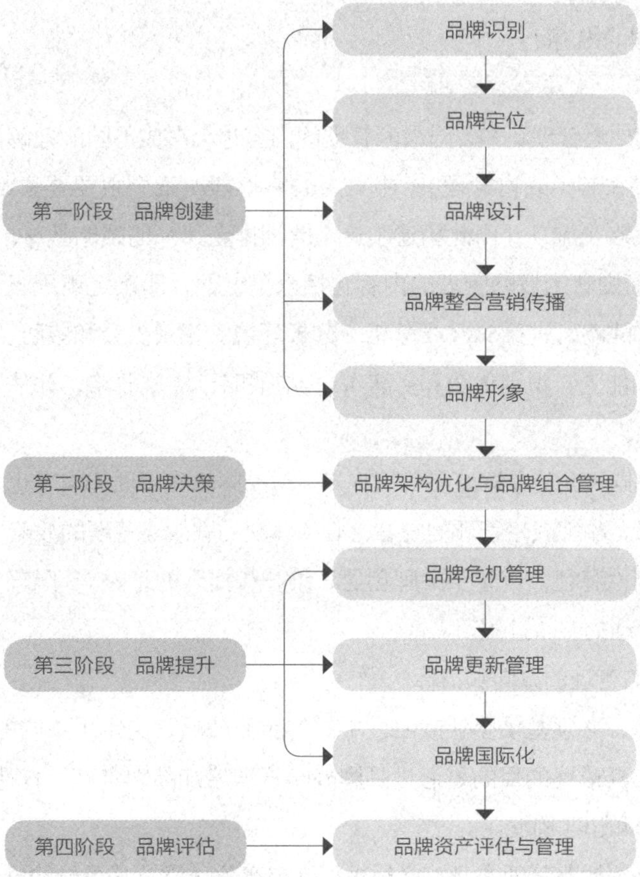

图2-6 品牌战略管理过程

第一阶段是品牌创建阶段，这一阶段包括品牌识别、品牌定位、品牌设计、品牌整合营销传播和品牌形象五个步骤。其中品牌识别、品牌定位属于品牌概念选择和确立的阶段；品牌设计是将品牌概念形象化的过程；品牌整合营销传播是将品牌概念与预期形象传达给目标市场、逐步树立品牌个性与形象的过程；品牌形象是前面四个步骤实施的结果。

第二阶段是品牌决策阶段。这包括品牌架构优化与品牌组合管理。通过优化品牌化战略，建立科学的品牌架构，实现组织内部及跨组织边界的战略协同与优化管理。

第三阶段是品牌提升阶段。这包括品牌危机管理、品牌更新管理和品牌国际化三方面内容。其中，品牌危机管理和品牌更新管理是品牌在纵深方向上的维护、巩固与提升；品牌国际化则是品牌在空间范围上实现横向扩展与延伸。

第四阶段是品牌评估阶段。对品牌资产进行评估，检验品牌管理的绩效。品牌战略管理过程是一个不断循环往复、螺旋上升的过程，通过对品牌战略管理过程的系统规划、实施结果的反馈与修正，推动品牌的逐步成长和发展，使品牌资产不断积累与提升，最终实现品牌持续发展的目标。关于品牌战略管理的过程的具体内容将在以后各章中有详细阐述。

二、品牌战略管理的内容

从不同视角的战略管理认知，对战略管理的内容也会形成不同的理解。

格里·约翰逊在其《战略管理》[①]中认为战略管理由三个主要要素组成，即战略定位、战略选择和战略实施，并由此构建了这本欧洲排名第一的战略教材。斯蒂芬·P. 罗宾斯则认为战略管理的内容包括以下方面，即确定组织当前的使命、目标和战略，进行SWOT分析（分析环境、识别机会和威胁、分析组织的资源和能力、识别优势和劣势），构建战略，实施战略，评估结果。[②]

同样地，从不同视角的品牌战略管理认知，对品牌战略管理的内容也会形成不同的理解。品牌战略管理的内容，必须体现品牌战略管理的战略性、系统性和创新性特征，贯穿于品牌创建、维护和提升的每一个环节，贯彻于品牌战略管理的整个过程。

（一）品牌战略管理的方向和目标

企业品牌战略，必须基于企业战略。不同的企业战略，决定了不同的品牌战略管理总的方向和目标；其最终的目的是通过品牌战略管理增加品牌资产、打造强势品牌而获得企业战略竞争力和超额利润。

同时，作为品牌战略管理本身，必须根据外部竞争环境及其可能的发展趋势，确定、完善具体的品牌战略管理的方向和目标。一般而言，根据企业发展战略，品牌战略管理本身的目标就是通过研究目标消费者的需求，通过有效地整合运用各种资源和手段，使目标消费者对品牌有深入的了解，在消费者心目中建立品牌地位，促进品牌忠诚。具体的目标可以分为三个，即品牌资产的增值（品牌获利能力）；潜力挖掘（扩大品牌资产的获利范围）；延长品牌作用的时间（防止品牌随着主导产品的过时而失去依托，造成品牌资产价值的流失和浪费）。

① 格里·约翰逊，等. 战略管理. 王军，等，译. 北京：人民邮电出版社，2006.

② 斯蒂芬·P. 罗宾斯，等. 管理学. 孙健敏，等，译. 北京：中国人民大学出版社，2004.

（二）品牌决策

品牌决策是品牌战略管理的基础。品牌决策是管理者根据企业发展战略决定企业是否使用品牌、使用哪种类型的品牌、使用什么形式的品牌，以及使用是否建立专门的品牌战略管理组织、建立何种品牌战略管理组织形式等一系列决策的过程。品牌决策包括品牌建立决策、品牌使用者决策、品牌名称决策、品牌战略决策和品牌再定位决策等。

在品牌决策的过程中，企业管理者必须根据外部竞争环境的变化及其可能的发展趋势，充分考虑能够整合运用的各种资源和手段，“创建、评估及管理品牌资产的营销规划和活动的设计和执行”，并且在实施中及时调整、完善品牌决策。

（三）品牌识别

品牌代表什么是品牌战略管理过程中的首要问题。由于品牌识别是期望在消费者心目中所形成的理想的品牌形象，是对品牌核心价值的提炼；同时又由于具体工作中存在的许多品牌识别陷阱，一旦品牌识别的规划出现偏差，那么后续的品牌战略管理工作就无法有效开展，从而使品牌识别的完善构建成为品牌战略管理中最具挑战性的任务。

（四）品牌定位

品牌定位，就是“让消费者信服该品牌的优势或者相对于竞争者的差异点，同时减少任何可能不利的劣势（创建共同点）。竞争性品牌定位就是要在消费者心目中创建品牌优势地位，使得企业潜在利润最大化”[①]。品牌定位不仅仅是一个理论问题，更存在一个技术方法问题，从而也成为品牌战略管理的基础内容。

（五）品牌设计

品牌设计用于表达品牌的内涵，所涉及的元素往往包括品牌的名称、标志、口号、角色、包装、音乐、故事等。通过品牌设计，以核心价值为中心的品牌识别系统得以建立，从而使品牌识别和品牌整合营销传播活动具有可操作性。一个优秀的品牌设计，可以促动消费者的内心世界，能够有效地得到消费者的认同。

由于不同的品牌元素的优点各不相同，对于如何选择、设计有利于强化品牌认知或促进强势、积极及独特品牌联想的品牌元素或品牌元素组合，成为品牌战略管理的关键内容。

（六）品牌整合营销传播

品牌传播就是企业向消费者传递品牌内涵和品牌核心价值的过程。自20世纪90年代提出至今，整合营销传播已成为现代营销学和广告学的关键性术语。整合营销传播是“一种作为营销传播计划的概念。确认一份完整透彻的传播计划有其附加价值存在，这份计划应评估各种不同的传播技能在策略思考中所扮演的角色，例如一般广告、直销回应、销售促进以及公共关系并且将之结合，通过天衣无缝的整合，提供清晰、一致的信息，

① 凯文·莱恩·凯勒. 战略品牌管理. 卢泰宏，等，译. 北京：中国人民大学出版社，2012：36.

并发挥最大的传播效果"[①]。

"尽管审慎选择品牌元素对于建立品牌资产大有裨益，但主要的贡献来自于品牌营销的相关营销活动。强势、积极、独特的品牌联想能够通过各种营销活动建立起来"[②]。那么，在品牌战略管理中，如何根据不同媒介的特点，整合各种传播媒介的作用，并重视与消费者的沟通交流，运用整合营销传播，达到向消费者传递一个品牌的核心价值，实现最大的品牌传播效果，自然成为品牌战略管理的核心内容。

（七）品牌形象

品牌形象主要起源于消费者对品牌相关性的联想，主要包括品牌特色、品牌利益、品牌价值、品牌文化和品牌个性。按照大卫·奥格威的看法，产品的品牌形象一旦培植到出众的地位，生产该产品的企业将会以最高利润获得最大的市场份额。[③]

由于一个产品具有它的品牌形象，消费者所购买的是产品能够提供的物质利益和心理利益，而不是产品本身。是否有一个鲜明的品牌形象，是衡量一个品牌成功与否的重要评价指标；能否塑造一个吸引潜在顾客的品牌形象是企业制胜的关键。只可惜，品牌形象未能成为国内大多数品牌管理类教材的内容。

（八）品牌架构优化与品牌组合

品牌一旦建立起来，管理者往往会充分利用品牌的影响力推出新的产品，或者授权给别的企业使用，或者采用"一品一牌"等方式处理产品与品牌之间的关系。

有的企业在发展过程中的品牌管理实践中面临几个比较困惑的问题。第一，为了追求销量、扩大市场占有率，一个实力并不太强大的企业有几个品牌的现象已经比较常见；但几个品牌不仅不再像刚开始那样给企业带来利润，而且更多的是营销投入和市场上自相残杀，各个品牌的协调能力大大降低。第二是企业产品线延伸带来的问题。当一个产品已经在市场上占有一席之地后，就开始考虑利用原有产品线进行延伸的问题了；这时企业就面临着是沿用原有品牌，还是使用新品牌的问题。又如何处理原有品牌与新品牌的关系？第三，品牌的业务或资本扩张带来的品牌架构问题。当企业进行资本扩张的时候，就必须面临自己品牌与收购、兼并品牌的关系处理问题，是使用自己品牌，还是保留收购、兼并品牌，还是联合起来使用双品牌，等等。第四，各个品牌进行角色定位问题。即如何让各个品牌都承担起相应的责任和使命。如此，有效的品牌架构优化管理和品牌组合战略规划成为品牌战略管理中品牌提升的重要内容。[④]

（九）品牌危机

企业面临的所有危机和品牌所处环境所充斥着的如经济动荡、科技进步、潜在威胁、消费者偏好改变及市场权力重构等众多问题，都可能使品牌在建立、维

① 美国广告代理商协会（American Association of Advertising Agencies，4A）对于整合营销传播所给的定义。

② 凯文·莱恩·凯勒．战略品牌管理．卢泰宏，等，译．北京：中国人民大学出版社，2012：36.

③ 大卫．奥格威．一个广告人的自白．林桦，译．上海：中信出版社，2003.

④ 刘文新．品牌战略驱动．北京：企业管理出版社，2007.

护和发展阶段出现品牌危机，并且在短时间内恶化的品牌形象很难在短时间内进行恢复。

对品牌危机进行危机管理已经是相当一部分企业的共识。海尔、华为等一些企业就很重视危机管理。如何预防品牌危机的发生，以及当企业在发生危机以及品牌出现危机时，如何有效地进行品牌危机管理，让品牌资产保值增值，也就成为品牌战略管理中的一个难题。

（十）品牌更新

由于内部和外部原因，企业品牌会出现在市场竞争中的知名度、美誉度下降，以及销量、市场占有率降低等品牌老化现象。

品牌更新成为品牌自我发展的必然要求，是克服品牌老化的唯一途径。一个成功品牌只有不断更新，才能不被消费者抛弃。但如何预防品牌老化、延长品牌的生命，是品牌战略管理必须研究和实践的内容。

（十一）品牌国际化

随着经济全球化步伐的加快，品牌国际化已经成为不可抗拒的历史潮流。企业走品牌国际化道路，一方面可以为企业在地域组织上寻求更为广阔的发展空间；另一方面可以在世界范围内营造品牌优势和竞争优势。

品牌国际化的障碍与风险、程序、模式与路径选择等问题，成为品牌国际化成功的主要因素，如此也成为品牌战略管理的重要内容。

（十二）品牌资产评估与管理

品牌战略管理以品牌资产为核心。品牌资产是由品牌形象所驱动的资产，它形成的关键在于消费者看待品牌的方式而产生的消费行为。品牌资产关系企业的未来与发展。

对品牌资产进行评估与管理，有利于掌握品牌资产的现状，以检验品牌管理的绩效，实施对品牌的有效管理，从而保持和扩展品牌资产。

第三节 品牌管理的组织形式

品牌管理的组织形式是不断变化的，而且越来越以消费者为中心。

一、业主负责制

（一）含义

业主负责制是指品牌决策及其组织实施，均由业主直接负责，只有一些具体的执行工作才授权下属来完成的品牌管理组织形式，是一种高度集权的品牌管理组织形式（见图2-7）。

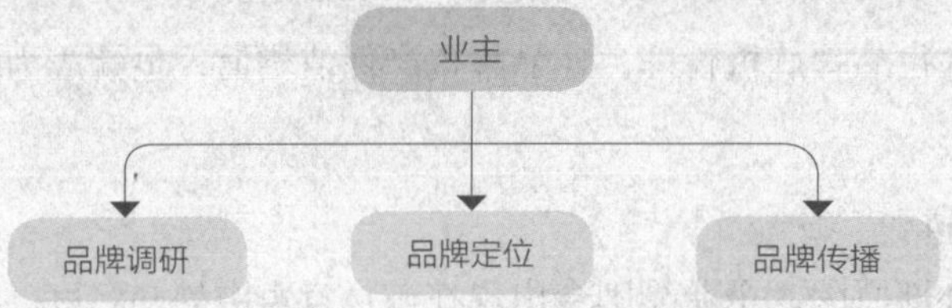

图2-7 业主负责制品牌管理组织形式

在20世纪20年代以前，西方处于市场经济发展初期，基本上属于卖方经济时代，企业大多处于初创时期，规模较小，管理人员比较少，品牌经营也比较简单，业主一个人基本上就可以应对品牌的管理。所以这种制度是当时西方企业品牌管理的主要组织形式。例如，福特汽车公司的亨利·福特（Henry Ford）、麦当劳餐厅的雷·克拉克（Ray Kroc）、可口可乐公司的坎德拉（Asa Griggs Kandler）等，均亲自参与品牌决策的制定与执行等全过程活动，对他们公司品牌的创建与发展起到了决定性的作用。

（二）优点

（1）有利于整合资源，迅速决策。业主能够根据市场和消费者需求情况，迅速确定品牌定位，并有效地整合各种资源，协调各种关系，把品牌传播到消费群体中，实现品牌管理目标。

（2）有利于品牌的企业家精神注入。在企业初创期，业主往往具有绝对的地位，是企业的主人。作为品牌管理的决策和执行人，业主的企业家精神往往反映在品牌中，使品牌具有较为明显的业主个性。

（三）缺点

一旦企业规模扩大，业主需要承担更多的企业管理工作，没有足够的精力独自处理品牌的所有相关工作；同时，随着市场竞争的增加，品牌管理的内容也日趋复杂，业主也无法独自有效地开展品牌管理工作。

所以，业主负责制品牌管理组织形式不适合规模较大的企业。

二、职能管理制

（一）含义

职能管理制是指在企业的统一领导下，将品牌管理的职责分配到各个职能部门中，各职能部门负责人在其各自的权限范围内完成相应品牌管理工作的品牌管理组织形式（见图2-8）。

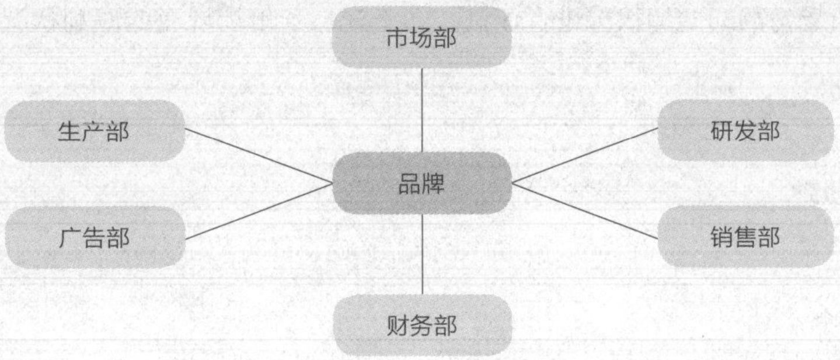

图2-8 职能管理制品牌管理组织形式

职能管理制是20世纪20年代至50年代在西方非常流行的品牌管理组织形式，源于“科学管理之父”泰勒开创的职能长工制，是品牌管理工作分工后的结果。

（二）优点

（1）有利于企业高层管理者摆脱品牌具体事务的纠缠，集中精力思考和解决企业发展的诸如战略、财务、人事等重大问题，满足企业日益发展的需要。

（2）有利于企业将专业化的职能分工和科学管理带入品牌管理中，通过合理的分工，明晰各职能部门职权，使品牌管理从传统的感性和经验型转向以认知为基础的管理型，提高了品牌管理的水平，从而使品牌更具有竞争力。

（三）缺点

（1）职能管理制下的品牌管理事务，由各职能部门在其各自权限范围内分别完成，其管理的绩效取决于相关部门之间的合作、配合程度；而各职能部门属于平行机构，对品牌的内涵及其发展往往产生不同的理解，在缺乏一个上级部门（领导）进行有效沟通和协调的背景下，容易产生扯皮和推诿现象，形成品牌管理的某些“真空”，从而对品牌产生不利影响。

（2）各职能部门分别有多项各自的工作业务，不一定会把品牌作为部门的重要工作来对待；同时，又由于缺乏品牌管理的专业知识和能力，从而容易使品牌管理的要求不能在具体的工作中得以有效落实。

（3）当企业拥有多个品牌，尤其是一个业务出现几个不同品牌时，由于缺乏有效的协调机制，各职能部门往往会无所适从，从而导致品牌管理的失控。

（四）客户经理负责制[①]

为弥补各职能部门缺乏协调、沟通，在企业运行和品牌管理实践中出现了新的组织——客户管理中心。客户经理负责制是一种以客户为中心的品牌管理形式。这种市场组织的最大优点是，其管理活动是按照满足各类不同顾客需求来组织和安排，而不是集中在营销功能、销售地区或产品上。

客户经理主要负责市场的长期计划和年度计划，依据客户的动向分析公司应该向客户提供的产品，然后协调企业各职能部门来实现品牌管理计划。他们的工

① 庞守林. 品牌管理. 北京：清华大学出版社，2010：21.

作业绩常用市场份额的增加状况进行评估，而不是看其市场现有的赢利状况。

三、品牌经理制

（一）含义

品牌经理制是指企业为每一个品牌配备一位专职品牌经理，由其全面负责该品牌的创建、维护和提升的一种品牌管理组织形式（见图2-9）。

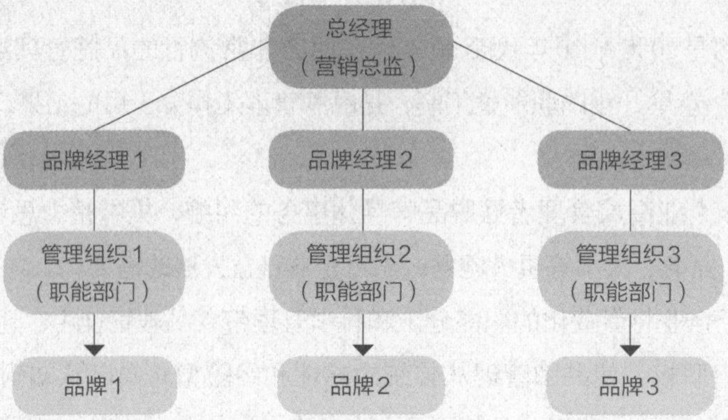

图2-9　品牌经理制管理组织形式

在品牌经理制下，一个品牌管理组织中，往往还需要有几个品牌经理助理，以及财务、研发、生产、市场、销售、广告等各职能部门的人员。品牌经理直接向企业的营销总监或直接向总经理负责；他需要负责协调各职能部门、职能部门与市场以及消费者之间的关系，处理影响品牌运营的各种具体问题，承担该品牌所涉及的几乎全部的管理与运营责任。所以，品牌经理制是一种矩阵式管理组织形式。

品牌经理制最早出现在1931年的宝洁公司，尼尔·麦克埃罗伊（Neil Mcelroy）是世界上第一位品牌经理。麦克埃罗伊根据其负责宝洁第二个香皂品牌“佳美”的实践提出的“一个人负责一个品牌”的品牌管理方法[①]，得到宝洁公司总裁杜普利的赞许，从而使以品牌管理为核心的营销管理体系在宝洁公司逐步建立。而且，这种在一个企业多个品牌之间相互竞争的品牌管理方法被全世界很多企业效仿并得到发展。

① 尼尔·麦克埃罗伊于1931年5月31日起草了一个具有历史意义的文件——《品牌管理备忘录》。

（二）优点

1. 有利于提升品牌的生命力

一个成功的品牌经理，往往具有很高的领导能力、协调能力和敏锐的市场洞察能力。在品牌经理制下，由于品牌经理负责某一个品牌运营的全过程，有利于消除职能管理制下出现的各职能部门之间的推诿、扯皮现象，从而增强了各职能部门的协调性，为品牌管理的有效性提供了有力的保障；企业内部不同品牌之间建立的竞争机制，使品牌更具有活力。同时，品牌经理制往往能够驱动品牌经理考虑品牌的长远利益，在产品线延伸方面保护品牌个性，在销售过程中消除短期行为，从而使品牌具有更强的生命力。

2. 有利于消费者对品牌偏好和忠诚的培养

品牌经理制，是在市场由卖方市场向买方市场转变、以顾客需求为中心的营销理念已经形成的背景下出现的。品牌竞争的差别性优势，如产品特点、价格成本、服务质量、促销手段、品牌风格等，得到更大关注。品牌经理及其团队在新产品研发前，往往会首先考虑消费者的需求偏好，以及消费者需求偏好的个性化发展趋势，会以差别性确定或改进品牌的市场定位，以差别化战略参与竞争，以避免产品、品牌的趋同，确保品牌的市场竞争力。

（三）缺点

1. 企业整体品牌形象容易被破坏

品牌经理制下，各品牌经理相互独立，往往缺乏整体观念，各自为战使每个品牌的风格自成一体，容易导致整体品牌形象缺乏、企业品牌形象混乱的局面；同时，某一个品牌的失败，又将殃及企业其他品牌，使企业整体品牌形象遭到破坏。

2. 企业整体竞争力可能被削弱

一方面，一个企业的不同品牌都需要独立投入，结果出现重复建设、资源内耗等现象；品牌经理制下确立的竞争机制，加剧了企业品牌运营管理费用的增加。另一方面，面对同一类消费者群体的不同品牌，为争夺市场往往会产生“恶性”竞争；一个企业品牌众多，难以形成强势品牌，形成企业品牌价值，也容易被竞争对手击败。

四、品类经理制

（一）含义

品类经理制，也称为品牌事业部制，是指企业对同一产品类别中的不同品牌进行协调，不同类别的产品分别设置一名经理，由品类经理负责若干同类产品的品牌管理事务的品牌管理组织形式（见图2-10）。

英国《经济学家》于1994年发表的《品牌经理制的终结》一文，对品牌经理制的弊端提出了尖锐的批评；宝洁公司在品牌经理制实施中也在反思，并于20世纪80年代开始改革这种品牌管理制度，通过对品牌的综合、废止等手段，新设立了26名产品大类管理者（其中有几名人员兼任几个大类的管理），成立品类经理制度组织形式。品类经理制与品牌经理制的实质是一样的，但它使企业内部同一类品牌间的“恶性”竞争保持到最低限度。

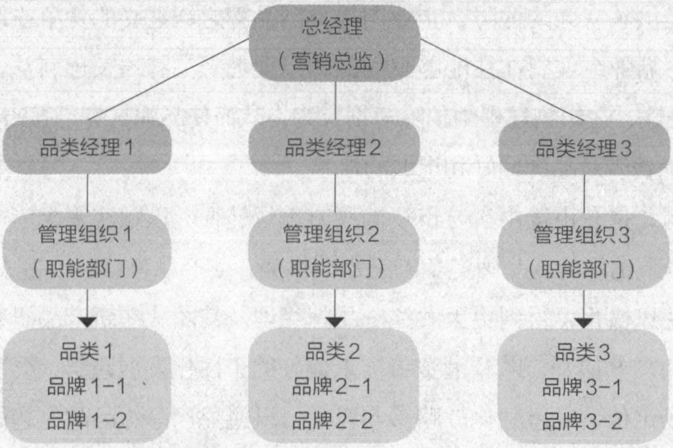

图2-10　品牌经理制管理组织形式

（二）优点

（1）有利于协调同一品类内部各品牌的关系，避免品牌经理制下出现的重复建设和资源内耗现象，减少品牌运营管理费用，为同类别品牌创建一个有序的企业内部运营平台。

（2）有利于充分利用品类经理的行业专业优势，确保避免同类产品的各品牌间的“恶性”竞争，从而提高品牌管理效率，提高品牌竞争力。

（三）缺点

（1）企业各品类之间的有效协调性仍显不足，企业整体品牌现象不突出、不鲜明的局面仍然存在。

（2）在品类经理制下，对品类经理的各方面素质、能力要求更高。一个失败的品类经理，所影响的往往不仅仅是某一个产品。

五、企业品牌经理制

（一）含义

企业品牌经理制也称品牌管理委员会，是指由企业高层管理者直接担任品牌负责人，成立“品牌管理委员会”，注重各品类以及各职能部门协调的品牌管理组织形式（见图2-11）。

品牌管理委员会的主要成员由企业的主管副总、品牌委员会委员（各主要职能部门负责人）、品类经理、品牌经理、技术人员、营销人员、财务人员等构成。有的企业往往还聘请品牌专家加入。企业往往设置企业品牌经理——首席品牌官（Chief Brand Officer，CBO），主持品牌管理委员会的工作，全面负责企业品牌的创建、维护和提升。

企业品牌经理制管理组织形式是一些跨国公司在品牌整合管理的实践中，于21世纪初，为改进品类经理制的不足而形成的一种品牌管理组织形式。

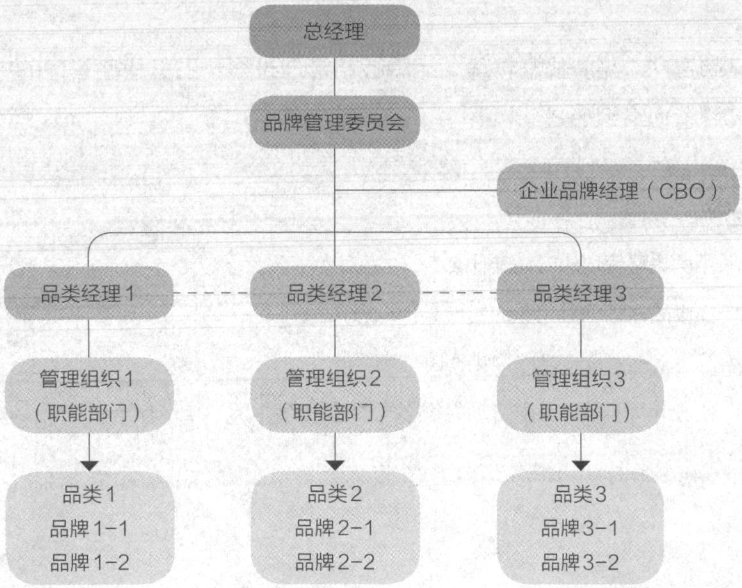

图2-11 企业品牌经理制管理组织形式

（二）优点

（1）有利于企业整合品牌系统，从战略高度对品牌进行管理，使众多品牌相互支持，成为一个有机整体，并更好地实施资源的合理配置。

（2）有利于协调各品类之间、各职能部门之间的关系，统一企业整体品牌形象，提高品牌管理效率。

（三）缺点

（1）品牌管理委员会的成员构成众多并且复杂，容易影响决策效率。

（2）在企业经理品牌管理组织形式下，使品类经理的管理自主权得到限制，不利于品牌之间的有效竞争，从而影响品牌运营效率。

本章回顾

品牌战略管理具有战略性、系统性、创新性特征。战略管理过程，本质上是动态的，这一过程是一家公司要获得战略竞争力和超额利润的一整套约定、决策和行动。

品牌战略管理的内容主要包括：品牌战略管理的方向和目标、品牌决策、品牌识别、品牌定位、品牌设计、品牌整合营销传播、品牌形象、品牌架构优化与品牌组合、品牌危机、品牌更新、品牌国际化以及品牌资产评估与管理等。品牌管理的组织形式主要有：业主负责制、职能管理制、品牌经理制、品类经理制和企业品牌经理制。每一种品牌管理的组织形式均有其优缺点。

关键术语

品牌资产　品牌战略管理　品牌战略管理过程　品牌战略管理的内容
品牌管理组织形式

讨论与思考

1. 品牌战略管理的内涵是什么？
2. 品牌战略管理对企业的发展有什么意义？
3. 品牌战略管理成功的原则有哪些？
4. 比较分析不同的品牌管理组织形式的适用条件。

案例分析

奥美360度品牌管家及其流程

奥美国际（O&M）在20世纪90年代初提出了“品牌管家”（Brand Stewardship）的管理思想。到20世纪90年代中叶，随着整合营销传播（IMC）观念的风行，奥美又提出“360度品牌管理”。

所谓360度，就是：① 每一个与消费者的接触点都能达到预期的效果；② 每一个接触点都能准确地传达信息；③ 经验更加容易获取、信息更加丰富。

所谓360度品牌，就是对品牌及其产业的知识积累和对不同的人、不同的产业的整合能力。简单地说，就是研究消费者与产品的关系。

360度品牌管理强调在“品牌与消费者的每一个接触点”上实行传播管理。品牌管家实际上是一套完整的企业规划，用以确保所有与品牌相关的活动都反映品牌本身独有的核心价值及精神。奥美的品牌管理之道，是一个完整的作业过程，它确保所有的活动都能反映并忠于品牌，以及积极地去管理产品与消费者的关系。

奥美360度品牌管家流程，分为以下六个步骤：信息收集、品牌检验、品牌探测、品牌写真、使用品牌写真、品牌检核。

第一步：信息收集（Information Gathering）。

品牌管家过程的每一步都是彻底了解你的品牌。当然，从品牌管家的内容看来，不能独自做这项工作，要和团队在一起。就是说，意味着公司中的每人都与品牌有关。回顾所有关于品牌的知识，包括：① 产品细节，如它的利益、成分、它的物理形式和功能属性、它的历史，等等。② 消费者，包括大量使用者、轻度使用者；当前的，已失去的，以及非用户；他们的行为和态度，他们生活在哪里以及正在做些什么等。③ 竞争直接和间接的范围趋势等。④ 环境品牌背后的公司。⑤ 社会、经济、政治、文化等较广阔的环境。

第二步：品牌检验（Brand Audit）。

品牌检验可以看成是一种彻底的努力，即把感情、印象、联系、意见、记忆中的闪光点、期望、满意，以及批评和失望，不管正面的还是反面的，这些无形的因素统统融合在一起，从而形成关于品牌的消费者认知。

品牌检验被设计成用词语描绘用户生活中关于品牌的实际经验。即以精心设计的问卷方式检验消费者与品牌的关系，探讨具象与抽象的资料。最好是做消费者研究。每个团队成员应该把自己沉浸在所有有效的消费者研究中去，利用那种知识以及他们在品牌工作中形成的自己的眼光和直觉，这样就迈出了品牌检验的步子。

品牌检验应该以消费者的观点来回答。在准备回答问题时，你必须同时唤起你关于品牌和消费者的知识、经验与理解，作为你开始对品牌检验问题的反应……你要以品牌的一个普通用户的心智来思考。

第三步：品牌探测（The Brand Probe）。

品牌探测为回答品牌检验问题提供必需的洞察和理解。在遇到非常复杂的品牌，或在小组完成品牌检验时出现迥然不同的意见时，就需要更多的信息来解决这个问题，这时候，品牌探测尤其有用。

品牌探测由四个阶段的研究项目组成，以一个较广的有兴趣群体为样本，用来探测他们的思想和态度。一个完整的样本包括：品牌的忠诚消费群、客户的代表、客户的品牌小组、代理商的品牌小组代表，以及从品牌的公共关系/促销/包装公司邀请代表参与。

研究的四个阶段按以下执行：

第1阶段：征集50 ~ 60位对品牌忠诚的回答者，邀请他们每天记下品牌使用的情况：喜欢/不喜欢；满意；使用中的感受；他人的反应；选购的理由，等等。分析并挑选10位清晰的回答者进入第二阶段。

第2阶段：第2阶段由两个处于观察中的群体组成。10位消费者由代理商客户的品牌团队观察。10位专业人员由消费者小组观察。

第3阶段：把两个群体合并到一起；把他们分成各由5人组成的四个混合小组，以讨论和准备。

第4阶段：举行一个由所有20位参加者参加的、发言形式的品牌讨论会，展开一种形式的争论。

从这种观点的交换中你能形成自己的结论。

第四步：品牌写真（The Brand Printtm）。

品牌写真既要求团队的贡献和认同，也要求每个人的个人意见。所以，重新把团队召集起来，并确认出谁来撰写品牌写真，然后给他们所有可以做到的支持，因为他们要从确认的品牌检验中着手完成描绘消费者与品牌关系的任务。写好一份品牌写真是一项困难的差事，要有相当的技巧——写作的技巧，以及把团队成员的思想好好整理的技巧。

那么，究竟什么是品牌写真？

品牌写真就是关于消费者与品牌之间存在的独特关系的一种生动的陈述，是关于品牌存在理由的最根本的绝对真理。品牌写真就是要了解有关品牌的核心真相（Core Truths）及精神（Spirit），做出品牌DNA（基因）的陈述。它以知觉和态度为基础，来自于品牌检验中的闪光点。

品牌写真要简明，在长度上可以是一段或两段话，但最好的是可以压缩为一句句子或短句。品牌写真要真实，不要试图去虚构你理想中的品牌，或虚构你喜欢的品牌的某些方面。

第五步：使用品牌写真。

品牌写真为代理商和客户在发展和评价所有的营销传播方案时，提供了一种清晰的行路指示，减少了幻想和主观性。更特别的，品牌写真成了简报会议（Briefing）和评价创意工作的一个重要的附加文件以及简介过程的中心部分。它有效地代替了创意简报中老一套的"态势与特性"陈述，而提供给了创意团队一种更微妙、更多彩的关于消费者/品牌关系性质的描述。同时，品牌写真提供了任何创意工作展开的思考点。

第六步：品牌检核（The Brand Check）。

品牌检核是一种简单的反省过程，通过我们确认的消费者提问和研究，使得投入于品牌写真绘制中的时间和努力不会白白地被浪费掉。

品牌检核应该提问如下的问题：营销组合的所有元素反映了品牌写真吗？如果不是，为什么不是？需要做些什么？ 在消费者行为和态度中是否发生了相关变化。这需要在品牌写真中加以修改吗？ 与品牌写真存在联系的竞争性关系/活动是否发生了变化？ 产品或产品线是否发生了物理性变化？有什么影响？如果有，是否对消费者与品牌的关系产生了影响？ 如果是的话，是什么样的情况？ 在商业关系如公司的结构、公司的健康状况上是否发生了变化？这些与品牌写真是否相关？如果是的话，是什么样的情况？ 在品牌的地位上，如国家的还是国际性的，是否发生了变化？我们怎样发展品牌写真以迎接新的挑战？等等。品牌检核工作，每年至少要执行一次。

【案例思考题】

结合奥美360度品牌管家及其流程案例，分析下列问题：

1. 讨论、归纳奥美360度品牌管家及其流程的优势。

2. 结合品牌战略管理理论，提出完善奥美360度品牌管家及其流程的意见。

本章实训

【实训目的】

（1）学习成功的品牌战略管理经验。

（2）把握我国企业品牌战略管理的实际状况。

（3）把握品牌战略管理的过程与内容。

【实训内容】

（1）查询并比较两个或更多的国内外品牌咨询公司（顾问）所总结的有关品牌战略管理、打造强势品牌的法则（经验）。

（2）描述并评价我国某一企业品牌战略管理的过程与内容及其战略性、系统性、创新性特征的体现。

（3）描述并评价我国某一知名企业品牌战略管理的组织形式。

【实训组织与步骤】

（1）由学生以小组的形式开展实训。

（2）学生小组自由确定实训选题，并独立收集资料。

（3）学生小组完成报告，并以PPT的形式展示成果。

（4）实训成绩评定标准：小组团队参与程度占30%；上台讲演、PPT演示占40%；品牌分析内容占30%。

（5）教师最后做点评。

延伸阅读

[1] 赵止. 七匹狼：品牌不只一面. 价值中国网，http://www.boraid.com/article/html/205/205873.asp，2012-08-03.

[2] 单品牌拓展多品类的挑战. http://www.sjfzxm.com/news/fushi/20120714/301200.html.

[3] 建立差异化的品牌文化. http://www.chinairn.com/news/20120917/260561.html.

参考文献

[1] 凯文·莱恩·凯勒. 战略品牌管理. 卢泰宏，等，译. 北京：中国人民大学出版社，2012.

[2] 迈克尔·A. 希特，等. 战略竞争——竞争与全球化（概念）. 吕巍，等，译. 北京：机械工业出版社，2005.

[3] 格里·约翰逊，等. 战略管理. 王军，等，译. 北京：人民邮电出版社，2006.

[4] 斯蒂芬·P. 罗宾斯，等. 管理学. 孙健敏，等，译. 北京：中国人民大学出版社，2004.

[5] 杜纳·E. 科耐普. 品牌战略实施的五个步骤. 赵中秋，等，译. 北京：企业管理出版社，2006.

[6] 大卫·奥格威. 一个广告人的自白. 林桦，译. 上海：中信出版社，2003.

[7] 余明阳，姜炜. 品牌管理学. 上海：复旦大学出版社，2006.

[8] 周志明. 品牌管理. 天津：南开大学出版社，2008.

[9] 庞守林. 品牌管理. 北京：清华大学出版社，2011.

[10] 黎建新. 品牌管理. 北京：机械工业出版社，2012.

[11] 堪飞龙. 品牌运作与管理. 北京：经济管理出版社，2012.

[12] 刘文新. 品牌战略驱动. 北京：企业管理出版社，2007.

第二篇

品牌创建

第三章
品牌识别

箴言

品牌识别就是意味着品牌自己的品格，自己独特不同的抱负和志向。

——（法）让·诺尔·卡普菲勒

本章学习目标

1. 理解不同学者对品牌识别定义的表述
2. 了解品牌识别的认识误区和作用
3. 掌握不同品牌识别模型的内容
4. 能够运用品牌识别模型的相关知识分析评价企业的品牌识别实践

本章知识结构图

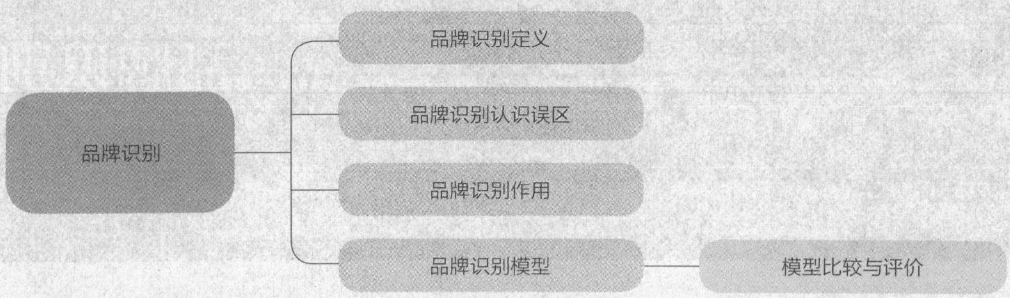

引导案例

《经济学家》的品牌识别

《经济学家》(The Economist)是一本英国杂志，在英国或者说整个西方世界声名远播。它的识别体系同样可圈可点。红色是这个品牌的标准识别色，有《经济学家》出现的地方，就有它那个著名的红色出现。它的另一个识别伙伴是美国的《国家地理》杂志，这本著名杂志的识别色是它的黄色边框，就像《时代周刊》的红色边框一样著名。英国《经济学家》，这本创办于1843年的杂志，是一个以新闻、见解、评论和分析见长的著名媒体，《经济学家》以其独立的和国际性的编辑视野保持了自己鲜明的品牌个性，并且在全球的媒体市场竞争中，成为当今政论和经济类期刊的领导品牌。

《经济学家》创刊号封面用的英文字体是古典哥特式，那种风格是很怀旧的、很英国的风格，在当时是很时髦的。后来经过几次大的修改，形成了今天这种独特的红色风格，它的标志设计很简洁，是由白色英文字体The Economist和鲜红的底色构成的，设计思想秉承了其创始人James Wilson倡导的朴实的风格。广告和创意中，这一设计思想也表露无遗。

品牌识别主要来自于四个方面：产品本身、组织、个人形象和符号。这些方面都具体包含了相应的元素。个人形象识别包括：个性、友情、联系、关系。符号识别包括：视觉、品牌的无形资产、色彩、直觉。产品识别包括：属性、功能、品质、使用者、原产地。组织识别包括：组织特性，等等。在《经济学家》这本杂志中，它的个人形象识别来自于和杂志较相关的人们，比如它采访过的艺术家、哲学家、经济学家、科学家等。粗看起来有浓浓的书卷气，其实不尽然，因为这本杂志紧跟时代前沿，将纯粹的科学精神和应用结合得很好。比如在20世纪90年代中期生物科技的发展引起人们广泛关注的时候，它就做了大量非常深刻的分析文章。这些文章或者专题既有杂志本身对于全球生物科技发展的趋势判断，也有最著名的一些科学家的专访，让人们在尺幅之间得到对于这个领域的最新资讯和洞见。

符号识别在这本杂志上操作得特别好。这本杂志在对人视觉的影响上是很有力度的，我们都知道美国杂志《国家地理》的边框是黄色的，是那种很亮的黄色，以至于在很多场合，“国家地理”这个品牌只用一个亮黄色的边框就可以代表。另一本美国著名杂志《时代周刊》也有一个有冲击力的视觉标志，那就是著名的红色边框，多少年过去了，红色边框已经成为这本杂志的醒目标志，人们只需要在很多杂志中找到这红色边框的一本，就知道那就是自己要的《时代周刊》。《经济学家》这本英国杂志的边框也是红色。物理学家告诉我们：红色传得远，容易识别，也就是容易影响人们的心智和认知。俗话说：相由心生，如果我们将这些品牌比作人，或者就将《经济学家》这本杂志比作人，那么我们就会感觉到一个热情似火的人，也是一个高智商、眼界极其宽广的人。这个“相”就是视觉识别的种种细节，这个“人”就是品牌背后的价值观和追求。

品牌识别是一个整体的识别。因为这个整体的识别，人们才会对一个品牌有一个整体的印象和评价。所以这些识别的细节都经过精心的设计和打造。

到目前为止，该杂志已经分别在7个国家印刷，其发行量已超过70万册，其中有五分之四的发行是在英国本土以外，单在美国的发行量占总量的三分之一，如此大的发行量，而且瞄准的都是社会精英，这个杂志的能量可见一斑，它已经成为可以和《时代周刊》和《财富》杂志相抗衡的全球著名杂志品牌。不能不说《经济学家》在品牌经营活动中，对于品牌识别的打造为自己加了很高的分。

（资料来源：林海. 英国品牌的启示. 北京：企业管理出版社，2007.）

第一节 品牌识别概述

一、品牌识别的定义

品牌识别（Brand Identity，BI），是一个较新的概念。比CI（企业识别，Corporate Identity）的概念出现得晚。品牌识别的概念是美国著名品牌管理专家大卫·阿克（David A. Aaker）教授在《创造强势品牌》一书中提出的。他认为：品牌识别是品牌战略者们希望创造和保持的能引起人们对品牌美好印象的联想物。这些联想物表达了品牌所表达的东西，也暗示着企业对消费者的某种承诺。

除此之外，其他学者亦有不同的表述方式。如法国品牌权威学者卡普菲勒（Kapferer）在《新战略品牌管理》一书中指出，品牌识别属于品牌设计者的业务范畴，目的是确定品牌的意义、目的和形象，品牌形象是这一设计过程的直接结果。美国品牌学家兰德尔（Randall）认为，品牌识别是可以掌控的，能将品牌本质传达到市场上。佩里和威斯能（Perry & Wisnom Ⅲ）认为品牌识别即为企业、产品或服务品牌的可操控的元素组合。布里吉特（Brigitte）则认为，品牌识别是显示的外表，包含了企业的核心、产品、服务品牌或品牌环境。国内品牌学者翁向东在《本土品牌策略》对品牌识别做了以下的定义：品牌识别是指对产品、企业、人、符号等营销传播活动具体如何体现品牌核心价值进行界定从而形成了区别竞争者的品牌联想。国际著名的BBDO和DDB广告公司利用六个问题来定义品牌识别的本质：① 品牌的价值是什么？② 品牌的个性是什么？③ 品牌的长期目标和最终目标是什么？④ 品牌的一贯性如何？⑤ 品牌的基本实际情况如何？⑥ 品牌的辨识符号是什么？

尽管对品牌识别的定义表述不一，但是掌握品牌识别的概念关键在于：

（1）品牌识别是品牌管理者所做的设计规划工作，而不是消费者对品牌的实际印象。

（2）品牌识别包括内在的品牌核心价值和外在的品牌联想物。

（3）建立品牌识别的目的是希望让消费者对品牌产生认同。

二、品牌识别的认识误区

（一）把品牌形象当作品牌识别

品牌形象与品牌识别这两个概念粗看起来似乎区别不大，但实际上差异显著（见图3-1）。

首先是性质上的差别。品牌识别是组织如何来定义品牌，是站在企业的立场上而言，属于战略规划的范畴。品牌识别是企业的“预期品牌形象”，它为品牌提供了方向、意图和价值。而品牌形象是顾客如何看待品牌，它是消费者基于接触到的品牌信息，经过自己的选择与加工，在大脑中形成的有关品牌的印象总和，是消费者感知的“实际品牌形象”，是对品牌识别理解的结果。

其次是深度上的差别。品牌识别认为品牌不仅仅是形象更是关系，所以一方面品牌识别需要驱动品牌形象使其按照管理预期实现，确保不至于出现形象与组织预期相背离的情况；另一方面品牌识别还必须去建立、巩固和加强顾客关系，通过向顾客承诺提供一系列的功能性、情感性和自我表达性利益，以及向其他品牌提供可信度来创造关系价值。除此之外，品牌识别不仅要求建立清晰独特的品牌形象，更要求在经营上切实履行品牌承诺。因此，品牌识别＝品牌形象＋顾客关系＋品牌承诺。

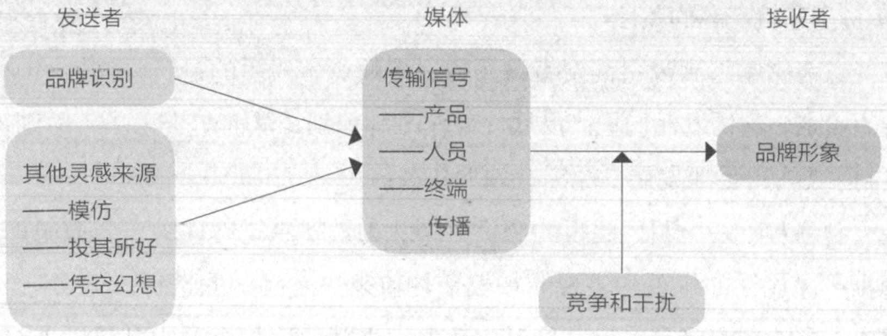

图3-1 品牌识别与品牌形象的关系①

最后，品牌识别所包含的各种要素是相对稳定的，但对品牌形象塑造来说，要求经常出新。关键在于，不同的品牌形象创意要遵循和反映品牌识别的最初原则，只有这样，才能真正做到品牌形象的一致性，才能把品牌形象塑造称为战略性的沟通工作。

（二）把品牌定位当作品牌识别

以为品牌确定了定位就是完成了对品牌的识别规划，这也是一个相当容易犯下的错误。在具体的品牌信息传播中，品牌识别是品牌定位的基础和来源，可以从两个方面理解：一方面，品牌识别信息是一个系统，这个系统涵盖了品牌的各个方面，包括产品、企业、人和各种符号；这些信息是品牌定位的基础，品牌定位不能离开品牌的基本信息，它只能根据不同的细分市场，突出品牌识别中的某些信息；一些信息对品牌来讲可能很重要，但为了定位的准确和差异性而不得不舍去，而另一些信息被强化了。另一方面，对于一个成熟品牌，它的品牌识别信息反映了品牌的核心和精髓，也决定了品牌定位的方向。

品牌定位是品牌识别和价值主张在传播中的一个部分，是对品牌识别进行再设计使其能在消费者心智中占据独特（未被竞争者占据）而有价值且与消费者重视偏好共鸣的位置。其实品牌定位就是“品牌识别实施系统”中的“识别优先因素”。

通常品牌定位会通过一条广告语来进行传播，这条广告语对品牌建设的指导作用不会太大——既不能告诉我们应该赞助哪些活动，也不能告诉我们包装应当如何设计或者销售终端应当如何布置。整个品牌建设的指导还是需要品牌识别来完成，因为它能从广度和深度两个层面告诉我们品牌到底是什么和能做什么。

（三）只重视外部顾客而忽视公司内部

如果企业的品牌识别只考虑顾客对品牌的感知而忽视公司相关人员（尤其是员工）对品牌的感知，这就进入到一种认识误区。一个有效的识别系统明确了品牌实力、价值观与远景，所以它有助于在组织内部传播品牌的本质含义。内部组织成员是品牌识别对外沟通的执行者，如果这些人对品牌识别的内容不理解，也不愿意从内心深处认同品牌所代表的价值观，那么他们也难以承担起执行品牌识别对外沟通的职责，更谈不上实现品牌对内对外的沟通的一致性。

① Kapferer，Jean-Noel. The New Strategic Brand Management：Creating and Sustaining Brand Equity Long Term. 4th ed. London：Kogan Page Limited，2008.

（四）过于迁就产品的属性

品牌经营者常常看到吸引消费者购买的、击败竞争对手的是产品属性——一个创新的、独特的卖点。这诱发他们把产品属性当作品牌识别，从而犯下了一个原则性的错误，极大地限制了品牌的健康发展。原因有如下几点：

第一，它依赖了一个明显错误的假设，即认为消费者是理性的，会遵循理性的决策模式，根据产品属性的权重和表现的加权平均值来决定品牌的选择。但实际的情形是，消费者根本无暇对各种产品属性仔细对比后做出选择，他们遵循的是“最小努力法则”，他们依据的是总体的感觉、情绪、气氛及符号，他们需要的是身份或阶级的象征、美的感受、好玩及趣味性、潮流或流行性。在这种感性消费的情况下，消费者选择产品或品牌的准则不再基于“好”或“不好”的产品属性，而是更基于“喜欢”或“不喜欢”，因为消费者追求的是产品或服务所能提供的一种感觉或附加价值。

第二，某些产品属性是一个品牌的基本要求，而消费者对此不以为然。例如，旅馆业的“干净”、花生酱的“新鲜”等，消费者认为这些属性对相应的行业来说，是最起码的条件。因此，把产品属性当作品牌识别，无法让品牌脱颖而出。

第三，标榜产品属性的策略很容易被竞争对手模仿甚至赶超。这是技术发展和社会进步的必然。如果竞争对手除产品属性外还有很好的品牌策略，那么后果更不可想象。

第四，过分地强调自己产品属性的优势，虽然能为品牌带来一时的兴旺，但从长远来看，限制了品牌延伸，也大大降低了品牌发展战略所要求的弹性。

三、品牌识别的作用

品牌识别通常是从企业内部管理者的角度所进行的自我设计来予以理解，通过考虑消费者认知、市场竞争关系的角度加以确定，从而形成与品牌有关的特殊性相对应的品牌识别。因此，品牌识别对整个企业内部的资源整合和文化体现，建立适应市场需求和变化的竞争战略机制都起到非常重要的作用。

第一，明确企业所设想的品牌理想状态的品牌识别，将成为策划、评价品牌有关方案时的可靠依据，并据此来判断是否是适应品牌战略发展的活动，企业中的任何成员都能够进行共同标准的判断，从而促进整个公司内部对品牌战略的共同认识。

第二，明确从消费者的立场出发的规定要素（消费者的利益、消费者的理想和期待等）的品牌识别，将有利于实现基于品牌识别而形成的品牌战略所唤起的购买行为等效果。

第三，明确市场竞争中的规定要素（相对于竞争品牌的市场定位）的品牌识别，将揭示企业竞争优势的源泉是什么，从而更有效地突出消费者所能察觉的并与其他竞争品牌相差别的核心要素[①]。

① 梁东，连漪. 品牌管理. 北京：高等教育出版社，2012.

第二节　品牌识别模型及评价

一、品牌识别模型

（一）大卫·阿克的品牌识别模型

大卫·阿克的品牌识别模型认为，品牌识别系统的建设分为三个步骤。

第一步是进行品牌的战略分析，包括：

（1）顾客分析，具体分析内容包括市场趋势、动机、未满足的需要和市场细分。

（2）竞争者分析，包括品牌形象、品牌识别、实力和战略、弱点等。

（3）自我分析，包括品牌现在的形象、品牌历史、实力和能力、组织价值等。

第二步是在这个内外环境分析基础上，设计品牌识别系统。

品牌识别系统由品牌精髓（Brand Essence）、品牌核心识别（Brand Core Identity）和品牌延伸识别（Brand Extended Identity）三部分组成。品牌精髓是品牌的核心价值，是对品牌内涵的提炼和概括，它反映的是品牌存在的意义。品牌精髓必须具有以下特点：与顾客有共鸣并驱动企业价值导向；品牌独有，能够长期提供区别于竞争对手品牌的差异性；能够不断有效激励员工和鼓舞组织合作伙伴前行。强有力的品牌精髓陈述通常蕴含多种释义，使其在品牌识别中作用显著。例如，耐克的品牌精髓是"超越"，它包含了诸如卓越的技术、顶尖的运动员、积极进取的人格特征、运动鞋制造历史的传承和子品牌"飞人乔丹"以及所有追求卓越的人们等多样化的耐克品牌识别内容。犹如美国运通，"做多一点"表达了公司为客户提供更多服务的渴望，比竞争对手考虑得更加细致周到的热情，以及不满足生活现状、追求生活品质的客户群体。

品牌核心识别是品牌需要在消费者心智中留下的最深的几点印象，是对品牌精髓的扩展和具体化。品牌核心识别应包括确保品牌独特和有价值的元素。例如，维珍品牌的核心识别是：服务品牌——由始至终在轻松幽默的气氛中提供一流服务；创新精神——最先提供充满创意的高附加值服务；富有情趣——一个富有情趣的公司；物超所值——所有的服务都有价值，不一定非要花高价钱才能享受。

品牌延伸识别是除品牌核心识别之外的识别，是使品牌识别细化和完整化的元素，包括那些使品牌核心价值更丰满、更有光彩和更具说服力的诉求点，以及企业在不同时期、不同场合上变换运用的传播主题。维珍品牌的延伸识别包括：挑战者——以富有创意的服务挑战腐朽的、官僚作风的老牌公司；个性——不受拘束、幽默、有时出格、挑战权威的斗士、有实力、做事漂亮和水准高；维珍的符号——布朗逊和他引人注目的生活方式、维珍的飞艇和维珍手写字体的商标。

品牌识别的主要内容包括四个方面：以产品形式存在的品牌、以个体形式存在的品牌、以组织或企业形式存在的品牌和以象征符号形式存在的品牌（见图3-2）。

作为产品的品牌：品牌就是产品。与产品属性相关的概念，在品牌识别的建立中扮演着重要的角色，因为这些特性和属性对于消费者的满意程度以及是否购买这项产品有最直接的影响。其构成了最基本的驱动力，包括：产品范围、产品属性、品质、价值、用途、使用者、原产国。

作为个体的品牌：品牌和人一样，品牌有各种不同的认同。消费者通常会选择符合自己认同、能够表达自己的品牌。它包括个性、品牌与客户的关系。

作为组织的品牌：品牌就是企业，强调是企业的属性，不是产品或服务。企业的属性包括：创新能力高低与否、对品质的要求高低与否、对环境的重视与否、企业的社会责任感等这些由企业的员工、文化、价值观，以及企业的各种计划共同创造的企业形象。

作为象征符号的品牌：整合成功的标志、符号或者体验象征物能够加深消费者的品牌认同。在发展品牌的过程中，若是存在这样的标志或者符号，将会对建立品牌产生巨大的影响。有强大形象力的品牌需要有一个丰富、清晰的品牌识别，并且塑造、保持和品牌相关的理念和事物。

图3-2　大卫·阿克的品牌识别模型[①]

第三步是品牌识别系统的实施。

首先是形象化地诠释品牌识别，其次是进行品牌定位，积极向目标受众传播品牌识别和它的价值取向，再次是品牌创建的一系列具体的活动，最后是效果追踪和评价。

① David A. Aaker. Managing Brand Equity: Capitalizing on the Value of a Brand Name. Free Press, 1991.

案例

耐克的品牌识别

耐克（NIKE）是运动与时尚领域中引人注目的成功品牌。NIKE英文原意指希腊胜利女神，其商标象征着女神翅膀的羽毛，代表着速度，同时也代表着动感和轻柔。小钩子的图案造型简洁有力，急如闪电，容易让人联想到使用耐克体育用品后所产生的速度和爆发力。如许多强势品牌一样，它也拥有根据细分市场而有所区别的品牌识别。例如，健身细分市场（如田径训练场、慢跑者和徒步旅行者）的识别就与网球、篮球等竞技体育细分市场的识别不同。耐克的品牌识别会根据不同的子品牌有所修改，如活力篮球鞋和Court Challenge网球鞋。然而，在许多情况下耐克仍然拥有统一的品牌识别，这些统一的品牌识别元素包括以下各个方面。

品牌核心识别

产品推动力：运动和健康。

使用者类型：顶尖运动员，以及对健身和健康感兴趣的人。

表现：建立在卓越技术基础之上的表现出众的鞋。

强化生命力：通过运动增强人们的生命力。

品牌延伸识别

品牌个性：令人兴奋、勇敢、冷静、创新和进取；健康、健身和追求卓越表现。

关系的基础：追求最好的服装、鞋和其他相关事物，具有强有力男子气概的人。

子品牌：乔丹鞋和其他诸多子品牌。

口号：Just do it。

组织联想：与运动员及其体育运动相关联，并支持这些运动员的创新性。

代言人：包括迈克尔·乔丹、安德烈·阿加西、迪恩·桑德斯、查尔斯·巴克得和约翰·麦肯罗等多位世界级顶尖运动员。

传统：在俄罗岗州开发跑鞋。

品牌价值体现

功能性利益：能够改进运动、提供舒适的高科技运动鞋。

情感利益：运动表现出众的喜悦；感性投入、积极和健康。

自我表现象征利益：通过使用与一位明星运动员有联系的，有强烈个性的鞋实现自我表现。

信誉：制造表现出众的鞋、服饰，符合流行时尚。

（资料来源：大卫·阿克. 创建强势品牌. 北京：中国劳动社会保障出版社，2005.）

案例

黑天鹅绒的品牌识别

黑天鹅绒是加拿大的一个威士忌品牌。身着黑天鹅绒长裙的黑天鹅绒夫人首次亮相于20世纪70年代早期的广告中，从此便成了这一品牌的关键象征。黑天鹅绒夫人的出现是该品牌在美国的市场份额从1971年的3.6%上升为1980年的8.9%（当时市场容量翻倍到2 100万箱），以及1993年的10.3%的主要原因。黑天鹅绒在瑞典和匈牙利的市场占有率较高，并在欧洲其他许多国家实现了快速的增长。黑天鹅绒品牌的识别系统包括以下几个方面。

品牌核心识别

产品属性：柔软，顺滑。

价格/品质：比大众价格稍高（不属于价格最高的品牌）。

品牌延伸识别

产品范围：酒类品牌，并不只是一种加拿大威士忌。

本地/全球：进口品牌。

象征：身着黑天鹅绒长裙的黑天鹅绒夫人，以及使用黑色标签的酒瓶。

个性：高档、优雅，但同时又友善、易亲近。

口味：没有英格兰威士忌和其他酒类饮品的刺激口味。

使用者：跨年龄段（并不限定于上了年纪的女性）。

品牌价值体现

功能性利益：价格实惠，口味柔软顺滑。

情感利益：感觉放松、满意和耽于口腹之乐。

自我表达利益：使用高格调的品牌。

（资料来源：大卫·阿克．创建强势品牌．北京：中国劳动社会保障出版社，2005.）

（二）卡普菲勒的品牌识别六棱柱模型

品牌识别六棱柱模型是由法国著名学者卡普菲勒提出的。该模型是用一个六面棱柱来表示品牌识别的六个方面，包括体格、个性、文化、关系、形象、内在影像（见图3-3）。

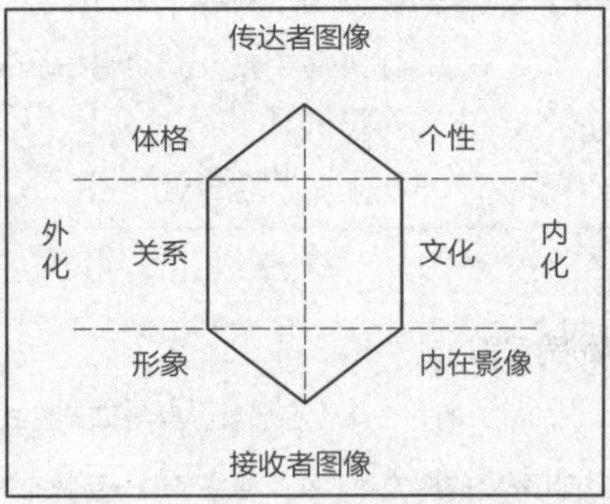

图3-3 卡普菲勒的品牌识别六棱柱模型①

① Kapferer J N. Strategic Brand Management. Creating and Sustaining Brand Equity Long Term. London, UK: Kogan Page limited, 1997.

（1）体格。一个品牌首先要有一体格，即显著的（一提及该品牌就立即引起注意）或主要的（可能并不突出）独立特性的外在表现。体格是品牌的基础，同时也是品牌传播的基础，它与品牌的标准定位相符，从品牌中的主要或突出产品中提炼出外貌特征。体格是必不可少的，但只有它并不足够，它只是构筑品牌的第一阶段。“Citroen”（标致车）让人产生高技术的汽车悬置、原始的外形和勇敢的印象，“Volkswagen”（大众车）意味着经久耐用，“BMW”（宝马车）让人想到的是它在行驶中的表现和速度。

（2）个性。品牌要有性格，这是人们对品牌产品拟人化的印象。自1970年个性成了品牌的中心，许多美国广告公司都将其作为所有传播活动的前提。Ted Bates（达彼思广告公司）创立了新的USP（独特销售个性），而Grey Global Group（精信广告公司）将个性作为他们对品牌的定义，Ewn-RSLG广告公司将体格和个性作为所有品牌传播的两大支柱，并认为这是传播风格的源泉。这种情况解释了为什么品牌性格会如此盛行，以及为什么会大量使用发言人、明星或动物赋予品牌个性的简单方法。

（3）文化。文化是品牌的灵魂。品牌从各产品中提炼出自己的文化，产品是物质的体现和文化的指向。文化决定着品牌对外沟通的基本原则，是品牌的生产者和生产地区价值观的体现。文化是识别固有的一面，它是品牌的主要动力。苹果计算机反映了加利福尼亚文化，因该州是以尖端的科技为象征。文化不仅影响而且渗入到主要的品牌中去，广告战略已不再坚持只以个性作为主导。文化往往与品牌创立国联系在一起，从可口可乐我们看到美国，从IBM我们看到华尔街。文化将品牌和公司本身联系起来，同时品牌又是公司文化最常见的标志。

（4）关系。品牌也体现出一种关系，它能够使人和人的交流更为简单，这个作用在服务业体现得更为明显。如Yves Saint Laurent（圣罗兰）的名字就散发一种诱惑的气息——一种潜在的气氛弥漫于它的产品和顾客要求中，即使没有人的形象出现也能明显感觉到。Dior（迪奥）体现的关系更为夸大——甚至有点浮华，它将欲望夸耀得如金子般耀眼。

（5）形象。这是消费者心目中对品牌形象的反映。当消费者被问及对某种车的意见时，他们的即时反应是想起与其最相称的驾驶者的类型——一个放荡的人、一个有家庭观念的人、一个装腔作势的人或一个守旧的人。这种影像中的产品使用者与品牌的目标市场通常是有冲突的。目标市场是指品牌的潜在购买者或使用者，而影像中的使用者则不一定是目标消费者，而是品牌向目标消费者传达的形象，它是用于造成区别的一种手段。

（6）内在影像。如果说形象是目标消费者的外在反映，那么内在影像则是目标消费者自己的内在反映。通过我们对某些品牌的态度，我们建立起了我们自己的某种形式的内在关联。例如，许多Porsche（保时捷）的主人只是简单地为证明他们有能力购买这种车。这一购买可能与他们的职业状况并不相符，在一定程度上这可说是一种赌博。于是该品牌就表现为自强者千方百计要实现的目标——这样保时捷的广告表现为与自我进行的一场比赛，一场永无终结的比赛。同样，购买Lacoste（法国鳄鱼）的人即使不是运动型的人，他在内心上也把自己看成是一个没有种族、性别或年龄区别的运动俱乐部的成员。

（三）卡普菲勒的品牌识别金字塔模型

卡普菲勒在他的《战略品牌管理》一书中提出了品牌金字塔模型，后经由其他学者加以完善。品牌金字塔将品牌构成分为四个层面，分别是品牌根基（Brand Root）、品牌定位（Brand Position）、品牌主旨（Brand Theme）和品牌执行（Brand Execution）。

品牌根基是品牌核心，是随着品牌延续而不断完善的过程。品牌定位是一个品牌区别于其他品牌并将自身根植于消费者心智中的过程。品牌定位是构成品牌根基的重要元素，同时它也是品牌根基的延伸。品牌主旨是品牌定位的视觉及文字的表达。品牌执行是传播品牌的各种手段，如影视广告、公共关系、促销、POP等。通过品牌金字塔，我们可以从策略和执行层面分析和规划品牌。如图3-4所示，由奔驰汽车的品牌金字塔，我们不难看出奔驰品牌从根基到执行的一致性及其品牌各要素之间的关系。

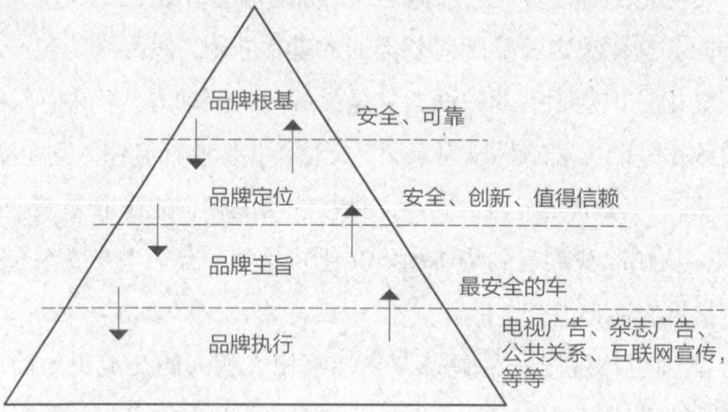

图3-4 奔驰汽车的品牌金字塔

（四）戴维森的品牌识别环状图模型

戴维森（Davidson）在他的《攻势营销》一书中提出了品牌环状图。这个环状图是由四个区域组成，它们由内向外依次是品牌的内部核心、品牌的外部核心、品牌可以延伸的领域和品牌不可涉足的领域，如图3-5所示。

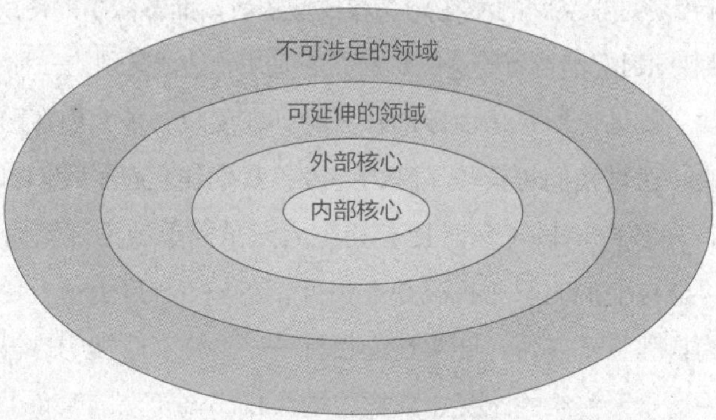

图3-5 品牌识别环状图模型

品牌的内部核心包含了品牌中固有的决定性元素，是品牌根本策略的表达。品牌外部核心则包含了一些品牌中可选择的元素，这些元素是品牌基本元素的补充，它们不是品牌最本质的核心内容。品牌的内部核心和外部核心体现了当前的品牌状况。品牌可延伸的领域包含了品牌今后可能发展并延伸的方向，也就是说品牌在这些方向上发展和延伸是安全的。品牌不可延伸的方向则提示了一些方向，一旦品牌涉及这些方向，不但将使得形象变得模糊，而且可能给品牌带来严重的损害。

（五）电通的蜂窝模型

大卫·阿克在日本电通广告公司提出了品牌识别要素蜂窝模型，如图3-6所示。此蜂窝模型以品牌核心价值为核心，四周由权威基础、符号、情感利益、功能利益、品牌个性、理想顾客形象六个要素共同构成。在蜂窝模型中，核心周边的六个要素环环相扣，并分别与核心及相邻对接。核心周边的六边形对接规律讲求更有延伸力的半径和更灵巧的对接面。这一特性决定了它的互动、互助及它的拓展与延伸。因而，各要素之间生成了一些新型的关系。在剖析蜂窝模型各元素的新型关系之前，电通蜂窝模型所定义的各元素的基本含义是：

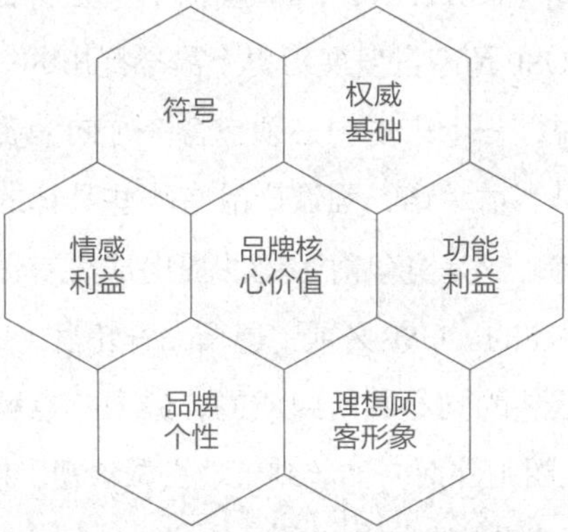

图3-6 电通蜂窝模型

核心价值：核心认同代表着一个品牌的最中心、最本质且不具时间性的要素。因此，一个品牌最独一无二且最具价值的部分通常表现在核心认同上。

权威基础：彰显品牌价值的基本事实，包括产品的特征、过去的历史、推荐者等。

符号：视觉影像和隐喻，将抽象的品牌形象凝结成具象。

情感利益：品牌赋予消费者以情感共鸣。

功能利益：向潜在消费群展示对其有意义的功能性作用。

品牌个性：品牌自我表现的差异化优势，是与典型消费者建立良好关系的方法。

理想顾客形象：是顾客在拥有品牌之后而形成的形象，是品牌个性的强力驱动来源，部分是因为使用者本身已经是个人，因此要将品牌个性概念化就容易多了。

电通蜂窝模型借用了蜜蜂建构蜂巢的“累积”概念，通过消费者的品牌认知层次来看品牌创建。蜂窝模型的关键所在是思维活动以思维结晶的形式一点一滴地累积在一种精巧的架构中。并且，这种架构随着思维活动和思维结晶的累积而不断丰富和扩大[①]。

对于整合营销传播理论而言：电通蜂窝模型清晰地定义了“品牌传播内容整合”，同时为品牌传播内容的整合提供了一个有效的操作模型。

对于定位而言：电通蜂窝模型回答了“什么是潜在顾客的心智”，而且，勾画出了明晰的潜在消费者心智图。同时，这是个基于传播的模型，它在另一方面补充说明了定位是在积极的传播中形成的。这在一定程度上丰富了艾·里斯和杰克·特劳特在《广告攻心战略——品牌定位》中关于定位的理论阐释。

对于品牌构建而言：电通蜂窝模型虽然脱胎于大卫·阿克《品牌经营法则——如何创建强势品牌》的理论基础，但是它在传播层面为品牌构建重新勾画了一个图形，比起阿克教授的品牌识别系统（企业的整体品牌构建）而言，它对于品牌传播更有意义。

① 赵洁. 蜂窝模型在构建品牌资产中的应用. 商业时代，2009（11）：30-32.

（六）达彼思的品牌轮盘

达彼思（Ted Bates）广告公司在1940年由Theodore Bates创立。在20世纪50年代，该公司董事长罗瑟·瑞夫斯（Rosser Reeves）首创了“独特销售主张”即USP（Unique Selling Proposition）理论。USP是广告发展历史上最早提出的一个具有广泛深远影响的广告创意理论，它的意思是说，一个广告中必须包含一个向消费者提出的销售主张，这个主张要具备三个要点：一是利益承诺，强调产品有哪些具体的特殊功效和能给消费者提供哪些实际利益；二是独特，这是竞争对手无法提出或没有提出的；三是强而有力，要做到集中，这是消费者很关注的。USP必须要遵循品牌轮盘（Brand Wheel）。

品牌轮盘的构造是由层层的同心圆所组成的，最中心点就是品牌核心。而在打造出品牌核心之前，必须一圈一圈由外而内抽丝剥茧地去做检视，以及寻找可能性。

这些由外而内的品牌要素分别如图3-7所示：

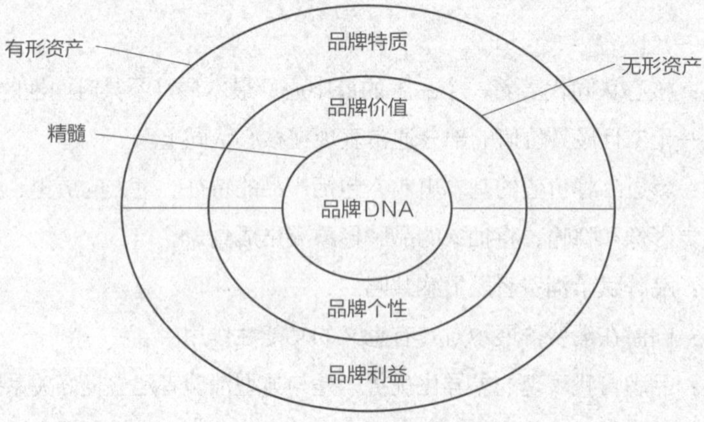

图3-7　达彼思的品牌轮盘

品牌特质（Brand Attributes）：这个品牌是什么？它的物理面、功能面特征为何？

品牌利益（Brand Benefits）：这个品牌能做些什么？也就是消费者使用了这个品牌后的结果为何？

品牌价值（Brand Values）：消费者使用了这个品牌后的自我感受是什么？别人又是如何看待用了这个品牌的人？

品牌个性（Brand Personality）：如果这个品牌是一个人的话，它会是一个怎样的人？

品牌DNA（Brand DNA）：品牌在相当长一段时间内永恒的内涵是什么？

品牌轮盘是用来分析消费者对品牌认知的强有力工具，有效的广告必须掌握品牌的精髓，忠诚于该品牌之个性，传达该品牌的价值；有效的广告永远与消费者有关联性，它与目标消费群说同一种语言，说他们认同的内容。

在勾勒以上要素时，请记住两个重点：

（1）它们彼此之间是有关联性，且环环相扣的，有什么样的品牌特质就会带出与其相关的品牌利益和品牌价值。

（2）在推敲每一个要素时的关键思考都在于现在想的这个点和竞争品牌之间的区隔度如何，如果品牌特质和利益的区隔度不够，就试着从品牌价值和品牌个性上去创造吧！经过了这重重的关卡思考，最后才能打造出品牌核心。品牌核心就是你的品牌精髓所在，它也是这个轮盘的总和结论。

（七）麦肯·光明的品牌印记

麦肯广告公司是在全球享有盛誉的著名广告企业，自1902年至今，已经走过百年的历程。麦肯·光明广告公司是麦肯集团在中国的分支机构，成立于1991年，服务于埃索、可口可乐、雀巢等全球著名品牌。

品牌印记是麦肯·光明开发的一个品牌识别工具，用以定义品牌的真正内涵，以利于营销人员能有效管理并建立他们自己的品牌。这项工具提供一套清楚的理念，剖析哪一个品牌价值须被保护及充分利用。

品牌印记是对某一品牌的意义及其个性的宣言。更精确地说，品牌印记必须能够：① 包括该品牌的三个主要意义；② 反映这三个意义的三个重要个性特征。所谓品牌的“意义”，是指一个品牌在消费者心目中产生的印象——即该品牌在几个层面上的声誉。而该品牌“是”什么呢？品牌是我们所描述该品牌的主要个性之特征，与那些品牌“意义”相对应的个性。从品牌的“意义”与品牌“是什么”之间的关联，可充分掌握住“品牌空间”的内涵。品牌“印记”足以有效及快速地表现这个内涵，并且拥有扎实的内容去激发各项营销活动（从产品开发直到整合营销）。

品牌意义至少是由三个层面组成的：

首先是基本层面，是品牌的连续性层面，我们可以将其解释为品牌与过去的联系，也可以说是品牌以及与品牌有关的产品之间的联系。

其次是情感层面，是描述品牌与消费者之间情感联系的层面。

再次是方向性的层面，是关系到品牌将来发展的层面，这一层面中的内容感觉更类似于品牌管理者的意向。

发展品牌印记的过程如下：

（1）发现该品牌的现有联想意义。为进行这一步，可以运用任何方法，例如：消费者反射法（如图像归类法、品牌联想法、品牌拟人法）；重度使用者习惯调查；让非常熟悉该品牌及对该品牌特别有研究的人来下判断，因为这些人对消费者的观点特别敏感；让熟悉该品牌的人在团体讨论会中列出自由联想意义的“清单”来。

（2）找出竞争品牌的“印记”。这将有助于找出一个商品类别的主要需求点、竞争品牌在消费者认知上所占领的位置，以及各竞争品牌中最主要的差异点。

（3）找出品牌的意义。不论任何情形，应首先将注意力放在找出品牌的意义。把各种对该品牌的联想归类为几个最能使消费者相信的该品牌的正面印象，再对该品牌的意义进行调查以适用未来的发展。必须把这些意义精确地写下来，同时加以活泼化成为品牌的一幅既有动力又具协调感的图画。

（4）找出品牌的个性特征。一旦品牌意义被确定后，与这些品牌意义相对应的品牌个性即可较轻易地找出来。最终设定的品牌个性必须非常简明，就像呈现在你眼前一样清晰明确。

（5）修正以完成品牌印记。评估竞争情势后，以一种全面性、相关性及强势的远见去评估这个品牌。

二、品牌识别模型的比较与评价

上面共介绍了七种品牌识别的模型，由于提出者的背景差异，七个模型不尽相同。大卫·阿克的品牌识别模型和卡普菲勒的品牌识别六棱柱模型都较为全面、深刻地描述了品牌识别系统的构造，但大卫·阿克的模型概括性更强。虽然有学者指出上述模型也存在一些缺憾，但是不可否认，这两个模型都揭示了一个事实，即品牌识别的理论与模型都在试图对品牌的“外在”与“内在”的有机统一实现系统的认识。

卡普菲勒的品牌识别金字塔模型和戴维森的品牌识别环状图模型是比较流行的用以分析和规划品牌识别的方法，可应用于新品牌建立，有助于我们把握品牌的定位，并在品牌建立的初期就对品牌的未来发展进行规划。对于已有的品牌，可以对品牌的现有定位进行分析，同竞争对手进行比较，及时发现问题，并对品牌的发展和延伸进行有目的的规划，从而使品牌得到良性的发展。针对问题品牌，这两种方法同样可以应用于品牌的再定位。

电通蜂窝模型脱胎于大卫·阿克教授的品牌识别模型，它并没有打破品牌识别系统内部的机构体系，只是围绕品牌核心价值让各种品牌要素完美地组织起来。电通蜂窝模型是基于传播和沟通的模型，从另一方面说，它是传播沟通的结果所产生的消费者品牌认知层次。虽然，对于企业内部的品牌管理而言，需要更深入、更全面的品牌系统的支持，在品牌传播内容整合上，电通蜂窝模型的确给了我们一个较为理想的模型。但是，电通蜂窝模型存在着一个明显的缺陷，对于模型中的各个信息层次，该模型缺乏一个精确的工具来评估层次的实现效果。

达彼思的模型在结构上分里、中、外三层，最里层也是品牌核心价值（也称为品牌DNA、品牌精髓）。该模型认为，消费者是从外到内感受品牌的，而管理者应当从内到外地进行规划。与以上模型不一致的地方是，该模型并未提及消费者形象，而只是就品牌谈品牌。相对来讲，达彼思的模型有些单薄，仅凭这几个要素建立的品牌识别体系不够丰满。

麦肯·光明的品牌印记是这些模型当中最简单的一个，其目的在于寻找品牌的内涵，至于一些辅助表现内涵的元素并未涉及，模型并没有什么结构，而在内容上也只谈到了品牌意义和品牌个性两个，对于品牌识别来讲，这个模型还远远不够。

本章回顾

品牌识别是品牌战略者们希望创造和保持的能引起人们对品牌美好印象的联想物。这些联想物表达了品牌所表达的东西，也暗示着企业对消费者的某种承诺。在进行品牌识别时，要避免把品牌形象当作品牌识别、把品牌定位当作品牌识别、只重视外部顾客而忽视公司内部和过于迁就产品的属性四个认识误区。

品牌识别通常是从企业内部管理者的角度所进行的自我设计来予以理解，通过考虑消费者认知、市场竞争关系的角度加以确定，从而形成与品牌有关的特殊性相对应的品牌识别。因此，品牌识别对整个企业内部的资源整合和文化体现，建立适应市场需求和变化的竞争战略机制都起到非常重要的作用。

围绕品牌识别的结构和内容，一些学者和广告公司提出了自己的品牌识别模型，如大卫·阿克的品牌识别模型、卡普菲勒的品牌识别六棱柱模型、卡普菲勒的品牌识别金字塔模型、戴维森的品牌识别环状图模型、电通的蜂窝模型、达彼思的品牌轮盘和麦肯·光明的品牌印记，由于提出者的背景差异，七个模型不尽相同。总的来说，大卫·阿克的品牌识别模型和卡普菲勒的品牌识别六棱柱模型是较为全面、深刻地描述了品牌识别系统的构造的。

关键术语

品牌识别　品牌识别模型　品牌精髓　品牌核心识别　品牌延伸识别
品牌识别六棱柱模型　品牌根基　品牌定位　品牌识别环状图模型
电通的蜂窝模型　品牌轮盘　品牌印记

讨论与思考

1. 什么是品牌识别？
2. 品牌识别的认识误区有哪些？
3. 品牌识别在品牌管理中的作用是什么？
4. 品牌识别模型有哪些？如何评价？

案例分析

东方卫视“梦想”品牌识别

自2005年湖南卫视率先喊出“快乐中国”的口号后，各地卫视悄然掀起新一轮以“情感”为主线的品牌定位。2011年5月1日起，东方卫视全新改版，打出新口号——“梦想的力量，你我同在”。面对国内卫视品牌运营的日益激烈，此次东方卫视推出“梦想”品牌是否具有鲜明的品牌识别性？其新的品牌定位能否助力东方卫视突破重围，崛起于卫视“品牌之战”？

一、“梦想”品牌识别分析

（一）品牌战略分析：避开高端定位，主打“梦想”内核

从2003年的“新闻立台”，到其后主打“都市化、国际化”的高端品牌定位，再到如今主打“梦想”品牌，多年来东方卫视的品牌定位一直处于变化之中。2009 年，央视索福瑞针对东方卫视的媒体投资价值做了相关分析。数据显示，2008 年上海东方卫视在46个省级上星频道中高端人群收视率排名第一，但分析报告同时指出，自2006年到2008 年，近3年省级上星频道高端受众收视份额逐年递减，从20.7%下降到17.66%。这就表明原先东方卫视高端人群定位亟待调整、延伸。在高端受众收视份额逐年递减的情况下，东方卫视2011年做了调整，推出了“梦想”的情感定位，以进一步抓住频道受众市场的潜在“蓝海”。

（二）建立和受众关系：情感定位，寻找“共性”

大卫·阿克提出，品牌识别界定最主要是明确“品牌－顾客关系”，也就是建立品牌和消费者（受众）的关系，更特别提出给予品牌人格化。而消费者利益分为三种形式：功能性利益、情感性利益和自我表达利益。

长期以来，东方卫视凭借上海的地理经济位置优势，首推都市化定位，但多年品牌经营显示，其高端定位并未有效激发受众的情感共鸣，没有建立起有效关系。而此次“梦想”的品牌诠释是基于上海这座城市带给全国观众的情感共性。作为全国最大的经济中心城市，上海的经济繁荣吸引了新移民加入到这场“梦想”的打拼中。上海是梦想家的乐园，上海也是实现梦想的地方。

（三）品牌形象传播：“三轮”驱动，传递“梦想”

1. 栏目驱动

2011年5月改版以来，东方卫视陆续推出一系列节目，其中打响头炮的就是第二季《中国达人秀》。新一季“达人秀”之所以能够持续获得广大观众的热情支持，其根本原因在于节目坚持表达普通人的真情实感，屏幕上呈

现的选手情感丰富、个性鲜明，故事真实且动人至深，又一次将梦想的力量发挥到了极致。“相信梦想、相信奇迹”是《中国达人秀》的节目口号，同时也成为这档节目最好的注脚。同样大型季播节目《我心唱响》基于圆梦的角度，将节目口号定为“说不出口的话，大声唱出来”。这一荷兰引进的节目模式，无疑将“梦想”内核注入其中，使“梦想”的品牌内核不断延伸。

此外，东方卫视近期主打的多档节目也紧紧围绕“梦想”品牌——《百里挑一》追求爱情梦想；《幸福魔方》还原幸福梦想；《东方直播室》追求社会民生的梦想。东方卫视借由不同角度、层次的“梦想”支撑起品牌理念。

2. 新闻驱动

历经数月改造的东方卫视新闻演播区2011年6月20日全新启用，《东方新闻》、《东方午新闻》、《东方夜新闻》、《看东方》也随之全面改版。如今全国各大卫视放弃新闻主打，卫视新闻节目面临与其他卫视的电视剧、娱乐以及综艺节目争夺收视和排名的局面。东方卫视试图通过打造电视新闻节目的“奢侈品”提供给受众，由此提升东方卫视新闻的影响力，丰富“梦想”的内涵。

3. 影视驱动

在湖南卫视定制独播剧《宫》人气爆棚后，东方卫视紧随其后，进一步明确了“独播化、定制化、大体量”的剧场定位。围绕东方卫视“梦想”品牌，东方卫视的独播剧市场也基于上海这座城市的独特气质，提出了“都市梦想”的剧场定位。目前正着手拍摄的《我的灿烂人生》、《非诚勿扰》、《杜拉拉升职记2》等，更多地聚焦社会热点，反映现实生活，以期与受众产生共鸣。

二、效果追踪

自2011年5月1日“梦想”版面重磅推出后，东方卫视全国收视及排名较未改版前明显上升。16周（4月18日—24日）全国排名第10，23周（6月6日—12日）达到了第二季度的最高排名，位居第4名。其中，《中国达人秀》对收视表现贡献明显，6月26日《中国达人秀》北京巡演首场顺利落下帷幕，收视率再创新高，以29测量仪城市4.05%的成绩第四次锁定全国同时段第一。同时主打“梦想”内核的节目也表现抢眼。《看东方》栏目收视再创新高，多次荣登同时段卫视冠军宝座。《百里挑一》、《幸福魔方》改版后收视也获得长足进步。

此外，历经改版后，东方卫视整体广告经营拉动明显。6月22日“2011东方卫视《中国达人秀》年度盛典”广告招标会在北京举行，创下全国省级卫视15秒广告单价新高，加之总冠名和联合赞助的广告投放，《中国达人秀》第二季的广告收入超过2亿元。而“达人秀”惊人的市场效应也引发广告商对于整个东方卫视的投放热情。据统计，2011 年第二季度东方卫视签约总量为2.494亿元，较上年同期增长107%。

东方卫视赋予了品牌人性化的特征，“梦想”品牌的诉求更接近于受众，与受众产生了一定的共鸣，无疑是其品牌识别的一种延伸和深化。但同时，除《中国达人秀》等王牌节目与“梦想”内核连接紧密、拉动整体收视份额外，东方卫视超过一半的收视份额来自于本地，收视排名更是位居全国第二阵营，与第一阵营湖南、江苏、浙江等卫视还有一定差距。

（资料来源：凌洁．东方卫视“东方梦想”品牌识别解析．新闻传播，2012（1）.）

【案例思考题】

1. 你如何评价东方卫视“梦想”的品牌识别?

2. 针对东方卫视与湖南等卫视的差距，请根据大卫·阿克的品牌识别理论对东方卫视的品牌发展提出建议。

本章实训

【实训目的】

（1）掌握品牌识别模型的基本内容。

（2）能针对某个具体品牌进行有关品牌识别内容的具体分析。

【实训内容】

让学生收集一个熟悉的品牌（如服装、食品、汽车等）的品牌发展历史、品牌文化、目标顾客和市场定位等资料，结合不同的品牌识别模型对该品牌的品牌识别进行分析和评价。

【实训组织与步骤】

（1）学生分成4～6人一组。

（2）各组学生进行分工，收集不同品牌的相关资料。选择一个品牌识别模型对该品牌的品牌识别进行分析和评价。

（3）各组成员在团结合作的基础上，在对选择的品牌进行深入分析和充分讨论之后形成书面报告，并制作PPT。

（4）各组在全班展示PPT，相互交流，并互评成绩。实训成绩评定标准：小组团队参与程度占30%；上台讲演、PPT演示占40%；品牌分析内容占30%。

（5）教师最后做点评。

延伸阅读

[1] 斯科特·大卫斯. 品牌资产管理——赢得客户忠诚度与利润的有效途径. 北京：中国财政经济出版社，2006：47-65.

[2] Aaker，Jennifer L. Dimensions of Brand Personality. Journal of Marketing Research，1997，XXXIV（August）：347-356.

[3] Fournier，Susan. Consumer and Their Brands: Developing Relationship Theory in Consumer Research. Journal of Consumer Research，1998，24（4）：343-373.

[4] http://www.doc88.com/p-60520226772.html.

[5] 中国营销传播网。

参考文献

[1] 大卫·阿克. 创建强势品牌. 北京：中国劳动社会保障出版社，2005.

[2] 梁东，连漪. 品牌管理. 北京：高等教育出版社，2012.

[3] 周志民. 品牌管理. 天津：南开大学出版社，2008.

[4] 大卫·阿克，爱里克·乔瑟米赛勒. 品牌领导. 北京：新华出版社，2001.

[5] 余鑫炎. 品牌战略与决策. 大连：东北财经大学出版社，2001.

[6] 崔灿. 品牌定位与品牌识别的关系研究. 社会科学论坛，2006（9）.

[7] 冯炜. “品牌识别”与“品牌形象”概念辨析. 装饰，2010（11）.

[8] 林海. 英国品牌的启示. 北京：企业管理出版社，2007.

第四章
品牌定位

箴言

定位是如何在潜在顾客的心智中实现差异化，从而获得认知优势。

——（美）杰克·特劳特

本章学习目标

1. 理解品牌定位的内涵与意义
2. 掌握品牌定位的原则与流程
3. 掌握品牌定位的工具
4. 熟悉品牌定位的策略

本章知识结构图

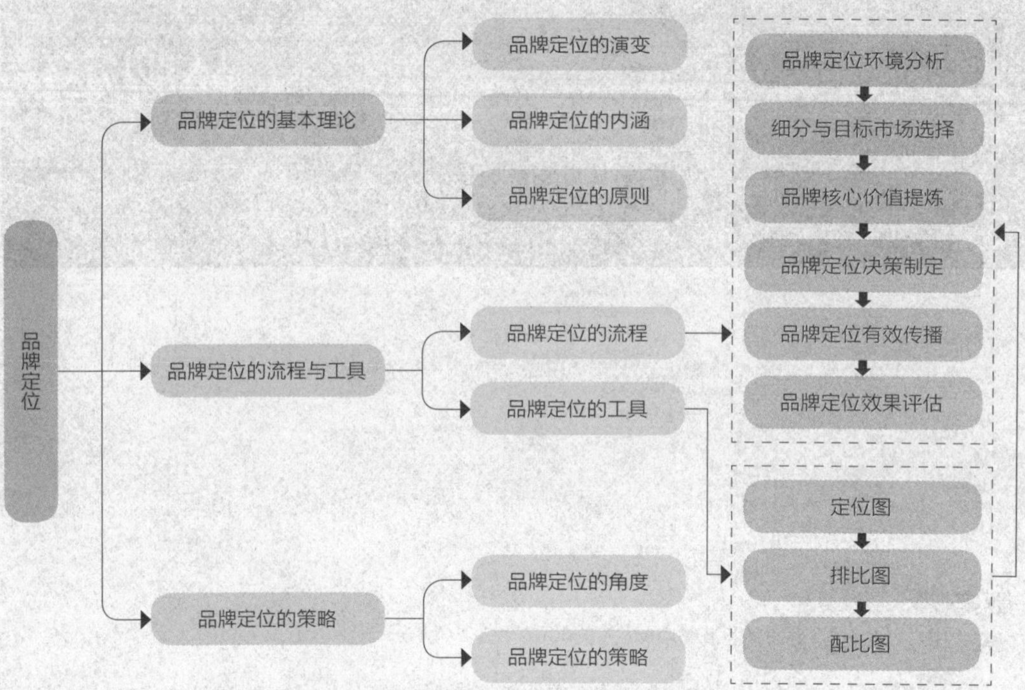

引导案例

从“雕牌”到“纳爱斯”

雕牌牙膏曾经是浙江纳爱斯集团旗下的一个牙膏品牌。20世纪90年代初，纳爱斯旗下的雕牌洗衣粉凭借一句“只选对的，不买贵的”广告词风行国内洗衣粉市场，这主要的功劳是其比较精准的产品定位，其宣传的是洗衣粉，这一产品的核心价值是高品质，而不是高价格。“只选对的，不买贵的”，这一品牌形象印记——“大众的、平民化产品路线”在目标消费群心目中已经形成。长此以往，雕牌给国内消费者的印象就是洗衣粉或是透明皂，即雕牌的产品定位经过多年的宣传对消费者的心智产生了强大影响。2001年，恰逢雕牌被评为“中国驰名商标”之时，纳爱斯集团推出了雕牌牙膏，试图以雕牌洗衣粉和透明皂的品牌号召力和影响力带动雕牌牙膏的销售。可是纳爱斯的高层忽视了对消费者心智的研究，雕牌在消费者心智中的定位就是洗衣粉和透明皂。现在变成牙膏了，消费者是不认同的，用雕牌牙膏刷牙时总会感觉到有一种洗衣粉的味道，所以消费者很难接受。

消费者对品牌的记忆是有限的，对同一类产品的品牌记忆平均不会超过7

个，同时消费者对品牌的记忆也是排他的。消费者对于雕牌的品牌利益记忆点已经深深地印在了洗衣粉和透明皂上，维持多年的品牌诉求已形成了雕牌的市场定位和区隔，在此之后再把雕牌这一品牌延伸到牙膏产品上，两种用途截然不同的产品造成了严重的消费者心理认知障碍。

坚持了4年多以后，2004年11月，纳爱斯集团在一些零售终端试销“纳爱斯”牙膏，2005年纳爱斯集团将旗下雕牌牙膏品牌正式改名为“纳爱斯”，换了一个“马甲”，并在2005年伊始便大张旗鼓地全面推向中国市场。“纳爱斯”的品牌包容力相对于雕牌要广博得多，因为“纳爱斯”首先是企业品牌，其次它也是部分洁肤类产品品牌，在市场上则随同“雕牌洗衣粉，浙江纳爱斯”的广告词与雕牌一起成长，享有相当高的品牌知名度和品牌美誉度，再加上“纳爱斯”为英文“nice”的中文谐音，意为漂亮、好的，如果纳爱斯集团当初用“纳爱斯”这一品牌而不是“雕牌”推出牙膏，在消费者心智中，“漂亮”便可能顺利与牙齿的使用效果进行对接，进而接受“纳爱斯”这一牙膏品牌。遗憾的是，这一改变品牌名称的策略是对了，但时机却不对，原因是“雕牌洗衣粉，浙江纳爱斯”的广告词已经深入消费者心智，用纳爱斯牙膏刷牙，消费者仍旧会感受到洗衣粉的味道。尽管纳爱斯集团在2005年以全新的“纳爱斯”品牌形象和“营养”这一产品定位推向市场，试图以牙膏中富含维C来吸引消费者的眼球，但是这只不过穿上了雕牌的另一个“马甲”。

（资料来源：http://xiaooli.blog.sohu.com.）

第一节　品牌定位概述

一、品牌定位理论的演进

今天，定位一词已经成为最重要、使用最广泛的战略术语之一。尽管该概念的起点是讨论广告传播的策略问题，“定位”却很快成为营销战略的理论构架中的一个核心概念，成为整个营销战略中最富有价值的战略思想之一，成为众多学者及实践家们研究的重要对象之一（卢泰宏，2002）。

1969年，艾·里斯（Al Ries）和杰克·特劳特（Jack Trout）在《产业营销》（Industrial Marketing Magazine）杂志上发表了第一篇关于定位理论的文章，题为《定位：定位是人们在今日模仿主义市场所玩的竞赛》（Positioning Is a Game People Play in Today's Me-Too

Marketplace)，这是有史以来首次有人使用“定位”这一概念，开创了人们对定位这一领域研究的先河。1972年，杰克·特劳特和艾·里斯又在《广告时代》(Advertising Age)杂志上发表了“定位时代来临”的一系列文章，提出了营销史上具有划时代意义的崭新观念——定位(Positioning)，引起营销广告界的巨大反响。从此，一股鲜活的定位理论之风吹遍了全球营销界，引发了营销界的一场思想革命与实践革命。

1981年，杰克·特劳特和艾·里斯合作出版了第一本定位方面的专著:《定位：攻心之战》(Positioning: The Battle for Your Mind)，首次将定位策略上升为系统的定位理论。该书主要介绍了定位理论的内涵、特征与定位的心理基础。作者认为消费者头脑中存在一级级小阶梯，他们将产品或多个方面的要求在这些小阶梯上排队，而定位就是要找到这些小阶梯，并将产品与某一阶梯联系上；定位应强调通过突出符合消费心理需求的鲜明特点，确定品牌在特定商品竞争中的方位，以方便消费者处理大量的商品信息；定位具有“以消费者为中心”和“竞争性”两个特征。

1996年，定位大师杰克·特劳特(Jack Trout)和史蒂夫·瑞维金(Steve Rivkin)一起出版了《重新定位：竞争、变化、危机时代的营销》(Positioning: Marketing in an Era of Competition，Change，and Crisis)一书。重新定位是应对如今3C时代——竞争(Competition)、变化(Change)和危机(Crisis)的营销战略之道。该书的最大特点和突出贡献是对消费者心理的深切把握，强调基于消费者的定位方法；从传播者的立场转向从消费者处理信息的角度出发，从“消费者请注意”到“请注意消费者”。作者认为：营销的终极战场是消费者的心灵，你知道的越多，定位策略就越准确。他们经过多年对消费者行为的细致观察和深入研究，发现了影响传播沟通的消费者心理，并将之概括为消费者的五大思考模式：大脑的有限性、大脑憎恨混乱、大脑的不可靠性、大脑不会改变、大脑会失去焦点，从而揭示了信息传播不能到达消费者的原因以及无法占据消费者心灵的根源。该书对于帮助企业克服传播通路上的种种障碍，更有效地发挥定位在营销中的核心作用具有较大的参考价值。

早期的品牌塑造大多是通过广告传播来实现的，因此，品牌定位理论最初也是从品牌传播的角度演变而来。品牌定位理论起源于里斯和特劳特提出的广告定位理论，里斯和特劳特把美国市场营销的发展划分为产品时代、品牌形象时代和定位时代，相应的品牌定位理论经历了USP理论、品牌形象论和定位理论三个阶段。

第一阶段：USP理论——产品至上时代。

20世纪50年代之前，市场处于竞争初期，产品品种较为单一，同类同质商品少。市场竞争主要通过产品本身的性质特点及功能利益造成的差异性来实现。受生产力发展和消费水平的限制，消费者注重实效，因而广告以理性诉求为主，罗瑟·瑞夫斯(Rosser Reeves)的USP(Unique Selling Proposition)理论迎合这一时代的特征，成为营销理论的主流。USP理论的基本要点是：

(1)每一则广告必须向消费者“说一个主张”，必须让消费者明白，购买广告中的产品可以获得什么具体的利益。

（2）所强调的主张必须是竞争对手做不到的或无法提供的，必须说出其独特之处，在品牌和说辞方面是独一无二的。

（3）所强调的主张必须是强而有力的，必须聚焦在一个点上，集中打动、感动和吸引消费者来购买相应的产品。

在这一理论指导下，营销人员的主要任务就是不遗余力地找出罗瑟·瑞夫斯所说的独特的销售主张。为此，广告甚至不惜夸大产品的特性和功能。到20世纪50年代末期，随着科技的飞速发展，各种替代品和模仿品不断涌现，寻找USP变得日益困难，产品至上时代土崩瓦解了。

第二阶段：品牌形象理论——形象至上时代。

取而代之的是形象至上时代。这一时期，产品之间差异性缩小，同类同质产品充斥市场，通过产品特性形成区分变得十分困难。随着生活水平的提高，消费者的观念也发生了转变，更重视心理上的满足。60年代，大卫·奥格威（David Ogilvy）提出的品牌形象论（Brand Image）很快被广泛接受和采纳。其基本要点是：

（1）塑造品牌形象是广告最主要的目标。广告就是要力图使品牌具有并且维持一个高知名度的品牌形象。

（2）任何一个广告都是对品牌的长期投资，从长远的观点看，广告必须尽力维护一个好的品牌形象，而不惜牺牲追求短期效益的诉求重点。

（3）随着同类产品的差异性减小，品牌之间的同质性增大，消费者选择品牌时所运用的理性就越少，因此，描绘品牌的形象要比强调产品的具体功能特征重要得多。

（4）消费者购买时所追求的是"实质利益＋心理利益"，对某些消费群来说，广告尤其应该重视运用形象来满足其心理的需求。

在这一理论指导下，奥格威成功地策划了哈撒韦衬衫、劳斯莱斯汽车、舒味思汽水等经典广告。其中他为哈撒韦衬衫策划的带眼罩的男人这一形象广告使这个默默无闻116年的品牌一跃成为美国知名度最高的品牌之一，创造了广告史上的神话。伴随他的成功，广告界刮起"品牌形象论"的旋风。树品牌形象、公司形象仿佛成了占领市场无往而不胜的利器。

第三阶段：品牌定位——定位至上时代。

随着竞争进一步加剧，产品日益同质化，具有高度相似性。信息量也急剧膨胀，各种讯息相互干扰。当百家争鸣、各施奇招通过形象来造成差异的时候，没有几家能够成功。品牌形象论这个一度点石成金的魔杖似乎也不能解决所有问题。里斯和特劳特有预见性地宣告了定位时代的来临。他们认为这是一个创造力不再是成功关键的时代，发明或发现了不起的事物并不重要，但是一定要把进入潜在顾客的心智看作首要目标。于是出现了这样一些广告词：

山咖（Sanka）咖啡："我们在美国是销售第三大的咖啡。"

艾维斯（Avis）："艾维斯在租车行业是第二位……"

Schaefer啤酒："当你要喝一瓶以上啤酒时，这就是你要喝的啤酒。"

这些诉求都是通过深入调研而寻找到的市场位置，事实证明极富销售力。

里斯和特劳特提出的定位理论被公认为是"有史以来对美国营销影响最大的观念"。品牌定位理论的基本内涵如下。

（1）定位的起点是目标消费者的心理，而不是产品本身。

（2）明确产品的目标市场，将产品在目标市场的顾客心里定下位置。

（3）对可能的市场和可能的顾客施加一定的营销影响，并通过策划和创意，制造产品的显著社会声誉，以形成品牌竞争市场位势（采用形象论的一些技术性方法）。

（4）品牌定位的最高境界应该是在品牌内部结构方面，利益点与支持点巧妙地结合在一起，并以单一信息传播的方式，传递给消费者。

（5）不要试图去改变顾客心理，顾客心理一旦形成，极难改变。

（6）跟随领先品牌的"me too"（我也这样/我也有）策略是无效的。

（7）品牌在顾客心里有特定的排列梯度。

将上述三种理论进行对比分析如表4-1所示。

表4-1　USP论、品牌形象论、定位论的比较①

	独特的销售主张USP	品牌形象论BI	定位论Positioning
代表人物	R. 瑞夫斯（Rosser Reeves）	D. 奥格威（David Ogilvy）	艾·里斯（Al Ries）和杰克·特劳特（Jack Trout）
产生时间	20世纪50年代	20世纪60年代	20世纪70年代以来
核心理论、主张	强调产品具体的特殊功效和利益	塑造形象 长远投资	创造心理位置 强调第一
方法和依据	实证	精神和心理的满足	类的独特性
沟通的着眼点	物	艺术、视觉的效果	心理上的认同

① 张明立，冯宁．品牌管理．北京：清华大学出版社；北京交通大学出版社，2010：91．

二、品牌定位的内涵

（一）广告传播的工具

品牌定位理论起源于里斯和特劳特提出的广告定位理论，并结合认知心理学理论成果发展而成。定位大师里斯和特劳特认为："定位起始于产品，一件商品、一项服务、一家公司、一个机构，甚至于是一个人，也可能是你自己。……定位是你对产品在未来的潜在顾客的脑海里确定一个合理的位置，也就是把产品定位在你未来潜在顾客的心目中。……定位改变的是名称、价格及包装，实际上对产品则完全没有改变，所有的改变，基本上是在做着修饰而已，其目的是在潜在顾客心中得到有利的地位。"

根据里斯和特劳特的定义，定位实质上是一种攻心战略，它不是去创作某种新奇的与众不同的东西，而是去操作已存在于受众心中的东西，以受众心智为出发点，寻求在他们心目中一个独特的位置。

（二）营销战略工具

定位论对营销的影响超出了最初将其作为一种传播工具的范畴，而演变为营销战略的一个基本步骤。1970年，营销学之父菲利普·科特勒最先将Positioning引入营销之中，作为4P之前最重要的另一个P，以引领企业营销活动的方向。菲利普·科特勒认为：定位是指公司设计出自己的产品和形象，从而使其能在目标顾客心中占有一个独特位置的行动。因此，“营销人员必须从零开始，开发所有的4P，使产品特色确实符合所选择的目标市场”。显然，科特勒的观点是将定位作为对潜在产品的实体定位，将里斯和特劳特的定位归为对现有产品的心理定位。

根据定位大师里斯、特劳特和营销之父菲利普·科特勒的定义，本教材将品牌定位定义为是指建立（或重新塑造）一个与目标市场有关的品牌形象的过程与结果，从而使品牌形象在消费者心中占领一个有利的特殊的位置。

知识窗

所谓定位，就是令你的企业和产品与众不同，形成核心竞争力；对受众而言，即鲜明地建立品牌。

——定位之父杰克·特劳特

定位就是在顾客头脑中寻找一块空地，扎扎实实地占据下来，作为“根据地”，不被别人抢占。

——定位之父艾·里斯

所谓定位，就是让品牌在消费者的心智中占据最有利的位置，使品牌成为某个类别或某种特性的代表品牌。这样当消费者产生相关需求时，便会将定位品牌作为首选，也就是说这个品牌占据了这个定位。

——特劳特（中国）定位咨询有限公司总裁邓德隆

三、品牌定位的意义

品牌定位是品牌经营的首要任务，是品牌建设的基础，是品牌经营成功的前提。品牌定位在品牌经营和市场营销中有着不可估量的作用。

（一）品牌定位是联系品牌形象与目标市场的纽带

品牌定位的目的在于培养与塑造符合目标消费者愿望与需求的品牌形象，从而在消费者的心中占据一个有利的位置，与消费者之间建立长期、稳固的关系。换言之，品牌定位通过对品牌整体形象的设计而使之贴近目标消费者的心理感受，是对目标消费者的心智和情感进行管理。一方面，目标市场是品牌定位的依据和归宿；另一方面，品牌形象需要通过品牌设计来完成，即恰当的品牌设计有助于在目标消费者心中形成良好的品牌形象。因此，品牌定位是联系品牌形象与目标市场的纽带，是寻求将品牌形象与目标市场实现最佳结合的过程。

万宝路是闻名全球的品牌，是品牌定位的经典之作。在美国，它被塑造成自由自在、粗犷豪放、四海为家、纵横驰骋的西部牛仔形象，迎合了美国男性烟民对坚忍不拔的男子汉精神的渴求；在中国香港，万宝路根据当地的文化特征，变成了年轻洒脱、事业有成的农场主；在日本，万宝路又变成了依靠智慧和勇气征服自然，过着田园生活的日本牧人。万宝路品牌定位不断创新，使万宝路的品牌形象总能与特定的目标市场实现最佳结合，使万宝路在全球市场竞争中保持不败。

（二）品牌定位是塑造品牌个性的重要途径

科学技术的飞速发展使同类产品的质量和性能十分接近，同质化现象越来越严重，已无法满足消费者在情感和自我表达的上需求。因此，品牌的情感诉求已成为品牌竞争的焦点之一。品牌个性则是品牌情感诉求的集中体现。那么，如何凸显品牌个性呢？这就需要品牌定位。品牌定位清晰，品牌个性就鲜明；品牌定位不明确，品牌个性就模糊。品牌定位不同，所体现的品牌个性就不同。通过品牌定位，赋予品牌鲜明的个性特色，与竞争者品牌形成明显的区别，使你的品牌从众多同类或同行业的品牌中脱颖而出，并使消费者的心理与之产生共鸣，接受和认可该品牌，从而在目标消费者的心中占据一个独特的有价值的地位。因此，品牌定位是确立品牌个性的重要途径。

（三）品牌定位是品牌占领市场的重要保证

在当今社会里，消费者每天接受的是超饱和的信息。各种信息媒体向消费者发出的信息大大超过了个人的记忆范围，因而，消费者总是有意识或无意识地对接触到的产品信息进行筛选和区别定位。品牌形象存在于消费者的意识中，消费者会根据他们对各个品牌形象的认知，将产品品牌排成顺序，形成一个品牌阶梯。在这个品牌阶梯中，位置越高的品牌或占据某种特定位置的品牌，就容易受到消费者的青睐与注意，使之产生兴趣，易于促成购买行为。国内外许多著名品牌都是通过适当的具有特色的品牌定位，占据同类产品市场中一个牢固的市场位置，获得了企业经营的巨大成功。如美国的“七喜”汽水自知不能与可口可乐、百事可乐正面竞争，便将自已的品牌定位在“非可乐型”的位置上，这一定位使得“七喜”汽水销量大增；福特汽车公司将它的汽车定位为“静悄悄”的福特，其广告也围绕着“静悄悄”做文章，使人感到乘坐福特汽车安静、舒适，不会受到噪音干扰，从而增加了消费者对福特汽车的好感和购买欲望。可见，品牌定位是企业产品顺利进入市场和获得稳固市场地位的重要保证。

（四）品牌定位是品牌传播的基础

品牌定位与品牌传播二者相互依存，密不可分。一方面，品牌定位需要运用品牌传播的手段将企业所设计的品牌形象传递给目标消费者，来获得消费者的认知和认同，并在消费者心目中确立一个企业刻意营造的独特的、有价值的品牌形象，从而实现品牌定位的目的。因此，品牌定位必须通过品牌传播才能完成，只有准确地将企业设计的品牌形象传递给目标消费者，求得消费者认同，引起消费者共鸣，该定位才是有效的。另一方面，品牌传播必须以品牌定位为前提，因为品牌定位决定了品牌传播的内容，离开了事先的品牌定位和品牌整体形象设计，那么品牌传播就失去了方向和依据，因此，品牌定位是品牌传播的基础。

知识窗

定位：第三次生产率的革命

新的生产工具——定位，在1969年被杰克·特劳特发明出来。正如德鲁克在评价泰勒的“四步工作法”时说：“泰勒的方法听起来没什么了不起——有效的方法常常如此。其实这套方法花了泰勒整整20年的时间去实验，才整理发展出来。”这段话用来描述特劳特与定位同样适用。为验证与发展定位，特劳特与他的合作伙伴艾·里斯也花了20多年，在具体运用上恰恰也是四步工作法：

首先，分析整个外部环境，确定“我们的竞争对手是谁，竞争对手的价值是什么”。（这与德鲁克在回答管理第一问“我们的业务是什么，应该是什么”时相反，德鲁克问的是“我们的顾客是谁，顾客的价值是什么”。因选择过多，心智有限，决定了经营方式已从顾客导向转向了竞争导向。）

其次，避开竞争对手在顾客心智中的强势，或是利用其强势中蕴涵的弱点，确立品牌的优势位置——定位。

再次，为这一定位寻求一个可靠的证明——信任状。

最后，将这一定位整合进企业内部运营的方方面面，特别是传播上要有足够多的资源，以将这一定位植入顾客的心智。（详见特劳特经典丛书之《与众不同》。重要的提醒是：泰勒的工作研究是以个体为单位的，德鲁克的管理学是以组织为单位的，而特劳特的定位是以品牌为单位的。）

这引发了社会生产率的第三次革命。第一次革命，是通过泰勒的《科学管理原理》，大幅提升了体力工作者的生产率。第二次革命，是通过德鲁克开创的管理学（核心著作是《管理的实践》及《卓有成效的管理者》），大幅提升了组织的生产率。第三次革命，是通过特劳特发现的定位（核心著作是《定位》和《商战》，读者应该先从这两本著作开始学习定位），大幅提升了品牌的生产率。

第一次生产率革命自1880年开始，至第二次世界大战后达到最高潮，前后共历70年。第二次管理革命，如果从1943年德鲁克着手第一部研究组织的著作《公司的概念》算起，也几近70年。定位自发明至今已逾40年矣！从这套丛书中，读者可以发现关于定位的系统知识与实践检验都已相当完备，定位也不仅仅是“最具革命性的营销观念”（菲利普·科特勒语)，还是战略的核心，“战略就是创建一个有利的定位”(迈克尔·波特语)。如果历史可信，在未来的30年里，人类将迎来一个品牌的时代、品牌的社会，无论个人还是组织都要学会运用定位这一新工具来为自己建立品牌(个人如何创建品牌详见特劳特经典丛书之《个人定位》)。

社会的价值观、财富观，也必将因此而大幅改变。组织最有价值的资源固然不再是资本资源，甚至也不是人力资源、知识资源了，这些资源的地位都要让位于品牌所代表的心智资源。联想最大的资源并非柳传志先生曾认为的“杨元庆们”，而是联想在顾客心智中占据了计算机的定位，联想成了顾客心智中计算机的代名词。百度最大的资源也不是“李彦宏们”，而是百度在顾客心智中占据了“搜索”，从而拥有的心智资源。

衡量企业经营绩效的方式也从传统的财务赢利与否，转向为占有定位(心智资源)与否。这也解释了为何互联网企业即使不盈利也能不断获得大笔投资。实际上，历史上新的生产工具的诞生，同时会导致新的生产方式的产生，这种只取定位(心智资源)而不顾盈利的生产方式，是由新的生产工具带来的。不仅是互联网高科技产业，随着第三次生产率革命的深入，其他产业与非营利组织都将沿用这一新的生产方式。

不仅是新创企业，即便现有组织的同一个品牌，在其他任何条件不变的情况下，通过“更聪明地工作”——定位的调整，生产率的差距也是惊人的。最有名的例子，是IBM通过重新定位为“集成电脑服务商”而从连续巨亏中走出困境，重获辉煌。西南航空通过定位为“单一舱级”，成为美国最盈利的航空公司，其一家公司的市值，超出其他三家资产规模大得多却定位不当的航空公司的总和。宝马通过定位为“驾驶”，从而充分利用了奔驰在顾客心中强势(尊贵)中的弱点(移动不方便)，结果从濒临破产的品牌变为风行世界的强势品牌。百事可乐，也是利用可口可乐强势(可乐发明者更“正宗”)中的弱点(父辈在喝)，界定出自己的新一代“年轻人可乐”的定位，从破产边缘走出一条光辉大道。定位与管理一样，不仅仅适用于企业组织，甚至适用于一个岛国——格林纳达，通过重新定位为“加勒比海的原貌”，引来了游客无数，从而使该国原本高达30%以上的失业率消失得无影无踪。

美国民主党也在采纳了特劳特先生将共和党重新定位为“不称职”而在上次中期选举中大获全胜，又因不坚持即违背定位原则而在中期选举中败北(详见特劳特经典丛书之《重新定位》)。在中国，一包小小的乌江榨菜因从原来的“乌江三榨”重新定位为“正宗涪陵榨菜”，而造就了股市上“疯狂的榨菜”。王老吉将凉茶重新定位为“预防上火的饮料”，其生产率也获得爆炸性提升。

反之，当一个品牌破坏了已有的定位，或者企业运营没有遵循顾客心智中的定位来配置资源，则不但新投入顾客不接受，反而将企业巨大的资产浪费甚至使企业走向毁灭。读者可以从特劳特经典丛书之《大品牌大问题》一书中看到诸如AT&T、DEC、通用汽车、米勒啤酒、施乐等案例，它们曾盛极一时，却因违背顾客心智中的定位由盛转衰，成为惨痛教训。

值得注意的是，过剩经济时代，并不就意味着德鲁克过时了。恰恰相反，即使在美国与西欧发达国家，组织的生产率仍有待大幅提升，更遑论发展中国家。对于中国来说，不但德鲁克远未过时，还有几亿农民的生产率没有转化为工人的生产率，这使泰勒的知识仍大有可为。这正是中国的挑战，大潮奔涌，短短的几十年里，迫使我们要转千弯，翻千浪——否则怎么办？我们必须要同时利用好这三种先进的生产工具，来为中国继而为人类开创出一个伟大的时代奠定基石。

（资料来源：特劳特全球伙伴公司中国区总经理邓德隆．定位：第三次生产率革命．http://jjckb.xinhuanet.com/dspd/2011-02/10/content_285164.htm.）

四、品牌定位的原则

由于品牌定位受多种因素的制约与影响，因而在实际操作中往往会出现品牌定位的错误或失败。凯温·格兰西和罗伯特·舒尔曼认为导致品牌定位错误发生的原因主要有三个：① 企业始终没有形成一个清晰明确的定位战略；② 企业未能清楚地将定位的思想、理念和原则传达给市场；③ 企业未能提供足够的营销资源的支持并保证定位的努力。因此，企业要想使品牌定位获得成功，避免失败的发生，就要遵循一定的策略、方法与原则。

（一）对目标消费者的透彻了解

品牌定位就是要改变以往营销“从内向外”的做法，进而采用“由外向内”的方法，这样才能与顾客产生共鸣，获得顾客的认同。如果不能透彻地了解目标顾客的需求，品牌不能定位在顾客所偏爱的位置，那么这一定位就不能打动和占据顾客的心，也就达不到品牌定位的目的。

（二）与产品本身的特点契合

品牌定位的根本是要为消费者提供一种竞争对手无法提供的独特利益，这种独特的利益是基于品牌所依托的产品本身的属性所决定的，脱离了产品的特点与使用价值的品牌定位，对消费者而言只能是空中楼阁、海市蜃楼。任何品牌要赢得顾客的信赖与偏好，除了在性能与价格上比较优秀外，还必须具有异于其他同类产品的特点，产品本身的特征是品牌定位的基础。因此，进行品牌定位就必须深入挖掘产品的特点。

（三）与企业的资源条件与能力相匹配

理想的品牌定位只是为品牌营销奠定了成功的基础，能够有效地实施品牌定位取决于企业的品牌定位的管理能力和品牌营销的执行力。如一个定位于国际化的品牌，不仅需要有雄厚的技术、资金实力，更需要具备进行全球市场营销的能力。在品牌营销实践中，有许多品牌皆是由于后期缺乏对品牌定位的执行力，从而导致品牌定位的失败甚至是品牌的衰落。因此，有效的品牌定位必须要与企业的资源条件与能力相匹配。

（四）与竞争品牌形成明显区隔

竞争者是影响品牌定位的重要因素。没有竞争者的存在，定位就失去了价值。在竞争十分激烈的买方市场条件下，几乎任何一个细分市场都存在或多或少的竞争者，未被开发的市场空间越来越少。在这种市场条件下，企业进行品牌定位时始终要考虑与竞争者品牌的相对关系，针对竞争对手的品牌定位，选择本企业相对于竞争品牌的比较优势作为定位的基点，以与竞争品牌形成明显区隔，通过向消费者传达差异化信息，引起消费者注意和认知，并在消费者心智上占据与众不同的有价值的位置。

（五）简单化原则

品牌定位是品牌传播的基础，在信息爆炸的时代，品牌定位要传达的信息一定要简单扼要，让消费者一看即知，不需要费心费力就能领会品牌定位。因为在当今信息时代，消费者被形形色色的信息所包围，可是消费者大脑储存信息的容量非常有限。根据哈佛大学心理学家米勒博士的研究，一般人类的心智不能同时与七个人以上的单位打交道。因而，消费者会根据个人的经验、喜好和兴趣进行选择，过滤和排斥掉大部分传递给他的信息。同时，消费者有喜欢简单、痛恨复杂的心理，越是简单明了的信息，越容易被消费者识别和接受。大脑憎恨混乱要求品牌传达给消费者的是最简单的信息。如孔府家酒的“孔府家酒，叫人想家”、百事可乐的“新生代的选择”等无一不是只诉求一个重点。不少给人留下深刻印象的品牌，其标志也是非常简明的。如耐克近年来将其标志进一步简化，只剩下标志性的一勾，然而，看到这一勾，就足以引起关于耐克这个品牌的联想。与耐克相类似，醒目的黄色“M”能使人联想到麦当劳所提供的一切满足。因此，品牌定位一定简单扼要，抓住关键。要从无数的创意构想中抽取一两个最具代表性的要点高度地概括出品牌的本质特征，同时还要简单到使消费者能从这个定位特征联想到更多的品牌利益与品牌差异点。品牌定位简单化的意义在于，一个简单的定位信息更容易能够长久地占据目标消费者的大脑，同时还可以消除由于信息过于复杂而产生的歧义。

（六）始终如一的原则

品牌定位一经确立，就不要轻易改变。这是因为：一方面，一旦品牌的定位根植于消费者心中，即心智认知一旦建立，就很难对其进行改变了。心理家Friedrich Nietzsche写道：“人们对那些跟自己的经验毫无关系的东西可以充耳不闻。”也就是说，我们只学那些跟已存知识有关的新知识。当新观念跟旧经验挂不上钩时，你的心智就会这样反应：“系统出错”。即使世界第一品牌的可口可乐也不能。可口可乐想告诉世界，它们有比“真正的可乐”更好的东西，最后赔了名誉又折钱（没有人会买可口可乐的新可乐）。因此，“大脑不会改变”要求信息传播时不要“朝令夕改”，品牌定位要具有连续性。另一方面，企业投入大量的营销资源在目标顾客心目中建立起一个独特的有价值的品牌形象，是一个十分艰巨庞大的系统工程，如果随意改变原有的品牌定位将会导致企业资源的巨大浪费而得不偿失。

但需要说明的是，品牌定位并不是一成不变的。在某些情况下，比如由于品牌的销售额下降或出现新的市场机会时，企业可以根据具体情况尝试改变品牌的定位，以使品牌定位更能符合消费者的需求。

第二节 品牌定位流程与工具

一、品牌定位的流程

品牌定位流程对于一个品牌来说，从其定位开始到推广为消费者和市场所接受要经历一个完整的过程。首先，通过对顾客分析、竞争者分析和自我分析，确定细分市场，进而评估和选择目标市场，同时形成品牌价值主张；其次，提炼品牌核心价值并对品牌定位进行具体描述，明确向消费者传达的品牌特定信息，形成品牌定位决策；再次，执行品牌方案，建立起品牌形象；最后对品牌定位效果进行跟踪和评估，找出定位的不足，并根据品牌环境发生的变化对品牌定位的各个环节进行调整。如图4-1所示。

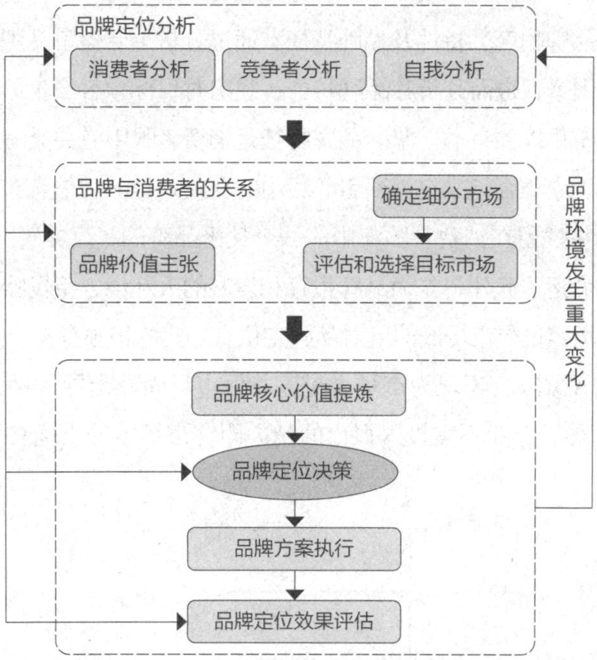

图4-1 品牌定位流程图

（一）品牌定位环境分析

1. 消费者信息

消费者是品牌定位系统的出发点和最终裁判者，在进行品牌核心价值决策时，侧重于对目标消费者收入状况、生活方式和价值观等宏观信息的调查与把握；在进行品牌定位决策时，则侧重于对消费者心理需求、购买动机、媒体偏好等微观信息的调查与把握。

2. 竞争品牌信息

竞争品牌的相关信息可以为品牌定位提供参照标准，建立与竞争品牌有效的区隔，以使品牌在消费者心目中树立一个区别于竞争者的有效的定位。主要包括：

（1）市场总体竞争态势。这一信息可以通过直接的消费者调查或行业研究报告获取资料，通过这一调查可以确定企业的主要竞争品牌有哪些。一般情况下是把强势品牌中与企业产品特征相似的品牌作为主要的竞争品牌。

（2）主要竞争品牌的优劣势。竞争品牌的优势分析，主要包括对竞争品牌的功能性优势分析、品牌的知名度优势分析及消费者对品牌忠诚度的分析，即研究主要竞争品牌通过哪些方面取得品牌优势，这些优势源自哪里。通过对竞争品牌的优势分析，企业可以借鉴强势品牌的某些成功经验，同时在进行品牌定位时有意识地回避竞争品牌的优势点。竞争品牌的劣势分析，是企业自身品牌定位的突破口，前提条件是企业有能力将竞争品牌的劣势转化为自身的优势。分析竞争品牌的劣势可以从竞争品牌的功能性、竞争品牌与消费者关系、竞争品牌的发展潜力等方面进行研究。

（3）主要竞争品牌的产品特性及品牌特征。通过分析主要竞争品牌的产品特性，如价格、质量、服务等因素，进而分析其品牌特征，找出对目标顾客产生影响的主要因素，可以为企业自身品牌定位提供有益借鉴。品牌特征是消费者眼中有关某一品牌的全部，也就是有关品牌的所有因素集合起来在消费者心目中的反映，是品牌信息穿越消费者生活中固有的许多屏障后最终残留在消费者脑海中的一个关乎品牌的“真实”，这种“真实”一定程度上关乎品牌的命运。此外，作为品牌生存和发展的大环境，市场状况对品牌定位有重大影响，特别是市场容量与市场成熟度对品牌定位有一定的指导意义，如图4-2所示。

图4-2中，在A象限，表现为市场容量大，但市场尚处于导入期，这一时期有点类似于过去的卖方市场，企业不需投入很大的精力即在市场中处于优势地位。这一时期的

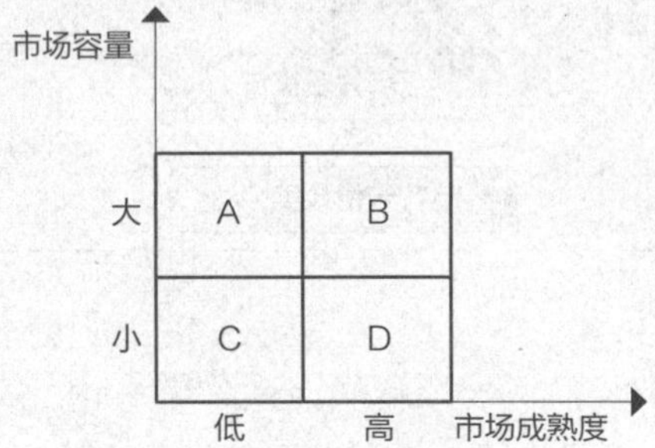

图4-2 市场环境图

品牌核心价值多定位于品牌所能给消费者带来的功能型利益，如飘柔在刚进入中国市场时采用“柔顺发质”的品牌诉求即源于此。在B象限，这一时期随着市场走向成熟，品牌单一的功能型理念既容易招致竞争对手的围攻，也不利于品牌内涵的增加，为了继续保持品牌的优势地位，品牌策划者应适时地转换品牌诉求理念。如2001年，面对丝宝集团的猛烈进攻，飘柔果断地将品牌诉求逐渐转移到“自信”这一理念上。在C象限，品牌面临的情况是市场容量小、市场发育的成熟度也较低，这一时期品牌最好在竞争者尚未觉醒之时，以完善的品牌定位系统做指导迅速进入该市场，以确定品牌在这一狭小市场上的优势地位。待市场成熟也即进入D象限之后，品牌如不能保持在该市场上的优势地位，最好抽身而退，因为再完美的品牌定位系统在这个市场上似乎也发挥不了太大的作用。

3. 自我分析

要对品牌进行精准的定位，必须基于企业自身的情况来做决策。企业自我分析主要包括：

（1）企业战略。品牌定位战略作为公司品牌战略的一部分，必然受到整个公司发展战略的影响。也就是说，品牌定位战略必须与公司的品牌战略相一致，与企业的发展战略相吻合，这样才符合品牌和公司长远的发展要求。

（2）产品。产品是品牌定位的基准和依托点，只有深度的分析与挖掘与产品有关的信息，才能找到最适合自身产品的品牌定位与传播方式。主要包括产品质量、性能、包装、式样、技术、功能以及产品的耐用性、可靠性和安全性等。

（3）服务水平。企业现有的服务水平是对企业品牌定位的有力支撑，是企业品牌定位的依据之一，主要包括订货、送货、安装、顾客培训、咨询服务和售后服务等方面。

（4）企业形象。企业形象是指企业在消费者心目中的印象感知，以及由此产生的消费者对企业的看法和评价。影响企业形象的主要因素包括企业标志、传播媒体、公共关系和广告宣传等。对企业形象的分析可以帮助企业找出企业品牌定位的基点。

（5）企业规模。衡量企业规模的指标包括企业现有资金实力、市场占有率、员工人数、销售收入、销售利润率等。企业在进行品牌定位的时候，要根据自身实力和规模来进行。同时，企业规模是一个动态的概念，在品牌定位初期就要对现有企业规模扩张的幅度进行预测。

（6）营销渠道。美国著名营销学家菲利普·科特勒将其定义为：“营销渠道就是指某种货物或劳务从生产者（制造商）向消费者（用户）转移时取得这种货物或劳务的所有权的所有组织或个人。”销售属于企业策略层面，企业品牌定位属于战略层面，而企业现有的营销渠道是联结这两个层面的桥梁。

（7）人力资源。企业人力资源指企业现有员工的数量及素质，员工的工作能力、忠诚度、应变能力及沟通能力是企业战略顺畅执行的重要保证。因此，企业人力资源是企业品牌定位方案执行的保障。

（二）市场细分与目标市场的选择

品牌定位是在市场细分（Segmenting）和选择目标市场（Targeting）的基础上进行的。市场细分是指企业根据自身的条件和营销意图把消费者按不同标准分为一个个较小的、有着某些相似特点的子市场的做法。消费者人数众多但需求各异，企业可以根据消费者需求的差异性，按照一定的细分标准将某一产品的总体市场划分为若干不同的消费者群体，为企业目标市场的选择奠定基础。市场细分的依据主要有：地理标准、人口标准、心理标准和行为标准。细分后的市场必须是差异性明显、有潜力的市场，且有进入的可能性，这样对企业才具有意义。

目标市场的确定是指在市场细分的基础上对细分出来的子市场的经营价值进行评估以确定品牌应定位的目标市场。企业评估细分市场的核心是确定细分市场的实际容量和发展潜力。评估时应考虑三个方面的因素：细分市场的规模、细分市场的内部结构吸引力和企业的资源条件。企业应综合考虑企业目标、企业实力、市场因素和消费者因素，权衡利弊，选择和确定企业拟进入和优先满足的目标顾客群体。

（三）品牌核心价值的提炼

品牌定位的确立是通过提炼品牌的核心价值，根据不同因素的分析，找出品牌的内涵，确立品牌的一种独特的形象。

品牌核心价值是品牌向消费者承诺的核心利益，它代表着品牌对消费者的终极意义和独特价值，是一个品牌最独一无二且最有价值的精髓之所在，是一个品牌最中心且不具时间性的要素。因此，品牌核心价值是整个品牌定位系统的核心，始终统领系统各要素的活动，以使各要素的运行始终在品牌核心价值包涵和可控制的范围之内，这样，才能保证品牌定位决策的制定与传播始终以执行和演绎品牌核心价值为目的，才能保证消费者任何一次接受品牌时都能感受到品牌核心价值的信息，保证品牌的每一次传播都是在为消费者心目中的品牌形象做加法，久而久之在消费者心目中建立起鲜明的品牌形象。以品牌核心价值为中心能最大限度地保证品牌定位的连续性与系统性。

（四）品牌定位决策

提炼出高度差异化并对消费者极具感染力的品牌核心价值，意味着品牌构建工作迈出了极其重要的一步，但只有品牌核心价值是不够的，因为品牌核心价值是一个抽象的概念，其在品牌构建中处于一种“理念”的状态。品牌定位是对品牌核心价值的完美演绎，实现了品牌核心价值由“抽象的理念”向“消费者认知”的转化。一个有效的品牌定位决策包括六个方面的内容：

1. 定位目标消费者群体

品牌定位的一个重要要素是确定目标消费者群。品牌定位是品牌预设的在目标消费者心理空间的位置，通过定义目标消费群，品牌定位可以更加“有的放矢”，使品牌定位与目标顾客相匹配。

2. 定位消费者需求

定位目标消费者需求是了解和分析目标消费者现实与潜在的认知、动机、态度，选择与此相关的、恰当的定位维度，因而是品牌定位的关键要素。

为了更好地定位目标消费者需求，企业必须做到：通过定期和消费者交谈、投入定量研究等各种各样的方法来跟上多变而又显现的需求；通过将品牌所能带来的物质和心理两方面的需求结合起来，用定量或定性的方法，弄清楚每个需求重要性的相对排序和被比较品牌的满意水平。此外，企业在品牌定位时不仅要密切关注消费者需求、心理等各种因素，还要对消费者的心智模式进行系统的分析，以确定消费者是如何感知品牌和品牌产品的、消费者接受和理解信息的模式、消费者头脑中是怎样感知竞争对手的品牌的。由于品牌定位一定程度上是一种竞争性定位，所以应特别关注消费者对竞争品牌的看法，以在消费者头脑中形成一种区别于竞争品牌或优于竞争品牌的定位。

3. 定义竞争性框架

竞争性框架也被称为参考性框架。定义竞争性框架即确定品牌在能满足某类消费者需求的产品类别中的位置，其具有内在的竞争性。定义一个包含品牌竞争者的竞争性框架，是品牌定位的重要组成部分。因为，定义竞争性框架就是要选择一组竞争维度，比较品牌与其对手在每个竞争维度上的优势与劣势，由此选择最能够体现该品牌优势的竞争维度。竞争性框架不仅使品牌定位具有内在的竞争性，而且也可在广告中以多种方式来创造出有竞争性的品牌印象。品牌竞争性框架的构建方式有以下几种：与相似的产品比较、与产品旧的形式比较、与黄金标准比较、与“鼠群”（较差的产品）比较、与意外之处比较等。

4. 定位益处

益处是消费者从购买和使用品牌的产品或服务中所得到的收益。定位益处为消费者提供了选择产品或服务的根据。因此，益处需要有竞争力，而且，它应该是消费者心目中希望和能够得到的最有意义的消费者益处。品牌应该依次向消费者传递产品益处、消费者益处、情感益处三种不同级别和梯级的益处。如果本品牌有一个竞争者无法比拟的产品益处时，那就利用这个产品益处；当竞争者也能传递相当水平的产品益处时，就应该上升一级去利用消费者益处；当竞争者能使消费者益处无效时，就应该考虑利用一个最重要的情感益处。

5. 定位原因

定位原因是向消费者提供品牌能够带给其这些“益处”的理由，使消费者相信品牌所承诺的益处。原因可分为一般的原因和可相信的理由，它们都给品牌定位输入合理的可信性。前者倾向于内在的原因，后者倾向于外在的原因。

6. 定位品牌特征

定义品牌特征是品牌策划者为品牌设计和创造的非同一般的个性、外观、气质和精神，它是品牌定位的一个重要的策略性武器，给消费者提供了一个选择该品牌另外的理由。当企业有意识地把它的品牌建成一个能够反映特定群体消费者个性与价值观的品牌时，它就促进了该类消费者对品牌的联系和一种潜在的积极的关系。

上述品牌定位决策的六要素，通过对汰渍洗衣粉品牌定位的分析可见一斑。

对于有好运动的孩子和爱运动丈夫……的女士们，她们有繁重的清洁任务，而且想让衣服和家人展示最好的状态——目标消费群及其需求。

“汰渍”是洗衣护理清洁用品和品牌——竞争性框架。

对你的衣服（清洁、保护织物等）和你本人会是最好的——益处。

强效的去污剂（如油脂去除剂）有独特配方，有独特织物保护剂（如护色剂）等；由权威认可——原因。

是强有力（如“磐石”），传统、可信赖权威的而又有效的——品牌特征。

品牌定位六要素为品牌建立了一个充分的竞争性理由，并在此基础上形成被消费者认知的品牌特征与个性：定义目标消费群使企业只关注一部分消费者而不是把所有消费者都收入其服务范围之中；定义目标消费者需求使企业的产品更能体现消费者的需求而不是与他们的需求南辕北辙；定义品牌竞争性框架使企业把自己放置于一个对其有利的竞争性框架之中，如七喜“非可乐”的定位使自己避免了与可口可乐、百事可乐的直接竞争；定义品牌益处是告诉消费者企业产品可以向他们提供的利益；定义原因是为了向消费者提供品牌具有如此“益处”的理由，如行业或专家的认证与推荐等；定义品牌特征是为了给品牌定义期望被消费者认知的一个与众不同的特性。被消费者认知的品牌特性与个性即品牌形象，这是在品牌定位六要素长期的整合与传播下逐渐形成的，这正是品牌构建的目标之所在。

（五）品牌定位的有效传递

品牌定位的传递是指通过一系列的营销活动将品牌的定位传递给目标消费者群体。品牌核心价值必须以一种有效的方式传达给消费者并得到消费者的认同。品牌定位正是这样一种“有效的方式”，品牌定位在品牌核心价值的基础上，通过与目标消费者心智模式中的空白点进行匹配择优，并通过整合传播等手段在消费者心智中打上深深的烙印，进而建立其强有力的品牌形象。因此，需要制定与品牌定位相匹配的营销组合方案和整合传播方案来支撑企业的品牌定位。企业的产品、定价、分销与促销策略都要紧紧围绕着品牌定位来展开，一个好的品牌定位，没有相应的产品、价格、分销渠道和促销策略的支持，就不能在目标顾客中树立起与品牌特征相一致的品牌形象。

（六）品牌定位效果的评估

在完成上述品牌定位主要环节的工作后，接下来就要根据市场反馈的信息对品牌定位战略的实施效果进行评估，核定品牌在消费者心目中的形象，并据此做出是否需要调整原有定位的决策。为此，企业应建立有效的市场信息系统，对品牌定位战略决策的实施过程及其结果进行监测与反馈，检验品牌的实际定位与“自我定位”之间的差距，以及时调整企业的各项营销策略，保证预期营销目标与定位目标的实现。

二、品牌定位的分析工具

品牌定位是在一种相互竞争的参考体系中反映一种品牌与其他品牌之间的地位关系，为了找到品牌的理想位置，可以借助于品牌定位分析工具。运用品牌定位分析工具是选择品牌定位点、评价品牌定位是否达成目标位置的重要工具，也是修正传播策略的基础。品牌定位最常使用的分析工具主要有品牌定位知觉图、品牌定位排比图和品牌定位配比图等。

（一）品牌定位知觉图

知觉图是一种直观的、简洁的定位分析工具，在诸如汽车、酒类、化妆品和服务行业等各类品牌中广泛使用。目前最常用的知觉图是二维知觉图，一般利用平面二维坐标图对品牌识别、品牌认知等状况做直观比较，以解决有关的定位问题。其坐标轴代表消费者评价品牌的特征因子。图上各点则对应市场上的主要品牌，它们在图中的位置代表消费者对其在各关键特征因子上的表现的评价。图4-3为啤酒品牌的定位图。

图4-3 啤酒品牌定位图

图上的横坐标表示啤酒口味的苦甜程度，纵坐标表示口味的浓淡程度，而图上各点的位置反映了消费者对其口味和味道的评价。如百威（Budweiser）被认为味道较甜、口味较浓，而菲斯达（Faistaff）则味道偏苦、且口味较淡。

通过定位图，可以显示各品牌在消费者心目中的印象及其相互之间的差异，在此基础上进行定位决策。定位图应用的范围很广，除有形产品外，它还适用于服务、组织形象甚至个人等几乎所有形式的定位。

制作品牌定位知觉图的步骤是：

（1）确定关键的特征因子。这是编制定位图的关键。特征因子选择的正确与否决定定位图的有效性和结果，从而影响整个定位工作的成功。首先，要通过市场调查了解影响消费者购买决策的诸因素及消费者对它们的重视程度；其次，通过统计分析确定出重要性较高的几个特征因子；再次，从中进行挑选，在取舍时首先要剔除那些难以区分各品牌差异的因子（如汽油的价格因子），其次要剔除那些无法与竞争品牌形成差异的因子；最后，在剩下的因子中选取两项对消费者决策影响最大的因子。有时对于相关程度甚高的若干个因子可将其合并为一综合因子作为坐标变量，如可将运动鞋的舒适、耐用两个特征因子综合为品质因子。在确定因子的整个过程中，注意要始终把研究人员的主观偏见排除在外，务求保证客观的结果。

（2）确定各品牌在知觉图上的位置。常借助统计软件包（如SPSS）辅助工作，把消费者对各品牌的关键变量上的表现评价量化。其中的对应分析和多维尺度能有效支持绘制定位图的工作。

（二）品牌定位排比图

在消费者的需求差异越来越大而同时产品间的同质性越来越高的今天，影响消费者购买决策的产品特征因子也越来越多，即可作为定位基础的特征因子也越来越多，这使挑选关键特征因子的难度越来越大，若从双因素分析发展为多因素分析，则不但可降低选择因子的难度，还可更全面地进行分析。

所谓排比图就是将特征因子排列出来，在每一因子上分别比较各竞争品牌的各自表现，最后在此基础上确定定位。现以一管理顾问公司的定位图为例（见图4-4）：

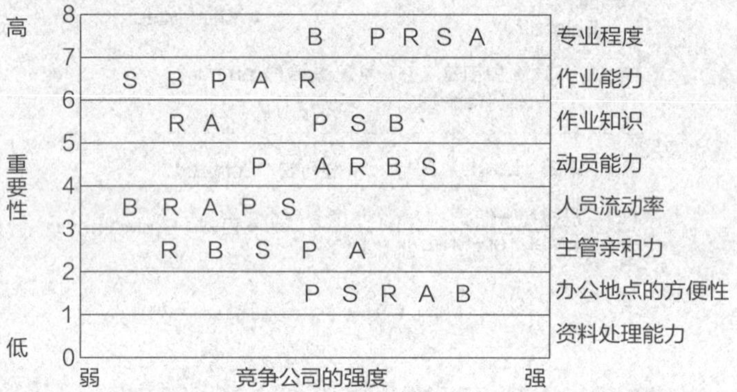

图4-4 竞争公司强度排比图

图4-4纵向排列的要素是产品的特征因子，其重要程度由上而下递减，排在最上面的重要程度最高。图中B、P、R、S、A代表各竞争品牌，其在横线上的位置依各自在每一特征因子的表现的相对强弱而排列，强弱程度从左至右递增。如在“专业程度”这一因子上，A品牌表现最佳，其次为S、R、P，而B则表现最差，排在最左边。

排比图所含的特征因子数多于定位图，这样便于从更多方面与竞争对手进行比较，从而更易找出定位范围。同时，排比图将各特征因子的重要性做了排序，这为品牌定位的选择提供了重要的取舍标准，特征因子的重要性越高，其对定位的价值就越大。

与定位图一样，在绘制排比图过程中最关键的环节是特征因子的选择。特征因子应是那些目标顾客认为重要的、能影响他们的决策的要素。要注意这个影响应要达到相当程度，即起码能影响他们选择与否的程度，否则将会混淆视线，容易将定位落入误区。另外，排比图还涉及特征因子的排列次序的问题。这个次序不能以企业自己的喜好来排，而应俯首聆听消费者的意见，看他们在决策时将哪一因素放在首位，其次再去考虑哪些因素。当然不同的顾客的意见难以一致，而这时研究人员的任务就是将这些不一的意见进行整理、归纳，以排出一个为多数目标顾客接受的、能真实反映其心目中各特征因子的重要程度的次序来。

（三）品牌定位配比图

配比图是将品牌优缺点与消费者要求进行配比，从而发现市场空档，找到合适的定位范围。

配比图（如图4-5所示）左边列出的是竞争者及自己的品牌的优缺点，而右边罗列的是经细分的消费者群对产品的各自要求。经左右配比，定位成功的品牌都可以击中某一群消费者的心，如A→G2，C→G1。至于定位不成功或缺乏定位的品牌，则游离于市场需求之外，哪一消费群都不会对其青睐。需要注意的是哪一群消费者被冷落了，他们的需要未得到满足，即意味着那是一个潜在市场。

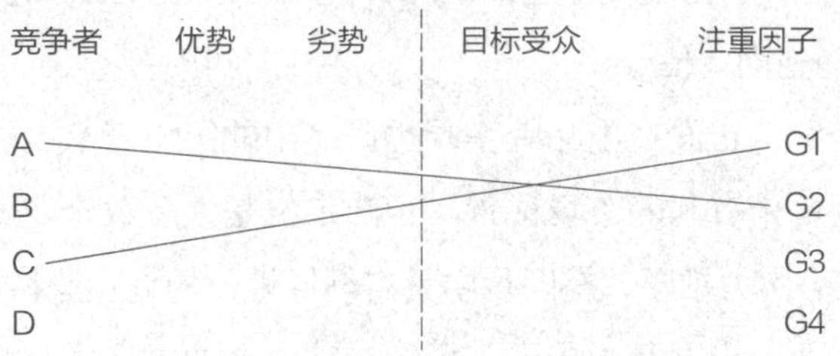

图4-5　品牌定位配比图

（四）定位图、排比图与配比图三种工具的运用比较

三种定位工具可谓各有千秋，要根据其各自特点加以选用，才能更好地发挥其功用。

1. 定位图

三种工具中，最常用的是定位图。因为它是两维图，所含的因子数量少，使图形得到最大限度的简化，从而带来高度的直观性和灵活性。在定位图上，各品牌之间的关系更为清晰，从而更方便分析。另外，定位图亦更好地表现出两种因子的相互关系，因此，有时能得出双因素结合的定位。

2. 排比图

排比图最大的特点是适于多因素分析，有助于在纷繁的因子中寻找定位。但排比图中的多个因子是平行排列的，对各因子间的关系表现得不够清晰，因此，排比图较适合确定的是那些从单因子出发的定位。

3. 配比图

配比图主要适于在寻找目标市场的基础上确定定位。但仅靠配比图还不能直接确定出定位，在确定了目标消费者后，还要对其所注重的因子做进一步分析，才可确定出具体的定位。

第三节　品牌定位的策略

一、品牌定位的类型

（一）初次定位与重新定位

初次定位是指老企业推出新品牌或新企业产品初入市场，面向缺乏认识的目标消费者群体进行的品牌定位。

重新定位也称为再定位，是指企业为改变市场对品牌的原有印象，使目标消费者对其建立新的认识的过程。

品牌进行再定位既有企业本身的原因，也有外部环境的原因。主要有：① 品牌原有定位错误；② 原有定位出现了强有力的竞争者，品牌市场份额明显下降；③ 消费者品牌偏好和需求发生变化等。当出现上述情况时，企业应考虑对品牌进行再定位。

（二）正向定位与逆向定位

正向定位是指企业从正面突出品牌在同类产品中的突出特点，进而树立与众不同的品牌形象，从而占领一个有利的市场位置。正向定位是大多数企业所习惯采用的品牌定位策略。对于规模大、实力雄厚，在同行中具有领导地位的大企业特别适宜采取。

逆向定位是指企业突出同行中居于市场领导地位企业或产品品牌的优异之处，借助有名望企业或产品的品牌声望来引起消费者的关注，以占领一个有利的市场位置。这种策略是在行业内存在强有力的竞争者，其市场地位牢固，无法从正面进攻的情况下而采取的一种迂回战术，形式上否定自己，实际上强化了本企业的品牌形象。

（三）实体定位与观念定位

实体定位是指企业突出产品品牌的新价值，从产品的功效、利益、质量、价格、外观、服务等方面强调与同类产品品牌的差异，赋予品牌鲜明的个性特色。

观念定位是指通过为品牌产品树立一种新的价值观，以此来改变消费者固有的消费观念，引导消费者接受新的消费观念。

二、品牌定位的角度

品牌定位的角度是寻找和确定品牌定位的基点，即基于哪些要素、从哪个视角思考和挖掘品牌定位的基点，从而找到新颖独特的品牌定位，创造明显差异，凸显品牌个性，使品牌在消费者心中占据一个有利的位置，获得定位的成功。

（一）从产品的角度开发品牌定位点

产品是品牌的物质载体，品牌是产品个性化的表现，是产品特性的浓缩，代表着产品品质、利益和服务的一贯性承诺。从产品角度进行定位是品牌定位最基本的着眼点。

1. 由产品属性角度产生的品牌定位点

品牌来自产品，是产品的印记。在品牌发展的初始阶段，品牌与产品常被混为一谈，因而产品属性成为品牌定位最原始的来源。那时的品牌定位多强调质量过硬、技术先进、性能优良、结构独特、款式新颖等。在改革开放的初期，商品经济还不发达，品牌观念淡薄，当时的品牌定位多是基于产品属性进行定位的。在科技发达、市场竞争激烈、产品种类越来越丰富的今天，产品的同质化现象十分严重，想保持产品的绝对优势或某一方面的独特性能已不容易。因而，产品属性定位容易被竞争对手仿效，难以持久。现今，以产品属性作为品牌定位而获得成功的，一般有两种情况：一种情况是性能非常特别，难以为对手模仿，或模仿后会给人以东施效颦之感而成为笑柄。那么这种独特性就能够保持下来，成为很好的品牌定位点，如象牙香皂“会漂浮”；另一种情况是，产品的某种性能是消费者极为关心，需要持续不断地改进的。例如，汽车的安全性是汽车消费者高度关心的一个问题，因而成为沃尔沃定位于安全性而获成功的重要原因。

2. 由产品利益角度产生的品牌定位点

品牌可以带给消费者功能性利益和情感性利益，表达消费者的功能诉求和情感诉求，以此为根据进行品牌定位是定位点开发的重要手段。像“高露洁，没有蛀牙”、“佳洁士，坚固牙齿”、“吗叮啉，增强胃动力”等都属于这一类。

利用产品利益点进行定位，这个利益点应该是消费者所关心的核心利益而不是附加利益，由该品牌最先开发或最早表达，否则就没有太大价值。另外，利用产品利益点定位，一般只适用于一个品牌的一种产品，一旦品牌延伸，产品多元化，这种定位就会出问题。

3. 由产品类别角度产生的品牌定位点

通过与知名品牌产品的比较，标明自己的“另类”身份，显示与众不同，这是获得品牌定位点的一种重要方法。这实际上是借助知名品牌产品声望而使自己扬名。例如，七喜定位于“非可乐”而一举成名。这种定位容易获得成功，可使品牌在短时间内成为该类产品的代名词。但是，仅有这样的定位是远远不够的，因为模仿者很快就会接踵而至，想在市场上真正站稳脚跟，还必须突出品牌个性，丰富品牌内涵。

4. 由产品的质量－价格关系产生的品牌定位点

质量是品牌的基石，是品牌的本质和生命，是品牌长盛不衰的重要支柱。消费者购买产品首先关心的是产品质量。价格是价值的货币表现，是衡量产品档次的重要尺度。消费者会综合考虑产品质量和价格两方面因素，根据同类产品的不同性能价格比作为选购产品的重要依据。

质量－价格定位一般从三个方面来考虑：第一，高质量。只强调高质量而不涉及价格，以卓越不凡为消费者带来快乐、尊荣和满足，如劳斯莱斯极品车、路易十三极品葡萄酒。第二，价格合理，质量可靠。这多是大众品牌，如雕牌（洗衣粉）以“不买贵的，只选对的”作为面向消费者的大众品牌定位。第三，质优价廉。以优越的质量–价格比进行定位，强调同样的质量价格更优，同样的价格质量更好。

当然，也有一些产品干脆不提质量，只强调高价格。如快乐（Joy）牌香水定位于世界上最贵的香水，伯爵表定位于世界上最贵的表。

（二）从目标消费者的角度开发品牌定位点

品牌定位要面向目标消费者，是对消费者的情感和心智进行管理。因此，从消费者的角度进行定位是定位点开发的一个重要方面。

1. 从使用者的角度开发品牌定位点

从使用者角度定位是将产品与一位或一类用户联系起来，从而界定出产品的消费群体。这种定位往往直接表达出产品的利益点，暗示产品能为消费者解决某个问题，带来一定利益。如太太口服液，定位于已婚女性，其口号是“太太口服液，十足女人味”。这一定位既表达了产品的使用者——太太，也表达了产品的功能性利益点——让太太有十足的女人味。

其实，使用者定位是十分普遍的定位点开发来源，在表意性品牌中更为普遍。如力士、斯沃琪、欧米茄等品牌通常都是以使用者形象代言人来表达品牌定位的。

2. 从使用的场合和时间等角度开发品牌定位点

许多品牌从消费者使用或应用的场合和时间去定位，如“正式场合穿海螺”；“当你找不到合适的服装时，就穿夏奈尔套装”。又如来自泰国的红牛饮料，“累了困了喝红牛”，强调其功能是迅速补充能量，消除疲劳。

这样的品牌定位并不少见，遗憾的是一些品牌在找到定位点后不能坚持，试图扩大到更多场合，结果导致失败。这样的例子国内外都有，其中的教训尤其值得吸取。

3. 从消费者的个性与生活方式角度开发品牌定位点

市场研究表明，仅从消费者的自然属性来划分市场越来越难以把握目标市场了，消费者的生活方式、生活态度、心理特征和价值观念越来越重要，已成为市场细分的重要变量，因此，从生活方式角度寻找品牌定位点，日益成为越来越多企业的选择。如品牌针对职业女性的定位，针对喜欢户外活动的人群的定位，针对关爱家庭的定位。万宝路定位于激情、冒险、勇敢、进取；奔驰定位于优雅、富有；宝马定位于体验驾驶乐趣。

针对现代社会消费者追求个性、展现自我的需要，品牌通过定位赋予品牌相应的意义，消费者可以通过享用品牌产品而展示自我，表达个性。例如贝克啤酒的“喝贝克，听自己的”，美特斯·邦威的“不走平常路”，都强调了独立自主、不随大流的个性。

（三）从品牌竞争的角度挖掘定位点

品牌定位本身就隐含着竞争性因素，只是上面提到的定位角度在选择定位时并不直接考虑竞争者，而是产品性能、功利益、使用场合等指标，然后描述出竞争性品牌在什么位置，再确定本品牌的定位。从品牌竞争的角度定位，则是把竞争者作为定位的坐标或基准点，再确定本品牌的定位点。

1. 从首次或第一的角度寻找定位点

这种定位点有时很容易找到，有时却很难。这需要创造性。AT&T作为世界上首家电话公司，尽管分分拆拆，但电信服务的第一位置始终未变。又如娃哈哈把纯净水的情感演绎得如此彻底，第一次把水与美、情、清纯的关系表达得这样透彻，以至无人能出其右，这就是第一的功效。

定位论的两位先驱杰克·特劳特和艾·里斯就特别看重这种“第一”，将其列为定位方法之首。他们强调消费者往往只记住第一，不会关心第二。犹如体育比赛中，冠军大家知道，但第二名、第三名几乎无人能记住，品牌定位的道理完全相同。这种第一次或首次定位，就是要寻找消费者的心智空白，甚至创造性地发现或制造这种空白点。

2. 从关联比附的角度寻找定位点

关联比附定位点的挖掘是以竞争者为参考点，在其周边寻找突破口，同时又与竞争者相联系。尤其是当竞争者是领导者时，这种定位能突出相对弱小品牌的地位。例如：“我们是美国第三大咖啡经销商。”有时是先肯定竞争者的位置，然后通过语气转折强调本品牌的特色。经常被提到的例子是美国爱维斯（Avis）汽车租赁公司以“爱维斯在租车业里屈居第二，那干吗还找我们？因为我们工作更努力”的定位而大获成功。

3. 从进攻或防御角度寻找定位点

关联比附定位目的不在于进攻或排挤已有品牌的位置，而是遵守现有秩序和消费者的认知模式，在现有框架中选择一个相安无事的位置，以服务于某个目标市场。进攻式或防御式定位点是为了侵占其他品牌位置或防止其他品牌进攻而开发的定位点。这个定位点也称为竞争性定位点。20世纪80年代，百事可乐以“新生代可乐”的定位对可口可乐实施了侧翼攻击，从年轻人身上赢得了市场。

三、品牌定位的策略

与品牌定位的角度和基点相适应，品牌定位可运用的具体策略主要有：

（一）基于产品视角的品牌定位

1. 产品功能定位

功能定位的实质是突出产品的效用，一般表现在突出产品的特别功效与良好品质上。产品功能是整体产品的核心部分，事实上，产品之所以为消费者所接受，主要是因为它具有一定的功能，能给消费者带来某种利益，满足消费者某些方面的需求。如果产品具有与众不同的功能，那么该产品品牌即具有明显的差异优势。例如，本田节油、沃尔沃安全、宝马操作有优越性。

2. 产品利益定位

产品利益定位就是根据产品所能满足的需求或所提供的利益、解决问题的程度来定位的。这里的利益主要是指功能性利益。产品本身如能为消费者提供独特的功能性利益，那么进行功能性利益定位不失为明智之举。但由于消费者能记住的信息是有限的，往往只对某一功能性利益有强烈诉求，容易产生深刻的印象，因此，品牌利益定位向消费者承诺一个利益点的单一诉求往往更能突出品牌的个性，获得成功。如洗发水中飘柔的利益承诺是“柔顺”、海飞丝是“去头屑”、潘婷是“健康亮泽”、夏士莲是“中药滋润”，这些定位都各能吸引一大批消费者，分别满足他们的特殊要求。

3. 产品类别定位

产品类别定位就是将自己的产品与某些知名而又常见的普通类型的产品区别开来，给自己的产品定位为与之不同的另外一种类型的产品。例如，在饮料市场中，原美国的七喜汽水宣称自己是“非可乐”型饮料，将自己和可口可乐与百事可乐区分开来，突出其与两“乐”的区别，因而吸引了相当部分的可口可乐和百事可乐的原有消费者，一举成为美国第三大软性饮料。

4. 产品价格/质量定位

产品价格/质量定位一般采用两种方式：一是将品牌定位在同类产品中价格相同但质量更好，即高质同价；二是将品牌定位为与同类产品质量相同，但价格更低，即同质低价。如丰田公司推出的“凌志”汽车就采用这种品牌定位策略，以此来吸引那部分向往豪华汽车而又不想花费太多钱的顾客。

采用这种品牌定位策略，一方面要能够使消费者信服其花费较低的价格确实能够享有比同类价格产品质量更优异的实惠；另一方面，要求企业具有以较低的成本制造出质量优异产品的能力，或者能够承受赚取低于行业平均利润水平的利润压力。

5. 产品外观定位

产品外观是产品的外部特征，是产品的基本属性之一，会给消费者留下第一印象，而第一印象常常是消费者接受或拒绝产品的重要依据。如果选择产品的外观作为品牌定位的基点，产品应强调在外观上与其他产品的不同之处，以美观、新颖、奇特、时髦的外观来诱发消费者的喜爱，进而激发他们对商品的购买欲望。如乐百氏“脉动”饮料刚入市时销售异常火爆，甚至出现了供不应求的喜人景象，其原因除了良好的入市时机——借助于“非典”（SARS）时期的特殊需要，还与其造型定位策略有关。“脉动”在包装上独树一帜，“脉动”的瓶形呈圆润广口型，瓶标采用深蓝色，在夏季给人以凉爽、沉静的感觉。目前市场上流行的纯净水、矿泉水的瓶子都是以白、红色为基调，瓶子很软，从色调、材质上都不能和“脉动”的包装相媲美。

6. 产品服务定位

服务是品牌的有机组成部分，是品牌的支撑。在当今社会，企业想要保持技术、产品和生产效率的绝对领先已非易事。依靠特色服务增加自身魅力，依靠优质服务赢取顾客忠诚，不断提高消费者的满意度，已成为品牌竞争的新特点。因此，以服务作为品牌的定位点成为许多企业品牌定位的理想选择。例如：“IBM就是服务”，就是把服务作为品牌的主要特色，作为塑造品牌的主要手段。

（二）基于消费者视角的品牌定位

1. 使用者定位

使用者定位是把产品和消费者联系起来，以某类消费群体作为诉求对象，突出产品专为该类消费群体服务，从而树立独特的品牌形象。例如“太太口服液，十足女人味”，“百事可乐，新一代的选择”。

2. 消费情境定位

情境定位是将品牌与特定的环境、条件、场合下产品的使用情况相联系，从而引起消费者在该特定情况中对该品牌产生联想。使用这种品牌定位策略，可以使消费者在自己所处的情境中自然而然地联想到该品牌，从而将品牌定位传播给消费者。例如，启东盖天力制药公司生产的“白加黑”感冒片，根据人生活工作在白天和黑夜的不同，将感冒片分成白片和黑片两种，“白天服白片不瞌睡，晚上服黑片睡得香”，这就是典型的情境定位。白天感冒了就会想到服用“白加黑”感冒片的白片，晚上则会自然而然地服用黑片。

3. 情感定位

情感定位是运用产品直接或间接地冲击消费者的情感体验而进行定位的，通过向消费者进行情感诉求，用一定的情感唤起消费者内心深处的认同和共鸣。例如，海尔以“真诚到永远”作为激发顾客情感的触点，博得顾客青睐；纳爱斯雕牌洗衣粉“……妈妈，我能帮您干活啦”的真情流露，触动消费者的内心情感，使纳爱斯雕牌更加深入人心；伊莱克斯进入中国市场时就提出“冰箱的噪音您要忍受的不是一天、两天，而是十年、十五年”，伊莱克斯“好得让您一生都能相依相靠，静得让您日日夜夜察觉不到”，这种极其亲情色彩的语言，除了使中国消费者感受到温馨和真诚外，品牌形象也随之得到了认可——“静音”就是伊莱克斯的个性和风格。

4. 自我表现定位

自我表现定位是通过表现某种品牌的某种独特形象，宣扬其独特个性，让品牌成为消费者表达个人财富、身份、地位、价值观、审美观、生活品位和表现自我的一种载体和媒介。自我表现定位以独特的功能定位为前提和支撑点，如可口可乐的新宠儿——酷儿以其大头娃娃形象和“Q00…”迎合了儿童“快乐、喜好助人但又爱模仿大人”的心理，小朋友看到酷儿就像看到了自己，因而博得了小朋友的喜爱；佳得乐宣称的“我有我可以”，获得了渴望长大与独立的少年的热烈追捧。

（三）基于竞争者视角的品牌定位

1. 首席定位

首席定位即以自身品牌是同行业中实力最强、成为市场领导者的市场定位。例如，企业在广告宣传中使用“正宗的”、“第一家”、“市场占有率第一”、“销售量第一”等口号，就是首席定位策略的运用。如百威啤酒宣称是“全世界最大、最有名的美国啤酒”。

在现今信息爆炸的社会里，各种广告、信息、商品品牌多如繁星，消费者对大多数一般的无特色的信息毫无记忆，但对“第一”印象非常深刻，因此，首席定位能使消费者在短时间内记住该品牌。

2. 比附定位

比附定位就是攀附名牌、比拟名牌来给自己的产品定位，利用名牌的影响力和市场地位使自己的品牌从中获取无形的利益。常见的比附定位主要有以下三种：

（1）甘居“第二”。这种品牌定位策略就是明确承认同类中自身品牌不是最强的品牌，只不过是第二而已。使用这种策略会使消费者对公司产生一种谦虚诚恳的印象，相信公司所说是真实可靠的，这样较容易使消费者记住这个通常难以进入人们心智序位的品牌。

（2）攀龙附凤。这种品牌定位策略也承认同类中已有实力强大、广负盛名的品牌，本品牌实力和影响力无法与之相比，但在某地区或在某一方面还可与最受消费者欢迎和信赖的品牌相媲美。如内蒙古的宁城老窖，宣称是“宁城老窖——塞外茅台”。

（3）“高级俱乐部”策略。许多实力一般的品牌经常采用这种定位策略。这些品牌借助群体的声望和模糊的手法，打出人为限制严格的俱乐部式的高级团体牌子，强调自己是这一高级群体的一员，从而提高自己的地位形象。例如，美国克莱斯勒汽车公司宣布自己是美国“三大汽车之一”，使消费者认为克莱斯勒和第一、第二一样都是知名轿车了，从而收到了良好的效果。

3. 对比定位

对比定位是通过与竞争对手的客观比较来确定品牌市场地位的定位，也可称为排挤竞争对手的定位。运用该定位策略，企业设法改变竞争者在消费者心目中的现有形象，找出对手的缺点或弱点，并用自己的品牌进行对比，以自身的优势与竞争对手的弱势相比，从而确立自己的地位，让自己的品牌在消费者心目中占有一席之地。例如，在止痛药市场，由于阿司匹林有潜在的引发肠胃微量出血的可能，泰诺就对此发起针对性的广告，宣传“为了千千万万不宜使用阿司匹林的人们，请大家选用泰诺”，最终，泰诺击败占“领导者”地位的阿司匹林。又如，农夫山泉通过天然水与纯净水的客观比较，确定天然水优于纯净水的事实，并宣布停产纯净水，只生产天然水，鲜明地亮出自己的定位，从一些纯净水生产商中抢夺了一片市场。

4. 空档定位

空档定位也称避强定位，即将品牌定位在市场的空白处。任何产品都不可能拥有同类产品的所有竞争优势，也不可能占领同类产品的全部市场。市场总是存在一些为消费者所重视而又未开发的空档。善于寻找和发现这样的市场空档，是品牌定位成功的一种重要选择。美国玛氏公司生产的M&M巧克力，其广告语为“只溶在口，不溶在手”，给消费者留下了深刻印象；西安杨森的“采乐去头屑特效药”在洗发水领域独领风骚，其关键是找到了一个市场空白地带，使定位获得成功；杏仁味露露饮料由于具有醇香、降血压、降血脂、补充蛋白质等多种功效，因而将其定位为“露露一到，众口不再难调”，同样是成功的空档定位。一般说来，市场空档定位可以采用时间空档、年龄空档、性别空档、产品档次空档、产品使用量空档、价格空档等的形式进行定位。

本章回顾

品牌定位理论起源于里斯和特劳特提出的广告定位理论，并结合认知心理学理论成果发展而成。定位理论的形成经历了USP理论、品牌形象理论和定位理论三个发展阶段。定位论对营销的影响超出了最初将其作为一种传播工具的范畴，而演变为营销战略的一个基本步骤。

品牌定位是品牌经营的首要任务，在品牌经营和市场营销中有着不可估量的作用。品牌定位要获得成功，需要遵循一定的原则和科学的品牌定位流程。品牌定位分析工具是选择品牌定位点、评价品牌定位是否达成目标位置的重要工具，也是修正传播策略的基础。品牌定位最常使用的分析工具主要有品牌定位知觉图、品牌定位排比图和品牌定位配比图等。品牌定位可归纳为初次定位与重新定位、正向定位与逆向定位、实体定位与观念定位三种主要类型。企业可以从产品的角度、目标消费者的角度、品牌竞争的角度开发、寻找和确定品牌定位的基点。与品牌定位的角度和基点相适应，品牌定位可运用的具体策略主要有基于产品视角的品牌定位、基于消费者视角的品牌定位和基于竞争者视角的品牌定位。品牌定位的具体策略多种多样，各个企业应该按照自身的实际情况选择相应的品牌定位策略。

关键术语

品牌定位　USP理论　品牌形象理论　品牌定位流程　品牌核心价值
品牌定位知觉图　品牌定位排比图　品牌定位配比图

讨论与思考

1. 如何理解品牌定位的内涵与意义？
2. 品牌定位应该遵循哪些基本原则？
3. 试以某一成功品牌定位的企业为例，分析其品牌定位的步骤。
4. 试比较各种品牌定位工具的适用性。
5. 如何挖掘品牌定位基点和选择品牌定位的各种策略？

案例分析

红罐王老吉品牌定位战略

品牌释名

凉茶是广东广西地区的一种由中草药熬制，具有清热去湿等功效的“药茶”。在众多老字号凉茶中，又以王老吉最为著名。王老吉凉茶发明于清道光年间，被公认为凉茶始祖，有“药茶王”之称。到了近代，王老吉凉茶更随着华人的足迹遍及世界各地。

20世纪50年代初由于政治原因，王老吉凉茶铺分成两支：一支完成公有化改造，发展为今天的王老吉药业股份有限公司，生产王老吉凉茶颗粒（国药准字）；另一支由王氏家族的后人带到香港。在中国内地，王老吉的品牌归王老吉药业股份有限公司所有；在中国内地以外的国家和地区，王老吉品牌为王氏后人所注册。加多宝是位于东莞的一家港资公司，经王老吉药业特许，由香港王氏后人提供配方，该公司在中国内地地区独家生产经营王老吉牌罐装凉茶（食字号）。

背景

2002年以前，从表面看，红色罐装王老吉（以下简称“红罐王老吉”）是一个活得很不错的品牌，在广东、浙南地区销量稳定，盈利状况良好，有比较固定的消费群，红罐王老吉饮料的销售业绩连续几年维持在1亿多元。发展到这个规模后，加多宝的管理层发现，要把企业做大，要走向全国，就必须克服一连串的问题，甚至原本的一些优势也成为困扰企业继续成长的障碍。而所有困扰中，最核心的问题是企业不得不面临一个现实难题：红罐王老吉当“凉茶”卖，还是当“饮料”卖？

现实难题表现一：广东浙南消费者对红罐王老吉认知混乱。

在广东，传统凉茶（如颗粒冲剂、自家煲制、凉茶铺煲制等）因下火功效显著，消费者普遍当成“药”服用，无需也不能经常饮用。而王老吉这个具有上百年历史的品牌就是凉茶的代称，可谓说起凉茶想到王老吉，说起王老吉就想到凉茶。因此，红罐王老吉受品牌名所累，并不能很顺利地让广东人接受它作为一种可以经常饮用的饮料，销量大大受限。

另外，加多宝生产的红罐王老吉配方源自香港王氏后人，是经国家审核批准的食字号产品，其气味颜色包装都与广东消费者观念中的传统凉茶有很大区别，而且口感偏甜，按中国“良药苦口”的传统观念，消费者自然感觉其“降火”药力不足，当产生“下火”需求时，不如到凉茶铺购买，或自家煎煮。所以对消费者来说，在最讲究功效的凉茶中，它也不是一个好的选择。

在广东区域，红罐王老吉拥有凉茶始祖王老吉的品牌，却长着一副饮料化的面孔，让消费者觉得它好像是凉茶，又好像是饮料，陷入认知混乱之中。而在另一个主要销售区域浙南，主要是温州、台州、丽水三地，消费者将红罐王老吉与康师傅茶、旺仔牛奶等饮料相提并论，没有不适合长期饮用的禁忌。加之当地在外华人众多，经他们的引导带动，红罐王老吉很快成为当地最畅销的产品。企业担心，红罐王老吉可能会成为来去匆匆的时尚，如同当年在浙南红极一时的椰树椰汁，很快又被新的时髦产品替代，一夜之间在大街小巷上消失得干干净净。

面对消费者这些混乱的认知，企业急需通过广告提供一个强势的引导，明确红罐王老吉的核心价值，并与竞争对手区别开来。

现实难题表现二：红罐王老吉无法走出广东浙南。

在两广以外，人们并没有凉茶的概念，甚至在调查中频频出现“凉茶就是凉白开”、“我们不喝凉的茶水，泡热茶”这些看法。教育凉茶概念显然费用惊人。而且，内地的消费者“降火”的需求已经被填补，他们大多是通过服用牛黄解毒片之类的药物来解决。

做凉茶困难重重，做饮料同样危机四伏。如果放眼整个饮料行业，以可口可乐、百事可乐为代表的碳酸饮料，以康师傅、统一为代表的茶饮料和果汁饮料，更是处在难以撼动的市场领先地位。而且，红罐王老吉以金银花、甘草、菊花等草本植物熬制，有淡淡的中药味，对口味至上的饮料而言，的确存在不小的障碍，加之红罐王老吉3.5元的零售价，如果加多宝不能使红罐王老吉和竞争对手区分开来，它就永远走不出饮料行业“列强”的阴影。这就使红罐王老吉面临一个极为尴尬的境地：既不能固守两地，也无法在全国范围推广。

现实难题表现三：推广概念模糊。

如果用凉茶概念来推广，加多宝公司担心其销量将受到限制，但作为饮料推广又没有找到合适的区隔，因此，在广告宣传上不得不模棱两可。很多人都见过这样一条广告：一个非常可爱的小男孩为了打开冰箱拿一罐王老吉，用屁股不断蹭冰箱门。广告语是“健康家庭，永远相伴”。显然这个广告并不能够体现红罐王老吉的独特价值。

在红罐王老吉前几年的推广中，消费者不知道为什么要买它，企业也不知道怎么去卖它。在这样的状态下，红罐王老吉居然还平平安安地度过了好几年。出现这种现象，外在的原因是中国市场还不成熟，存在着许多市场空白；内在的原因是这个产品本身具有一种不可替代性，刚好能够填补这个位置。在中国，当这样一批中小企业糊里糊涂地赚得盆满钵满、发展到一定规模之后，企业要想做大，就必须搞清楚一个问题：消费者为什么买我的产品？

重新定位

2002年年底，加多宝找到成美营销顾问公司（以下简称“成美”），初衷是想为红罐王老吉拍一条以赞助奥运会为主题的广告片，要以“体育、健康”的口号来进行宣传，以期推动销售。成美经初步研究后发现，红罐王老吉的销售问题不是通过简单的拍广告可以解决的，红罐王老吉销售问题首要解决的是品牌定位。

红罐王老吉虽然销售了7年，其品牌却从未经过系统严谨的定位，企业都无法回答红罐王老吉究竟是什么，消费者也完全不清楚为什么要买它——这是红罐王老吉缺乏品牌定位所致。这个根本问题不解决，拍什么样有创意的广告片都无济于事。正如广告大师大卫·奥格威所说：一个广告运动的效果更多的是取决于你产品的定位，而不是你怎样写广告（创意）。经一轮深入沟通后，加多宝公司最后接受了建议，决定暂停拍广告片，委托成美先对红罐王老吉进行品牌定位。

由于消费者的认知几乎不可改变，所以品牌定位只能顺应消费者的认知而不能与之冲突。如果人们心目中对红罐王老吉有了明确的看法，最好不要去尝试冒犯或挑战，就像消费者认为茅台不可能是一个好的啤酒一样。所以，红罐王老吉的品牌定位不能与广东浙南消费者的现有认知发生冲突，才可能稳定现有销量，为企业创造生存以及扩张的机会。

为了了解消费者的认知，成美的研究人员一方面研究红罐王老吉、竞争者传播的信息；另一方面，与加多宝内部、经销商和零售商进行大量访谈。完成上述工作后，成美聘请市场调查公司对王老吉现有用户进行调查，以此基础进行综合分析，厘清红罐王老吉在消费者心智中的位置，即在哪个细分市场中参与竞争。

在研究中发现，广东的消费者饮用红罐王老吉主要在烧烤、登山等场合，其原因不外乎“吃烧烤容易上火，喝一罐先预防一下”、“可能会上火，但这时候没有必要吃牛黄解毒片”。而在浙南，饮用场合主要集中在外出就餐、聚会、家庭。在对当地饮食文化的了解过程中，研究人员发现：该地区消费者对于上火的担忧比广东有过之而无不及，如消费者座谈会桌上的话梅、蜜饯、可口可乐都被说成了“会上火”的危险品而无人问津。而他们对红罐王老吉的评价是“不会上火，健康”、“小孩老人都能喝，不会引起上火”。这些观念可能并没有科学依据，但这就是浙南消费者头脑中的观念，这是研究需要关注的客观事实。

消费者的这些认知和购买消费行为均表明，消费者对红罐王老吉并无治疗要求，而是作为一个功能饮料购买，购买红罐王老吉的真实动机是用于“预防上火”，如希望在品尝烧烤时减少上火情况发生等，而真正上火以后可能会采用药物，如牛黄解毒片或传统凉茶类治疗。

再进一步研究消费者对竞争对手的看法，则发现红罐王老吉的直接竞争对手，如菊花茶、清凉茶等由于缺乏品牌推广，仅仅是低价渗透市场，并未占据“预防上火”的饮料的定位，而可乐、茶饮料、果汁饮料、水等明显不具备“预防上火”的功能，仅仅是间接的竞争。

同时，任何一个品牌定位的成立，都必须是该品牌最有能力占据的，即有据可依，如可口可乐说正宗的可乐，是因为它就是可乐的发明者。研究人员对于企业产品自身在消费者心智中的认知进行了研究，结果表明，红罐王老吉的“凉茶始祖”身份、神秘中草药配方、百年历史等，显然是有能力占据“预防上火的饮料”这一定位。

由于预防上火是消费者购买红罐王老吉的真实动机，自然有利于巩固加强原有市场。而能否满足企业对于新定位进军全国市场的期望，则成为研究的下一步工作。通过二手资料、专家访谈等研究表明，中国几千年的中医概念“清热祛火”在全国广为普及，“上火”的概念也在各地深入人心，这就使红罐王老吉突破了凉茶概念的地域局限。研究人员认为：“做好了这个宣传概念的转移，只要有中国人的地方，红罐王老吉就能活下去。”

至此，品牌定位的研究基本完成。在研究一个多月后，成美向加多宝提交了品牌定位研究报告，首先明确红罐王老吉是在“饮料”行业中竞争，竞争对手应是其他饮料；其品牌定位——“预防上火的饮料”，独特的价值在于——喝红罐王老吉能预防上火，让消费者无忧地尽情享受生活：吃煎炸、香辣美食，烧烤，通宵达旦看足球……

品牌定位的推广

明确了品牌要在消费者心智中占据什么定位，接下来的重要工作，就是要推广品牌，让它真正地进入人心，让大家都知道品牌的定位，从而持久有力地影响消费者的购买决策。

紧接着，成美为红罐王老吉制定了推广主题——“怕上火，喝王老吉”，在传播上尽量凸显红罐王老吉作为饮料的性质。在第一阶段的广告宣传中，红罐王老吉都以轻松、欢快、健康的形象出现，避免出现对症下药式的负面诉求，从而把红罐王老吉和传统凉茶区分开来。为更好地唤起消费者的需求，电视广告选用了消费者认为日常生活中最易上火的五个场景：吃火锅、通宵看球、吃油炸食品、烧烤和夏日阳光浴，画面中人们在开心享受上述活动的同时，纷纷畅饮红罐王老吉。结合时尚动感十足的广告歌反复吟唱“不用害怕什么，尽情享受生活，怕上火，喝王老吉”，促使消费者在吃火锅烧烤时，自然联想到红罐王老吉，从而促成购买。

2003年年初，企业用于红罐王老吉推广的总预算仅1 000万元，这是根据2002年的实际销量来划拨的。红罐王老吉当时的销售主要集中在深圳、东莞和浙南这三个区域，因此投放量相对充足。随着定位广告的第一轮投放，销量迅速上升，给企业极大的信心，于是不断追加推广费用，滚动发展到2003年年底，仅广告投放累计超过4 000万元（不包括购买2004年中央台广告时段的费用），年销量达到了6亿元。

红罐王老吉成功的品牌定位和传播，给这个有一百七十多年历史的带有浓厚岭南特色的产品带来了巨大的效益：2003年红罐王老吉的销售额比2002年同期增长了近4倍，由2002年的1亿多元猛增至6亿元，并以迅雷不及掩耳之势冲出广东；2004年，尽管企业不断扩大产能，但仍供不应求，订单如雪片般纷至沓来，全年销量突破10亿元；2005年再接再厉，全年销量稳过20亿元；2006年加上盒装，销量近40亿元；2007年销量则高达90亿元；2008年突破100亿元大关。

【案例思考题】

1. 红罐王老吉品牌重新定位成功的关键因素有哪些?

2. 红罐王老吉是如何通过品牌定位战略成功进入消费者心智进而成为中国凉茶品类的第一品牌的?

3. 红罐王老吉成功的品牌定位给企业带来的启示是什么?

本章实训

【实训目的】

（1）熟悉品牌定位的流程。

（2）学习品牌定位决策的六要素。

（3）学习品牌定位的方法。

【实训内容】

让学生选择某一企业，为其企业品牌或产品品牌进行品牌定位的策划活动。

【实训组织与步骤】

（1）学生分成5 ~ 6人一组，确定每人角色与分工。

（2）各组学生分别选择某一企业，为其进行品牌定位策划活动。

（3）各组在全班分别运用PPT进行课堂演示和专题报告交流，学生可针对各组报告内容进行提问。

（4）根据教师和各小组互评分数确定最终成绩。实训成绩评定标准：小组团队参与程度占30%；上台讲演、PPT演示占40%；品牌分析内容占30%。

（5）教师最后做点评。

延伸阅读

[1] 艾·里斯，杰克·特劳特. 定位：头脑争夺战. 王恩冕，于少蔚，译. 北京：中国财政经济出版社，2002.

[2] 杰克·特劳特，里夫金. 重新定位：竞争、变化、危机时代的营销. 谢伟山，苑爱冬，译. 北京：机械工业出版社，2010.

[3] 艾·里斯，劳拉·里斯. 品牌的起源. 寿文，译. 太原：山西人民出版社，2010.

[4] 张云，王刚. 品类战略. 太原：山西人民出版社，2011.

[5] 特劳特中国公司，http://www.trout.com.cn.

[6] 里斯伙伴中国公司，http://www.rieschina.com.

参考文献

[1] 朱丽叶，卢泰宏. 营销定位系列谈. 销售与市场，1998（4-5）.

[2] 何燕华，卢泰宏. 营销定位系列谈. 销售与市场，1998（10）.

[3] 郑佳. 品牌管理. 杭州：浙江大学出版社，2010.

[4] 乔春洋. 品牌定位. 广州：中山大学出版社，2005.

[5] 张明立，冯宁. 品牌管理. 北京：清华大学出版社；北京交通大学出版社，2010.

[6] 李业. 品牌管理. 广州：广东高等教育出版社，2011.

[7] 庞守林. 品牌管理. 北京：清华大学出版社，2011.

[8] 黄静，王文超. 品牌管理. 武汉：武汉大学出版社，2010.

第五章
品牌设计

箴言

未来决定品牌市场地位的是品牌总体的性格，而不是产品间微不足道的差异。

——（美）大卫·奥格威

本章学习目标

1. 了解品牌设计中无形要素与有形要素之间的关系
2. 理解品牌设计中无形要素的设计
3. 掌握品牌设计中有形要素的设计

本章知识结构图

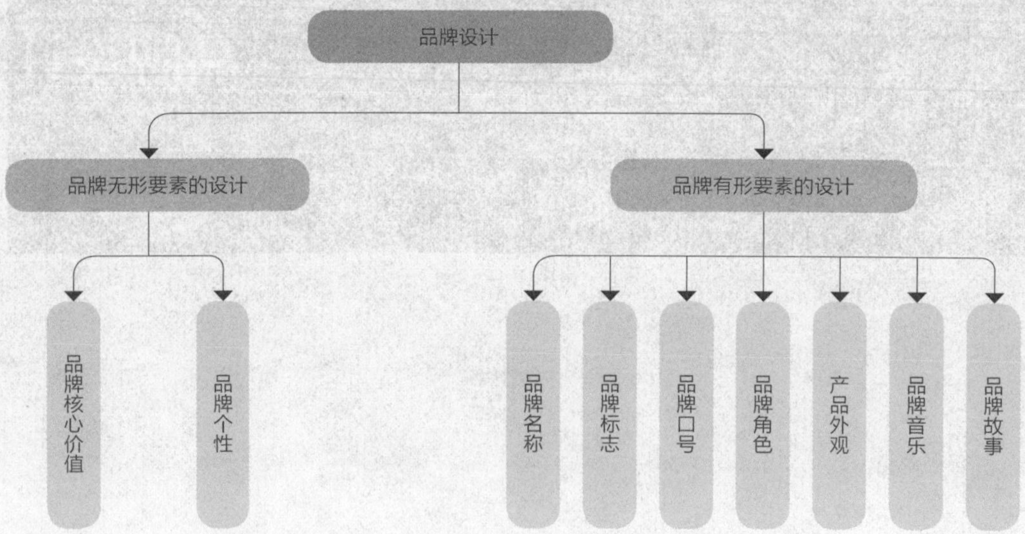

引导案例

百年老字号“全聚德”名称的由来

全聚德的创始人杨全仁初到北京时，在前门外肉市街做生鸡鸭买卖，生意越做越红火。他每天到肉市上摆摊售卖鸡鸭，都要经过一间名叫“德聚全”的干果铺。这间铺子招牌虽然醒目，生意却江河日下，到了同治三年（1864年）濒临倒闭。精明的杨全仁抓住这个机会，拿出多年的积蓄，买下了“德聚全”的店铺。

有了自己的铺子，该起个什么字号呢？杨全仁便请来一位风水先生商议。这位风水先生围着店铺转了两圈说：“哎呀，这真是一块风水宝地啊！您看这店铺两边的两条小胡同，就像两根轿杆儿，将来盖起一座楼房，便如同一顶八抬大轿，前程不可限量！”风水先生又说：“不过，以前这间店铺甚为倒运，晦气难除。除非将其‘德聚全’的旧字号倒过来，即称‘全聚德’，方可冲其霉运，踏上坦途。”

风水先生一席话，说得杨全仁眉开眼笑。“全聚德”这个名称正合他的心意，一来他的名字中占有一个“全”字，二来“聚德”就是聚拢德行，寓意“全仁聚德，财源茂生”，可以展示自己的商业信誉。于是他将店的名号定为“全聚德”。

（资料来源：“全聚德”名称的由来. 中国经济网.http://www.ce.cn/cysc/sp/newbig-news/200806/19/t20080619_15884427.shtml.）

第一节 品牌设计概述

一、品牌设计的概念

广义的品牌设计包括战略设计（如品牌核心价值、品牌个性等）、产品设计、形象设计等；狭义的品牌设计则是指品牌名称、品牌标志、品牌口号、品牌角色、产品外观、品牌音乐、品牌故事等方面的设计。广义的含义体现了品牌设计的丰富性，而狭义的品牌设计更有针对性，因此，本教材从广义与狭义相结合的角度对品牌设计理论进行阐述。

二、品牌设计的原则

（一）新颖性

品牌作为区隔符号，若要与竞争品牌有明显的区别，在设计上应新颖、独特，将企业或产品特征力求与独特的品牌设计相融合。例如世界名酒品牌取名“白兰地”，给人以自然纯净之情，春花飘香之感，高雅而庄重，浪漫而温馨，巧妙地突出了产品的特点。

（二）内涵性

品牌一般具有自身的含义和解释。具有内涵的品牌，能够唤起消费者的联想与共鸣。例如宝洁的“飘柔”洗发水，在品牌命名中就体现了秀发飘逸、柔顺丝滑的使用效果。

（三）兼顾性

企业在发展中，既要兼顾企业自身的利益又要兼顾到社会效益。在品牌的设计中应将这种社会责任予以体现。例如，爱国者电子既反映了创业者对祖国的忠诚，又反映出国产品牌勇于进取的精神。

（四）整体性

企业品牌的设计从企业内外部环境、营销、组织实施等多角度出发，做到品牌的核心价值、品牌个性与品牌外在名称、标志、包装等相一致，有利于品牌营销工作的实施，从而树立良好的品牌形象。例如，提起康师傅，消费者很容易想起戴着厨师帽、穿着整洁的白围裙的胖大厨，让人不禁与健康美味相联系。

第二节 品牌无形要素设计

一个企业之所以将品牌管理放在首要地位，不仅是因为精心设计的品牌符号有利于消费者的辨识，更主要的是品牌体现了企业的战略思想、核心价值观等内涵精髓。这种内涵精髓相比品牌符号其辨识度往往不高，表现为品牌的无形要素。正如美国品牌专家Daivdson所描述的那样：品牌就像大海中的一座冰山，消费者只能看到品牌浮在海面上的部分，海面下的部分就只能去感受和体会。海面下的部分决定着海面上的部分是否存在，同样，一个品牌成败的关键是品牌冰山下部品牌核心价值、品牌个性等无形要素的设计。

一、品牌核心价值的设计

（一）品牌核心价值的含义

品牌核心价值是一组抽象的能够描述品牌的最基本、最重要的特征的产品属性或利益的组合（Keller，2003）。品牌核心价值是品牌的主体部分，它能够使顾客和消费者清晰地识别并记住品牌的利益点与个性，可促使消费者萌发对品牌的好感与认同，是驱动消费者认同与偏好一个品牌的主要力量。核心价值是品牌的终极追求，是品牌营销传播活动的轴心，企业的一切价值活动都是围绕品牌核心价值而展开的。因此，品牌核心价值的设计是品牌管理的出发点，亦是品牌营销传播的落脚点，企业活动应围绕品牌核心价值而演绎。

（二）品牌核心价值的构成

Park，Jaworsk和Maclnnis（1986）研究指出，品牌为消费者提供三种价值：即功能性价值、情感性价值和象征性价值。因此，品牌核心价值可由三种价值维度来体现。

1. 功能性价值

功能性价值主要体现为产品的功能表现，包括：功效、性能、质量、便利等。此种价值是消费者最为关注的价值，直接决定了消费者对品牌的感受，因而功能性价值被认为是品牌最为核心的基础价值。功能性价值在企业竞争中易被模仿和超越，所以当品牌的功能性价值被消费者接受以后，应强化其他维度的品牌核心价值，赋予消费者选择该品牌更多的理由。

2. 情感性价值

品牌的情感性价值主要是指消费者在购买和使用某品牌的过程中，品牌带给消费者情感方面的利益。具有情感性价值的品牌构建一种生活格调、文化氛围或精神境界，使消费者更加具有生命力、个性与魅力，从而触动消费者的内心世界，与消费者形成心灵的沟通，引发消费者产生共鸣。

3. 象征性价值

品牌的象征性价值是指品牌表达并体现了消费者的个人价值观、财富、身份地位和审美品位。当一个品牌成为表达和体现上述意义的载体与媒介时，品牌就具有了独特的象征性价值。按照美国心理学家亚伯拉罕·马斯洛的需求层次理论，当人们满足生理、安全、情感归属等一系列需求以后，便产生了尊重和自我实现的需求，即希望尊重他人的同时赢得他人的尊重；最充分地发挥自己的潜在能力，成为所期望的人物，充分地、活跃地、忘我地、全神贯注地体验生活。因此，消费者在购买产品时，只有购买到表现或增强自身形象的品牌才能彰显出自我尊重和自我价值，消费者对品牌的价值关注重心已经转移到象征性价值上，他们不但希望自己认同该价值，更希望能得到他人对自我价值的认可。象征性价值可以是一种价值观，也可以是一种生活态度或者是一定的特性构建的具体形象。

4. 三种价值维度的关系

三种价值体现品牌价值的不同层面，它们相互协调与补充，呈现了一个统一而丰富的品牌核心价值。不过根据产品类别的不同，品牌核心价值三个价值维度的体现有所不同。比如：消费者对于日用品的功能性价值比较看重；而对奢侈品则更注重情感性价值和象征性价值。因此，根据每个产品的具体特点可以提炼三个价值维度中的一两个乃至三个，以便培育消费者的品牌认可与忠诚。品牌的核心价值究竟以哪一种为主，归根结底还要以品牌核心价值对目标消费者起到最大的感染力并与竞争品牌形成鲜明的区别为准则。

（三）品牌核心价值的设计原则

1. 富有个性

个性越鲜明的核心价值越能吸引消费者的眼球，让人印象深刻。劳斯莱斯的“贵族血统”、迪士尼的“欢乐”、耐克的“超越”、沃尔沃的“安全”等都会让消费者耳目一新，永难忘怀。

2. 有触动性

品牌的设计过程中一定要认真揣摩消费者的内心世界及其价值观、审美观以及喜好，才能触动消费者。一款名为娃哈哈的儿童营养液让每一位母亲不禁联想到孩子喝完营养液爱吃饭、身体健康乐哈哈的情形，紧紧抓住了家长对待孩子健康成长极为关注的心理，便于消费者对娃哈哈的品牌核心价值的理解与领会。

3. 有包容性

品牌的核心价值在最初的设计中就应能包容现在以及未来跨行业所能生产的所有产品，为产品多元化延伸留有一定的品牌发展空间。立白在洗衣粉、洗衣液、牙膏等领域都可以广泛使用，而该品牌延伸到洗发水领域则会令消费者产生反感。

4. 有恒定性

品牌的核心价值一旦确定，短时间内不适宜改变。朝令夕改的核心价值容易造成消费者对该品牌的认知混淆。例如，力士品牌通常以国际影星为形象代言人，场面经常是极尽奢华的宫廷，在摄影器材和灯光的支持下，肌肤无不艳丽动人、柔嫩细腻，产生的泡沫特别丰富，淋漓尽致地传达出“滋润，力士国际巨星之选”的品牌核心价值。自20世纪30年代开始，力士就确定这一品牌核心价值，十多年来在中国播出的每一个电视广告都表现滋润美容的产品利益点。正是对恒定的品牌核心价值的严格把握，才使得消费者对力士品牌的印象十分深刻。

二、品牌个性的设计

品牌管理者在塑造品牌的过程中，除了确定与产品相对应的品牌核心价值，还要关注品牌是否有自身独特的个性特征与追求该个性的消费者相对应。

（一）品牌个性的含义

1. 品牌个性的起源

随着对品牌内涵的深入研究，美国精信（Grey）广告公司于20世纪50年代首次提出“品牌性格哲学”，接着Burleigh B.Gardner和Sidney J.Levy（1955）提出了情感性品牌和品牌个性的思想，从而形成了广告创意策略中一种充满生命力的新策略流派——品牌个性理论流派。品牌个性理论认为，在与消费者沟通的过程中，从品牌标志到品牌个性，品牌个性为最高层面，品牌管理者应该为了实现更好的传播效果而将品牌人格化。

2. 品牌个性的概念

Jenniffer L. Aaker作为研究品牌个性方面的知名学者，对品牌个性进行了定义。她认为品牌个性是“品牌特定使用者相连的人类特性的集合”（1997）。为了解释该定义，她还举例说，人性化的“绝对伏特加”倾向于被描述成酷的、赶时髦的25岁的当代青年。可见，品牌既有幽默、睿智、值得信赖、活力、粗犷、纯真等人格特征，又拥有像人一样有性别、年龄、职业等人口统计特征。这种个性体现了消费者从品牌中获得的情感利益和感受，向消费者提供象征和自我表达的功能，品牌个性为目标顾客的性格与产品的自然属性的紧密相连架起了桥梁。

（二）品牌个性的设计角度

品牌个性是一种无形资产，是企业的无价之宝。品牌个性一旦被企业掌控就能为产品和公司带来持久的魅力。David A.Aaker指出品牌个性扮演的三个角色：功能利益表现角色、关系基础角色和自我表达角色，三个角色分别从三个方面阐述了品牌个性设计的角度，为品牌个性的设计提供了依据。

1. 功能利益表现角色

品牌个性是品牌核心价值的人格化，独特鲜明的品牌个性反映了产品或者服务中独特的属性和功能价值，在暗示和表现功能利益和品牌属性方面发挥更直观的作用。例如，米其林轮胎人热情的个性体现了其轮胎所拥有的强度和能量，给消费者留下坚固耐用的印象；而悍马强悍的个性无不体现了品牌的高机动性、多用途的越野特性等功能价值。

2. 关系基础角色

作为拟人化的品牌与消费者之间存在着某种关系，这种关系类似两个人之间的关系，品牌个性影响了这种关系的深度及消费者对这种关系的感觉和喜爱程度。人类的情感有万千种，每种情感都能在品牌与消费者之间形成一定的品牌个性，只有与品牌的核心价值相对应，形成与品牌一致的才是要深入塑造的品牌个性。

品牌战略制定者的一个目标就是建立高度忠诚的“品牌－消费者关系”，衡量这种关系程度的概念是品牌关系质量。对于品牌关系质量的衡量Susan Fournier（1994）曾提出了七个衡量尺度，这些衡量尺度与品牌和人之间的关系紧密相连，并且对如何构思、测量和管理品牌与消费者关系有着启示作用。这七个衡量尺度分别为行为依存（关系成员互相影响的程度，可由交互作用的频率、重要性及参与的积极程度表现出来）、个人承诺（成员互相忠于对方，长期存在提高和保持关系质量的欲望）、爱与激情（成员之间牢固的情感纽带，无法忍受分离，反映成员之间存在的爱与激情）、怀旧关联（对美好时光的回忆）、自我概念关联（成员拥有共同的兴趣、活动和见解）、亲密性（成员之间互相十分了解）、成员质量（一方成员对另一方成员表现和态度的评价，包括消费者如何对品牌的态度做出评价）等。

3. 自我表达角色

品牌可以成为消费者表达自我识别的工具，这种自我识别可能是他们实际中的自我，也可能是他们向往的理想自我。人们通过不同的表达方式表达他们拥有的或理想化的自我识别，而品牌个性为消费者提供了表达自我的机会，增强了消费者与品牌的互动。例如，苹果计算机作为一个人的形象被许多消费者认为是友好的、谦逊的、不屑一顾的、具有反叛精神的。其品牌个性也受到品牌计算机属性、品牌使用者形象、使用者群体的活动、苹果标志的广告的影响。对于消费者来说使用苹果计算机表达了他们想要成为的人物形象。可见，为品牌赋予个性可帮助消费者与品牌的个性进行对应，彰显自我的个性与情感。如果该品牌拥有强烈的个性，品牌个性就有可能在自我表达中发挥关键作用，使消费者与品牌形成良性的互动。品牌帮助人们表达个性的途径有：品牌个性带来的感觉、品牌的符号作用（人们通过观察一个人的汽车和服饰对其评价和诠释）、品牌成为自我的一部分（如对于哈雷摩托车手来说，哈雷－戴维逊已成为他们的一部分，人车难以分离）。

案例

哈雷－戴维逊：纹在消费者身上的品牌

在这个日益品牌化的世界里，有什么手段可以衡量消费者对一个品牌的忠诚不渝呢？最简单、最有效的方法，就是看有多少消费者将这一品牌的图形纹在自己的肉体上。

世界著名摩托车品牌——哈雷－戴维逊（Harley-Davidson）标志，是当今世界上最多被其目标群纹在身上的品牌之一，同样，它的品牌忠诚度也是最高的。

行驶过100年历程的哈雷摩托车，它的成长浓缩了美国一个世纪以来品牌的发展历史。不同于可口可乐、麦当劳、通用汽车、IBM等品牌，哈雷品牌创造了一个将机器和人性融合为一体的精神象征，并深刻地影响了其目标消费群的生活方式、价值观，甚至衣着打扮。从人类进入商业品牌化的社会以来，还没有一种商品的品牌能够从里到外地改变着消费对象，并形成一个特定的社会群体，品牌从识别和指导消费的功能上升到了精神的寄托和情感的归宿。从这个意义上讲，哈雷除了是一个被物化了的品牌之外，更多的还是一种文化的词语和象征。这是品牌发展的最高境界。

作为交通工具的摩托车本来是和自由没有必然联系的，由于哈雷在漫长的产品变革和市场推广中，机车本身的造型、轰鸣声、马力和速度感融合为一体，逐步通过哈雷这一品牌象征将美国人所崇尚的个人主义影射在物化的摩托车上。最后，哈雷品牌的老鹰标志在消费者心目中的认知已经不是一个商标的意义，而是代表了某种生活方式、某种体验和特定的表现自我个性的工具。纵观哈雷100年的品牌踪迹，它没有大起大落，也没有大悲大喜，沉淀在品牌历史中最有价值的就是它倡导的自由精神。这一品牌的核心价值默默无闻地承载了哈雷－戴维逊，并将它演化为品牌个性，和目标消费群的情感需求联系在了一起，成为维系品牌和消费者关系的纽带。

不同于其他产品品牌的个性形成，哈雷品牌一方面是因为产品自身的物理属性和特定的目标市场决定了它品牌基因中的野性和阳刚之气；另一方面，它与美国经济和社会结伴而行的历史过程，天然地给这一品牌打上了国家和民族文化的烙印。所以，经历过美国20世纪30年代经济大萧条、二次世界大战炮火硝烟与80年代美国高科技经济繁荣的哈雷－戴维逊，其品牌个性不是主观形成的，而是由历史创造的。开发西部英雄主义式的怀旧情结在哈雷－戴维逊忠诚的品牌拥戴者身上体现为黑皮衣、络腮胡子、黑墨镜、长长的头发、脚蹬牛仔靴和“扮酷”的特征，当然，在每位骑手身上都有一个必不可少的肉体记号——哈雷－戴维逊的品牌纹身标志。用美国加州一位哈雷机车批发商的话来讲：“除了哈雷以外，你还看过纹在人们身上的其他品牌名称吗？”

当消费者心甘情愿用血肉之躯证明对一个品牌标志的忠诚时，品牌已经超出了普通识别的象征意义，在它的崇拜者心中具有了某种宗教的色彩。品牌被转化为一种精神象征，被消费者赋予了任何竞争对手不可超越的力量。迄今为止，还没有任何一个品牌在品牌忠诚方面可以和哈雷－戴维逊相媲美，这在很大程度上取决于该品牌另外一个很显著的个性，就是哈雷宣扬了至高无上的爱国主义，无论是从它的诞生到今天的强大，还是从它的设计到每一颗螺丝的制造，哈雷身上彻头彻尾流淌着的是美利坚的血，因为，它不仅从一个侧面记录了美国整整一个世纪从工业到科技强盛于世界的历史，更重要的是，它用机车自身创造的驾驶经验生动地阐释了美国文化中的自由主义精神。所以，当20世纪80年代，日本摩托车大举进攻美国市场时，即使它在价格和技术性能方面更具有优势，但是，它却无法取代哈雷摩托车对美国文化的诠释，即使当时哈雷没有刻意利用民族情绪来煽动消费者以此捍卫自己的市场地位，消费者对哈雷品牌的认同已经被视为是美国文化不可分割的一部分，抵制日本品牌成为一种自觉的行为。无怪乎，每逢哈雷俱乐部成员举行盛大聚会，美国国旗和爱国主义激昂的情绪都是聚会的一道风景线。美国著名品牌战略研究专家大卫·艾格在他所著的《建立强势品牌》一书中曾评价哈雷品牌："某些人似乎觉得，骑哈雷摩托车比起遵守法律更能表达强烈的爱国情怀。"

（资料来源：http://business.sohu.com/44/50/article200835044.shtml.）

为了避免重复，本章节仅从品牌个性设计的角度介绍品牌个性，关于品牌个性的特征、品牌个性的价值、品牌个性的结构与维度等内容，将在第七章中进行深入探讨。

第三节　品牌有形要素设计

早在19世纪初期，美国一些著名的烟草制造商们注意到，如果产品名字好听且特别，产品的销量就会得到明显改善。烟草商们开始有意识地利用这一点，将出口商品的名称、图案、装饰、符号等视觉形象元素精心设计，致使烟草出口额剧增。因此，品牌核心价值、品牌个性等无形要素需要系统地进行感知性和艺术性设计，以便给消费者最为直观的品牌形象，让消费者对该品牌留有深刻的印象。品牌有形要素具体包括品牌的名称、标志、口号、角色、外观、音乐、故事等。

一、品牌名称的设计

品牌名称是指品牌中可以用语言称呼的部分。Dawar和Parker（1994）研究发现，消费者在判断产品的质量时，在价格、外观和品牌名称三者中更加依赖品牌名称。因此，品牌管理者在最初设立品牌时必须重视品牌名称的选择。

（一）品牌命名的作用

如果说品牌标志是视觉化的品牌认知符号，那么品牌命名则是更侧重于听觉的品牌认知符号。一个成功的品牌，往往只需要说出它的名称，就能使消费者体会到特殊的氛围与情趣。例如"周六我们全家到迪士尼游玩了一下"，便足以将欢乐的情绪传递给对方；又如"我用的香水是香奈儿5号"，便足以让人感觉风情万种了。因此，一个好的品牌名称不仅可以帮助消费者进行品牌认知，而且容易在消费者的心智中建立相关的品牌联想，得到一种值得品味且具有相关性的情绪。具体而言，品牌命名还有以下作用：

1. 吸引消费者注意

设计品牌名称最直接的功效是希望消费者能从万千品牌中瞬间被该品牌吸引，并形成一定的印象。一个独特的品牌命名会使消费者的注意被吸引，勾起人们的好奇心。例如，一款止泻药命名为“泻停封”，完全是明星名字的谐音，却使消费者对该款药物过耳不忘，记起来很轻松。

2. 便于形成口碑效应

朗朗上口的品牌命名往往可以使消费者快速记忆从而形成深刻的印象，便于消费者再次回忆并向其他消费者口头传播，形成口碑效应。反之，有些品牌正是因为难记拗口才丧失了口口相传的机会。尤其是一些国外音译的品牌名称，对于国内的消费者而言并无实际的意义，因而记忆起来很困难。宝马进入中国时最初命名为“巴依尔”，让人顿时丈二和尚摸不着头脑，而更名为“宝马”以后既有实际的意义，又和汽车有相关性，让人过目不忘。

3. 提升产品档次与品位

同样的产品不同的品牌命名却能产生不同的效果，有些品牌通过品牌命名提升了产品的档次与品位，而有些品牌则从命名上听起来就很土气，让人觉得没有档次。一款名为“青春”的服饰难免让人觉得有些过时，而更名为“雅戈尔”后听起来既文雅又庄重，在产品档次和品位上也无疑会给消费者留下不俗的印象。

4. 增加品牌联想

一提到某个品牌就让消费者顿时产生积极正面的印象与联想，这是品牌命名需要体现的要点。如提及“舒肤佳”就会联想到皮肤舒适干净清爽的感觉；提及“飘柔”就会联想到秀发柔顺丝滑的感受。

（二）品牌命名的原则

1. 暗示性

品牌如能从名称上反映出产品的品类、性能、功效、成分等，就可以使消费者第一时间了解产品的一些特征，便于消费者的记忆与理解，降低品牌传播的费用。如五粮液暗示消费者该品牌白酒由五种粮食酿造，口感丰富；而立白洗衣粉则暗示消费者使用该产品后衣物立即洁白如新的功效。

2. 易记性

一个记忆起来轻松、读起来朗朗上口的名称无疑会提升消费者的认知和口头传播，如可口可乐、联想、青岛啤酒等。而命名为“帕拉玛特”的牛奶，不好听也不易读，即使该品牌为欧洲第一牛奶品牌，但在我国消费者的认知度还不是很高。

3. 积极性

品牌名称不仅要好听好记，更要有积极的寓意。如金六福、旺旺、万家乐等品牌名称让人听后十分惬意；而像“毛毛”水饺，听到后不仅没有增加母亲呼唤乳名的亲切感，反而增加了食用后的不快。

4. 差异性

雷同或类似的品牌命名往往使品牌很容易被淹没在茫茫的品牌大军中。据统计，我国以“长城”命名的品牌就有200多个，这样的命名使消费者的认知容易产生混淆，同时也增加了品牌传播的成本。相反，汇源集团推出的性别饮料“他她”针对男女不同性别，分别为男性饮料添加了肌醇和牛黄酸进而增加体力，为女性饮料添加了水溶性膳食纤维和芦荟帮助美容瘦身。将性别差异而产生的营养差异用简洁的“他”“她”两个字全部囊括，与其他饮料形成明显的概念差异，因此销量大增。仅在2004年的全国糖酒商品交易会上订货量就突破6亿元，是“脉动”2003年一年的销量。可见，品牌命名的差异性和独特性尤为重要。

5. 合法性

在品牌命名的过程中还应考虑到品牌名称的合法性，以便能为品牌第一时间申请注册，获得法律的保护，否则在品牌推广中往往为他人做了嫁衣。

（三）品牌名称的类型

品牌名称的划分可从字义、数字、产品、企业等多角度进行，本教材选用的划分方法为全球著名品牌设计公司朗涛公司（Landor Associates）的划分方式，将品牌命名划分为描述型、暗示型、复合型、古典型、随意型和新颖型六种（见表5-1）。

表5-1 朗涛设计公司品牌名称的分类

类型	举例
描述型（用文字描述产品或公司的事实）	以人名、地名命名：江民杀毒软件、北京银行 以成分或工艺命名：可口可乐、田七牙膏
暗示型（暗示某种功能或价值）	佳洁士暗示牙齿清洁舒适 汰渍暗示淘汰污渍、油渍和顽渍
复合型（由两个或更多词汇组合而成，通常比单个词语具有更多的意思）	大宝SOD蜜、美特斯·邦威、波音747、马自达6
古典型（出自拉丁文、希腊文、梵文或者文学）	Oracle(甲骨文)、红豆、露华浓、百度
随意型（与公司没有明显联系，通常由一些大家所熟悉的真实事物表示，包括动物、植物、自然现象等）	椰树椰汁、亚马逊网上书店、苹果手机、熊猫电视
新颖型（由一些新造的词语组成，通常没有明显的意义）	SONY、LG、SAMSUNG、TCL

（四）品牌名称的设计步骤

Kohil、Chiranjeev、Labahn、Douglas（1997），Collins（1977），Keller（2003）等都总结了品牌命名的主要步骤，基本上分为以下五步：

（1）根据品牌所要达到的营销目标确定品牌命名的目标。营销目标是吸引消费者购买商品，而品牌命名则需要建立在语言要素的基础上，使消费者能被快速吸引，记忆品牌名称，并产生丰富而积极的品牌联想。

（2）通过集思广益和个人调查创建一个候选名称清单，包括符合品牌营销目标所要传达意义的声音或字母的组合。命名者还要充分考虑到消费者的认知心理及社会文化背景。

（3）评估相应的名称，对候选名称进行筛选并展开法律调研。命名者应考虑到品牌标志与色彩、包装等如何与品牌名称组合搭配，使品牌名称能有效传播。

（4）在消费者中对候选名称进行测试调查，包括在全球范围内的调查。命名者尤其要注意国际品牌背景下消费者的语言特点和社会文化背景差异，消除文化差异对品牌命名的不利影响。

（5）确定最终的品牌名称并申请注册，确保品牌名称的合法地位。

二、品牌标志的设计

品牌标志是品牌符号中可用视觉识别的形象部分，它通常由符号、图形、标准色和标准字等构成。例如：苹果的品牌标志为残缺的苹果、宝马的标志为内外双圆圈且标有BMW字样的图形，这些标志充分展现了品牌的内涵，同时也让消费者对该品牌留有深刻的印象。

（一）品牌标志的作用

1. 便于消费者记忆

一个风格独特、独树一帜的品牌标志往往使消费者易于识别和快速记忆，尤其是将它们与竞争品牌相比较时，消费者对其辨认的速度要快于其他竞争品牌。例如，人们对麦当劳的黄色大写字母M的印象深刻，M是“麦”的发音，简单易记，鲜艳的黄色映射出阳光、快乐的情绪色彩。

2. 引起消费者兴趣

有好感、印象深刻的品牌标志可以引起消费者对品牌的兴趣和好奇心，从而增加了消费者对品牌了解的几率。百度网站上“百度”文字旁出现的熊掌标志会引起网友“熊出没，请注意”的猎奇心理，增加其使用百度进行搜索的频率。

3. 引发消费者联想

品牌标志图文的视觉效果具有一定的冲击力，容易引起消费者对产品有关属性的相关联想。例如，消费者看到奔驰的三叉星环时，就会联想到手握方向盘驾驶汽车的顺畅快感，自然将奔驰与汽车驾驶的顺畅舒适联想到一起。

（二）品牌标志设计的原则

1. 简洁性

简洁是方便消费者记忆的第一步，越是简单的标志往往越耐人寻味，使人印象深刻。世界著名品牌香奈儿（Chanel）的品牌标志也只是简洁到两个大写字母“C”，然而两个背靠套叠的字母C却能反映出创始人香奈儿的爱称“coco”的首字母，成为世界上知名度最高的品牌标志之一（见图5-1）。

图5-1 香奈儿（Chanel）的品牌标志

2. 创意性

一个优秀的品牌标志一定要与众不同，让消费者看后瞬间留有深刻的印象。例如，汉堡王的品牌标志与其品牌名称一样，一个巨大的汉堡中间夹着汉堡王的字样，消费者顿时对汉堡王的汉堡大而实的印象尤为深刻（见图5-2）。

图5-2 汉堡王的品牌标志

3. 内涵性

品牌标志不仅是消费者对品牌的视觉认知，最主要还能体现出品牌核心价值的丰富内涵。例如，宝马品牌标志中的蓝白相间的图案便折射出多重寓意：既代表了蓝天、白云、螺旋桨等元素，体现了宝马公司的悠久历史；又与公司所在地德国巴伐利亚州蓝白相间的州旗设计如出一辙，代表了产品的产地；同时还体现着公司蓬勃向上、技术日新月异的理念，使消费者增加了对宝马品牌的正面联想（见图5-3）。

图5-3 宝马的品牌标志

4. 艺术性

对于品牌标志而言，色彩运用得是否得当、富有美感，这是评价品牌标志艺术性的重要标准。可口可乐的品牌标志字体从一开始就一直沿用鲁宾逊设计的斯宾塞体草书“Coca-Cola”字样，字体有一种悠然的跳动之态，给人以连贯、流线和飘逸之感。一百多年来，可口可乐的品牌标志虽进行了多次修改，但“Coca-Cola”的草书字样只是做了细微的调整，仍保留着其艺术的元素（见图5-4）。

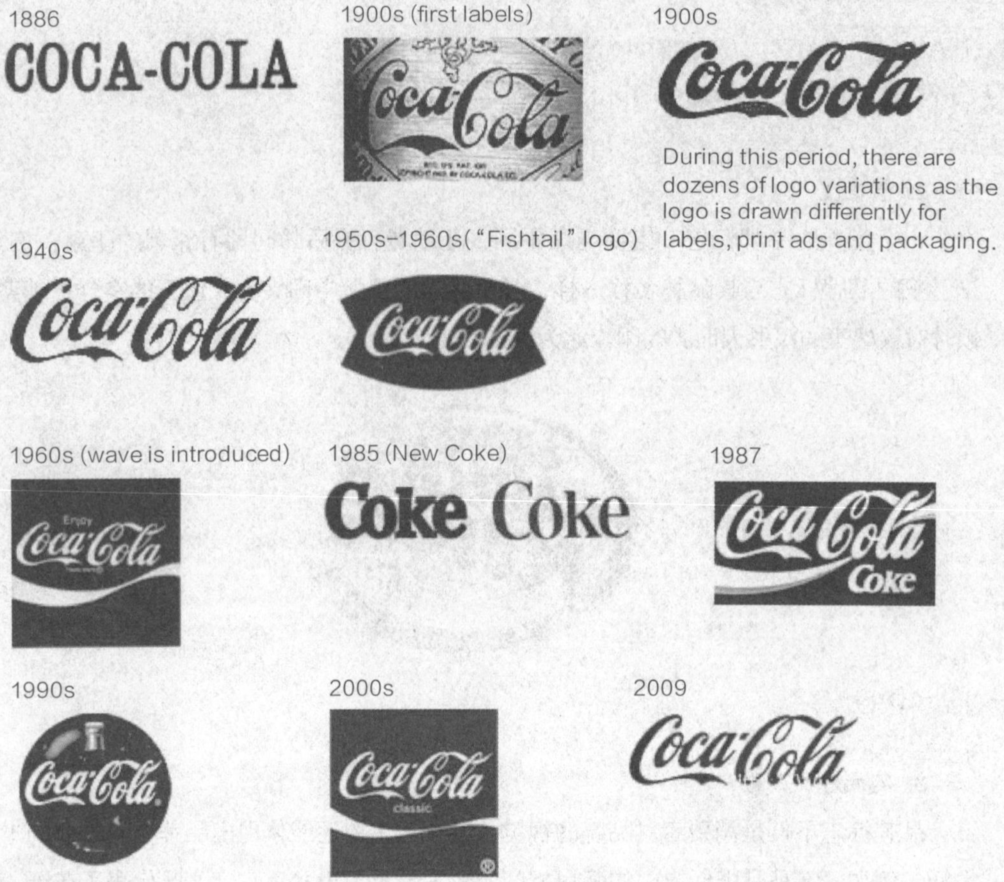

图5-4 可口可乐品牌标志的演变

（三）品牌标志的类型

品牌标志可以根据不同标准进行分类：根据形态可划分为表音标志、表形标志、图画标志等；根据内容又可分为名称性标志、解释性标志和寓意性标志等。本教材采用常见的品牌标志划分方式——按表现形式划分，可分为文字标志、图形标志、图文结合标志三种类型。

1. 文字标志

文字标志是指整个标志由文字组成，并采用特殊的形式将品牌全称或首个文字书写出来，从而增强消费者对品牌名称的理解与记忆。

2. 图形标志

图形标志是以各种自然事物或者有一定寓意的图形为题材，经过艺术设计而成。相对于文字标志而言，图形标志更容易被记忆和识别，从而使消费者更容易接受和理解品牌的内涵与价值。

3. 图文结合标志

图文结合即图形和文字相结合形成品牌标志，不仅从文字上容易让消费者记住品牌的名称，而且从视觉上也能够给消费者留下深刻印象，从而赋予品牌更丰富的内涵。因此，图文结合的品牌标志也是被采用更广的设计方式。

（四）品牌标志的设计要点

品牌标志在设计过程中需结合企业的行业性质和品牌核心价值，进行字体、造型、色彩等方面的设计。在此需注重两方面的环节，即标准字和标准色的设计。

1. 标准字设计

标准字是指经过设计的专门用来表现企业或品牌名称的字体，字体的设计是根据品牌所表现的核心价值而确定的。标准字可直接将企业或品牌的核心价值传达给观众，与视觉、听觉同步传递信息，强化企业形象与品牌的诉求力，其设计的重要性与标志具有同等重要地位。经过精心设计的标准字体与普通印刷字体的差异在于，除了外观造型不同外，更重要的是它根据企业或品牌的个性而设计，对字体的形态、粗细、字间的连接与配置，以及统一的造型等，都做了细致严谨的规划，与普通字体相比更美观、更具特色。

一般而言，标准字的类型分为两种类型，分别是书法字体和装饰字体。其中，书法是我国具有三千多年历史的汉字表现艺术的主要形式，既有艺术性，又有实用性。尤其是政坛要人、社会名流及书法家的题字，例如：中国国际航空公司由邓小平题字（见图5-5）；中国银行则由郭沫若题字；维珍Virgin是由其创始人布兰森亲笔手写英文（见图5-6）。这些题字使品牌标志成为了独一无二的符号，富有历史感和庄重感。

图5-5　中国国际航空公司的品牌标志

图5-6 维珍的品牌标志

装饰字体的特征是在一定程度上摆脱了印刷字体的字形和笔划的约束，根据品牌或企业经营性质进行设计，达到加强文字的精神含义和富于感染力的目的。装饰字体表达的含义丰富多彩，如细线构成的字体，容易使人联想到香水、化妆品之类的产品；圆厚柔滑的字体，常用于表现食品、饮料、洗涤用品等；而浑厚粗实的字体则常用于表现企业的实力强劲；有棱角的字体，则易于展示企业个性，等等。总之，装饰字体运用夸张、明暗、增减笔划形象、装饰等手法，以丰富的想象力，重新构成字形，既加强文字的特征，又丰富了标准字体的内涵。同时，在设计过程中，不仅要求单个字形美观，还要使整体风格和谐统一，以便于信息传播。例如：深圳航空的品牌标志是在战国时期大篆体“朋”字的基础上，经过艺术加工而成，图案挺拔傲立，形神兼备，乃名副其实的“神韵之鹏”。同时该标志采用中国传统的红、黄色调，红、金吉祥映衬，凝聚了东方文化精髓，寓意深航成为“民族之鹏”的雄心壮志和理想信念。此外，深圳别称“鹏城”，标志也寓意着深航将扶摇直上，鹏程万里（见图5-7）。

图5-7 深圳航空的品牌标志

由于标准字是品牌标志设计的基本要素之一，其设计成功与否至关重要。当企业、公司、品牌确定后，在着手进行标准字体设计之前，应先实施调查工作，调查要点包括：① 设计的素材是否符合行业、产品的形象；② 设计的素材是否具有创新的风格、独特的形象；③ 设计的素材是否能为商品购买者所喜好；④ 设计的素材是否能表现企业的发展性。将调查资料加以整理分析后，就可从中获得明确的设计方向。

2. 标准色设计

标准色是指企业为塑造独特的企业形象而确定的某一特定的色彩或一组色彩系统，运用在所有的视觉传达设计的媒体上，通过色彩特有的知觉刺激与心理反应，传达企业的经营理念和产品服务的特质。

标准色在品牌标志设计中的重要性是不言而喻的，主要体现为两大功能：传播功能和识别功能。其中传播功能主要体现在创造性地开发和运用标准色的组合，通过色彩色相、彩度、亮度三方面的和谐匹配，在其中注入企业理念的情感倾向和理性意味，强化品牌标志的吸引力和传播力。如日本富士银行在其品牌标志中依据富士山的概念，以毛笔勾画出群山起伏的景色，以手写的书法表达劲道十足的动力。大自然的蓝和绿色被选定为企业颜色，以白色小条带将大块面蓝色和绿色分割形成对比，塑造、渲染、传播富士银行及其产品备受信任的品牌形象。整个富士银行的标志编放于一个方块中，配合银行稳定可靠的传统，给人以安全可靠的印象（见图5-8）。

图5-8 日本富士的品牌标志

标准色的识别功能主要体现在人们对于色彩的感知和联想，赋予了色彩以象征的或设定的指示意义，使色彩成为人类独有的语义传播信号和视觉传播媒介（见表5-2）。红色醒目，令人警觉；黄色和谐，激活大脑；绿色明快，使人跃动。所以，色彩具有感知、辨识的认知效应。如美国的可口可乐饮料公司的红色，洋溢着青春、健康、欢乐、向上的气息；泛美航空公司的天然色，给予乘客快速、便捷的印象；中国人民银行的红色，表现出民族传统、实力、圆满和信心；邮政的橄榄绿，给人以安全、准确、便捷的感觉。设立标准色的目的，在于依靠色彩与人体感知这种微妙关系所产生的力量，来树立企业、品牌或商品所期望的形象。

在标准色的设定阶段，由于受自身生活经验、传统习惯等因素的影响，人们会对色彩产生联想和抽象的感情，这些联想对于色彩的运用和诉求具有极大的影响力。在设计中应注意各颜色本身所含有的个性特征，以使其较好地与企业的经营理念结合，避免出现较大的偏差。同时，还要注意避免与各国的民族偏好相冲突。例如，在法国，人们不

表5-2 色彩在品牌设计中的指示意义

色彩含义	品牌标志举例
红：热、激情、爱、反叛、强健、激进、兴奋、勇敢	Coca-Cola
橙：温暖、秋天、黄金时代、复古、柔和、阳光、友好、田园、诱人	M
黄：阳光、快乐、高兴、夏天、乐趣、活力、高兴、年轻、太阳、友好	BEST BUY
绿：钱、自然、有机的、有益、土壤、种植、信任、保护、珍惜	佰草集 HERBORIST®
蓝：大方、冷、聪明、进步、音乐、信任、自由、高贵、药、发射	intel
紫：高贵、神秘、虚荣、浪漫、典雅、时尚、性感、中庸	YAHOO! 中国雅虎
棕：乡村、家具类、秋、泥土气息、田园、图书馆、浪漫、群体、书	Dove 德芙

（资料来源：彭凌玲，朱丹．品牌形象设计．南京：南京大学出版社，2010.）

喜欢绿色，因为它会使人想到纳粹军服；德国因政治原因而忌用茶色、黑色和深蓝色的衬衫；在荷兰，橙色和蓝色十分受欢迎，特别是橙色，在节日里广泛运用；瑞士十分喜爱三原色，并喜欢国旗上的红色和白色；巴西出于迷信，认为紫色代表悲伤、茶色象征着不幸等。

三、品牌口号的设计

品牌口号是关于品牌信息的记述或品牌承诺的短语或词组。在营销活动中，品牌口号常伴随着品牌名称、品牌标志一起出现。品牌口号的主要目的在于支持由品牌名称和品牌标志塑造出来的品牌形象，并与品牌名称、品牌标志共同组成品牌的核心。

（一）品牌口号的作用

1. 对内可统领业务，统一思想

品牌口号是品牌核心价值的浓缩与概括，一定程度上既能反映公司的主要业务和产品，同时也使员工明确自身的服务理念与企业的存在价值，从而统一员工思想。金利来的品牌口号“男人的世界”，从20世纪70年代一直坚持到现在，金利来所拥有的品牌内涵已被一句“男人的世界”一言以蔽之；迪士尼的品牌口号“人人都开心”，则让每一个工作的员工都明确自身的工作性质，以良好的心态对待每一天的工作。

2. 对外可诠释价值，增强记忆

一句朗朗上口的品牌口号不仅诠释了品牌的核心价值，更主要的是增强了消费者对该品牌的记忆。戴比尔斯钻石以一句“钻石恒久远，一颗永留传”在创造并歌颂钻石这一代表自然之美的永恒财富的同时，也让人们记住了这个彰显与众不同价值的经典品牌。

（二）品牌口号的设计原则

在设计品牌口号时，最重要的是对品牌核心价值的把握，赋予品牌口号深刻的内涵。同时还要在设计时符合以下原则：

1. 易扩展

一个好的品牌口号除了道出品牌的核心价值之外，还要能随着公司业务的发展延伸到其他产品和服务中去。沃尔沃在被吉利汽车部分收购股权之前的品牌口号是“为了安全（For Life）”，因此在业务方面顺利从轿车延展到卡车、航空航天、金融等领域。而吉利品牌口号“造老百姓买得起的好车”则只局限于造车，很难延展到其他业务领域。

2. 独特易记

在当今词汇大爆炸的信息时代，如何能用独树一帜的口号来描绘品牌核心价值，并使消费者牢记品牌口号是至关重要的，就像苹果公司推出iPhone4时打出的“再一次，改变世界”、谷歌的“Don’t Be Evil（绝不作恶）”，这些品牌口号都形成了强烈、鲜明的品牌个性，以此吸引了大量用户。而像小天鹅的“全心全意，小天鹅”、李宁的“一切皆有可能”则简洁明了，有限的文字蕴含不尽之意，包含了丰富的信息，能够广为流行也势在必行。

3. 相对稳定

稳定持续的品牌口号会使消费者对品牌有持续深刻的印象，而频繁地变更往往会使消费者认知混淆，影响品牌的营销效果。例如，鸿星尔克发展十余年的时间里分别采用了“率真自我，鸿星尔克”、“刷新2008，To Be NO.1”、“To Be NO.1”三个品牌口号，对比阿迪达斯（adidas）60多年的品牌口号“没有不可能”（Impossible is nothing），频繁地变更使人们对新品牌很不熟悉。

（三）品牌口号的更新

随着企业的发展，品牌口号也是不断演变以适应品牌发展的需要。当然，当品牌口号在消费者心中已经根深蒂固地描述着该品牌时，也限制了品牌本身的发展。因此，在必要时，随着公司发展战略的调整需要去更新品牌口号。海尔集团最初的品牌口号是“真诚到永远”，这句口号正是张瑞敏手执铁锤砸坏劣质冰箱，真真诚诚做事业的真实写照，这个沿用了20多年的品牌口号随着公司全球化进程的推进发生了变更（见图5-9）。新口号“一个世界一个家”凸显出全球化企业的磅礴气势；2013年海尔集团步入网络化战略阶段，海尔的品牌口号又变更为“你的生活智慧，我的智慧生活”，这个口号体现了互联网时代，人与人之间、海尔与用户之间，交互无处不在。

图5-9　海尔集团的口号变更

（四）品牌口号的设计要点

一个好的品牌口号必须短小、清晰、现实，在设计的过程中也可从以下三个角度进行提炼：

（1）提炼企业品牌核心价值。飞利浦公司的品牌口号“精于心，简于形”，表现出企业精益求精的文化内涵，从而传达给消费者这样的信息：我们是一个不断追求完美的大公司，买我们的东西您尽可放心。

（2）涵盖企业整体规划。诺基亚的品牌口号“科技以人为本”，有口皆碑，谁能想到其前身竟是一家芬兰的木材厂呢？企业转型定位于移动通信领域，需要重新规划企业的整体框架，提出“科技以人为本”的品牌口号势在必行。

（3）倡导时尚生活方式。在产品日益趋于同质化的今天，如何做得让消费者认可是关键，特别是在日用消费品领域，更是如此。百事公司推出“百事——新一代的选择”的品牌口号，让百事的产品紧追时尚类消费者。忠诚的百事可乐拥戴者，长年饮用单一口味的饮料，不但不感到单调，相反他们把喝百事作为一种不落后于时代的标志。

四、品牌角色的设计

品牌角色是采用人或者卡通形象、品牌吉祥物、象征物等虚拟形象作为品牌象征符号。在广告、包装及一些推广营销活动中，品牌角色将品牌个性等充分展现，让消费者与品牌互动成为了现实。

（一）品牌角色的作用

1. 作为展现品牌个性的载体

品牌像人一样有自身的品牌个性，而品牌个性展现的载体则通过品牌角色的扮演来彰显和体现。例如，万宝路香烟将其粗犷、豪迈、自由的品牌个性完全由西部牛仔这一角色淋漓尽致地体现，从而激发消费者内心产生一种作为男子汉的自豪感，使消费者与品牌个性唤起共鸣。

2. 可降低广告成本与风险

品牌角色如果不是自行设计的虚拟角色则需要聘请明星或者其他权威人士代言。这些明星的代言费用高达千万，合约期限较短，部分代言人还会因为绯闻或丑闻而使品牌名声受到影响，从而增加了企业的营销成本和风险。相反，如果企业有自己设计的专属品牌角色为品牌做代言，则品牌角色的言行都受到企业的控制，成本只是用于设计、推广和维护费用上，价格低廉，风险也较低。

3. 方便品牌与消费者的传播与沟通

品牌一旦有专门的角色代言，则可快速拉近与消费者的距离。可口可乐的“酷儿”品牌最初在中国区推出时间不足一年，市场销量迅速跃升至果汁市场的前三位置，最重要的原因是为了博得其目标客户群体——6 ~ 14岁的儿童的喜爱，可口可乐公司用扮相可爱的“Qoo酷儿”角色来拉近品牌与消费者之间的距离：大街小巷随处可见一个造型奇特的蓝色娃娃，顶着大大的脑袋，右手插着腰、左手拿着果汁饮料，陶醉地说着“Qoo……”，Qoo酷儿很快成为儿童喜欢的卡通人物，酷儿果汁也由此走红（见图5-10）。

图5-10 酷儿果汁的品牌角色

（二）品牌角色的类型

1. 卡通形象与非卡通形象

品牌角色是艺术化、虚拟化的角色形象，具体分为以人物、事物（动物、植物等）为题材设计的卡通形象和非卡通形象。其中卡通形象如酷儿、米其林先生（见图5-11）、瑞星软件的狮子卡卡、葵花药业的小葵花等；非卡通形象如万宝路的牛仔、麦当劳的小丑罗纳德·麦当劳（Ronald McDonald）叔叔等（见图5-12）。

图5-11 卡通形象米其林先生

图5-12　非卡通形象麦当劳叔叔

2. 唯一角色与系列角色

根据品牌传播的需要，品牌角色可以分为唯一角色和系列角色。唯一角色可以与品牌个性直接对应，方便塑造。如七喜的品牌角色FIDO DIDO，直接映射了七喜品牌自然清新、自由不羁的品牌个性。而有时则为了品牌传播的需要，要求塑造系列角色来满足消费者的认知，如长安汽车的“奔哥奔妹”由台湾知名漫画家朱德庸创作，两个角色通过一系列浪漫诙谐的爱情故事，展现了追求自由、爱奔放的个性生活方式，因此“奔哥奔妹”与广大网友产生了深深的共鸣。一夜间，以他们为男女主角的“奔奔族”和奔奔小车一举走红，奔奔小车也因此受到年轻人的追捧和喜爱（见图5-13）。如今，奔奔已经由一款单一车型发展成包含奔奔I、奔奔LOVE、奔奔MINI的大家族，拥有了25万忠实粉丝。

图5-13　长安奔奔汽车的品牌角色奔哥奔妹

（三）品牌角色的设计步骤

1. 精确细分与定位

品牌角色是根据目标客户的心理情感需求创新产品概念，根据产品概念设计形象，进而开发产品的。若细分不精确，定位不可能准确，而定位不准确，虚拟代言人的个性则要么不鲜明、要么不能体现目标客户的心理情感需求，也就不可能抓住消费者的心。近年来，随着手机消费价位趋于平民化，高中生、大学生基本都购买了手机，中国移动看准了这一市场，推出了一款针对普通年轻人的SIM卡——动感地带，并创造了一个“M仔”为其代言。“M仔”代表了这群年轻人追逐时尚、充满朝气、富有个性的特点。因而，“M仔”的形象设计迎合了年轻人的口味和心理。

2. 创造性地塑造角色

品牌角色就像一个真实的人一样，其塑造要从外形与个性双方面的协调统一出发，而外形与个性的创造则来源于消费者的心理情感需求。这样，才能让品牌角色起到沟通作用，给产品与消费者搭桥。角色塑造，要注重为角色确立一个明确的、有深厚社会基础的品牌价值观，对某种价值观念的认同是人们“角色确认”的文化依据和“角色实践”的思想动力，同时要使角色具有极大的亲和力与体验的空间。“酷儿”之所以深入人心，很大程度上在于其成功的角色塑造——请日本著名漫画大师设计出一个顶着大大脑袋、圆圆的脸、可爱而又笨拙的卡通造型，同时赋予其丰富的性格。

3. 多方位科学的市场测试

品牌角色的诞生，除了吻合前两个条件，还要接受市场的检验。这一检验是在品牌角色投放到市场之前的小范围、特定人群的检测。如果在这个特定人群中受欢迎，那么它是行之有效的；反之，则要回溯源头。经过几个轮回，品牌角色才能推出市场。

4. 积极有效地宣传角色

角色创造出来了还要积极地宣传。品牌角色因为在现实中不存在，故其推出对消费者来说是新鲜的，需要不断地宣传及开展有效的公关活动，才能让消费者快速地记住她，接受她。佳宝集团的“清の然”青梅的虚拟代言人“清儿”刚推出时，受众对她一无所知，但是通过整合营销传播，品牌角色被消费者逐步认知。

五、产品外观的设计

所有的品牌符号最终都会通过整体设计附着在产品外观上，消费者会通过典型的外观对应相应的产品。因此，产品外观设计对品牌核心价值的诠释与传播尤为重要。

（一）产品外观设计的作用

1. 作为消费者认知品牌的重要载体

产品外观的设计是消费者认知品牌核心价值和品牌个性的直接途径。例如，可口可乐美女身体的瓶形，设计巧妙，造型美观，容量为一杯且从外观看去又给人多于一杯容量的印象，使之深入人心。

2. 促进消费者的品牌联想，增强品牌体验

消费者对品牌的联想大多集中在产品外观上，因为产品外观承载了其他的品牌要素，是品牌信息最全面、最综合、最直接的载体。同时，产品外观还与消费者在特定的场合紧密接触，加强品牌体验。美国庄臣公司旗下的厕盆清洁剂品牌洁厕得（Toilet Duck），因其造型独特又称多力鸭，其特色为瓶身在顶部有一个弯位，就像鸭子把颈部弯起来，这个独特的瓶身是专利设计，由瑞士Dällikon公司的Walter Düring在20世纪80年代取得，以方便使用者把洁厕液挤往厕盆内的出水位（见图5-14）。这一独特的产品外观设计科学合理，增加了产品使用的方便程度，使消费者获得独特的品牌体验；同时该设计富有审美情趣，也增添了消费者对该品牌的正面联想。

图5-14　洁厕得的产品外观设计

（二）产品外观的类型

1. 视觉外观

产品的外观往往是消费者接触品牌的直接载体，产品的外观造型与颜色能反映出品牌的核心价值。绝对伏特加简约艺术的包装瓶子折射出品牌的“典雅、简约和创意”；而健力宝的爆果汽品牌则通过少见的黑色瓶子传达品牌“酷”的内涵；法拉利通过红色传达品牌的经典；而甲壳虫则通过小巧流畅、圆润可爱的线条外形演绎着“想想还是小的好”这一品牌口号。

2. 非视觉外观

有时独特的气味与味道也能成为识别品牌的重要要素。例如：碧浪洗衣粉独特的芳香气味让每件衣物都留有清爽的余香；LG竹盐牙膏则从竹香与咸味的膏体味道传达着品牌的内涵。

（三）产品外观的设计要求

对于产品外观的设计，需遵循以下几点要求：

1. 独而美

独而出新，美观大方，只有产品外观的独而美，方能使品牌在茫茫品牌大军中胜出。比如，金帝巧克力的透明靴子包装，从造型上就让消费者爱不释手。

2. 与产品相关

若产品外观设计与产品相关度高则会激发更多品牌的联想。例如，汇源果汁推出的冰糖葫芦汁，单从冰糖葫芦造型的瓶体就能看到诱人的果汁，不禁让人想起冰糖葫芦酸甜怡人的味道。

3. 经久不衰

一旦在产品外观设计中出现了经典的产品外观，一定要传承。例如，如果现在可口可乐改变了美女瓶身的外观，恐怕消费者会觉得该品牌很陌生。

六、品牌音乐的设计

品牌音乐是从听觉角度向消费者传递富有品牌内涵的声音效果，主要以音乐的形式来描述品牌。

（一）品牌音乐的作用

1. 加深消费者对品牌的印象

如果说产品的外观是反映品牌内涵的一种方式，那么品牌音乐则是从另一角度加深消费者对品牌的印象。英特尔标志性的四个音节让这个穿插在计算机品牌广告后的音乐格外醒目，人们不仅要看看是什么发出有力的音节，而此时出现的英特尔品牌标志让消费者对该品牌的印象尤为深刻。

2. 利于消费者互动与传播

一首旋律优美的品牌音乐让消费者会时不时哼上几句，唤起消费者的共鸣。与此同时，消费者也间接传播了该品牌的内涵，增强了品牌的感染力。例如：香飘飘奶茶的一首《香飘飘》从甜甜的歌声中反映出奶茶的香甜可口；而美好时光海苔的音乐则以一首耳熟能详的《吉祥三宝》为主线反映出一家三口对该产品的喜爱，让消费者在哼唱起歌曲时想起“美好时光”这一品牌。

3. 跨越文化差异

对于一些全球国际品牌，品牌音乐可以拉近消费者与品牌的距离，跨越文化的差异。2003年麦当劳在全球120多个国家同一时间发布“我就喜欢”的全新形象，其品牌音乐《Balababa》带给全世界消费者的都是轻松愉快的心情。

（二）品牌音乐的类型

1. 根据作用划分

根据品牌对音乐的不同作用可以划分为企业主题曲、广告背景音乐、品牌标志音乐。

其中，企业主题曲通常由知名词曲家专门制作，辅以视频MV等形式来宣传企业品牌的核心价值和形象。例如，五粮液品牌则专门制作了企业主题曲来宣传企业品牌的悠久历史和精湛的工艺，进而提升企业的品牌形象。广告背景音乐是根据广告内容而设计的背景音乐，如超级女声张含韵演唱的《酸酸甜甜就是我》，让消费者感受了蒙牛酸酸乳的酸甜味道和少女情怀。品牌标志音乐则通过某些音乐或者音节来强调品牌的存在和认知，如娃哈哈的三个音节附上“娃哈哈”三个字，让人们对娃哈哈品牌印象深刻。

2. 根据内容划分

根据音乐表达的内容，品牌音乐分为有歌词和无歌词两种。脑白金品牌通过在一曲欢快的乐曲中老两口跳起了异域风情的舞蹈，同时也将“孝敬爸妈（送）脑白金”的消费理念通过旋律娓娓道来。而OPPO音乐手机则通过一曲纯音乐的《我在那一角落患过伤风》来展现手机音质的纯粹。

3. 根据是否为企业原创划分

根据品牌音乐是否为企业原创，可分为定制的品牌音乐和利用现有的音乐两种类型。

（1）定制音乐。专门为某个品牌原创的音乐。例如以上列举的《香飘飘》、《酸酸甜甜就是我》等，使人们对香飘飘奶茶和蒙牛酸酸乳有了深刻的印象；而郭富城演唱的《不寻常》、张惠妹的《魅力十足》则是分别为美特斯·邦威品牌和康师傅冰红茶品牌演唱的定制音乐。

（2）现有音乐。有些品牌在创建过程中需要借助已有的音乐来满足自身对品牌建设的要求。例如，绿箭口香糖运用《雨中的旋律》（Rhythm of the Rain）这首欧美经典歌曲，使绿箭口香糖这一舶来品牌顿时在中国名声大噪。

七、品牌故事的设计

品牌故事又称品牌传奇，是利用故事反映的情感或是神秘色彩将品牌与消费者相联系，以增加消费者愉悦的品牌体验。

（一）品牌故事的作用

1. 传播品牌理念，增强品牌形象

品牌故事的情节往往容易让消费者对品牌有更深刻的认知与共鸣，在故事中体会到品牌传播的理念与内涵，品牌故事可以比广告更有说服力地展示品牌的形象。海尔张瑞敏砸掉不合格冰箱的故事，已经成为中国企业注重质量的“经典案例”。这一故事的广泛传播，也使海尔“真诚到永远”的品牌形象深入人心。

2. 促进品牌的口碑传播

一个精彩的品牌故事能够为消费者提供口头传播的素材。例如：海尔集团的总裁张瑞敏代表中国大陆企业家第一人登上哈佛大学的讲台、万科CEO王石登顶“世界屋脊”

珠穆朗玛峰等事件都能成为媒体和消费者关注的焦点，也为消费者认知海尔、万科等品牌提供了契机，消费者在称颂这些人物的同时，也间接传播了相应的品牌。

（二）品牌故事的类型

1. 历史悠久型

为体现品牌的历史悠久，可以从企业创业历史、产品的发明、取得的业绩成就等多角度深入挖掘。路易威登（LV）是一个有着一百多年历史的皮具品牌，曾为路易十三皇室服务的传奇故事背景使路易威登成为奢华品牌的"代名词"；可口可乐的神秘配方故事穿越了时光隧道流传至今，诱发消费者对可口可乐的好奇心和认同感，带给人们无限遐想，也更增加了可口可乐在人们心目中恒久的魅力；而1915年，国人在著名的巴拿马万国博览会上"怒掷酒瓶震国威"，由于酒香袭人最终摘得金冠，这个传奇故事奠定了茅台酒在中国无人能出其右的"国酒"至尊地位。

2. 体现特色型

为体现企业和品牌现有的特色，可从产品质量与特色、服务特色、社会责任、领导特色等角度进行深入挖掘。例如，张瑞敏砸海尔76台劣质冰箱的故事被人们津津乐道的同时，也向世人展示了海尔严谨的品牌形象；华润雪花啤酒通过"雪花啤酒，勇闯天涯"探索活动，5年来向活动所经过的西藏、云南、新疆、甘肃、青海等省份的地方小学捐助了几十万元的金额和物资，使消费者看到了华润雪花啤酒勇于承担社会责任的品牌形象，华润雪花也从一个无故事的品牌成为一个有故事的品牌；英国维珍的CEO布兰森是有名的"嬉皮士富翁"，其一段段举止行为怪异的品牌故事给维珍品牌打下了叛逆的烙印。

（三）品牌故事的设计要点

（1）主题积极，有感染力。任何打动人心的故事，都是以追求人间真善美为主旋律的，品牌故事也不例外，所以品牌故事应该崇尚真诚和友爱，避免虚假和低俗。

（2）昭示品牌的内涵与意义。品牌故事应该同品牌自身的内涵特点相吻合，生搬硬套往往难以引起消费者的情感共鸣。

（3）情节生动而真实。品牌故事是一种中性的陈述，所以需要不露痕迹地娓娓道来，生动而真实地展现品牌的积淀与内涵。

本章回顾

品牌要素的设计是品牌内涵的体现，没有品牌要素的设计，品牌的内涵将仅仅停留在精神世界里。品牌设计包括广义的品牌设计与狭义的品牌设计。广义层面涉及品牌的战略设计，即品牌无形要素的设计，具体包括品牌核心价值和品牌个性的设计；狭义层面涉及品牌的有形要素设计，具体包括品牌名称、品牌标志、品牌口号、品牌角色、产品外观、品牌音乐、品牌故事等。

作为品牌设计的首要步骤就是结合产品、服务和公司的特点体现出品牌的核心价值，可从功能性、情感性和象征性三方面来深入挖掘。根据挖掘出的核心价值赋予一定的品牌个性，使之更有感染力和亲和力，使消费者更易亲近和接受品牌，与消费者的内心情感形成共鸣。品牌的设计还应重视将无形要素的信息以消费者更能直观感知的有形要素体现出来。有形要素最基本的是品牌名称、品牌标志和品牌口号。随着品牌竞争的加剧，越来越多的品牌被赋予角色、产品外观、音乐、故事等内容，多元化地诠释品牌核心价值，全方位塑造品牌个性。

关键术语

品牌设计　品牌核心价值　品牌个性　品牌名称　品牌标志　品牌口号
品牌角色　产品外观　品牌音乐　品牌故事

讨论与思考

1. 如何认识和理解品牌设计的含义？
2. 简述品牌的核心价值和构成维度，并选择一个你熟悉的品牌，从品牌的核心价值和构成维度的角度对其进行分析。
3. 品牌个性由哪些方面构成？以现实中的品牌为例，说明其品牌个性。
4. 品牌命名的原则有哪些？试根据品牌名称的设计步骤为某一新产品命名。
5. 品牌标志有何作用？如何设计品牌标志？
6. 品牌口号与广告口号有何区别？试为某一品牌设计品牌口号。
7. 品牌角色有哪几种类型？卡通角色代言品牌有何优点？
8. 产品外观设计对品牌有何影响？如何设计彰显品牌核心价值的产品外观？
9. 品牌音乐有何作用？试为你熟悉的品牌选择一个合适的品牌音乐。
10. 品牌故事有哪些类型？试为某一品牌撰写一则品牌故事。

案例分析

斯柯达汽车全新企业形象设计亚洲首发

随着斯柯达汽车到2018年将全球销量翻番的计划逐步实施，并伴随着其在中国及其他增长性市场扮演越来越重要的角色，斯柯达汽车正迈向企业发展新纪元。

如今，对于实现这一目标的决心和信心有了更直观且可视化的表现——斯柯达汽车在2011年上海国际车展上展示其精心设计的全新企业形象。这一设计从2011年3月1日起运用于斯柯达汽车的所有内部与外部沟通中。原有的飞翔之箭图标经过重新设计，颜色更加鲜明，品牌形象更加精准；此外，象征全新的价值理念的“斯柯达专业”（ŠKODA PRO）字体也全面采用。以全新企业设计形象出现于各类广告、出版物、新闻资料和其他形式的传播方式中的斯柯达汽车，无一不在说明其已成为一个全球性的品牌，并且在公众面前正以一种更加现代更加年轻的姿态进行展示。全新品牌形象也将逐步引入到遍布全球的斯柯达汽车经销商门店中，对其展厅建筑和室外设计加以翻新。此外，汽车车身上的标志也自2012年起进行更新，而标志的摆放设计将全面呼应斯柯达汽车在上海国际车展上推出的新概念车Vision D的设计理念。

1. 全新企业形象设计更加清新而精准

斯柯达汽车全新企业设计形象最明显的特征是更加清新而精准。正如斯柯达汽车已深入人心的品牌形象特色，经过不断的演变与推陈出新，使其从外观设计上成为更具价值的品牌，从而提高了其在全球的关注度。

“我们热切希望，在全球各个市场，斯柯达汽车的品牌全新力量不仅体现在我们未来的产品中，也同时体现在我们向合作伙伴和客户展示自我的方式中。正如在亚洲和欧洲市场，斯柯达汽车以其产品物超所值、包含丰富智慧解决方案以及精细的做工的特点成为最具吸引力的汽车代名词，而所有这些特征都清晰地反映在了我们的全新品牌形象设计中。斯柯达汽车正在稳步发展，这是大家有目共睹的，全新设计和形象反映了斯柯达汽车的未来计划，同时我们热切期盼在国际舞台上显示出斯柯达汽车的全新品牌力量。”斯柯达汽车全球销售和市场董事Stackmann先生表示。

2. 崭新标志传递全新企业价值

在上海，斯柯达汽车将以崭新的形象展示给亚洲公众。此次新标志最大的改变在于飞翔之箭，在新设计中它更大更明显，飞翔之箭的颜色由“自然绿”变更为全新的更葱郁的“斯柯达绿”。此外，外围区域的镀铬效果设计也更加突出。

原设计中，飞翔之箭周围的黑色圆环重新设计成为简洁的镀铬风格，并处于离飞箭更远的位置，使图标显得更轻盈、更加充满冒险精神。圆环内部的“斯柯达汽车”（ŠKODA AUTO）也替换成为位于图标正上方的更加清晰简洁的“斯柯达”（ŠKODA）字样。全新的颜色与构成比例，再加上新的布局安排，构成了斯柯达汽车的全新的且更加精确与更富清新感的新标志。

3. 全新企业颜色和全新字体

经过压缩处理的全新“斯柯达专业”（ŠKODA PRO）字体，更加纯净与精确，这也是公司全新形象的重要组成部分。另外，企业设计的配色方案也显著简化，斯柯达汽车图标中所使用的绿色为潘通362色（Pantone362），是世界通用的标准色，突显清新感和亲切感。之前的配色方案中包含大约400种颜色，而新方案仅用了五种：斯柯达绿（ŠKODA Green）、斯柯达白（ŠKODA White）、斯柯达黑（ŠKODA Black）以及两种合成色——潘通冷灰（Pantone Cool Grey）和潘通暖灰（Pantone Warm Grey）。

4. 全球经销商门店换新颜

在未来，所有斯柯达汽车经销商门店的外观也将发生改变。销售门店所在建筑物的外部设计将进行翻新，其中一个要点是要确保建筑物不论在白天或夜晚都很醒目。此外，销售门店内部也会进行更新，以体现全新品牌价值。另外，使用优质的材料、较大的互动空间和更大的楼面，可以给人慷慨和更加开放的感觉，从而吸引顾客。“全新形象将遍布全球市场，这并不是表面的变化，而是我们全新企业标志的更新，是对我们的价值理念的系统形象化。销售门店是顾客与斯柯达品牌面对面接触的主要地点，为了进一步优化这一沟通环节，我们将在未来几年使我们的展厅布局变得更加放松而愉悦。”Jürgen Stackmann先生表示。

5. 2012年斯柯达汽车启用全新车标

斯柯达汽车的车身图标于2012年开始更换，设计风格呼应上海国际车展中所展示的Vision D设计理念。新车标位于模压成型的发动机罩前沿和车体后部，采用黑色和镀铬的组合设计。飞翔之箭标志被修饰得更加精细，飞箭位于中间部位，使用镀铬而非绿色设计，外围的圆环也使用镀铬风格，并且车标中不再使用桂冠装饰和斯柯达字样。

（资料来源：腾讯网汽车频道，http://auto.qq.com/a/20110419/000298.htm.）

【案例思考题】

1. 请分析斯柯达汽车的品牌设计要素有哪些。

2. 请分析斯柯达汽车的品牌核心价值是什么。

3. 请分析斯柯达汽车的品牌设计从哪些方面展现了其品牌个性。

本章实训

【实训目的】

（1）理解品牌无形要素和有形要素之间的关系。

（2）掌握品牌有形要素的艺术化与科学化设计。

【实训内容】

为某一产品或服务进行品牌的无形要素设计和有形要素设计。

【实训组织与步骤】

（1）由学生以小组的形式开展实训。

（2）学生小组自由选择产品或服务，并独立收集资料。

（3）学生小组完成品牌的设计，并以PPT的形式展示成果。

（4）实训成绩评定标准：小组团队参与程度占30%；上台讲演、PPT演示占40%；品牌设计的内容占30%。

（5）教师最后做点评。

延伸阅读

[1] 栾玲.苹果的品牌设计之道. 北京：机械工业出版社，2014.

[2] 艾·里斯，劳拉·里斯. 互联网商规11条：互联网品牌圣经. 寿雯，译. 北京：机械工业出版社，2013.

参考文献

[1] 凯文·莱恩·凯勒. 战略品牌管理. 3版. 北京：中国人民大学出版社，2009.

[2] Aaker，Jennifer L. Dimensions of Brand personality. Journal of Marketing Research，1997（8）：347-356.

[3] 黄胜兵，卢泰宏. 品牌个性维度的本土化研究. 南开管理评论，2003（1）：4-9.

[4] 彭凌玲，朱丹. 品牌形象设计. 南京：南京大学出版社，2010.

[5] 于洪彦，银成钺. 如何构建品牌核心价值. 市场研究，2006（9）：9-11.

第六章
品牌传播

箴言

现在的市场由于资讯超载、媒体繁多而干扰大增，我们相信目前最重要的事，反而是决定如何及何时与消费者接触，同时接触方式也决定了要和消费者沟通什么诉求主题。

——（美）唐·E. 舒尔茨

本章学习目标

1. 了解整合品牌传播的含义
2. 理解整合品牌传播的途径
3. 掌握品牌体验的类型

本章知识结构图

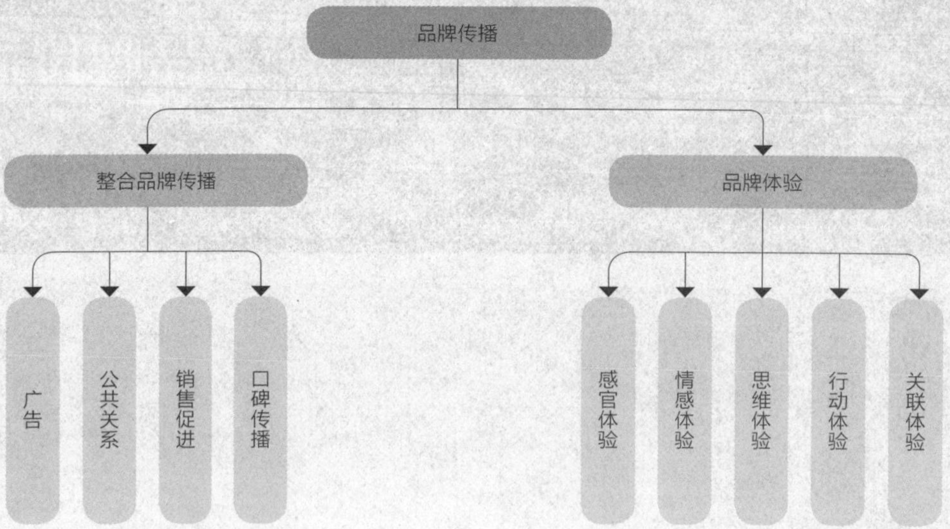

引导案例

宜家目录：像《圣经》一样广泛流传

品牌传播如何深入人心，这是所有企业的营销课题。宜家，作为一个经营大众家居的公司，它取得了世界性的成功，其中一个秘诀在于宜家的一本小册子。而英格瓦把宜家的核心理念——为人们创造更美好的日常生活揉到了书中。

宜家的宣传手册是公司最重要的市场营销法宝，也是一种最有说服力的宣传手段。它的流传度已经和“哈里·波特”丛书及《圣经》差不多。宜家目录是世界上发行量最大的广告出版物。在过去的65年里，已经有超过4亿人在除了非洲以外的四大洲共220多家宜家大型家具店中购买过东西。而把人们引导入门的，就是一本广为人们翻阅和喜爱的小册子《宜家目录》。英格瓦·坎普拉德认为，所有人都应该问自己，人应该怎么做才能在明天把今天所拥有的一切变得更美好。在他看来：“达到目的不代表幸福，幸福就是一直在路上的感觉。”宜家的宣传目录虽然是为市场营销而设计的，但是它的点点滴滴都是在向人们传达着某种理念：去寻找生命过程的幸福。

宜家新目录大多选择在秋天来临时发行，这并非偶然，因为这个季节总是人们在生活中将注意力转向房屋或居室的日子。把这种暗藏的感觉通过宜家广告传播出去，目录上会写着这样的话语：“雨是如此美丽——”“在床上舒舒服服地享受早餐，那么每一天都将是美好的一天！”在展示温馨的家时，会有这样的话语："有角落的生活是美丽的。"宜家目录展示的不仅仅是家具，还有人。当然，除了阿拉伯版出于宗教原因而没能这么做。宜家目录上的模特并不一定特别漂亮，即使是过早谢顶的爸爸也会出现在其中。爸爸是否英俊并不重要，重要的是这个家很幸福。

宜家目录与其他商家的目录有什么区别呢？宜家的图片更具吸引力，细节更丰富。在这些图片里，家具并非索然无味地被罗列出来，而是在一个完整的，带有鲜花、书籍和玩具的空间里被展现出来。虽然这些都是可以编排的，但宜家目录仍然给人一种幸福是从生活中自然流淌出来的感受。"为人们创造更美好的日常生活。"宜家家居通过一本小小的宣传手册《宜家目录》向全世界传达着这样的理念：人生的幸福就是一直在路上的感觉。

（资料来源：世界经理人网. 宜家目录：像《圣经》一样广泛流传. http://brand.icxo.com/htmlnews/2007/11/09/1212416.htm.）

第一节 品牌传播概述

一、品牌传播的概念

所谓品牌传播（Brand Communication），是指企业以品牌的核心价值为原则，在品牌识别的整体框架下，选择广告、公关、销售、人际等传播方式，将特定的品牌信息传递给目标消费者，以期获得消费者的认知与认同，并在其心目中逐步建立起一个独特的品牌形象的过程。

品牌传播是品牌营销与管理的重要环节。在企业品牌创建过程中，品牌传播成为企业与消费者连接的纽带，是消费者认知品牌的重要手段。通过品牌传播，可以有效建立品牌的知名度、认可度和美誉度，因而，广泛而有效的品牌传播是品牌形象建立的基础，也是品牌持续发展的重要支撑。

二、品牌传播的特点

（一）信息的聚合性

作为动态的品牌传播，其信息的聚合性，是由静态品牌的信息聚合性所决定的。非利普·科特勒所描述的品牌表层因素如名称、图案、色彩、包装等，其信息含量是有限的，但“产品的特点”、“利益与服务的允诺”、“品牌认知”、“品牌联想”等品牌深层次的因素，却无疑聚合了丰富的信息。而它们构成了品牌传播的信息源，也就决定了品牌传播本身信息的聚合性。

（二）受众的目标性

传统的营销观念认为，品牌的经营者最关注的是目标消费者，强调目标消费者消费商品来提高销量，其实这是一种具有功利性的观念。从品牌传播的角度来看，品牌传播关注的是“受众”，强调的是受众对品牌的认可与接受，体现为信息共享与平等沟通的观念。品牌传播不仅仅是直接带动销售而且还会引发各种各样的间接行为，如潜在消费者转化为现实客户等。对品牌传播者而言，所寻找的目标受众既是目标消费者又是品牌关注者，还应是通过特定媒介积极主动寻找品牌信息的寻觅者。

（三）媒介的多元性

加拿大的传播学家麦克鲁汉有句名言，即“媒介即讯息”，也就是说，媒介技术往往决定着所传播的讯息本身。如电视媒介对比报刊、广播等媒介所传递的讯息要多出千万倍，而网络媒介又传播了兼容所有媒介讯息的讯息。伴随着传播技术革命性地变更，新媒介的诞生与传统媒介的新生，共同打造出传播媒介多元化的新格局。这为品牌传播提供了机遇，也对媒介运用的多元化整合提出了新的挑战。传统的大众传播媒介，如报纸、杂志、电视、广播、路牌、海报、车体、灯箱等，对现代社会的受众来说依然魅力犹存，对传统传媒的选择和组合本身就具有多元性；而新媒体的诞生，则使品牌传播的媒介多元性更加突出。因此，品牌传播在新旧媒介的选择中就有了多元性的前提。

（四）操作的系统性

在品牌传播中，其系统的主要构成有品牌的传播者与品牌的接收者两部分，两者由特定的信息、特定的媒介、特定的传播方式等环节相联系，预期达到相应的传播效果（如受众对品牌产品的消费、对品牌的评价）、获得相应的传播信息反馈。由于品牌传播不仅追求近期传播效果的最佳化，而且追求长远的品牌效应，因此品牌传播总是在品牌传播者与接收者的互动关系中，遵循系统性原则进行操作。

三、品牌传播的过程

品牌的传播是在品牌传播者与品牌接收者的互动关系中进行，品牌传播的过程主要有以下三个重要环节。

（一）品牌信息的传达

作为品牌传播过程的发起者，品牌传播者要根据传播的目的，从大量信息中依据信息的传播价值挑选出相关的品牌传播内容来进行传播。在确定了品牌传播的内容之后，品牌传播者还要按照不同品牌传播媒介的特点将品牌传播信息转换成可供传输的符号，即编码。符号是传播品牌信息的载体，换言之，品牌传播者要把思想内容变为被品牌接收者识别的符号，在操作层面必须了解品牌接收者所理解的符号，即双方能共同理解的“代码”。品牌传播者将承载着品牌信息的代码符号通过传播媒介传达给品牌接收者。

（二）品牌信息的接收

品牌接收者接收信息后，按“代码”解释成有意义的品牌信息符号。但在此过程中，品牌接收者需要积极参与品牌的传播活动，这样传播出的内容才能引起品牌接收者的注意，品牌传播过程才得以畅通。相反，如果品牌接收者主观上只选择有价值的信息，过滤掉被认为没有价值的信息，这就意味着品牌传播的过程可能实现，但是传播目的未必能达到。

（三）品牌信息的反馈

品牌信息的反馈是指在品牌的传播过程中，品牌接收者接收信息后，运用代码将自身的感受、评价愿望以及意见向品牌传播者做出反应。在品牌的传播过程中，没有反馈的传播是不完整的，也不是互动的。因为品牌传播过程不仅是源于传播者而止于接收者的单项过程，而是在反馈阶段品牌接收者与品牌传播者的角色发生了互换，整个传播过程形成互动双向分享信息的流动过程。在传播信息的接收阶段，品牌接收者能将接收到的信息结合自身情况进行主观地加工和解释，形成自有的品牌信息，并将这种不一致的信息反馈给品牌传播者。

总之，品牌传播过程需要在品牌信息的传播与反馈中寻找到传播者与接收者之间的有效平衡点。这个平衡的过程表现为品牌传播者与品牌接收者各自的品牌信息在持续的互动中逐步形成统一而稳固的关系（见图6-1）。

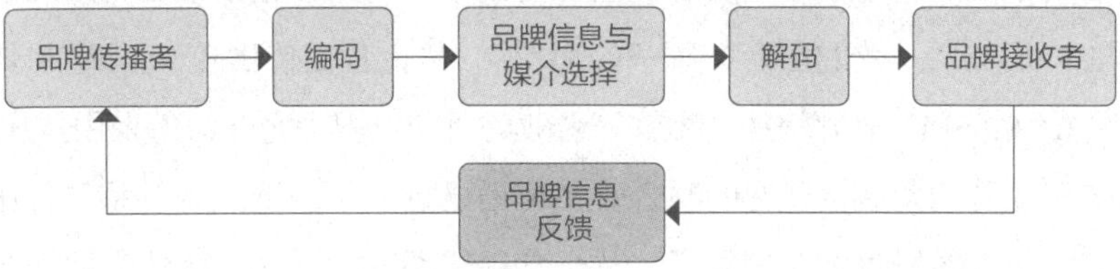

图6-1　品牌传播的过程

四、品牌传播的意义

通过有效的品牌传播，品牌会被广大消费者和社会公众迅速认知。其传播的意义如下：

（一）有利于促进并强化品牌认知

消费者需要接触大量的品牌信息，而要使有关的品牌信息攻占消费者的心智，唯一的途径就是通过传播媒介。如果少了传播这一环节，那么消费者将无从对产品的功用、品质做进一步的了解，也会忽略产品的定位与特性。

（二）有利于满足消费者的情感需求

消费者对产品的需求不仅表现在物质层次，而且体现在精神层次上。同时，产品的多样化和同质化，使情感的需求在消费者心中的比例越来越大。品牌传播围绕品牌的核心价值展开，所传播的品牌价值可以较好地满足消费者的情感需求。

（三）有利于品牌与消费者建立长期的关系

通过传播企业对社会公益事业关注的事件，可帮助企业树立良好的社会形象，维系和巩固品牌与消费者的关系，培养消费者对品牌的忠诚度，从而提高企业的长期获利能力。

第二节　整合品牌传播

一、整合品牌传播的定义

整合品牌传播理论是建立在整合营销传播的基础上发展而来的。整合营销传播（Integrated Marketing Communication，IMC）由美国西北大学传播学教授唐·E. 舒尔茨于1992年在《整合营销传播》一书中正式提出。整合营销传播把广告、促销、公关、直销、CI、包装、新闻媒体等一切传播活动都涵盖到营销活动的范围之内，使企业能够将统一的传播资讯统一地传播给消费者。整合营销传播的目的在于使公司所有的传播活动在消费者心中形成“一致的声音、统一的形象”。整合营销传播在20世纪90年代一经提出，就受到IBM、3M、联邦快递、微软等企业的青睐，很多企业纷纷采用并加以完善。

然而随着品牌的发展，现在的整合营销传播已进入了创造品牌关系、打造品牌资产的新阶段，舒尔茨教授也重新诠释了“整合营销传播”的定义。他认为整合营销传播是一个业务战略过程，它是指制定、优化、执行并评价协调的、可测度的、有说服力的品牌传播计划，这些活动的受众包括消费者、潜在顾客、内部和外部受众及其他目标。因此，整合品牌传播概念应运而生。英特品牌公司（Interbrand）整合传播和策划部主任卡罗林·雷（Carolyn Ray）认为，整合品牌传播（Integrated Brand Communication，IBC）是一个整体性传播策略，整合了所有传播活动（如公共关系、广告、投资者关系、互动与内部传播），用这样的策略来经营企业最宝贵的资产——品牌。整合品牌传播概念的本质是以品牌资产导向的整合营销传播，目标是通过品牌与消费者、利益相关者之间的沟通，建立品牌与他们之间的关系，稳定增加品牌资产的价值。

二、整合品牌传播的原则

（一）不同传播工具的整合

整合品牌传播要对不同的传播媒体的选择、使用时间、次序有个整体安排，以品牌的核心价值为统帅，对传播媒介进行统一管理，以免消费者接收到不同媒介传达的杂乱的品牌信息，这样既能节约成本还能实现传播功效受益最大。

（二）不同时间的整合

在品牌资讯对外传播的各个时期，整合品牌传播可保证对外信息传播的一致性，这样有利于品牌形象的持续塑造。例如，佳洁士的“全国学校健康教育计划”，针对不同年龄的学生，开展了多个主题的健康教育项目，具体包括：口腔健康教育计划、个人卫生健康教育计划、青春期健康教育计划；而“佳洁士爱牙车”则穿越大街小巷把免费的专业口腔检查带到广大消费者身边，具体包括：由专业牙医为公众提供免费口腔健康状况检查、有针对性的口腔健康咨询及教育、发放免费口腔健康知识宣传材料、进行口腔健康知识普及方面的调查和研究等（见图6-2）。虽然品牌传播发生在不同的时间，传播内容和传播形式也有所差异，但是佳洁士扮演了“消费者牙齿守护者”的角色，这一品牌形象却是统一且深入人心的。

图6-2 “佳洁士爱牙车”项目启动及实地宣讲

（三）利益相关者之间的传播整合

在品牌传播的过程中，企业要与利益相关者保持统一的品牌定位，以免混淆消费者对品牌的认知。例如，三星曾为打造国际高端的品牌形象，不惜眼前利益毅然从定位偏低的沃尔玛超市退出，以保持销售终端与品牌定位的高度统一。

（四）不同空间的整合

不同空间的整合需要满足两个层次：一是企业内部的品牌传播与企业外部的品牌传

播相一致；另一层次是品牌在不同的国家和地区应传达统一的品牌定位、品牌形象和品牌个性。迪士尼公司目前在全球开设了6个迪士尼主题乐园，虽然在全球不同的地点，但传达的“欢乐与梦想”的品牌定位是统一的。而且不论全球的哪一个乐园，其对员工的要求与游人的感知是一致的——只有自己开心地工作，才能带给游客快乐。

三、整合品牌传播的误区

整合品牌传播在实施的过程中最容易犯的错误就是曲解“整合”的含义，并由此导致一系列的认知或行为的误区，从而严重影响或制约了整合品牌传播的效果。常见的误区有以下几种类型。

（一）简单组合型

认为整合品牌传播就是将广告、公关等所有传播方式进行简单的组合，对各种传播工具的特点和使用条件不明了，不清楚自身品牌适合何种传播方式，只是单纯地为整合而整合，缺乏统一科学的传播策划。

（二）缺乏重点型

对已选择的品牌传播工具没有侧重。由于品牌传播中接触点结构庞杂，每个传播媒介的成本投入和管理难度都不同，传播效果也不尽相同。如果缺乏重点和针对性，仅是盲目地组合，会使传播资源利用效率降低，传播效果也被极大地弱化。

（三）缺乏战略部署型

对整合品牌传播过程缺乏战略思考与部署。因为品牌凌驾于产品和服务之上，可能会产生领域跨界，这就要求对延伸的产品与服务贯穿统一的品牌核心价值，寻求品牌组合的协同效应，才能实现真正的整合传播。

四、整合品牌传播的形式

整合品牌传播强调在品牌发展的过程中，综合协调利用各种形式的传播方式，以统一的目标和统一的传播形象，传播一致的品牌信息，实现与顾客的双向沟通。整合品牌传播的形式主要有广告、公共关系、销售促进和口碑等形式。

（一）广告传播

广告传播是品牌所有者以付费的方式委托广告经营管理部门通过传播媒介，以策划为手段、创意为中心，对目标受众所进行的以品牌为主体的宣传活动。广告可谓品牌传播的重点媒介之一，消费者了解到的绝大多数的品牌信息都是通过广告获得的。

1. 广告媒体的类型

目前，广告根据投放媒体的不同有以下几种类型：

（1）报纸。报纸媒介承载的是静态的印刷符号、文字信息、图片信息，是历史最悠久的传统资讯载体之一。报纸广告信息发送及时，便于发布时效性强的广告；专业报纸有固定的读者群，广告目标对象比较明确；费用相对低廉，覆盖范围广泛。报纸的缺点是保存寿命短、图片效果不够理想、不易引起注意、读者层面有一定的局限。因此，带有公告性质（如促销、新产品的信息）的广告更适合在报纸上刊登，而塑造品牌形象的广告则不太适合。

（2）杂志。杂志以登载各种专门知识为主，是各类专业产品的良好广告媒体。杂志的广告宣传对象明确，针对性强；广告印刷精美，吸引力强，容量大；广告附于杂志有较长的保存期，读者可反复翻看。缺点是出版周期长、时效性较差；杂志的阅读范围有明显的局限性，如果期望扩大知名度，不能单纯依靠杂志。

（3）电视。电视媒体的广告形式有普通电视广告、栏目冠名广告、直销广告、贴片广告、字幕广告等。电视媒体有受众最广、传播速度最快、重复能力强、表现多样等优势，因此，最能形象而有感染力地表达信息，激发受众的记忆，是广告媒体中最重要的一种类型。但电视媒体也有一定的弊端，比如广告信息一闪而过，费用相对昂贵；电视是强制媒介，受众接触广告是被动的，会出现抗拒心理；有时频道太多导致观众分流，稀释了传播效果。

（4）广播。广播媒体的广告形式有普通广告、特约栏目广告，也可以制作与消费者沟通互动的广告。广播的优点是传播速度快、制作简便、灵活性强、成本低廉、移动性强。缺点是信息量有限，难以存查，无声无形不足以引起人们的注意。因此，美妙的音乐、个性化的音效、悬念或幽默的对话都是广播媒体广告创意的要点。

（5）网络。网络媒体广告的主要形式有固定或移动条幅广告、按钮广告、文本链接广告、赞助性广告、插播型广告等。网络媒体有视听结合、信息全面、灵活性高、传播范围广泛、方便计算点击率等优点。其缺点是创意难度大、受众不明确导致浏览者对其抵触性较大。

（6）户外媒体。常见的户外媒体有路牌广告、招牌广告、霓虹灯广告、旗帜广告、户外灯箱、大屏幕显示屏以及汽车车身广告等。户外广告的优点是可精心选址、简洁明快、主题鲜明、重复出现、形象性强、成本低廉。其缺点是信息容量小，覆盖面小。户外广告对创意要求比较高，要在广告语、图片、造型、画面冲击力上做文章。

（7）POP媒体。POP广告是购买点广告（Point of Purchase Advertising）的缩写。POP广告是指商业空间、购买场所、零售商店的周围、内部以及在商品陈设的地方所设置的广告物。如在店外悬挂的充气广告、条幅；商店内部的装饰、陈设、招贴广告、服务指示；店内发放的广告刊物、进行的广告表演，以及广播、电子广告牌广告等。POP广告的优点是针对性强，容易吸引消费者，可以营造现场气氛。缺点是设计要求高，有时过多的POP广告会削弱广告效果。

（8）手机。广告传播方通过手机向消费者发布的广告，短信费用由广告传播方支付。其形式新颖多样，主要有手机视频、手机电视、彩信、短信、微信等形式。其优点是互动性强，信息承载方式多样，因而有利于个性化信息的传达。其缺点是传播效果受到信号质量、屏幕大小和分辨率的限制。

2. 广告媒体的选择

不同的广告媒体有不同的特性，这就决定了品牌传播者需要在品牌传播之前对广告媒体做出正确的选择，否则将影响广告效果。如何选择合适的媒体，主要考虑以下因素：

（1）产品的性质。不同性质的产品有不同的使用价值、使用范围和宣传要求。生产资料和生活资料、高技术产品和一般生活用品、价值较低的产品和高档产品、一次性使用的产品和耐用品等都应采用不同的广告媒体。一般而言，对高技术产品进行宣传应面向专业人员，多选用专业性较强的杂志；而对一般生活用品进行广告宣传，则适合选用能直接传播到大众的广告媒体，如广播、电视等。

（2）消费者接触媒体的习惯。能使广告信息传到目标市场的媒体往往是最有效的，因此要考虑到消费者接触媒体的习惯。例如，对女性用品做广告宣传，要尽量选用女性喜欢阅读的女性杂志或电视，其效果较好，也可以在商店布置橱窗或展销。

（3）媒体的传播范围与影响力。媒体传播的范围大小直接影响广告信息传播区域的宽窄。适合全国各地使用的产品，应以全国性的报纸、杂志、广播、电视等作为广告媒体；属于地方性销售的产品，可通过地方性报刊、广播、电视、霓虹灯等传播信息。媒体的影响力则是由发行量或收视/听率决定的。选择时应将目标市场与媒体的影响度相结合，使广告信息传递收获最佳的效果。

（4）媒体的费用。各种媒体的收费标准、同一媒体的不同时段的收费标准都不尽相同，考虑费用时应考虑传播到每位消费者的相对费用。

（5）媒体的效果。在选择媒体之前，必须对媒体的接触度、频率和效果做出决策。接触度是企业在一定的时期内有多少人接触广告；频率是企业决定在一定时间内，平均使每人接触多少次广告；效果是企业衡量广告传播取得的直接效果。企业可根据最终效果，选择使用接触度高、费用低的广告媒体。

（二）公关传播

公共关系简称公关，是指企业在品牌推广中正确处理企业与社会公众的关系，以树立品牌及企业的良好形象的活动。公共关系可为企业解决以下问题：一是塑造品牌知名度，巧妙创新，运用新闻点，塑造组织的形象和知名度；二是树立美誉度和信任感，帮助企业在公众心中取得心理上的认同，这点是其他传播方式无法做到的；三是通过体验营销的方式，让难以衡量的公关效果具体化，普及一种消费文化或推行一种购买思想哲学；四是提升品牌的影响力，促进品牌资产与社会责任的增值；五是通过危机公关，化解组织和营销压力。

1. 公共关系的类型

按照公共关系的功能不同，公共关系的类型分为五种：

（1）宣传性公关。宣传性公关是运用报纸、杂志、广播、电视等各种传播媒介，采用撰写新闻稿、演讲稿、报告等形式，向社会各界传播企业有关信息，以形成有利于企业形象的社会舆论导向。这种方式传播面广，对推广企业形象效果较好。

（2）征询性公关。征询性公关主要通过开办各种咨询业务、制定调查问卷、进行民意测验、设立热线电话、聘请兼职信息人员、举办信息交流会等形式，逐步形成效果良好的信息网络，再将获取的信息进行分析研究，为经营管理决策提供依据。

（3）交际性公关。交际性公关需通过语言、文字的沟通，为企业传播正面信息。其具体形式有宴会、座谈会、产品发布会、招待会、谈判、专访、慰问、电话、信函等。交际性公关具有直接、灵活、亲密、富有人情味等特点，能深入交往层次。

（4）服务性公关。服务性公关通过各种实惠型服务，以行动去获取公众的了解、信任和好评，以实现既有利于促销又有利于树立和维护企业形象与声誉的活动。企业可以各种方式为公众提供服务，如消费指导、消费培训、免费修理等。

（5）赞助性公关。赞助性公关是通过赞助文化、教育、体育、卫生等事业，支持社区福利事业，参与国家或社区重大社会活动等形式来塑造企业的社会形象，提高企业的社会知名度和美誉度的活动。这种公关方式的公益性强、影响力大，但成本较高。企业的赞助活动可以是独家赞助，也可以是联合赞助。

2. 公共关系的程序

开展公共关系活动，其基本程序包括调查、计划、实施、检测四个步骤。

（1）公共关系的调查。公共关系调查是公共关系的一项重要内容，是开展公共关系工作的基础和起点。通过调查，了解和掌握社会公众对企业决策与行为的意见。公关调查内容广泛，主要包括企业形象调查、企业现状调查、社会环境调查和竞争对手调查。

（2）公共关系的计划。公共关系是一项长期性工作，合理的计划是公关工作持续高效的重要保证。在制定公关计划时，要以公关调查为前提，依据一定的原则来确定公关工作的目标，并制定科学、合理、可行的工作方案，如具体的公关项目、公关策略等。

（3）公共关系的实施。公关计划的实施是整个环节的主体。为确保公共关系的实施效果，选择最适合的公关媒介和活动方式是十分必要的。公关媒介应根据公共关系工作的目标、要求、对象、传播内容以及经济条件来选择并确定；公关的活动方式可以根据企业自身的特点、发展的不同阶段、不同公众对象和不同的任务来选择合适有效的活动方式。

（4）公共关系的检测。公关计划实施效果的检测，主要依据社会公众的评价而进行。通过检测能衡量和评估公关活动的效果，发现问题并总结经验，为制定和不断调整企业的公关目标、公关策略提供重要的依据。

（三）销售促进传播

销售促进是指企业在短期内运用各种诱因刺激消费者或中间商大量购买销售企业产品或服务的促销活动。而销售促进传播是指企业通过鼓励消费者或中间商对产品和服务进行尝试或刺激购买而进行的品牌传播的一种方式。

1. 销售促进的方式

为了维护老用户和开发新用户，企业往往采用多种多样的方式促进销售。企业需要根据各种促销方式的特点、目标市场类型和市场环境选择合适的促销方式，主要方法有以下几种：

（1）派发样品。派发样品是指向消费者提供一定量的可免费使用的服务或产品。派发时可以向目标客户群选择性地派发，也可选择闹市区或商店等地区进行无选择性派发。这种形式可以获得消费者对产品的反应，尤其是对于新产品上市，这种方式比较适用，但对于价值较高的产品则不宜采用。

（2）送赠品。送赠品是指以免费产品为吸引物，以此拉近与消费者的距离，促使消费者购买的行为。赠品分为无条件赠品和有条件赠品两种，其中无条件赠品属于商家无条件赠送，消费者可无条件获得；而有条件赠品则需要消费者购买一定量的产品或服务方可获得赠品。

（3）优惠券。优惠券是一种授权持有者在指定地点购物或购买指定产品可以免付一定金额的单据。优惠券适合使用的场合较多，既可用于新品上市时吸引消费者的兴趣，也可用于扭转产品或服务的销售下滑的局面。

（4）减价优惠。减价优惠是指在特定的时间和范围内调低产品或服务的销售价格。此种方式因最能给消费者带来实惠而备受青睐。

（5）退款优惠。退款优惠是指消费者提供了产品购买证明后就可以退还其购买产品的全部或部分款项的促销方式。这种方式可以维护消费者的消费忠诚，对于价位较高的产品具有较好的促销效果。

（6）趣味促销。趣味促销是指利用人们的侥幸、喜欢刺激的心理，举办竞赛、抽奖、游戏等富有趣味性的促销活动，吸引消费者的参与，推动销售。

（7）以旧换新。以旧换新是指消费者向销售终端提供平时使用过的产品，或者使用过的特定产品的证明，在购买特定的产品时，可以享受一定折价优惠的促销活动。这类方式一般由生产企业使用。

（8）示范表演。示范表演是指销售商在销售场所对特定产品的使用方法进行演示，以吸引消费者的注意力。这种方式适用于操作相对复杂的产品，或该种产品比以前产品有重大改进的情况，其目的是消除消费者的使用顾虑或展示产品独特的性能。

2. 销售促进方式的选择

一个特定的销售促进活动可以有多种方式来实现，具体选择哪种方式还应考虑以下几点。

（1）销售促进的目标。销售促进的目标在产品不同发展阶段是不同的，企业为了实现销售促进的目标，应根据每种方式的不同特点，在不同阶段选择适合的销售促进方式。例如，如果是在产品导入期可采用折扣和赠品的方式改变消费者的购买习惯；如果需要在成熟期促进购买量可采用赠品和优惠券的方式。

（2）产品类型。按产品的用途可分为生产资料和消费品两大类。对生产资料而言可采用派发样品、展示会示范表演、销售奖励等方式；对于消费品而言可采用优惠券、赠送、减价等方式。

（3）企业的竞争地位。当企业在市场竞争中处于劣势时可以选择销售促进工具，以便获取更多的市场份额。比如交易折扣、派送样品、送赠品等方式给消费者和中间商提供更多的优惠。

（4）销售促进的预算。每一种销售促进都发生一定的费用。一是管理费用，如组织费用、印刷费用、邮寄费用、培训教育费用等；二是诱因成本，如赠品费用、优惠或减价费用等。这些费用一定程度上约束了销售促进的开展。因此，还应根据企业的促销预算综合考虑使用不同的销售促进方式。

（四）口碑传播

口碑传播是指一个具有感知信息的非商业传播者和接收者，对一个产品、品牌、组织或服务进行非正式的人际传播，它是利用人与人之间直接交流信息的沟通方式来传播品牌资讯。在信息爆炸的时代，消费者对品牌的信赖越来越重视家人、朋友、专家等的推荐与口碑，进而成为诱使购买的直接因素。因此，口碑传播在影响消费者态度和行为中发挥着重要的作用，被认为是世界上最廉价的信息传播工具和高可信度的传播媒介。

1. 口碑传播的类型

在口碑传播中，已使用的消费者、意见领袖和参照群体是对目标客户群产生影响的关键人物。

（1）已使用的消费者。如果已使用的消费者对品牌的认知是积极正面的，则他们可能主动地向其他消费者推荐该品牌，起到间接帮助企业发掘潜在客户的作用，特别是面对激烈的市场竞争，口碑传播可利用消费者对品牌信息二次传播的正面效应，有效避开与竞争对手的正面冲突，以最低的成本和费用传播品牌信息。

（2）意见领袖。在人际传播的过程中，有些消费者比其他消费者更频繁或更多地为他人提供信息，从而在更大程度上影响他人的购买决策，这样的消费者被称为“意见领袖”（Opinion Leader）。意见领袖比非意见领袖更主动地获取更多的信息源，他们会将信息经过自己的解释以后再传播给那些不经常直接从媒体上接受信息的人。除了诸如消费者、专家等个体意见领袖外，还存在着消费者协会、质量检验、科研部门等机构性的意见领袖。企业在开展品牌传播时必须重视意见领袖的存在作用，意见领袖的评价越高，推动品牌传播的力量就越大，使品牌信息通过媒体传播后继续通过人际关系传播扩散的效果越好，进而提升品牌知名度和美誉度。

（3）参照群体。参照群体是指能够影响一个人的态度、意见和价值观念的一群人，该群体的看法和价值观被个人作为其当前行为的基础。心理学家认为，人们并不是时刻完全按照自己的思考行事，绝大多数人们的行为可以相互传染并可由几个人蔓延至整个群体，形成潮流。参照群体为其成员展示了各种可供选择的生活方式和消费方式，影响到他们对某个事物或商品的看法，导致其审美观和价值观的变化，从而影响到消费者对产品、品牌和消费习惯的选择。对口碑传播有影响的参照群体有三种类型：一是主要群体，即家庭成员、亲朋好友、同事邻居等；二是次级群体，包括与消费者有关的各种群众团体和组织，他们对消费者的行为产生间接影响；三是渴望群体，主要是消费者渴望加入或作为参照的个人和组织，如影视明星、流行歌手、社会名流等。

2. 口碑传播的程序

（1）寻找对品牌满意的目标群体。从消费者、权威人士和社团等群体中先找出能够对某一品牌进行口碑传播的目标群体。例如，从购买记录中寻找有意向成为口碑传播者的消费者；或者寻找对品牌购买有影响力的权威人士；抑或是通过网络等寻找目标顾客的共同体或社团等。

（2）加深顾客对品牌的印象。企业找到对品牌满意的群体以后，必须将企业希望传播的信息传递给目标群体。企业在提供的信息中可以将产品开发的时机、经历的困难、产品的优越性等具有补充价值的信息提供给顾客，使他们成为忠实的拥护者。

（3）提供口碑传播的机会。最有利的口碑传播是消费者对自己了解的品牌用自己的解释传递给其他客户群体才能更有说服力。例如，选择让意见领袖派发样品，将派送理由传递给新的消费者，这样既提供了试用的机会，也传递了品牌的正面口碑。

（4）提供品牌传播的场所。企业既可以通过举办座谈会，让意见领袖在一般顾客面前谈论实际体验、进行试验等，还可以让消费者在网络上参与讨论自身与品牌接触后的实际体会，通过网络复制和转载，长时间保存消费者对商品及服务的评价，打造良好的口碑。

（5）验证口碑传播的效果。企业可以通过问卷、搜集分析顾客的网络留言等方式，调查口碑传播的程序和效果，并将其作为以后进行口碑传播的参考。调查的主要内容有：调查新顾客获得口碑的来源、购买和使用该品牌的原因、消费者的口碑传播意识等。

（6）消除负面口碑。一些研究结果显示，正面的品牌体验与经历往往在大家的预期之内，容易被遗忘；而一些未解决的产品或服务的负面问题却往往令人生气与失望，从而激发人们将这些经历分享给其他消费者。口碑传播提倡的是传递正面积极的品牌信息，而不是负面的品牌信息。因此，企业要不断建立有效的反馈机制，提升顾客满意度，进而消除负面口碑。

五、整合品牌传播的步骤

英特品牌公司的卡罗林·雷（Carolyn Ray）将整合品牌传播的流程归纳为以下十个步骤①：

（一）明确品牌在企业中充当的角色

对于品牌作用的认知，每个企业是不一样的。有些企业更看重价格、产品和渠道，并不是品牌。因此，整合品牌传播之前一定要分析品牌在企业中充当的角色，将品牌以战略的角度加以审视。

（二）理解品牌价值的构成要素

品牌价值反映了品牌在需求者心目中的综合形象——包括其属性、品质、档次（品位）、文化、个性等，代表着该品牌可以为消费者带来的价值。同时，根据美国公认会计原则的阐述，品牌作为无形资产也代表着公司的商誉资本化。因此，在规划整合品牌传播的时候，有必要明确采用哪些指标来对品牌的业绩进行量化，对整合传播进行目标管理。

（三）明确品牌信息传递的目标受众

品牌角色明确之后，就要找出目标受众，具体分为直接接触品牌信息的直接受众和间接接触品牌的间接受众。直接受众在通过传播媒介接触品牌时要努力使之成为意见领袖，而意见领袖一旦形成则会影响到普通大众成为间接受众，形成品牌的口碑效应。

（四）形成独特的价值诉求

一些品牌通过多种媒介的“轰炸式”传播能产生一定的效果，但是一旦广告停下来，销售业绩就马上受到影响，究其原因主要是没有形成独特的价值诉求。独特的价值需要符合受众的需求，与竞争对手形成鲜明的区隔，还要符合企业发展的实际情况，彰显独特的品牌价值。

（五）通过改变认知来获得独特的价值诉求

独特的价值诉求在被消费者最初认知时，可能会遇到一些认知障碍，因此品牌传播的核心是采取一定的措施来促进消费者认知的形成。例如，农夫山泉曾经为了推出天然水而做了一个水仙花生长的对比试验，以此来证明天然水比纯净水更有营养。

（六）通过信息传播改变消费者认知

对消费者品牌认知的改变需要在信息传播环节中实现，利用传播媒介充分宣传，以突破消费者固有的认知和竞争对手信息的干扰。例如，佳洁士曾在广告中演示了涂抹马克笔的瓷盘，在分别涂抹佳洁士牙膏与其他美白牙膏后产生不同的效果，以此证明佳洁士的美白功效。这样更有说服力，直接影响了消费者的认知（见图6-3）。

① Ray C. Integrated Brand Communications: A Powerful New Paradigm [EB/OL].www.brandchannel.com.August, 2004.

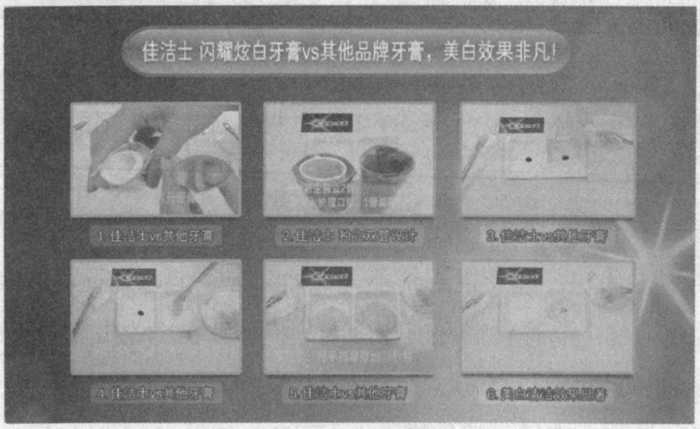

图6-3 佳洁士闪耀炫白牙膏的效果对比实验

（七）理解单个媒介在改变认知中的作用

媒介是传播的具体工具，每个媒介都有其自身特点，与消费者的接触方式也不同，因此要仔细研究单个媒介在改变认知中的作用。

（八）确定最佳媒介组合

最佳的媒介组合有两层含义：一是消费者在接触品牌的不同阶段，媒介要交替使用；另一层含义是指同一阶段，不同的媒介也要配合使用。这样的媒介组合起来可以以低廉的传播成本获取最大的媒介合力，同时也可让各个媒介的利弊互补，发挥最大的传播优势。

（九）效果测量

品牌传播者在品牌信息传播过程中，要对品牌传播的效果进行有效的监测。通过定性测量与定量测量相结合的方法，了解信息和媒介的传播效果，优化未来的传播方案，提升传播效率。

（十）从第五步开始，重复整个过程

整合品牌传播是一个持续的过程。在测量完毕之后要重新返回到整合品牌传播活动的初期即改变消费者认知阶段。除非品牌价值诉求有大的问题，否则品牌诉求不宜改变。

第三节 品牌体验

一、品牌体验的含义

“体验”一词来自于拉丁文exprientia，译为探查、试验。体验到的东西使我们感到真实，并在大脑记忆中留下深刻印象，使我们可以随时回想起曾经亲身感受过的生命历程，也因此对未来有所预感。当体验融入消费中，它便超越了产品和服务的基本功能性价值，而是更深层次地满足人们的情感体验。早在20世纪70年代，美国著名未来学家阿尔文·托夫勒就在《未来冲击》一书中指出，未来的经济是体验经济将取代服务经济，商家将靠提供体验服务取胜。

而今，体验性消费已成为时代主流，企业应以消费者为中心，通过创造消费者能参与的、值得消费者体验和回味的活动来传递各种体验，进而使消费者认可企业的产品和服务。例如，苹果公司十分重视用户使用电子产品的体验，通过广泛运用触屏人机交互模式，使用户在操作手机（iPhone）和无线计算机（iPad）的过程中，得到酣畅淋漓的舒适感和酷炫的心理体验；迪士尼乐园强调通过一系列活动和服务，触动消费者内在的欢乐情绪，以创造欢乐体验吸引消费者，增加游客对游园体验的深刻程度；星巴克咖啡则营造轻松、博人好感的氛围，这种空间氛围让享受独处或聚会的人们愿意留下来，将星巴克作为心灵休憩之地，这样的星巴克体验增加了产品的附加值。

在全面体验经济的背景下，将体验运用到品牌之中，让消费者有机会去发觉品牌的优点，在生活中体验某些品牌与自身的关联和互动，这样的思想促进了品牌体验这一概念的萌生。品牌体验（Brand Experience）是指消费者在与品牌的互动过程中，通过亲身接触体验品牌，而留下深刻的印象和经历，从而获得一切有关该品牌的经验积累的集合。其侧重点在于品牌与顾客之间的互动行为过程，是通过令人耳目一新的品牌标志、鲜明的品牌个性、丰富的品牌联想、充满激情的品牌活动来让顾客体验到“快乐”“酷”、“爽”等感受，从而与品牌建立起强有力的关系，达到高度的品牌忠诚。

消费者在与品牌接触的过程中，每次接触都会产生“品牌接触点”，学术界用这一概念来界定消费者接触品牌和企业的各种情形。其中包括消费者对企业、对产品和服务质量、环境、员工绩效等直接信息接触的品牌直接接触点；也包括企业自身通过传播媒介对消费者传播的品牌资讯等间接信息接触的品牌间接接触点。

二、品牌体验的作用

（一）促进消费者与品牌接触和互动

品牌体验的核心是运用消费者对品牌的接触与互动产生体验的过程，体验让消费者对品牌有深刻的感受与认知。同时，企业在与消费者接触的过程中，可更深刻地了解消费者的真实想法与需求。两者之间的互动使消费者内心的体验需求得以满足，同时也拉近了消费者与品牌之间的关系。

（二）彰显品牌个性

如果想让消费者对品牌个性有深入的了解，那就需要通过各种途径让消费者对品牌建立起情感上的沟通与联系。而品牌体验恰恰通过一种氛围、一种情绪、一种生活等精神层面感染消费者，唤起与消费者的共鸣，为消费者与品牌建立了情感沟通的桥梁，消费者会深刻地感觉到被重视、被理解和被体贴的愉悦感。

（三）创造更多的经济附加值

在品牌体验营造的种种体验中，人们更多地忽略了产品本身的价值，而是被这种能唤起共鸣的、独一无二的感受深深地感染，沉浸在特殊的情感之中。这些情感往往能给人留下终生难忘的回忆，因此，消费者愿意为这种额外的情感享受付费，企业也可以通过品牌体验创造更多的经济附加值。

三、品牌体验的类型

按照不同的角度，品牌体验的类型有不同的划分方法。

（一）消费者参与度与环境的相关性角度划分

派恩（B. Joseph Pine Ⅱ）和吉尔摩（James H. Gilmore）在《体验经济》一书中从"消费者参与程度"和"环境的相关性"两个维度将体验进行分类。其中，"消费者参与程度"的一端是被动的参与者，表示他们不直接影响事件的进程，只是在实践中作为观众或者听众，比如话剧的观看者；相反另一端是主动参与者，他们影响事件的进程进而影响体验的产生，主动参与者会通过积极参与创造他们自身的体验，比如滑冰者。而"环境的相关性"则表示消费者和事件融为一体，其中一端的吸收表示企业通过让消费者体验的方式吸引消费者的注意力，体验走进了客体，比如看电视。而另一端的浸入则表示消费者成为真实经历的一部分，是客体走进了体验，比如玩虚拟的网络游戏。根据两个维度将体验划分为四种类型，即娱乐（Entertainment）体验、教育（Education）体验、逃避现实（Escape）体验和审美（Estheticsm）体验，统称为"4Es"（见图6-4）。

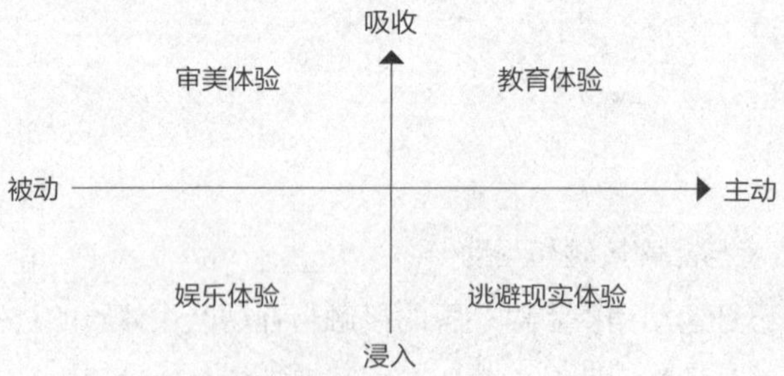

图6-4　体验的四种类型

1. 娱乐体验

娱乐体验是消费者被动地浸入而获得的一种消遣。在娱乐体验中，消费者被动地通过感觉吸收体验，比如观看演出、阅读小说、听音乐、听相声等，这种体验渗透到其他三种体验之中，是一种最基本的体验形式。在紧张而忙碌的现实生活中，人们更喜欢进行娱乐消费和休闲消费来满足自身的娱乐体验，通过娱乐找回人类自身的本真价值——快乐。

2. 教育体验

教育体验是指消费者积极主动参与知识的获取的过程。教育包含着消费者更多的参与，充分调动消费者的大脑和身体，使他们增加知识、拓展视野，进而增加对品牌的认知与忠诚。例如，苹果公司将其最新设计的手机、计算机等产品通过体验店，让消费者充分地体验与感受，消费者可通过服务人员的专业讲解，体验着每款产品最新设计的功能，了解每种通信需求最新的解决方案。

3. 逃避现实体验

逃避现实体验是指消费者不仅完全沉浸在某种体验中，而且还主动积极地参与到某种体验中。这些消费者往往厌倦了现实生活，希望摆脱日常工作和生活的束缚，以轻松的姿态表现真实的自我。这种体验由于参与者的主观能动性更强，因此会令消费者完全沉浸其中。例如，玩网络游戏扮演其中的角色、到欧洲滑雪寻求刺激、到咖啡馆聊天放松自我，等等。

4. 审美体验

审美体验是指消费者沉浸在某一事物或环境中，他们对环境产生极少的影响，只是身临其境地感受体验情境，从而通过美学刺激来获得愉悦的情绪。例如，游览某旅游景点、参观书画展等。

总之，四种体验的侧重点是不同的：教育体验侧重学习；逃避现实体验侧重实践；娱乐体验侧重的是感受；审美体验侧重亲临现场。在实际品牌传播策略的设计中，可以刻意突出一种体验设计，也可以同时考虑其中的两种、三种或四种体验的综合设计。

（二）消费者情感参与度与广度的角度划分

哥伦比亚大学商学院教授伯恩德·H. 施密特（Bernd H.Schmitt）在其《体验式营销》（Experiential Marketing）中将体验分为感官（Sense）、情感（Feel）、思维（Think）、行动（Act）、关联（Relate）五种类型，即战略体验模块（Strategic Experiential Modules，SEMs）。他认为沟通、识别、产品、品牌、环境、网络和人员构成体验战术工具，每个战术工具的运用都可以和SEMs的五个层面进行组合。其中，品牌在表面上是企业产品和服务的标志，代表着一定的质量和功能，深层次上则是人们心理和精神层面诉求的诠释，可以作为一种独特的体验载体。体验营销者将体验这一全新的营销理念运用到品牌中，创造出个性化、互动的营销方式。

1. 感官体验

感官体验的诉求目标是运用视觉、听觉、嗅觉、味觉与触觉达成刺激的过程，为消费者提供美学的愉悦与满足。例如，商场的化妆品销售柜台为女性消费者提供免费试用，消费者可获得最直观、最真实的使用体验。

2. 情感体验

情感体验的诉求是目标激发消费者内在的情感和情绪。通过体验情境唤起消费者愉悦的情感，进而在消费者内心中升华成美好的体验。例如，宜家家居（IKEA）为了让消费者充分体验居家的乐趣，将家具与饰品精心摆设，布置成一个个样板间供人们欣赏与体验。消费者游走其间，浪漫、温馨、和谐的居家氛围带给消费者强烈的情感体验（见图6-5）。

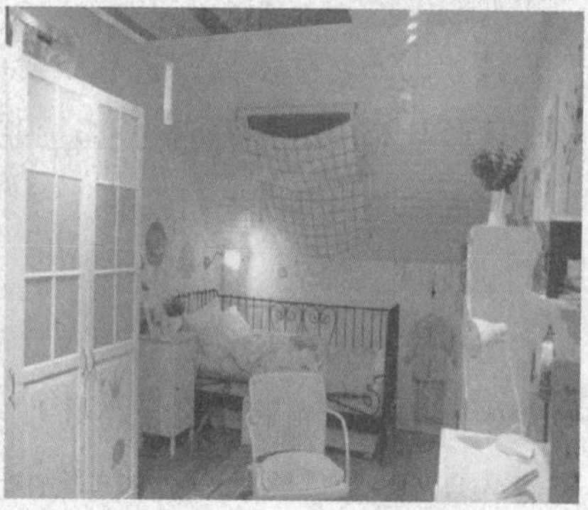

图6-5　宜家家居的样板间展示

3. 思维体验

思考体验的诉求是智力，目标是用创意的方式使消费者获得认知与解决问题的途径。比如，士力架的悬念式广告“饥饿时，你会变成谁？”让每一位消费者都会想起自己饥饿时的状态，增加了消费者与品牌的互动。《汉字书写大赛》等竞技节目则从场上选手参与、场下观众同步参与的共同体验中，调动了观众的积极性和互动性。

4. 行动体验

行动体验的诉求目标是通过影响消费者身体的具体感受，改变其生活方式，从而形成消费者与品牌的互动。消费者通过参与企业所策划的活动，在潜移默化中接受品牌。例如，一些农场通过让消费者自行采摘农作物果实的方式让消费者既买到了新鲜农产品，同时也充分享受了劳动的乐趣。

5. 关联体验

关联体验的诉求目标是个人与品牌中渗透的社会文化环境相关联，使品牌的社会文化意义与消费者互动，产生有利的体验。例如，华润雪花策划的“雪花啤酒-古建筑摄影大赛”的活动，召集古建筑爱好者对中国各地古建筑进行真切而翔实的影像实录，同时携手清华大学发起“雪花-中国古建筑”公益项目，支持专家把专业性的建筑知识编写成通俗、普及性的读物，让中国古建筑走向大众。通过一系列公益活动，华润雪花希望能够唤起广大民众对中国古建筑的关注，真正发现和认识古建筑之美，从而为中国古建筑的文化传承贡献更多的力量。这一活动累积参与关注人数高达几百万人次，华润雪花正是通过这样的体验活动一跃从创始品牌成为了消费者的忠诚品牌。

（三）其他角度划分

我国学者张红明（2003）将品牌体验分为五种类型：品牌感官体验、品牌情感体验、品牌成就体验、品牌精神体验和品牌心灵体验。其中品牌成就体验主要指对自我尊重和自我实现的需求的追求；品牌精神体验则体现为对世俗名利的舍弃和对高雅情趣的追求；品牌心灵体验是对生命最本质问题的关注而产生的体验。

陈英毅和范秀成（2003）将体验分为娱乐体验、审美体验、情感体验、生活方式体验和氛围体验五种类型。其中品牌生活方式体验是以消费者所追求的生活方式为诉求，通过将品牌演化成某一生活方式的象征甚至是一种身份、地位识别的标志，从而达到吸引消费者、形成消费者品牌忠诚的目的；氛围体验是指围绕某一群体、场所或环境对品牌产生的效果或感觉。

Bennett Rebekan等人（2004）认为品牌体验有两方面：一是品牌体验是消费者对品牌外部信息获取的过程，是消费者对品牌从最初认知、选择、购买、使用到坚持重复购买的信息获取过程；二是品牌体验是消费者对品牌内部价值的感受过程。N.S Terblanche和C.Boshoff（2006）在对零售业的品牌忠诚度进行实证研究中，将品牌体验划分为员工与顾客的交互作用、产品价值、商店内部环境、产品分类及多样性、顾客抱怨处理五个因素，进而来测量体验对品牌忠诚的影响作用。

四、品牌体验的设计

（一）根据目标市场分析消费者的体验需求

并不是所有的消费者都需要品牌体验，而是那些能够通过品牌体验真正获得终生难忘回忆的消费者，这部分消费者能通过品牌体验对品牌认知进而形成品牌忠诚，因此要根据目标市场设定品牌体验的目标顾客群体，关注目标消费者的内心情绪与变化，分析真正的、个性化的需求。例如，通过戴尔计算机的官方网页，消费者便可根据自身喜好选择某款型号计算机的硬件、外观颜色、售后服务期限等一系列个性化的配置，从而让消费者体验了如何订制个性化笔记本计算机的消费服务过程。

（二）明确品牌体验的主题

在体验经济的主流时代，越来越多的商家打起了“品牌体验店”的噱头来招揽生意。而泛泛的品牌体验难免让人觉得雷同，难免有空洞乏味之感。派恩（B.Joseph Pine Ⅱ）和吉尔摩（James H.Gilmore）认为品牌体验的主题是体验的核心，其创造标准是：① 调整人们现实的感受；② 创造丰富的相关体验地点，改变人们对现实的感觉；③ 集时间、空间和事物的相互协调成现实整体；④ 多点布局深化主题；⑤ 体验主题必须与企业性质相一致。例如，迪士尼乐园的企业性质是创造家庭娱乐，相应的每一个消费者都能通过迪士尼乐园获得“梦想与欢乐”的主题体验。以香港迪士尼乐园为例，整个香港迪士尼乐园分为几个分主题的乐园。其中“探险世界”通过游乐设施等创造成现实版的探险乐园，“明日世界”则通过游乐设施等模拟宇宙空间，两个主题为消费者提供了刺激的野外探险和宇宙探险体验；“幻想世界”通过娱乐设施、音乐剧等形式创造丰富的幻想体验地点，让人们与迪士尼动画中的人物充分接触，使消费者仿佛置身于迪士尼创造的一个个童话故事之中，改变人们对现实的感觉；“美国小镇大街”则通过集时间、空间和事物的相互协调，为消费者打造了20世纪初的美国小镇的模样，让人们穿越现实去感受20世纪美国小镇的风情。四个主题乐园有各自的分主题，同时又共同深化了迪士尼乐园的“梦想与欢乐”主题。

（三）设计品牌体验的情境

一旦品牌体验的主题确定，就需要根据相应的主题配置道具，营造相应的体验情境。例如：通过背景的配置、与主题一致的装饰等，帮助消费者快速置身于相应的主题情境之中，使消费者头脑中映射出品牌体验的真实反应；通过环境设施的设计、顾客导向的设计和服务人员的设计影响消费者在体验中与整个环境的互动。例如，一家东北的餐厅要为20世纪50年代的人们追忆“知识青年上山下乡”的特殊回忆，则在餐厅的大厅里摆放着拖拉机等农具，在整个餐厅中布置大量五六十年代的家居生活用品，特制的农村土炕配上土锅炖制的新鲜的农家菜，加以穿着绿军装的服务人员穿梭其中，体验的情境通过这些道具的配置被营造出来。

（四）设计品牌体验的直接接触点

消费者在直接接触品牌的过程中，通过设计的体验情境与品牌互动，从而获得有关产品或服务质量、服务环境等信息。其中产品作为直接接触点之一，需要通过强化感官体验、思维体验、行动体验等体验方式，使产品更容易被感知。例如，耐克公司建立的“耐克城”，展示了以往各个年代的耐克鞋，还有著名运动员穿耐克鞋的杂志封面，同时还开辟了半个篮球场让消费者试穿耐克鞋进行运动等，一系列的体验方式让消费者认知了耐克鞋的品牌历史、设计理念，激发了消费者对拥有耐克品牌的欲望与自豪感。

市场竞争使消费者对服务的重视往往超过了产品，服务质量与完美的流程更能使品牌体验深入人心。英国维珍航空倡导为顾客提供最富创意的服务附加值，乘客可以通过飞机座椅的耳机聆听流行音乐；可以酣睡在伸展的机舱卧铺床位上；也可以到空中酒吧品尝曾为英国皇室家族服务的葡萄酒供应商供应的一流葡萄酒等。这些超乎想象的航空服务让消费者在旅途中充分自由地放松，消费者对维珍航空也留下难以磨灭的品牌印象。

（五）设计品牌体验的间接接触点

完整的品牌体验设计需要吸引消费者的参与，消费者也正是通过企业单项传播的品牌资讯来获得参与品牌体验的机会。因此，品牌资讯的传播渠道成为品牌体验的间接接触点。品牌间接接触点的影响因素一方面是企业单项传播的渠道，例如电视、印刷品、网络等媒体；另一方面则是消费者或者其他意见领袖对品牌做出的意见与评价，这些口碑影响着其他消费者对品牌的接触与印象。因此，在品牌体验的设计中需要重视传播媒介和传播内容的设计，更需要重视品牌的口碑传播。

（六）评估品牌体验的效果

品牌体验效果的好与坏直接影响了品牌体验的再次设计，因此运用有效的体验效果评估工具是非常必要的。

“体验营销之父”施密特（Schmitt）结合了战略体验模块和体验的媒介构建了品牌体验矩阵（见表6–1）。在该矩阵中，战略体验模块相当于体验的内容，而体验媒介相当于体验的途径。企业通过体验媒介为消费者创造各种体验模块，体验媒介与体验模块构建的二维组合称为体验矩阵单元。任何一种体验模式都可以通过所有的媒介来创造，但某种媒介可能比另一种媒介更适合创造某种体验。例如，网站、产品包装、空间环境等更适合创造感官体验；广告、联合品牌更适合创造思考体验；网络社区更适合创造行动体验；人员更适合创造关联体验，等等。因此，在设计体验矩阵的过程中需要选择某个体验模块，也需要考虑最适合该体验模块的体验媒介。

表6–1 体验矩阵

		体验媒介						
		沟通	识别	产品	联合品牌塑造	空间环境	网站	人员
战略体验模块	感官							
	情感							
	思考							
	行动							
	关联							

知识窗

体验矩阵的评估工具

美国哥伦比亚商学院的施密特教授及其博士生Josco Brakus一起建立了一个简单直接的测量标准，可以测量特定的体验媒介（如徽标、广告、内部信息或网站）是否适合特定的战略体验模块。这种标准由每种体验媒介的几个方面构成，同时由“非常不好”到“非常好”之间有七个层次。根据常规的测量实践，这种测量被证实是可靠而有效的。请注意有些测量指标使用消极负面的措辞，因此要以减号标示，而措辞积极正面的测量标准以加号标示。

下面是一些标示。

感官模块：

- 体验媒介激起我的感受。（+）
- 体验媒介引发我的兴趣。（+）

- 体验媒介对我缺乏吸引力。(－)

情感模块：

- 体验媒介让我有某种感情。(＋)
- 体验媒介让我产生某种情绪反应。(＋)
- 体验媒介对我的情感没有影响。(－)

思考模块：

- 体验媒介激发我的思考。(＋)
- 体验媒介引起我的好奇心。(＋)
- 体验媒介没有启发我的创造性思维。(－)

行动模块：

- 体验媒介让我思考我的生活方式。(＋)
- 体验媒介让我想起要做的事情。(＋)
- 体验媒介没有使我产生行动或行为动机。(－)

关联模块：

- 体验媒介让我想到人际关系。(＋)
- 通过体验媒介我和其他人有了联系。(＋)
- 体验媒介没能让我想起社会规范和安排。(－)

(资料来源：伯恩德·H. 施密特. 体验营销：如何增强企业及品牌的亲和力. 北京：清华大学出版社，2004.)

知识窗说明了如何判定体验媒介是否适合特定的战略体验模块。施密特介绍的体验矩阵主要是二维矩阵。不过他建议增加一维，形成三维体验矩阵。这一维可以是接触的次数，用来设计不同消费者和品牌关系阶段下的体验模块和媒介；也可以是不同文化价值观的国家，用来设计全球营销下的品牌体验的战略。当然，也可以根据企业实际情况寻找这第三个维度。

本章回顾

品牌传播是发展强势品牌的有效手段，要经过信息的传达、接受、反馈等过程。通过品牌的有效传播，可以使品牌为广大消费者和社会公众所熟知，满足消费者的需要，培养消费者的忠诚。

随着传播方式的多元化，整合品牌传播成为传播推广的主要方式。整合品牌传播的重点在于结合品牌自身的特点选择合适的传播形式。品牌在表面上是企业产品和服务的标志，代表着一定的质量和功能，深层次上则反映了人们心理和精神层面的诉求。通过品牌与消费者、利益相关者之间的沟通，建立品牌与他们之间的关系，稳定增加品牌资产的价值。同时，品牌的传播还应重视将消费者的切身感受和亲身体验融合到品牌传播中去，以消费者的直观感知体验品牌传播出的实质内涵。体验营销者将体验这一全新的营销理念运用到品牌中，形成品牌体验，进而创造出个性化、互动的营销方式。

关键术语

品牌传播　整合营销传播　整合品牌传播　广告　公共关系　销售促进
口碑传播　体验经济　品牌体验　品牌接触点　战略体验模块　体验矩阵

讨论与思考

1. 品牌传播的含义是什么？
2. 简述品牌传播的过程。
3. 怎样理解整合品牌传播的含义？
4. 广告传播中各种媒介的优缺点有哪些？
5. 简述公共关系传播的程序。
6. 销售促进传播的方式有哪些？
7. 口碑传播的类型有哪些？
8. 如何认识和理解品牌体验的作用？
9. 选择某一熟悉的品牌并分析其如何运用品牌体验。

案例分析

沃尔沃归队吉利后的品牌传播该走向何方？

2010年3月2日，吉利汽车以18亿美元收购沃尔沃全部股权，吉利集团将保留沃尔沃轿车在瑞典和比利时现有的工厂，同时将适时在中国建设新工厂，这是中国民营企业近年来在海外最大的一起企业收购案。然而收购协议的签订只是第一步，吉利作为一直以来定位于中低端市场、以低成本取胜的本土民营企业，想要支撑起拥有83年历史的国际豪华汽车品牌并非易事。

从沃尔沃的角度来看，作为一个豪华车品牌，沃尔沃的生产和销售规模较小。奔驰、宝马2009年销量已超越100万辆，奥迪销量也达到95万辆，相比之下，沃尔沃1年34万辆的销售规模，要实现持续地盈利十分困难。沃尔沃虽定位于高端豪华车，但在中国消费者眼中却一直处在一种高不成低不就的境地。

一直以来，沃尔沃是公认的“世界上最安全的车”，但在中国消费者看来，沃尔沃是“高端车”，而非“高档车”。归队吉利之后，沃尔沃虽然有机会更全面深入地打开中国市场，但同时吉利更需要让中国消费者相信，在吉利的管理下，沃尔沃能够维持一直以来“安全环保”的品牌形象以及高端品牌地位。可以说，归队吉利对于沃尔沃既是机会也是挑战，既有机会打开中国市场，也面临着巨大的品牌形象的风险。

1. 归队吉利后沃尔沃的机会

中国市场为沃尔沃品牌推广提供了广阔的平台。自2008年金融危机以来，实体经济纷纷陷入困境，汽车产业所受冲击则尤为惨烈。美国三大汽车公司在债务重压下寻求破产保护，势头最猛的丰田汽车公司也从赢利转入亏损。然而反观中国市场，2009年中国第一次超越美国成为最大的单体汽车消费市场，2010年前5个月，包括沃尔沃在内的很多豪华车品牌的销量增幅都达到或接近100%，中国市场成为豪华车品牌最后的乐土，于是有了“得中国市场得天下”的说法。另外，作为一个以安全技术方面独步天下的品牌，沃尔沃在技术的积累和研发实力上并不输于任何一个知名品牌。从1999 年以60 多亿美元委身于福特，到现在再次面临出售，沃尔沃缺的其实是市场，一个能够把先进的技术和设计变现的大市场。但是在现有的欧美两大汽车主流市场上，沃尔沃尽管以优秀的内在品质占有一席之地，但市场规模出不来，庞大的研发投入无法实现良性循环。可以说，找到一个欣赏自己的大市场，对沃尔沃来说是比任何东西都重要的资源。归队吉利后，沃尔沃借助“吉利收购案”的强大媒体效应获得了中国市场的关注，有机会以最近的距离接触中国的消费者，并通过更大规模、更具针对性的品牌推广宣传活动，更好地与中国消费者交流。

2. 归队吉利后沃尔沃的挑战

吉利造廉价车的经历，会不会影响到沃尔沃的品牌形象，进而影响到销量，是沃尔沃在中国市场面临的重要挑战。据美国汽车行业公布的3月份全美汽车销售报告，3月份福特旗下主要的品牌福特、林肯和水星的总体销售量上升幅度为43%，但沃尔沃3月在美国市场的销售量却下降了18%。福特方面称这是“因为沃尔沃品牌卖给中国汽车制造商吉利所致”。

根据新浪网4月份对汽车消费者网民的网络调查，在回答“你认为吉利收购后生产的沃尔沃，是否应该标注‘吉利沃尔沃的标志’”问题时，48%的被调查者选择了“不应该，会影响沃尔沃的品牌”。在回答“吉利收购沃尔沃后是否会影响你购买沃尔沃品牌的汽车？”这一问题时，有22.6%的人认为“当然会”。显然，在沃尔沃借吉利收购案得以更好地利用中国巨大的潜在市场的同时，如何能够让市场相信、让消费者相信归队吉利的沃尔沃仍然能够保持其一贯的高品质、一贯的“安全环保”的品牌形象以及高档车的品牌地位，是沃尔沃面临的一大挑战。

（资料来源：李佳宝. 沃尔沃归队吉利后在中国的品牌推广策略. 科技情报开发与经济，2010（27）：141-143.）

【案例思考题】

1. 沃尔沃在品牌定位方面面临怎样的机会与挑战？

2. 请以整合品牌传播理论为基础，分析沃尔沃归队吉利后在中国市场如何继续传播“安全环保”的品牌形象？

本章实训

【实训目的】

（1）理解品牌传播形式与品牌之间的关系。

（2）掌握品牌一般传播形式和特殊的传播形式。

【实训内容】

结合品牌整合传播和品牌体验为某一产品或服务进行品牌的传播策划。

【实训组织与步骤】

（1）由学生以小组的形式开展实训。

（2）学生小组自由选择产品或服务，并独立收集资料。

（3）学生小组完成品牌的传播策划，并以PPT的形式展示成果。

（4）实训成绩评定标准：小组团队参与程度占30%；上台讲演、PPT演示占40%；品牌传播的策划内容占30%。

（5）教师最后做点评。

延伸阅读

[1] 中岛正之，铃木司，吉松彻郎. 口碑营销. 陈刚，张倩，译. 北京：科学出版社，2006.

[2] 唐·舒尔茨，海蒂·舒尔茨. 整合营销传播：创造企业价值的5大关键步骤. 王茁，顾洁，译. 北京：清华大学出版社，2013.

参考文献

[1] 凯文·莱恩·凯勒. 战略品牌管理. 3版. 北京：中国人民大学出版社，2009.

[2] Ray C. Integrated Brand Communications: A Powerful New Paradigm[EB/OL].www.brandchannel.com.August, 2004.

[3] 马斐. 体验式营销：实用技巧与成功案例. 北京：电子工业出版社，2012.

[4] 世界品牌实验室网，http://brand.icxo.com/.

第七章
品牌形象

箴言

产品的同质化时代已经到来，品牌成为引导顾客识别、辨认不同厂家和销售商的产品和服务，使之与竞争对手相区别的唯一利器，它是比企业产品更重要、更长久的无形资产和核心竞争力。

——（美）凯文·凯勒

本章学习目标

1. 理解品牌形象的概念和特点
2. 理解品牌个性的含义
3. 了解品牌个性与品牌形象的关系
4. 理解品牌文化的含义
5. 了解品牌文化与品牌形象的关系
6. 掌握品牌形象的塑造途径
7. 掌握品牌形象的测量手段与方法

本章知识结构图

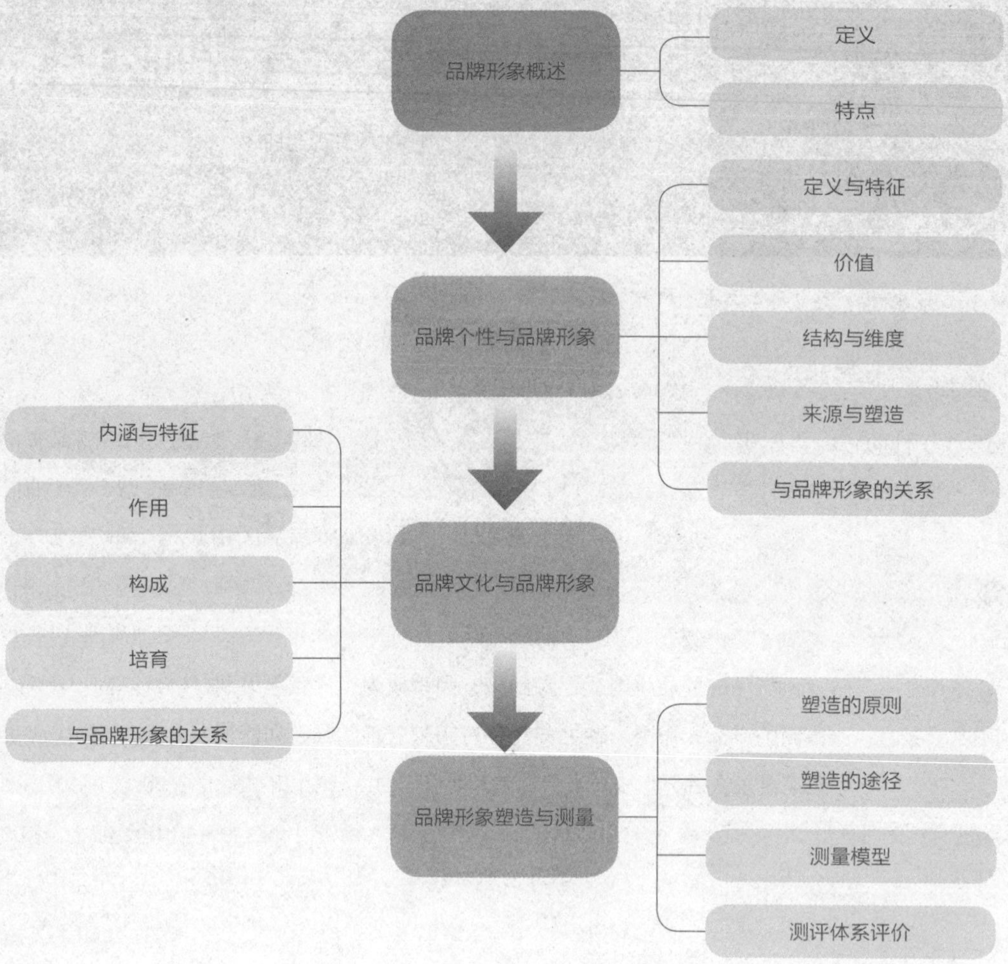

引导案例

"扫尽万家油烟，帅康一马当先"

"扫尽万家油烟，帅康一马当先"，这句耳熟能详的广告语让帅康成为了中国千家万户心目中的"油烟机大王"。作为第一家在中央电视台投放广告的厨电企业，帅康从1984年创业到今天，已经具备一定的品牌影响力，为避免品牌老化，帅康持续推行品牌创新，认为用户所需求的不应只是一个个单一的厨卫产品，而是需要一个温馨、健康、时尚的厨卫空间。帅康集团的战略目标就是立志成为国际化水准的厨卫解决方案供应商，为不同需求的用户提供差异化、个性化的厨卫解决方案。因此，帅康始终坚持品牌的中高端定位，坚持价值战，以产品创新和技术创新为基础，着重进行品牌建设。

从营销创新方面来看，帅康打造了包括经销渠道、终端卖场、电视广告、户外广告、直邮广告和互联网营销在内的全方位、立体化的营销战略体系。在事件营销方面，帅康关注社会热点，成为登陆中国三沙市的首个厨电品牌并捐赠定制机，还积极参与多项公益项目，截至2013年11月，帅康投入在学校、医院、道路及慈善捐款等方面的资金累计近5 000万元，充分体现了帅康的企业实力与社会责任感。此外，帅康还借助高校宣讲宣传企业价值观，通过启动精致计划、打造精品形象工程、首开厨卫设计大赛、签约德国顶级设计师等一系列举措，不断树立帅康品牌高端形象。

1993年帅康进入抽油烟机行业之后，主要管理者不顾企业内外的众多反对，力排众议，坚持在央视投放500多万做广告。帅康在央视投放广告的第三个月，产品销量就从月销1 000台上升到8 000台，再到15 000台。尝到甜头后，帅康又做出了在央视再投放2 000万元广告的决策。之后的短短3年时间，帅康集团主导产品吸油烟机就已经在市场综合占有率、市场销售份额、市场覆盖面三项指标名列全国同行第一，帅康商标也成为中国驰名商标。

2013年，又是一个新的起点，也是一个艰巨的挑战，在严峻的经济形势下尤为如此。在媒体选择上，帅康依然瞄准中央电视台，在央视众多的广告资源中，CCTV新闻联播《天气预报》景观广告优异的数据表现吸引了帅康的注意：占据中央电视台19:31分黄金广告时段，5分钟强势聚焦观众注意力，每晚直达8亿观众。2012年，《天气预报》节目收视率达6.51%，市场份额达17.2%，到达率则达到61.8%，在全国各地区的收视数据均表现优异，观众对于景观广告保持高度评价，景观广告对企业品牌形象的提升效果十分明显。2013年1月1日，帅康出现在CCTV新闻联播《天气预报》景观广告上海板块，通过这一国家级媒体平台，向世人传递帅康强有力的品牌声音，收获了丰硕的成果。

事实检验一切，包括企业的营销决策。帅康通过与CCTV新闻联播《天气预报》景观广告的强强联手，为帅康的行业领军品牌地位打下了坚实的基础，加速推进了帅康的品牌化进程。2013年6月，帅康品牌价值高达122.85亿元并高居行业榜首，积累了4 000万的用户，连续6年蝉联中国厨电行业第一品牌桂冠，累积市场占有率行业第一。今天的帅康集团，秉承“精致生活，源自细节”的企业理念，正以稳健的姿态大踏步地进军国际化竞争舞台，加速向中国厨电帝国前进。

（资料来源：王智颖.推进品牌战略，缔造中国厨电帝国——帅康的品牌形象之战.中国广告，2013（11）.）

第一节 品牌形象概述

20世纪50年代，大卫·奥格威（David Ogilvy）从品牌传播的角度提出品牌形象传播的概念，品牌形象开始进入人们的视野。它曾因解决了产品同质化给市场营销带来的难题而风靡20世纪60年代，至今依然是广告界广泛流行的一个概念。本节将系统阐述品牌形象的定义、特点、构成要素和测评体系，以及品牌形象塑造的原则、途径与策略。

一、品牌形象的含义

品牌形象（Brand Image）一词最早在20世纪50年代提出，其概念也一直随着品牌管理理论的发展而发展，同时，相关学科和相关技术的不断发展，新理念的不断涌现，也都在品牌形象的形成上打上了各自的烙印，影响着人们对品牌形象的内涵向纵深的方向发展，但是目前营销学界还没有建立起一个稳定的、统一的概念。大体而言，品牌形象概念的发展分为以下四个阶段。

（一）20世纪50年代的早期思想

这一时期，理论界并没有对品牌形象下定义，它是包含在品牌的定义中的。奥格威提出，品牌是一种错综复杂的象征，它是品牌属性、名称、包装、价格、历史、声誉、广告方式的无形总和。品牌同时也会因消费者对其使用的印象，以及他们各自的经验而有所界定。

1957年，纽曼（Newman）提出，产品是关于它的形状、尺寸、颜色和功能的优点的符号，品牌形象可能包括这些方面：功能的、经济的、社会的、心理的……通过风格化与广告物建立品牌形象与产品的其他方面一样存在着局限性。可以看出，Newman强调的是产品形成形象，尽管也有其他因素的作用。

以上两个定义说明在20世纪50年代，人们对品牌形象的认识基本上着眼于影响品牌形象的各种因素上。

（二）20世纪50年代末至70年代末

由于心理学的观点和方法的引入，有了品牌形象的具体定义。莱维（Levy，1978）认为，品牌形象是存在于人们心智中的图像和概念的群体，是关于品牌知识和对品牌主要态度的总和。与产品自身相比，品牌形象更依赖于消费者心智中对品牌的解释。此时，对品牌形象的认识开始走向心理学。

（三）20世纪80年代

战略管理和系统论的理念开始出现在品牌形象的内涵之中。1984年，雷诺茨（Reynolds）和古特曼（Gutman）提出，品牌形象是在竞争中使一种产品或服务差别化的含义和联想的集合。他们列举了品牌形象操作的几个途径：一般的特征、情感或印象，产品的认知、信任度和态度，品牌个性、特征和情感之间的联系。

1985年，著名品牌大师瑟吉（Sirgy）提出，假设产品具有个性形象，就要像人一样，那么这些个性形象则不是单独由产品的物理特征所确定的。至此，对品牌形象的认识进入了品牌个性的层次。

1986年，帕克（Park）等人提出，品牌形象是产生于营销者对品牌管理中的观念，任何产品在理论上都可以用功能的、符号的或经验的形象定位。因此，品牌形象应被当作是一种品牌管理的方法，而不仅仅是广告策略。

（四）20世纪90年代至今

随着各种相关理念的不断深入，品牌形象的概念也越来越丰富，几乎每一个品牌概念都会在品牌形象上有所映射。这一阶段相关的论述比较深入，很多学者提出了关于品牌形象的看法。

菲利普·科特勒（Philips Kotler）认为，消费者对某一品牌的信念就是消费者心中的品牌形象。对消费者而言，品牌不仅仅用于区别商品，它还是一种象征，超出了文字本身的意义。对生产者而言，品牌也不仅仅是区别工具，更是技术和功能支持下建立起来的商品和消费者之间的关系。消费者对商品的了解、喜爱甚至是尊重和忠诚，即品牌形象。

大卫·艾克提出了品牌产权的概念。它是一个与品牌相连的品牌资产与负债的集合，它的名称、符号得以附加或减除一个产品或者服务对其所属公司或消费者所提供的价值。通过符号，品牌形象被看作品牌资产的一个组成部分。“厂商制造的是有物理属性的产品，消费者购买的是有情感寄托的品牌”；“品牌形象是人们如何看待这个品牌”。

英国的兰德尔（Geoffey Randall）说：“品牌形象存在于消费者的头脑中。这是他们所得到的有关这一品牌的全部信息的总和，包括经历和经验、口头传说、广告、包装和服务等，这些信息经过了消费者的感性选择、旧日信仰、社会规范、遗忘等方面的加工与过滤。”

在品牌知识联想网络记忆模型的基础上，贝尔（Biel）把品牌形象定义为：消费者记忆中与某个品牌相联系的属性集合和相关联想，是消费者对品牌的主观反应。

科普菲尔从信息加工的角度出发，认为品牌形象是消费者对品牌认知的结果，他们将接收到的关于品牌的产品、服务、传播方式等信息进行解码，抽取意义，然后组织成品牌的印象，就是品牌形象。

企业生产产品的目的是在市场上销售产品。产品是一个有形的实体，企业负责生产制造。当产品进入市场后，它就被消费者感知，而这种感知通常表现为对品牌的认知。正如前面所述，品牌是产品或劳务的名称、术语、象征、符号及其组合，是产品的（抽象）表现。在消费者感知、认知、使用产品的过程中，自然形成对产品的看法和价值评判。因此，我们把这种由消费者感知并被他们所勾画的品牌形状、姿态等叫品牌形象。

品牌形象概念的提出赋予了品牌更多的人性化思想，改变了企业传统营销思想中以企业为核心的观念，强调对消费者的认识。品牌形象观着重强调的，不是企业的品牌是什么样，而是消费者认为企业的品牌应该是什么。品牌形象充分体现了品牌的价值，增强了消费者对品牌的认同。企业品牌的塑造过程，就是品牌形象的塑造过程。品牌形象丰富了品牌的内涵，使品牌由名称、符号变成了一个具有鲜明个性和人格魅力的情感体。如果说品质构造了产品的骨骼，那么品牌形象则丰满了品牌的身躯，让品牌成为有血肉、通情感的生命。

案例

无印良品的品牌形象

无印良品的设计秉承日本的设计美学宗旨，主张重视自然、关注细节，追求简朴素雅。无印良品塑造的“无品牌”形象给其带来了独特的品牌识别特征。无印良品的字面意义需要拆开来解释。“无印”即没有商标，也就是所谓的“无品牌”；“良品”即质量优秀的产品，也可解释为物美价廉的产品。目前，几乎每个企业都会进行自己的品牌设计，设计自己独特的品牌和Logo，以此来区别于别的企业，突出自己的品牌识别性。无印良品不主张在品牌主流设计的趋势上追求新意与独特，而是反其道而行之，采用“无品牌”的品牌理念（见图7-1）。

图7-1所示的为无印良品的品牌名称，而非Logo。无印良品在纷繁杂乱的商业品牌中独树一帜，受到了社会大众的青睐。无印良品对自己的定位虽没有迎合市场的主流，却顺应了社会发展的趋势。它的品名所塑造的品牌形象简约却不空乏，看似空无，实则充满内涵。与中国禅学中“无”就是“有”，“空”就是“满”的蕴意有异曲同工之妙，还颇有老子“天下万物生于有，有生于无”的哲学意味。

无印良品的产品设计都是针对消费者真正的需求而进行的，它们并不直接通过图文告诉消费者它的功能，而是让消费者自己去感知和了解产品功能。对于无印良品一直奉行的简约主义，消费者可能只会在初次见到它们的产品时有这种感受，等到真正了解产品的时候，才会发现它们并非像表面那么简约，在这简约的表面下，有着设计师对产品倾注的大量心思。文字的精简使得消费者有更多的空间去思考和探寻产品所传达的设计理念和生活态度，这就是产品包装中文字精简所产生的效应。也正是这种独特的文字特征，使得无印良品具有较高的品牌形象识别度。

无印良品的广告不是让消费者被动地接受品牌信息，而是让消费者自己主动地去解读与感受。让消费者自己去感知无印良品的品质与自然世界

图7-1　无印良品品牌名

的关系，广阔无垠的天际任消费者去想象，放飞心灵正是无印良品想传递给消费者的一种生活态度。

无印良品将产品的包装精简到极致，反对装饰浪费，传递给消费者的是物美价廉、和谐自然的消费观念。其产品的设计给消费者提供了舒适、简约、纯朴的生活方式，它的色调及对东方色彩审美的展现更是对消费者产生了深远的影响，这些都是无印良品对社会大众所体现出来的人文关怀。品牌文化具有民族性，品牌文化的民族性就是在品牌文化的形象塑造上具有民族风格和民族特色。无印良品的成功与日本传统文化一脉相承，它注重传统文化的同时并没有将传统文化看作现代文化的包袱，而是将其看作当代文化中新的生长点。无印良品的品牌文化内涵影射了整个日本文化。众所周知，日本的文化大多是吸收外来文化并融合本民族的文化而形成的。拥有多种文化的日本民族如同一个大熔炉，一切外来文化进入这个大熔炉后，扬弃所有，“无”中存“有”，“有”“无”统一。因此，无印良品体现了日本民族的精神文化内涵，同时也体现了东方文化的意蕴。这一切使得消费者，特别是东方的消费者，产生一种文化的归属感，这也是无印良品这个品牌形象深入人心的原因之一。品牌文化对内能够强化品牌自身的内聚力，对外能够强化消费者对品牌的信任度，无印良品的品牌文化无疑是该品牌形象不可撼动的支柱。

无印良品提供给消费者的不仅仅是一种满足其使用功能的物品，它“无品牌”的概念传递了一种追求美好生活的态度和信念。无印良品的产品满足了消费者回归生活本源的需求，它引导一种自然、低调、健康的生活方式。无印良品的产品目前共6 000余种，涉及衣、食、住、行、娱乐、社交等生活的方方面面，它为人们的生活提供全面服务的同时还传达着朴素简约、高品质的生活理念。无印良品改变着消费者的生活方式，这种改变并不朝着企业所指定的方向，而是顺应消费者的观念，迎合时代发展的潮流。这种生活方式的变化是从人们的物质生活到心理需求的全方位改变，它从根本上提升了人们的生活品质。生活方式设计作为当代设计发展趋势中一个新的话题正日益受到大众的关注，而无印良品的品牌形象在全球范围内的推广会将淡泊、纯粹的生活方式普及到社会的各个层面。

（资料来源：唐文，邱志涛. 论无印良品的品牌形象. 包装学报，2013（1）.）

二、品牌形象的特点

中南财经政法大学的丁桂兰教授曾将品牌形象的特点主要概括为集合性、心理性、稳定性、动态性等四个方面。

（一）集合性

品牌形象是一个综合体，它本身就是一个消费者对品牌的感觉。正如科普菲尔所言，品牌形象是消费者对品牌的产品、服务、传播方式等信息进行解码，抽取意义，然后组织成品牌的印象。这个集合包括品牌形象外在的表现和内在的文化等。外在的表现主要集中在诸如名称、标志、商标、包装以及企业服装等属于企业VI（视觉识别）层次的要素上。但是在实践中众多学者发现，品牌形象很多内容是企业文化的外化，是企业的品牌精髓、使命、目标和理想等精神层次的因素。因此，品牌形象是一个集合性的概念。

（二）心理性

品牌形象是一个心理感受。譬如看法、态度、理解、期望等都是消费者对品牌的产品、服务以及附加物的主观感受，是客体作用于主体的结果。品牌形象具有主客观二重性。品牌利益、品牌价值、品牌文化和品牌个性等形象具有主客观二重性，因为自身的心理性特点，消费者不能看见，但是能感知、联想和评价，而感知、联想和评价是主观因素，也许因人而异、因时而异、因地而异，不同的消费者可能面对同一品牌产生不同的感受。譬如，奔驰汽车的形象是典型的德国文化形象，设计精良、结构严谨、技术精湛、一丝不苟，体现着德国人的组织性、纪律性和严谨性。这里的品牌蕴涵既是客观的，也是主观的。客观就是奔驰车自身的设计、制作和技术等特征；主观就是消费者对德国文化特征的联想。

品牌形象的心理性特点是一把双刃剑。若消费者对品牌所蕴涵的文化有了充分的认同，就容易产生品牌忠诚。消费者行为学告诉了我们品牌忠诚的巨大能量。消费者一旦产生品牌忠诚，就会积极地去感知、联想和评价，即使该品牌有一定的瑕疵，也会在一定的程度上接受，或者提出相应的中肯的意见，从而促进企业改善自己的产品或服务，推动企业的良性发展。但如果消费者对品牌所蕴涵的文化持否定态度，这种前摄抑制决定了否定态度会衍射到品牌的其他方面，从而影响消费者对该品牌的整体感知、联想和评价。

（三）稳定性

品牌形象具有一定的稳定性，即品牌形象一旦形成就具有很强的稳定性，不会轻易改变。这是一种心理定势现象，或者出于品牌忠诚，或者出于选择的惰性，或者出于节约交易成本。品牌形象所体现的是一个品牌的集中性内涵，往往包括企业文化、企业使命、企业社会责任感等一系列的内容，这些优势方面的记忆往往带来品牌忠诚，消费者不会轻易改变自己的品牌选择，而是选择继续购买和推广。消费者的惰性主要是因为品牌形象所涵盖的一系列内容，往往满足了消费者的需求，消费者一旦选择就不想去改变。还有就是消费者考虑到节约交易成本，当消费者从一个品牌转向另外一个品牌时，一般是在基于充分的信息的比较下才做出的决策，这个过程需要一定的交易成本，消费者可能基于成本节约的考量，一直守护着既定的品牌，表现为品牌形象的稳定性。凯勒认为：“一个具有积极形象的品牌，在面临危机和困难时也能保持不败。”

强生公司的泰诺事件就是一个明显的例子。1986年，美国强生公司的止痛药泰诺在市场上颇受欢迎。但一个丧心病狂的人选中了它，对泰诺投毒，导致消费者食用后死亡。事发后，强生立即召回所有的泰诺产品。经过调查，强生发现这是一起投毒事件。尽管问题并不出在强生身上，但是强生将所有召回的产品进行销毁并且改变了产品的包装形式，立即重返市场。3年后，止痛药泰诺创造了5亿美元的销售额，而感冒药泰诺成为美国乃至全球市场同类产品销量的老大。在这个案例中，强生公司长期为公众提供优质药品的声誉和把公众利益放在第一位的良好形象起了至关重要的作用。

（四）动态性

品牌形象的稳定性是相对的，不是一成不变的，当企业战略和市场微观、宏观环境发生重大改变的时候，品牌形象是有可能也有必要进行相应的调整的。首先，当企业战略发生变化时，会产生改变品牌形象的客观需求。如海信电器的一贯品牌形象是"稳健、诚信甚至保守"，但当历史的车轮进入21世纪之后，为了适应科技和市场的变化，海信就对品牌形象做出了一定的调整，"海信·动情科技新生活"，"有爱·科技也动情"成为新的品牌口号，强调海信"创新"和"情感"的新诉求，这是品牌形象的主动调整。

其次，是品牌形象的被动调整。这种情况主要是该品牌产品或服务发生重大市场相关事件的结果。被动调整或者是积极的调整，或者是消极的调整。曾经作为中国食品界的著名品牌，南京冠生园迄今已有近百年的历史。在南京冠生园的历史发展进程中，创造过辉煌和奇迹，也曾经是南京市民的一个"宠儿"，成为六朝古都的一张城市名片。2001年，由于当时的企业忽视质量的行为，出现了轰动全国的"月饼陈馅事件"，南京冠生园的品牌形象一夜之间轰然倒塌。之后，原南京冠生园在三年的沉寂中经历了破产、偿债和重组的痛楚，也为南京市民留下一个心中的隐痛。这次严重质量事故造成了南京冠生园品牌形象的严重消极调整，百年品牌毁于一旦。

第二节 品牌个性与品牌形象

一、品牌个性的定义与特征

（一）品牌个性的定义

每个人都有自己独特的性格，品牌也正如人一样具有性格，品牌的这种性格称之为品牌个性。在这个瞬息万变的世界里，由于人的不同个性和价值观念的多元化，为品牌个性的存在提供了基础。随着越来越多的人们开始追求个性化，与之相适应的不同个性品牌的出现成为必然，人们选择某一商品，更多取决于其精神感受。那些随大流毫无个性却试图争取所有人的产品，实际上将被所有人所不取，而只有那些具有鲜明个性的品牌才能大行其道，正如美国著名品牌大师大卫·奥格威在其品牌形象论中所提出："未来最终决定品牌市场地位的是品牌总体上的性格，而不是产品间微不足道的差异。"譬如，同属于汽车，“宝马”是年轻的、时髦的；而“凯迪拉克”则是年老的、保守的；“雪弗莱”的个性则是轻柔。不同的品牌个性符合了不同性格消费群体的心理特征，也显示出了品牌的差异性。

那么，究竟什么是“品牌个性”呢？1997年，品牌个性研究学者Jenniffer Aaker在其品牌个性开创性研究大作《品牌个性的要素》（Dimensions of Brand Personality）中将品牌个性定义为“与品牌相联结的一系列人类性格”。（鉴于内容完整的需要，此部分内容在前文第五章中曾有所涉及，本章将进一步做详尽阐释。）本书认为，所谓品牌个性，是品牌所具备的人类特性以及此特性向外界传播的过程中消费者对这些特性的感知。它可以从输入和输出两个方面来解释，从品牌管理者的角度来看，品牌个性是品牌管理者期望通过沟通所要达到的目标，是传播者所期望的品牌形象，这是把设计好的品牌个性植入消费者大脑的过程；而站在消费者角度，品牌个性是消费者实际对设计好的品牌个性的感知和认可，是消费者对该品牌的真实感受与想法，这是品牌个性输出的过程。

（二）品牌个性的特征

1. 人格化属性

消费者很容易把品牌看作是某个特定的人群，尤其是诸如名人或著名的历史人物，并且把品牌与自我相联系。产生这种现象的原因，可以从对品牌的广告宣传方面进行解释，很大程度上是因为广告者给品牌注入了人格化的属性，如拟人化、人格化以及对使用者形象的塑造。不断重复的广告赋予了品牌独特的人格个性，比如，绝对伏特加被描述为酷的、时髦的、25岁的年轻人；然而杜松子酒却被看作是有智慧的、保守的老男人。可以这样认为，与可以为消费者提供实用性功能的产品属性相比，品牌个性提供象征性的或消费者自我表达的功能（Keller，1993）。

2. 不可模仿性

品牌个性的发展与增强有益于该品牌与竞争品牌相区别，当许多产品在技术上相同或相似时，用来进行品牌间区别的有效途径之一便是品牌个性。如能够建立与众不同的品牌个性并为大众所认可和喜好，则该品牌可以形成长期、有效的竞争优势，因为即使竞争对手的产品和价格可能与你的相当，但你长期形成的品牌个性是不会轻易被模仿的，属于你的品牌个性的忠诚顾客在理性消费时代也难以“见异思迁”。就算竞争者复制了你的品牌个性，也不过是为你做了免费广告罢了。譬如，同属饮料，与可口可乐相联系的人格属性是传统的、美国式的、真实的；而百事可乐则通常被认为是年轻的、兴奋的和时髦的。

3. 持续稳定性

品牌个性的塑造不是一蹴而就的，而是一个长期、系统的工程。就如同个人性格的形成是需要长时间来培养的，品牌个性必须慢慢演变，不宜草率行事或朝令夕改。就像一个性情大起大落、变化无常的人难以与人沟通一样，消费者一旦与某个品牌建立了友谊关系之后，他们就希望该品牌形象能始终如一、不出乎其意料。

4. 互动性

尽管品牌个性具有一定的稳定性，但是任何成功的品牌都会随着时代的发展变化而不断演变，以期与顾客长期保持亲密的关系。因为，品牌的实质就是产品与顾客间的一种互动关系，品牌个性要保持灵活性、亲切感，就必须与时俱进，紧扣时代的脉搏，明确迎合消费趋向。譬如，风靡全球的“芭比娃娃”至2007年3月就已经是48岁的“阿姨”了，却仍然受到全球小朋友的喜爱，这跟其成长史、个性演变不无关系：20世纪50年代，芭比是一个广交朋友、能说会道的小女孩；20世纪60年代，芭比细眉轻弯，平民化突出；20世纪70年代，芭比飞指敲击键盘，灵活十足。

综上所述，品牌个性无疑具有一定的主观性，是消费者选择品牌时“是否适合我或是属于我”的关键因素。其实质就是消费者真实个性在某种商品上的一种再现，即运用品牌个性理论，采用拟人化的手法，赋予品牌人性化的特点，强调一个品牌如何帮助其消费者表达现实中的自我或理想中的自我，为消费者提供“自我表达”的品牌价值。品牌个性的核心在于其高度的差异化，塑造品牌个性的实质就是塑造品牌的与众不同和独特性。

二、品牌个性的价值

品牌个性可以说是品牌特征最重要的组成部分。它具有以下四个方面的重要价值。

（一）品牌个性的人性化价值

品牌个性的精髓是品牌人格化。它使企业提供的原本没有生命的产品或服务变得具有人性的特征，使消费者能消除戒备心理，从而拉近了消费者与品牌之间的距离，甚至让消费者产生某种亲切感，更加容易接受企业的产品和服务。

独特而鲜明的品牌个性能够吸引消费者的注意力，并在其心中占据一定的位置。当消费者决定购买某类产品时，他当然只会选择那个具有他所欣赏的个性的品牌，因为在做出购买决定之前，这个品牌的个性已经把他征服了。

（二）品牌个性的购买动机价值

这是品牌个性的又一重大价值。明晰的品牌个性可以解释在成千上万个令人眼花缭乱的品牌中消费者购买某个品牌的原因，也可以解释他们拒绝其他品牌的理由。

品牌个性让本来毫无生气的品牌具有人的个性，赋予了消费者一些精神化的东西，这使得品牌在消费者的眼里变得鲜活起来，超越了产品本身的物理属性，不再是一堆冷冰冰的物体。正是品牌个性时时通过各种途径所传递出来的个性化的内容，让消费者能够根据自己所喜欢的个性，来挑选具有相应的品牌个性的产品或服务，从而不再选择其他的品牌。比如年轻人喜欢喝可口可乐，因为它代表着活力、激情，跟自己的个性比较符合；成功的商业人士都喜欢开奔驰车，因为它代表着大气、稳重、高档、高品位。

正是由于品牌个性触动了消费者内心的东西，以人性化的表达触发了消费者的潜在购买动机，继而使他们选择那些具有独特个性的品牌，所以说，品牌个性是消费者购买动机的起源。

（三）品牌个性的差异化价值

品牌个性是品牌的人格化表现，最能代表一个品牌与其他品牌的差异性。差异性是现今品牌繁杂的市场上最重要的优势来源。一个品牌没有其独特之处，就很难在市场上脱颖而出。

如今还有很多企业在一味追求产品的差异性，而忽视了品牌的差异性。殊不知，在科技高度发达的今天，这种建立在产品上的差异性很难保持，极易被模仿和剽窃：而由品牌个性建立起来的差异则会深入到消费者的意识里，并提供了最重要、最牢固的差异化优势。

百事可乐在刚进入市场时，在口感、包装、宣传等各个方面都模仿可口可乐，结果出师不利。后来，它改变了游戏手法，站到可口可乐的对立面，在可口可乐宣扬自己是“真正的可乐、永远的可乐、美国精神的代表”的时候，掀起了“新一代”的旋风，把品牌蕴涵的那种积极向上、时尚进取、机智幽默和不懈追求的精神，发扬到百事可乐所在的每一个角落，其矛头直捣可口可乐的死穴——可口可乐甚至被指为“你父亲喝的可乐”。百事可乐树立了“新一代的选择”的形象，形成了“独特、创新、积极”的品牌个性，获得了无数年轻消费者的认同和喜爱。

（四）品牌个性的情感感染价值

品牌个性反映的是消费者对品牌的感觉或是品牌通过各种途径传递给消费者的感觉，它主要来自于情感方面，而少部分来自于逻辑思维。品牌个性具有强烈的品牌感染力，它能紧紧地抓住消费者潜在的兴趣，不断地与他们进行情感方面的交流与转换。法拉利快速、刺激的品牌个性，深深地感染着跑车爱好者，它激发了消费者内心最原始的冲动，作为一种冒险者的自豪感，因而深受跑车爱好者的推崇，以致消费者用法拉利作为展示年轻人激情与冒险精神的重要媒介。

品牌个性可以深深地感染消费者，它的感染力随着时间的推移会形成强大的品牌推动力，使消费者成为该品牌的忠实拥护者。这就是品牌个性的重要价值所在。

三、品牌个性的结构与维度

关于品牌的个性维度一直是营销理论研究和营销实践领域中的一个热点课题。詹妮弗·艾克于1997年首次系统地发展了基于美国的品牌个性维度及量表，日本和西班牙的品牌个性维度及量表也相继诞生。然而，中国的本土化品牌个性维度及量表却仍然是一个空白。2003年，中山大学卢泰宏教授和他的学生，就对中国文化环境下的品牌个性维度进行了研究，得出了一些有价值的结论。

（一）品牌的五大个性要素

詹妮弗·艾克教授在其经典文献《品牌个性维度》中的论文，第一次根据西方人格理论的“五大”模型，以个性心理学纬度的研究方法为基础，以西方著名品牌为研究对象，发展了一个系统的品牌个性维度量表（Brand Dimensions Scales，BDS），得到了品牌的五大个性要素，即品牌个性的五大维度：纯真（Sincerity）、刺激（Exciting）、称职（Reliable）、教养（Sophisticated）和强壮（Raggedness），在学术界引起了较大的轰动。

在研究的过程中，詹妮弗·艾克教授初步获得了309个意义比较单一的品牌个性形容词，并通过淘汰测试获得了114个用于测试品牌个性特质的词汇。然后通过对631个具有代表性（代表美国）的样本、37个品牌的初步测试，得到一个包括5个维度的量表。在这五个维度下面又有15个层面，并包括42个品牌人格特性（见表7–1）。

表7–1 美国品牌个性维度量表

个性要素	不同层面	品牌个性特质词语
纯真	纯朴 诚实 有益 愉悦	纯朴的、家庭为重的、小镇的 诚心的、真实的、真诚的 新颖的、有益的 感情的、友善的、愉悦的
刺激	大胆 有朝气 富于想象 新颖	时髦的、刺激的、勇敢的 年轻的、活力充沛的、酷的 独特的、富于想象力的 独立的、现代的、最新的
称职	信赖 聪明 成功	勤奋的、安全的、可信赖的 技术的、团体的、技术的 领导者的、有信心的、成功的
教养	上层阶级 迷人	有魅力的、好看的、上层的 女性的、迷人的、柔顺的
强壮	户外 强韧	男子气概的、西部的、户外的 强硬的、粗犷的

（资料来源：Jenniffer Aaker. Dimensions of Brand Personality. Journal of Marketing Research, 1997.）

这五大个性要素将很多品牌个性描述得非常到位。比如，康柏、柯达在“纯真”这一项上非常明显；LEVI’S、万宝路、耐克在“强壮”这一项上表现突出。这套量表是迄今为止对品牌个性所做的最系统、最有影响力的测量量表。据说，它可以解释西方93%的品牌个性的差异，其理论在西方营销理论和实践中得到广泛的运用。

2001年，为了探讨品牌个性维度的差异性，詹妮弗·艾克教授与当地学者合作，继续沿用了1997年关于美国品牌个性维度开发过程中使用的方法，对日本和西班牙这两个分别来自东方和拉丁文化区的代表国家的品牌个性维度和结构进行了探索和检验，并结合1997年对美国品牌个性的研究结果，对三个国家的品牌个性的维度及原因进行了综合分析。结果发现，美国品牌个性的独特性在于“强壮”（Ruggedness）；而日本品牌个性的独特性是“和平”（Peacefulness）；西班牙品牌个性的独特性却是“热情/激情”（Passion）。这个研究总体上证明了“品牌的五大个性要素”在跨文化中的有效性，即它具有一定的通用性。

（二）中国文化环境下的品牌个性维度

显然，品牌个性中融合了国家和民族文化的特性。由于中国的东方文化与西方文化具有很大的差异性，应该来说其品牌个性量表也具有其独特性，为了与国际同类研究进行比较，识别品牌个性与文化之间的真正关系，我国学者卢泰宏和黄胜兵最早对中国本土化品牌个性维度进行了系统性的研究。

2003年，他们以西方的词汇法、因子分析和特质论作为方法论基础，以来自中文语言、中国品牌为内容，经过中国消费者的实证研究，发展出中国的品牌个性维度及量表，并从中国传统文化角度阐释了中国的品牌个性维度——仁、智、勇、乐、雅，如图7-2所示。

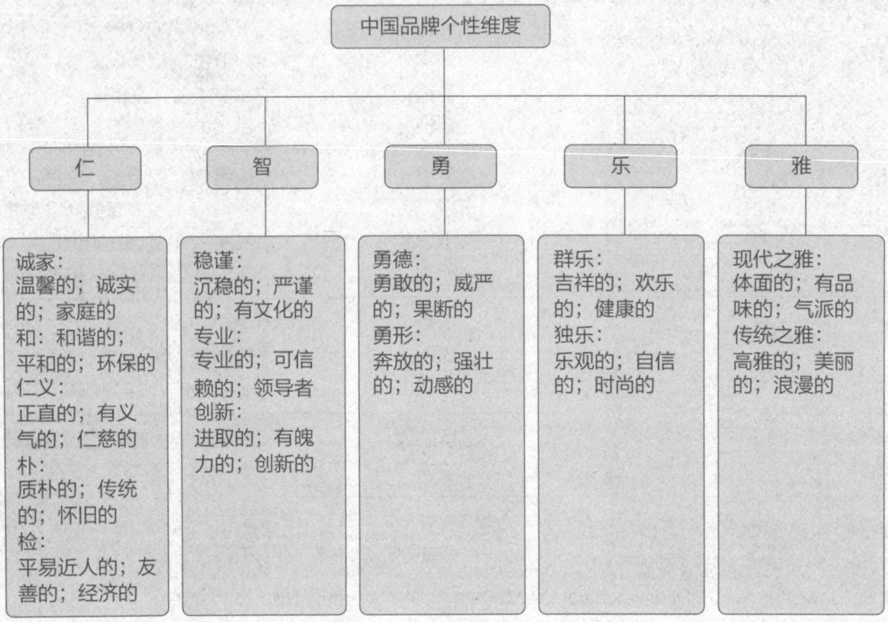

图7-2 中国品牌个性维度及其层级结构

（数据来源：卢泰宏，黄胜兵．品牌个性维度的本土化研究，南开管理评论．2003（1）：4-9.）

研究发现，与美国、日本两个国家的品牌个性维度的跨文化比较研究表明：中国品牌个性一方面继承了中国文化传统，保留了本土化的独特特点；另一方面，随着中国与世界经济文化的交流和融合，中国的品牌个性也不可避免地受到西方文化的影响。“仁”（Sincerity）、“智”（Competence）、“雅”（Sophisticated）这三个维度具有较强的跨文化一致性，这可以说是世界多元文化的共性所在。“仁”是中国品牌个性中最具有中国文化特色的一个维度，其次是“乐”。中国与美国品牌个性相比较，中国更加强调群体性利益，而美国更加重视个人利益，强调个性的表现，这是两种不同文化的差异在品牌个性中的体现；中国与日本相比较，中国品牌个性中存在着“勇”，而日本则不存在这样一个单独维度；中国品牌个性中的“勇”与美国的“Ruggedness”相关性很强，这一维度在中国的出现，表明中国品牌的建立在一定程度上受到西方理论及文化的影响。

四、品牌个性的来源与塑造

(一) 品牌个性的来源

品牌个性是消费者对品牌人格化的评价，是由外而内的。因此，在介绍如何塑造品牌个性之前，有必要了解消费者主要是通过哪些方面来体验和感知品牌人格的，即品牌个性的来源，以保证品牌个性的成功塑造。品牌个性可以来自于与品牌有关的领域中的任何一个角落，以下是品牌个性来源的几个比较重要的方面。

1. 产品自身的表现

企业的任何品牌行为都要围绕着产品展开，它是品牌活动的核心和最主要的载体。企业产品本身的发展随着其在市场上的发展而逐渐为人们所了解，而消费者也可从产品的发展中形成对品牌的看法，即品牌的鲜明个性。

沃尔沃是一家以安全性能绝佳著称于世的汽车公司，其品牌个性就是安全。几十年来，该公司每年都要投入大量的费用进行安全方面的产品研究和开发。如20世纪40年代的安全车厢、20世纪60年代的三点式安全带、20世纪90年代的防侧撞保护系统。有人曾经统计过，从1945年到1990年，沃尔沃公司在各式新车上配置了32项主动或被动安全装置。在国际汽车工业界有许多安全技术是沃尔沃首创的。正是由于沃尔沃在安全方面的不懈努力，才让消费者深切感受到，在汽车界沃尔沃就是安全的代名词，也就形成了其独特的品牌个性。

2. 品牌的使用者

品牌的个性也可以来自品牌的使用者。每个品牌都有一群经常使用的消费者，久而久之，这群消费者的个性也就会附在产品上，逐渐成为品牌的个性。

LEVI' S“结实、耐用、强壮”的品牌个性，在很大程度上来源于使用者的形象。LEVI' S的创始人Levi Strauss原籍德国，1847年发迹于美国旧金山。当时他靠卖帆布为生，后来发觉当地矿工十分需要一种质地坚韧的裤子，于是把原来制造帐幕的帆布做了一批裤子，卖给当地矿工。由于这种裤子不容易破，所以很受矿工们的欢迎。随后。他便迅速成立了LEVI STRAUSS AND Co.，主要生产牛仔裤，其神话由此展开。牛仔裤最初的使用者是矿工，他们结实、坚韧、强壮的个性特征也逐渐演变成为LEVI' S的品牌个性。

3. 品牌的代言人

通过品牌代言人也可以塑造品牌个性。通过这种方式，企业可以将代言人的个性传递给品牌，这有助于品牌核心价值的塑造。

百事可乐在这方面就做得非常成功。它将自己定位于“新生代的可乐”，通过不断地变换代言人来树立“年轻、活泼、时尚”的形象。在美国本土，有迈克尔·杰克逊和小甜甜布兰妮等超级巨星作为其形象代言人；而在中国，继邀请张国荣和刘德华做其代言人之后，百事可乐又力邀郭富城、王菲、周杰伦、郑秀文等加盟，将百事可乐“独特、创新、积极”的品牌个性演绎得淋漓尽致，赢得了无数的年轻消费者。

除了这些方法外，品牌个性还可以来源于企业形象、企业领袖、广告风格、生产国等多个方面，这里就不一一介绍了。

（二）塑造鲜明的品牌个性

“条条道路通罗马。”要想成功塑造一个品牌的个性，具体的方法有多种多样。但要寻找出一种适合每个企业的固定模式来建立品牌个性又是非常困难的，因为每个品牌都会有自己不一样的背景、资源和特色等。此外，在品牌个性塑造过程中，也有一些共性的东西，了解了这些共同点，对于企业塑造品牌个性能起到有效的指导作用。

1. 品牌个性塑造的原则

企业在实施品牌个性策略的过程中要遵循以下四个原则。

（1）持续性原则。品牌个性是消费者对品牌由外而内的整体评价，它的形成是一项长期的、系统的工程。稳定的品牌个性是持久地占据消费者心理的关键，也是品牌形象与消费者经验融合的要求。品牌个性如果缺乏持续性，就会使消费者无法认清品牌的个性，自然也就无法与消费者自己的个性相吻合，而且他们也不会选择这样的品牌。正如美国某公司创始人大卫·马丁在他的《品牌的罗曼化》一书中写到的，著名的品牌是在很长的一段时间里塑造起来的，一直都会有广告诚实地介绍产品个性……品牌个性需要稳定性。失去了稳定性，也就失去了品牌所具有的感染力。

保持品牌个性的持续性，可以从内容和形式两个方面入手。从内容上讲，品牌个性的内在特质及其内涵、对目标顾客的生活态度和价值观的理解等，要始终保持一致；从形式上讲，品牌的包装和设计、传播的方式和风格，也要尽量保持持续性，具体的图文音色可以更换，但设计的精髓和灵魂，以及体现出的个性风格、气质要尽量保持连续性。长期的持续性可以有效地防止其他品牌在短期内克隆成功。

（2）独特性原则。世界上没有两片完全相同的树叶，市场上也不存在完全相同的两个成功品牌，每个成功的品牌都是独特的、与众不同的、唯一的。

独特新颖制造了差异化，这样的事物总是很容易让人记住。品牌个性作为品牌的独特气质和特点，同样也必须具有差异性，如果与竞争品牌雷同，就会丧失个性，无法发挥品牌个性的巨大魅力。

当然，也要注意到，独特不是奇特，不是为新而新、为奇而奇；个性只是手段，不能特意为了个性的独特性，而选择与消费者个性格格不入的一些离奇、古怪的个性，这样的标新立异是毫无价值的。所以，要评价一个品牌个性的独特性是否有效，就要看它是否能成功地打动目标消费者，引起情感的共鸣。

宝洁公司可谓是这方面的行家里手，多年来它的品牌经营管理经验一直成为各个公司研究和学习的焦点。以洗发水为例，它同时拥有飘柔、海飞丝、潘婷、沙宣等多个品牌。虽然都是洗发水，但是不同的品牌通过不同的广告形象代言人、品牌标志、广告诉求等多方面传播，树立了它们与众不同的品牌个性：飘柔代表的就是“自信”、海飞丝是“潇洒”、潘婷是“靓丽”，而沙宣则意味着“时尚”，等等。

（3）人性化原则。为什么要对品牌进行人性化塑造呢？这是因为品牌个性的树立是一个浇灌情感的过程，人性化的品牌能够使消费者产生某种情感，而此时的品牌不再是缺乏生命的产品和服务，而是消费者的亲密伙伴和精神上的依托。

现如今，在市场产品极为丰富、消费者生活水平有了较大提高的背景下，消费者购物时就更加注重心理需求的满足。海尔的“真诚到永远”、苹果的“think different”、全球通的“沟通从心开始”等，都体现了企业通过以人为本、充分满足人性的需要来达到企业经营目的的宗旨。

（4）简约原则。有的企业为了能让品牌有更好的表现，让其品牌有十多个个性特点，这其实是一个错误的认识。著名的雀巢品牌虽然强调“温馨的”和“美味的”两个特点，但对品牌的管理却相当出色，这才使得它多年来一直跻身于世界最具价值的品牌行列。

品牌个性过多、过于复杂，会使企业很难面面俱到地表达众多的个性，这样反而容易把消费者搞糊涂。一个品牌究竟应该有多少个性特点，这没有什么标准答案。一般来说，最多不应该超过七八个；但最好能重点建立三四个个性特点，并使之深入人心。

2. 如何塑造品牌个性

品牌个性的塑造不是一朝一夕就可以做到的，它需要几年甚至几十年的持之以恒的努力，需要企业经营管理部门全方位的通力合作，更需要企业具有科学的营销观和娴熟的营销技能。具体来说，品牌个性塑造可从如下几个方面入手。

（1）考虑消费者未来的期望。企业为了与消费者保持更长久的关系，不仅要考虑到消费者对品牌个性的想法和需求，还必须根据社会的发展趋势及时预见消费者未来的期望。如今社会每天都在发生着巨大的变化，消费者的期望也会跟着改变。如果品牌个性仅仅满足于消费者现在的需要，那么就有可能落伍。如果是食品品牌的个性，可以预见，未来的消费者对绿色环保等问题会提出更多的期望。

（2）根据品牌定位，塑造品牌个性。品牌定位是品牌个性的基础，而品牌个性是品牌定位的延伸。品牌定位与品牌个性联系得越紧密，消费者被品牌吸引的可能性也就越大。柯达的“真实的颜色”的广告宣传活动，将公司的胶卷定位成最完美的自然色的再现。为了将其人性化，柯达公司使用了格外清楚的标志，也就是一个明亮的童声男高音，配合漂亮的彩色照片翻片的声音，其效果实际上是广告媒介与信息的完美结合，它既烘托了柯达的品牌特征，又暗示了只有柯达才是这个领域里的专家。

（3）通过情感树立品牌个性。品牌个性与人的情感是密不可分的，每一种情感都可能帮助形成品牌个性。比如在海尔的星级服务计划中，其核心的品牌情感就是真诚。当然，除了真诚，还可能包含了细心、期望、成功甚至谅解等多种情感因素，而每一种情感都有可能形成海尔品牌的个性，但核心的情感只能有一个，如果想面面俱到，那海尔的品牌个性就太杂乱了。

（4）展示品牌个性的潜力，增强信心。人们对品牌的信心也是很重要的。没有信心，潜在的消费者就不会相信品牌在广告宣传中所说的话和做出的各种承诺，同时也就不会有购买行为的发生。因此，企业不能单纯地向消费者空洞地描述未来，而是要通过多种方式，充分发掘品牌个性的潜力，增强消费者对品牌的信心。

（5）进行再投资。塑造一个品牌的个性，是一项十分艰巨的工作。它需要工作人员像照顾和抚养小孩子一样，在很长一段时间里要不间断地投入大量的时间、精力、财力和才智等。这些投资可能在刚开始的时候成效不大，但通过长期的日积月累，就会形成一个鲜明的、独特的个性特征，这才是品牌的持久竞争力。

案例

“七匹狼”品牌个性的塑造

七匹狼是福建晋江的服装品牌，创建于1990年6月18日，1989年注册商标，至今在多个行业领域以及几十个国家和地区注册。1993年，集团全面导入CIS并成功运作。1996年，与晋江烟草专卖局、龙岩卷烟厂联名推出的七匹狼高档香烟取得巨大成功。1997年，七匹狼酒业有限公司成立，实现了跨行业经营的第二次重大转变。2000年，七匹狼发展股份公司成立，标志着七匹狼的规范化经营向现代化企业迈进。同时，策划推出七匹狼白酒，成功上市。至此，公司先是主动放弃其他市场、专门生产男装，而后逐步突入皮具业、香烟、酒业、茶业等领域，成功地把七匹狼品牌延伸至其他行业，建立“统一品牌的多元化经营”战略。到2004年，七匹狼的品牌价值已经高达34.65亿元。

七匹狼品牌个性塑造的核心就在于它使狼性和男性达到完美的契合。首先进行详尽细致的720° 品牌扫描，分别从360° 品牌内涵圈（战略一个人一团队一效率）和360° 品牌外延圈（产品一市场一行销一绩效）着手进行。通过对发展过程的考察，同时与经销商和消费者互动沟通。七匹狼的品牌现状是：通过十五年的品牌运作，成为一个具有较高的品牌认知度和较多品牌认同的纯粹男性品牌。这是七匹狼独特的品牌文化和个性的根基所在。

七匹狼的个性化之路，只能以“狼”为品牌形象的主体，并把品牌人格化。研究发现：在现代社会的竞争环境中，男士的世界是一个“群狼混战”的世界。男士面临巨大的社会压力，包括家庭责任、社会关系、事业成败等。生存本身意味着沉勇机警，不懈奋斗。而追求不懈奋斗的男士部落在表面和潜质上兼具狼的性格：孤独、荣辱胜败、勇往直前、百折不挠、精诚团结，这些是男性中追求成功人士必经的心灵历程。成功和走向成功的“男士族群”大多数时候只是表面的辉煌灿烂，更多折射一种在人生旋涡里激流勇进、百折不挠、积极挑战人生的英雄气概，一种在冷静中思考，在负重中专注，在豪迈、自信、慷慨甚至不羁反叛中充分展示自己的理想人格。显然，现代男人个性张扬的时代已经过去，更为内敛的精神内涵和群体合作成为新追求。这是一种个人英雄主义和传统集体主义并重的精神综合体。它正契合了七匹狼的品牌个性的内涵。

基于如此的现实，通过主体消费群的准确创建以及男性精神的精确把握，七匹狼的品牌性格的规划是“狼的智慧——无止境的生命哲学”，代表着团队挑战、个性、执著、忍耐、时尚、成熟、朋友、忠诚、锲而不舍、善于交流、正视失败。以此七匹狼擎起男士族群的精神旗帜，以勇猛精进、顽强拼搏、笑看沧桑的男士精神感召成功和正在走向成功的男性。

（资料来源：蔡清毅．从七匹狼品牌管理案例看品牌个性的塑造．厦门理工学院学报，2006（3）.）

五、品牌个性与品牌形象的关系

品牌个性与品牌形象这两个概念在品牌管理范畴中经常容易被人们所混淆，在此特别将这两个概念比较如下：

（一）品牌形象包含了品牌个性

品牌形象是存在于人们心智中的图像和概念的群集，是关于品牌知识和对品牌主要态度的综合，包括了品牌个性、产品属性、用户与品牌利益的关系等。品牌形象包括硬性和软性两种属性，品牌个性属于软性的属性。品牌形象是指人们如何看待这个品牌，它是人们对品牌由外而内的评价；而品牌个性则是品牌所自然流露的最具代表性的精神气质，它是品牌的人格化表现，一般用形容词来描述。譬如，海尔的品牌形象是独特的服务、最具实力的中国家电企业、品质卓越、真诚、勇于创新等，其中“真诚”和“创新”便是海尔的品牌个性。

（二）品牌个性更具抽象性，是品牌形象的关键与灵魂所在

品牌形象包含了品牌个性，但品牌个性是塑造品牌之间形象差异最有力的武器。外表的形象是可以模仿的，但个性却难以模仿。陈佩斯的光头容易模仿，但陈佩斯的个性却是独一无二的。消费者对品牌的认知也有一个逐步深入的过程，在这个过程中一般是从“品牌标志”开始，到“品牌形象”，再认识到“品牌个性”，品牌个性成为沟通的最高层面。品牌个性比品牌形象更深入一层，品牌形象只是造成认同，而品牌个性则可造成崇拜。一个品牌与消费者的沟通若能做到个性层面，那么它在消费者心中的形象是极其深刻的，它的沟通也是非常成功的。

第三节　品牌文化与品牌形象

建立品牌，不仅仅是一项经济性社会活动，同时也是一种文化性社会活动。品牌的创立过程中，会产生一系列的社会文化心态、文化习惯、文化观念和文化现象。品牌通过文化来增加其附加值，对品牌文化进行挖掘，赋予产品以文化寓意，使文化渗透到品牌经营的各个方面，是品牌营销的重点。本节主要介绍品牌文化的内涵和特征、品牌文化的构成要素、作用及如何培育品牌文化。

一、品牌文化的内涵与特征

（一）文化的内涵

关于“文化”的概念与定义，100多年来，各国学者提出了众多不尽相同的看法，据《大英百科全书》统计，世界上仅在正式的出版物中给“文化”所下的概念和定义即达三十种，文化一词成了使用最频繁的术语之一，可谓众说纷纭，见仁见智。

“文化”是从拉丁文的“耕种”一词引申而来，包括以下几方面的含义：耕种、居住、练习、注意、敬神。概括之：经过人类耕作、培养、教育、学习而发展的各种事物和方式，是与大自然存在的事物相对而言的。1871年，英国的人类文化学家爱德华·泰勒在其《原始文化》一书中，首次对文化进行了科学的界定：“文化是一个复杂的总体，包括知识、信仰、艺术、道德、法律、风俗，以及人类在社会里所获得的一切能力和习惯。”20世纪50年代，美国学者A. 克罗伯提出了影响深广的文化概念，他认为现代意义的文化应包括五种含义：其一，文化包含行为的模式和指导行为的模式；其二，模式不论外观或内涵，皆由后天学习而得，学习的方式是通过人工构造的“符号”系统；其三，模式物化体现于人工制品中，因而这些制品也属于文化；其四，历史上形成的价值观乃是文化的核心，不同质的文化，可以依据价值观念的不同进行区别；其五，文化系统既是限制人类活动方式的原因，又是人类活动的产物和结果。《美国传统词典》对文化的解释是：“人类群体或民族世代相传的行为模式、艺术、宗教信仰、群体组织和其他一切人类生产活动、思维活动的本质特征的总和。”威廉·A. 哈维兰在《当代人类学》中指出，可为人所接受的现代文化定义是：文化是一系列规范和准则。当社会成员按照它行动时，所产生的行为应限于社会成员认为合理和可接受的变动范围之中。

从以上对“文化”的界定我们得出对文化的几点结论：

（1）文化是人们在长期的社会实践活动中形成的一系列道德规范、行为准则、风俗习惯。这说明文化不是人们刻意制造的，而是伴随着人类社会实践活动自然形成的，从此意义上我们可以认为文化是客观存在的，是对人类活动的各方面规律的概括和总结。

（2）文化的核心是价值观，不同的价值观产生不同的文化，不同类型文化的根本区别在于其价值观的异同。

（3）文化的作用在于指导人们进行社会实践活动，在社会实践活动中，人们将遵循这些规范、准则和习惯。这说明文化对社会的发展起着重要的作用，具体表现为指导和规范人们的行为。

（4）文化是可以被传播和学习的。

（5）文化是一个动态的概念。随着外界环境的变化，人们在社会实践活动过程中会对某些不适应的规范、准则和习惯进行变革，使之更有效地指导人类的社会实践活动，但由于文化的形成是一个长期的过程，因此文化的变革也是一个缓慢的过程。

（二）品牌文化的内涵

品牌是大量社会文化网络联系起来综合到一起的一个整体，是有利于识别某个销售者或某群销售者的产品或服务，并使之同竞争者的产品和服务区别开来的名称、名词、标记、符号或设计，或是这些要素的组合。品牌文化是指文化特质在品牌中的沉积和品牌经营活动中的一切文化现象，以及它们所代表的利益认知、情感属性、文化传统和个性形象等价值观念的总和。品牌附着特定的文化，而且是一种极富经济内涵的文化。具有让社会大众和消费者认同的品牌可以为企业带来极高的附加值，是企业的一笔巨大财富。

品牌中蕴含着民族精神。“可口可乐”不仅是一种碳酸饮料，而且是享誉全球的饮料品牌，同时它也是美国文化的象征。正像W. 怀特所说，“可口可乐”代表着美国精神。喝一口可口可乐，不仅可以感受到清凉，似乎还把整个的美国精神灌进了体内，可口可乐瓶中装的是美国人的梦。

品牌中蕴含着企业经营理念。企业经营理念是品牌的灵魂。所有成功的企业都有非常科学的符合企业发展战略目标的企业经营理念以及具有强烈特色的企业文化。不言而喻，一个上百年的企业，很多东西都变了，唯有企业的精神恒久不变。企业文化就是企业精神，也就是企业的灵魂。而这个灵魂是企业永远不衰的理念支柱。总之，正是因为品牌附着着特定的文化，才使得品牌独一无二，特色各异。

（三）品牌文化的特性

管理学家彼得·德鲁克认为：管理是一种文化现象，世界上不存在不带文化的管理。同理，品牌是一种文化现象，品牌中蕴含着丰富的文化内涵。通过分析，品牌文化的特征体现在以下几个方面：

1. 品牌文化的经济性

品牌文化作为一种特定的文化形态，具有极其丰厚的经济内涵。提升品牌文化是提高品牌附加值的有效途径，是品牌价值的重要构成。从某种意义上说，良好的品牌文化是企业的一笔重大财富。通过了解社会文化结构和需求的变化，创建与之相适应的品牌文化，可以极大地提高企业的竞争力。国外一些知名企业的品牌文化甚至构成了其核心竞争力的重要来源。法国香水店说："我们卖的不是香水，而是文化。"麦当劳声称："我们不是餐饮业，我们是娱乐业。"现代市场竞争已经从物质层面上的产品竞争过渡到心理层面的文化竞争，各个企业纷纷甩出文化牌。从一定程度上说，可口可乐与百事可乐之间的竞争就是一场文化战。

2. 品牌文化的民族性

文化具有民族性，每个地区或国家的文化都有其自身的历史渊源和特殊个性。因而，品牌文化同样具有民族性，在品牌文化的塑造上体现了民族文化、民族风格、民族特性。当特定的品牌文化与消费者的民族文化传统相符时，将更能得到消费者的认可甚至喜爱。"红双喜"香烟充分抓住了华人喜欢喜庆热闹、偏好红色的特点，取名"双喜"寓意"喜上加喜"，而"红"不仅包含在名字中，还体现在包装上。其品牌所蕴涵的文化处处散发出浓厚的民族特性，畅销东南亚。正是因为品牌具有民族性，国外品牌在进入中国市场时也注意到了与中国传统的嫁接。可口可乐的新春广告中，年画中的泥娃娃阿福抱着的大鱼变成了一大瓶可乐。也是采用红色背景，但是年年有余则变成了岁岁可乐。肯德基在春节期间还特意推出了中国传统的口味。

3. 品牌文化渗透力强

浓厚的文化底蕴是品牌生命力的保证。万宝路、香奈儿、哈雷这些品牌能成为常青树，正是因为其有强有力的品牌文化做支持。品牌文化不仅体现于企业经营管理的方方面面，也融入了消费者的消费行为中。随着生产力的发展和人们生活水平的提高，人们从单纯的产品消费过渡到文化消费，而且后者的比重不断加大。美国未来学家约翰　奈斯比特指出："我们正处于人类历史上罕见的时期。在这个时期，对社会改革具有决定性影响的两个因素，即新的价值观和新的经济需求已经出现。"同时他认为二者缺一不可。文化型消费正如一股大潮，势不可挡。其流行之快、辐射之广、利润之丰，被人们称为"商业的原子弹"，以惊人的速度产生了强大的市场轰动效应。现代文化型商战已经拉开帷幕。在现代品牌营销中，品牌文化的运用成为企业的重要课题。许多企业已经意识到，将品牌文化渗透到生产运作、员工管理、企业文化甚至战略管理等各个领域，努力提高文化含量和文化品位能迅速地提高企业竞争力。

4. 品牌文化相对稳定

品牌文化作为文化特质在品牌中的沉淀，是一定的利益认识、感情属性、文化传统和个性形象等价值观念的长期积累，因而其具有相对稳定的特点。尤其是深层品牌文化，即品牌精神的部分，对企业经营将产生持续、长远的作用，关系到企业的长期谋划。万宝路香烟自从李奥·贝纳创造了"万宝路男人"形象以来，这一辉煌的创意就一直未变。万宝路总是与美国西部牛仔形象联系在一起，处处散发出粗犷、豪迈的男子汉气概。其文化精华体现在美国人所具有的勇于挑战、向往自由，以及从西部牛仔所折射出的机智能干、热情奔放的品格。

5. 品牌文化个性鲜明

品牌的作用是用于识别某个销售者的产品或服务，并使之同竞争者的产品或服务区别开来，其手段是品牌特色。相应的品牌文化也应具有鲜明的个性。同样是白酒市场，山东曲阜的企业界就充分利用孔子故乡的地理优势，使其品牌浸润着浓浓的儒家文化。由于儒家文化是中华文化的代表，孔府家酒的“孔府家酒，让人想家”曾让多少海外游子为之动容，勾起人们思乡之情的同时也俘获了顾客的心。孔府宴酒则直接定位人文价值，“喝孔府宴酒，做天下文章”。而山西的杏花村汾酒厂则以杏花仙姑酿美酒、“古井亭”神井涌酒、八仙醉杏花汾酒等历史传说为依托，结合浓郁的汾酒文化，巧妙地借用杜牧“借问酒家何处有，牧童遥指杏花村”的千古绝唱，创立了独树一帜的文化特色。

二、品牌文化的作用

品牌文化建设对提高品牌力直至企业的核心竞争力是十分有利的。因为对于一种文化的认同，消费者是不会轻易改变的。这个时候，品牌文化就成了对抗竞争品牌和阻止新品牌进入的重要手段。这种竞争壁垒，存在时间长且不易被突破。品牌文化的作用体现在以下几个方面。

（一）丰富产品内涵

品牌文化扩大了产品的内涵，赋予产品以灵性。当消费倾向从“使用价值”转向“概念价值”时，消费者购买的就不仅局限于商品的基本属性，即使用价值部分，他们更多的是在消费一种品牌，一种精神，一种文化，一种精神上的满足。文化构成了产品附加值的重要来源。“在这个世界上，我找我自己的味道，口味很多，品味却很少，我的摩卡咖啡。”这是一则摩卡咖啡的电台广告，它基于文化细分上的鲜明的目标市场——不赶时尚、有自己品味的少部分人，同时暗示他们选择摩卡咖啡就是坚持这样的生活方式。

（二）企业内外的导向功能

品牌文化的导向功能体现在两个方面。一方面，在企业内部，品牌文化集中反映了员工的共同价值观，规定企业追求的目标，因而具有强大的感召力，能够引导员工始终不渝地为实现企业目标而努力奋斗，使企业获得健康发展；另一方面，在企业外部，品牌文化所倡导的价值观、审美观、消费观，可以将消费者引导到和自己的目标相一致的轨道上来，从而提高消费者对品牌的追随度。

（三）凝聚功能

品牌文化的凝聚功能体现在两个方面。一方面，在企业内部，品牌文化像强力的黏合剂，从各个方面、各个层次把全体员工紧密地联系在一起，使其同心协力，为实现企业的目标和理想而奋力进取。这样，品牌文化就成为团队精神建设的凝聚力。另一方面，在企业外部，品牌所代表的功能属性、利益认知、价值主张和审美特征会对广大消费者产生磁场作用，使品牌像磁石一样吸引消费者，从而极大地提高消费者对品牌的忠诚度，同时，其他品牌的使用者也有可能被吸引过来，成为该品牌的追随者。

（四）提高企业竞争力

富有鲜明个性的品牌文化是本企业产品和服务与其他产品和服务区别开来的重要标志。企业通过独具特色的品牌文化吸引消费者，通过与消费者进行情感上的交流，达到企业文化价值与消费者价值观的共振，从而获得消费者的接受和认可，培育顾客忠诚。在当今的市场竞争环境下，谁赢得了顾客，谁就获得了竞争优势。文化上的竞争，是高层次的竞争表现形式。以文化为纽带，与消费者沟通，能达到更高的顾客满意度，从而获得更高的忠诚度。此时，顾客消费某种产品已经不仅限于对产品性质功能的喜好，更表现为一种情感上的依赖。这时顾客忠诚所追求的最高目标，也是市场营销所追求的最高境界。另外，品牌文化又使企业产品具有高附加值，确保了企业利润的实现。可见，品牌文化是企业获得竞争优势的重要保证。劳斯莱斯始终以生产高贵典雅豪华轿车作为其品牌文化，乘坐劳斯莱斯也就成了身份与地位的象征。劳斯莱斯的员工认为自己不是在流水线上面对冰冷的机器零件，他们以人类高尚的道德情操和艺术家的热情去雕琢劳斯莱斯，努力打造艺术珍品。正是这种品牌文化使劳斯莱斯成了极品豪华轿车的代名词，在世界汽车品牌中占有不可替代的地位。

三、品牌文化的构成

品牌文化作为文化特质在品牌中的沉淀和品牌活动中的一切文化现象，体现于商品的各个方面。品牌文化是人类在进行商品设计和商品生产的过程中创造出来的，是生产者、经营者、消费者的物质财富和精神财富的总和。从商品的设计、制造、包装、装潢、广告宣传，到内部管理、制定战略，无不渗透着文化的理念。

总体来说，品牌文化包括表层要素和内层要素两大类。表层要素指的是能直接展示给消费者的看得见、摸得着的要素，例如：产品、名称、标志、包装、色彩等。而内层要素则是指蕴藏在品牌中的独特的利益认知、感情属性、文化传统和个性形象等。

（一）品牌文化的表层要素

1. 产品

产品是品牌的基础，品牌文化以产品为载体。整体产品的概念包括产品的三个层次：核心产品、形式产品以及延伸产品。然而无论是产品的哪个层面，无不蕴藏着品牌文化。产品的有形形态体现的是一种物质文化，满足人们基本的物质需求。例如，人们消费可口可乐，是为了“解渴”，橙汁、啤酒、茶都是解渴饮料，为什么人们要选择可口可乐？因为人们在喝可口可乐的同时，也在体会可口可乐品牌深处所隐藏的文化——美国精神。

喝一口可口可乐，不仅能获得清凉解渴的感受，还把美国精神灌进体内，这才是可口可乐长盛不衰的原动力。

2. 名称

品牌名称是品牌能被读得出声音的那一部分，消费者可以通过品牌名称展开联想，体会商品蕴藏的文化意蕴。品牌名称是直接与消费者沟通的最有效的信息传播工具。所以，世界级的知名品牌在创立品牌名称时大都巧费心思。奔驰轿车的中文译名就十分具有特色，“奔驰”两个字都能形象地代表该轿车行速飞快的性能。“奔”又有热情奔放的意思，使其带有浓浓的时代色彩，故而深受消费者的喜欢。“雪碧”饮料一看名字就能让人感受到晶晶亮、透心凉的商品特性。

3. 标志

标志是品牌的视觉表现，即品牌的非语言表达部分。通过图像造型和色彩组合调配而得的品牌标志是品牌文化底蕴的重要表现方式。品牌标志总是与品牌名称结合共同诠释品牌的文化内涵。麦当劳总是与黄色的“M”同时出现，从店面装潢到清洁箱、营业用包装纸袋、纸杯托盘、餐巾、抹布几乎都标上了醒目的“M”与红黄相配的色彩基调。

4. 包装

包装作为品牌文化的外延，被誉为“无声的推销员”。包装的主要作用，除了保护商品外，还可以美化商品，吸引消费者的注目，使之产生购买行为。包装在现代市场营销中的作用越来越大，并被并入整合市场营销的重要工具之一。精美的包装通过产生美感，将品牌独特的个性、文化底蕴表述给消费者，从而促进销售。包装还要与品牌文化相符，通过包装要能看得出品牌个性，能体现品牌的整体形象。包装作为树立品牌形象的重要方式，已成为塑造品牌文化的主要手段，是品牌文化构成不可忽视的要素之一。

5. 色彩

色彩作为美的一种主要表达手段，与文化、审美密切相关。色彩作用于人们的视觉感官，通过生理和心理反应，使人们产生不同的感情。雪碧饮料的绿色包装，清爽怡人，让人立即产生“晶晶亮，透心凉”的感觉。

在品牌文化的表层要素中，商品是品牌文化的载体；品牌名称和标志有利于识别品牌并丰富品牌内涵；包装和色彩与名称、标志相结合，有助于强化品牌文化在消费者心中的印象。

（二）品牌文化的内层要素

品牌文化的内层要素由利益认知、感情属性、文化传统、个性形象四个方面构成。

1. 利益认知

消费者认识到商品的性质功能能够给自己带来某种利益，从而形成利益认知。利益认知是品牌认知的重要方面。特定品牌总是能向消费者传递信息，表示本企业商品能满足消费者的某种需求，并强调该商品能更好地满足这种需求创造更高的价值。海尔的家电产品就向消费者诉求其过硬的质量，优质的服务。在一定程度上，“海尔”在消费者心中成了质量的保证。而且，消费者为了获得这种质量保证所带来的利益宁可支付更高的价钱。减肥可乐之所以能获得成功，就是因为它能给消费者带来特殊的利益，在尽情享受可乐美味的同时不必担心体重增加。

2. 感情属性

消费者在品牌利益的认知过程中，会将其转化成一定的情感利益。穿着耐克鞋，可以更轻便地进行体育活动，使人感到更轻松自然，这就产生了品牌文化的感情属性。通过品牌文化的感情属性能令消费者产生更强烈的认同感，促使顾客满意度的产生，更好地建立顾客忠诚度。

3. 文化传统

品牌在一定条件下可成为文化传统的代表。善于利用一国的文化传统的背景优势，可以使品牌更具魅力。法国是浪漫的国度，其出产的香水更是闻名于世。“娇兰”香水借助这种背景资源，在世界香水市场中独占鳌头。德国人具有严谨认真的个性，因此其出产的奔驰轿车也更能使消费者联想到奔驰轿车过硬的质量。中国是中华传统文化的发源地，因此中国出产的白酒就更能令华人接受。所以，文化传统作为品牌文化的内层要素之一，值得企业好好研究。

4. 个性形象

品牌文化的性质之一就是个性鲜明，而个性形象也是品牌文化内层要素的构成要素之一。鲜明的个性形象能突现品牌文化，在个性化消费潮流的现代市场环境中，个性形象是企业品牌营销战略所不可忽视的重要一面。同样是轿车，在不同的品牌文化下也展现出不同的个性形象。法拉利展现的是极时髦、活力充沛、刺激、冒险的个性；而奔驰则展示了富有的、世故的、高尚的、有权势的个性形象。

案例

香奈儿——简单的奢华

任何著名的品牌无不沉淀着历史，凝聚着文化。了解香奈儿的品牌文化，就要从它的历史说起，就要从曾被誉为法国时尚界的天使——可可·香奈儿（1883—1971年）说起。可可·香奈儿出众的才华、令人琢磨不透的性格和无与伦比的气质造就了香奈儿的品牌个性。

这个名牌的诞生，跟她个人的性格和她所处的环境，那个国家、那个民族的风情息息相关。1883年8月19日，可可·香奈儿出生在法国罗亚尔河畔的沙穆尔镇。1924年，她设立了一家专门制作装饰品的作坊。1929年，她创造的香奈儿5号香水成为当时世界销量最大的香水。从20世纪20年代起，她在男装上得到灵感，一改当年女装过分艳丽的绮靡风尚，成为当时女性主义启蒙的重要起源。在设计着装上，她打破传统观念，去掉服装设计中虚伪的装饰和束缚，追求简单的线条美，更加实际与开放。色调多为深暗色或中性色系统，具有独特的风格。她的服装理念倡导了一种妇女新的生活方式——简单、自然、舒服。她曾经这样告诫所有的女性朋友："你每天出门的时候，都要把自己打扮得非常完美，因为很有可能在街道拐弯的时候，你就碰上了今生最爱的那个人。"

人们经常说浪漫是法国的特色，而服饰的经典则是浪漫的衍生。香奈儿品牌的成功与法国悠久的传统、时尚前卫的观念，以及蕴涵在这些服饰中的法国文化息息相关。法兰西民族是一个胸怀宽广的民族，法国人的天性就是钟爱艺术、喜欢时髦，而且推崇浪漫。20世纪初，保尔·缪波瑞特解放了束缚在妇女身上的紧身衣，发起了第一次服装由装饰性走向机能性的革命，以自然简朴、注重实用的形式向前迈进。1910年，香奈儿第一次将西装褛（Blazer）加入女装系列中，又推出女装裤子。让女性从家庭走向社会，从厨房走向社交，从保守走向潮流，使人们看到了属于女性的自由，寻找到了从服装到思想的革命。在香奈儿看来，女人的时尚来自于女人们自己的内心。任何潮流都是反映人们对服饰美的追求，体现了人们的生活感悟和审美愿望。香奈儿开启了现代衣着的观念——怎样穿着一件衣服比衣服本身更重要。她倡导了一种截然不同的真正奢华品位——简单，使女性不必溺于浮华的富贵中，而可以在简洁有力的设计中，找到可贵的质感。让简洁、精致的服装，款式，色彩都不会随流行而逝，且有多种搭配、配饰的可能性。一步一步使女性的着装，从繁琐拘束走向舒适自在，树立了现代女性追求个性表达的着装观念。

可可·香奈儿曾说："华丽的反面不是贫穷，而是庸俗。"真正的服饰美应该是和谐的、自然的，能够反映出着装者的个性和气质。

（资料来源：陈征．从香奈儿品牌文化的角度谈女性服饰美．艺术与设计（理论），2010（5）．）

四、品牌文化的培育

品牌文化作为品牌的灵魂，指导企业各种活动的开展，渗透到品牌战略的各个方面，是企业进行品牌营销的重要保证。良好的品牌文化是企业品牌资产的重要构成，更可成为企业核心竞争优势的来源。通过培育品牌的文化内涵长久地占领市场，已成为商界的共识。品牌文化不仅存在于企业生产经营的各个环节，在全球文化消费的现代市场，越来越多地受到消费行为、消费心理、消费潮流习惯等消费者一方的诸因素的影响。因此，要培育品牌文化，就要从多个角度出发。对企业，要注意与各种要素相配合，创造品牌文化得以建立的条件；对市场，要研究文化动向对消费的影响，或适应或引导，建立消费者认可接受直至喜爱的品牌文化，以此全面打造企业的竞争新优势。

（一）品牌产品文化的培育

产品是品牌之本，也是品牌文化的载体。离开了产品，品牌就成了无本之木、无源之水，品牌文化更是无从谈起。任何成功的品牌文化，必定有高品质的产品为后盾。著名的劳斯莱斯轿车，以高贵雍容、典雅，创造了世界一流的豪华轿车文化，这与其对产品质量的精益求精的执著追求是分不开的。每一辆劳斯莱斯都是轿车中的极品，在每小时100英里[1]的车速时，仍能保证不出现震动，放在水箱的硬币不会被震掉，车厢内完全感觉不到马达的声音，只能听到车内钟表的走动声。劳斯莱斯正是这样向人们诠释了世界级高级豪华轿车所应具有的品质。

（二）品牌传播文化的培育

品牌传播也称品牌沟通，是连接品牌与消费者的桥梁。不同的传播理念及不同的传播方式构成不同的品牌文化。传播文化构建的出发点是消费者的价值取向，品牌营销者通过科学的市场调研以了解消费者的价值取向，针对消费者的价值取向确定品牌传播的宗旨，并以消费者喜好的诉求、传播方式向其传播品牌的理念、利益。Absolut Vodka是来自瑞典的伏特加酒，是20年来引导时尚流行和时代消费的经典品牌。它的成功得益于该品牌独特的传播文化。其广告语"Absolut Perfection"（绝对完美）使得Absolut伏特加的广告形成一个固定的模式：Absolut+一个与消费者易于沟通的、易有溢美的广告词。Absolut Vodka永恒的个性化包装对每一个消费者来说都不陌生：短颈圆肩的水晶瓶，独创性地将所有标注Absolut Vodka的文字信息用彩色粗体字体直接印在瓶身。透过完全透明的酒瓶，消费者感触到的是纯正、净爽、自信的Absolut Vodka伏特加酒。从此，它的包装以个性赢得消费者的认同，并很快传播到世界各地。一句"绝对完美"的广告语伴随Absolut Vodka伏特加酒的不断壮大，成为美国市场家喻户晓的广告经典。

① 注：1英里=1609.344米。

（三）品牌管理文化的培育

品牌营销者及企业员工是品牌的建设者，品牌营销者的理念、行为构成品牌文化的一部分。高素质的员工是品牌文化的重要保证。员工是企业的宝贵资源和财富。品牌文化需要企业员工去贯彻，通过员工深化烘托，通过员工向外部表现。作为世界上最成功的美国杂货分销商，沃尔玛始终对员工有严格的要求。无论在什么情况下都要以笑脸相迎，沃尔玛提出了"八颗牙齿"原则，指的是无论何时都要向顾客展现露出八颗牙齿的笑容，只有这样才能充分表现出沃尔玛热情周到的服务。处处从顾客角度出发，为顾客着想成了员工内心的信念。丰田汽车流传着这么一段动人的故事。雨天里，警察对一个男子行为大惑不解，这个人宁可自己不穿雨衣，也要把雨衣披在车上。于是，警察走上前去，对这名男子说："先生，您太爱惜自己的车了，可是，这样会把你淋出病来的。"那人笑笑说："你错了，这不是我自己的车，但这是我们丰田公司生产的车。"拥有一批优秀的员工，是企业成功的关键。要创造一流的公司，就要具备一流的人才。敬业、爱岗、专业技能高、业务素质强的员工才是公司发展的主要推动者，才是品牌文化的主要塑造者。

品牌文化只有挖掘内涵，提升理念，才能适应变化的文化需求。可口可乐最初诉求健康、幸福；随着时间推移后来扩展到清新、欢乐、活力；之后又由于竞争区别的需要继续延伸到美国生活方式、美国文化，即开心、欢乐、友爱、自由、活力和健康。

五、品牌文化与品牌形象的关系

品牌文化和品牌形象是两个不同的概念，但二者又相辅相成，关系密切，共同构成了品牌的精神资源。

如同人的形象可以反映人的素养一样，品牌形象是品牌文化的表现，是品牌文化积累的结果。由于品牌文化是“诚于内而形于外”的文化，在品牌文化建设中，文化的“物化”和“外化”是必要的。企业不能抛开品牌形象进行品牌文化的建设，品牌文化只有通过品牌形象的展示，才能得到传播。因此，国内外的强势品牌都十分重视自己的形象，采取各种措施塑造形象，提高声誉。

品牌形象的本质是文化形象，品牌文化才是品牌形象的内涵。因此可以说，塑造品牌形象的过程就是建设品牌文化的过程。可口可乐自从1886年问世以来，逐渐成为一种畅销国际市场的饮料，销往全球200多个国家和地区。据统计，全世界每天要喝掉2亿瓶可口可乐，公司的收益雄踞世界各大饮料公司之首。可口可乐何以有如此大的魅力？原因之一就是公司所倡导的一种惊人的经营理念：“要让全世界的人都喝可口可乐！”这充分表明了该公司的长远打算和以消费者为中心的价值观念。在“第二次世界大战”中，可口可乐作为一种军需饮料抢占欧洲大陆，美军所到之处，可口可乐随处可见。1981年，该公司又收购了享有盛名的美国哥伦比亚广播公司，从而把品牌形象提高到文化传播事业的领域。当今，可口可乐不但得到全世界消费者的认可，而且已经成为美国文化的一种象征。

第四节 品牌形象塑造与测量

一、品牌形象塑造的原则

品牌形象是消费者对品牌的评价和印象，这些评价既可以通过购买该品牌产品或服务而产生，也可通过各种新闻媒介的传播来形成。因此，塑造品牌形象应把着眼点放在使消费者了解该品牌的产品和服务上来。企业在进行品牌形象塑造时应遵循以下几条准则。

（一）民族化原则

从品牌诞生之日到品牌国际化的今天，品牌的民族文化特质仍是品牌的成功之源。品牌在空间上的国际化，并不意味着品牌自身文化的丧失。因为品牌的文化内涵从来都是民族性的，而不是国际化的。一个成功的、历史悠久的国际品牌，总是体现着这个国家、这个民族最根本的民族性和文化内涵。一提起“奔驰车”，人们总会想到德意志民族的严谨认真和对完美主义的不懈追求，这样的民族制造的产品其品质保证自然令人信服。而美国文化的功效性、实用性、开放性和个人主义也处处体现在美国品牌形象上：麦当劳干净舒适方便的用餐环境；可口可乐一直强调的欢乐享受每一天的品牌定位……民族性深深植根于每个人心中，具有民族特色的品牌形象常常更容易叩开消费者的心门。

（二）特色性原则

特色性原则是指品牌形象策划上的差异化或个性化。品牌形象策划的目的就是要使该品牌具有独特的个性，以在众多同类品牌中脱颖而出，迅速抓住消费者的心智。因此，特色性原则是品牌形象塑造的重要原则，否则，策划便失去了意义。例如，我国的椰树集团就是以资源特色为形象而取得成功的。它利用海南岛所特有的椰子、芒果、菠萝、杨桃等热带水果优势，以及海南火山地下优质的矿泉水资源优势生产各种天然饮料，从而饮誉大江南北。

鲜明的形象来自于准确的定位，定位千篇一律、随大流，品牌形象就不可能突出。比如摩托车，大多数企业都将之定位在安全、快速、轻便等实用性功能上，如何从众多品牌中突出其个性是能否取得成功的关键。个性化、人情化的品牌形象能够成功地吸引众多消费者的目光。其他可供选择的特色形象还有经营策略特色形象、文化特色形象、技术特色形象等。

（三）整体性和兼容性原则

品牌形象是企业形象的一个重要部分，企业形象是一个整体，包括各个子系统，品牌形象和企业形象塑造的目的都是为了集合企业实力，营造竞争优势，最终创出知名品牌，实现企业长远发展战略。因此，品牌形象必须与其他各子系统协调一致、相互配合、共同发展。例如，日本公司非常着迷于自身的形象，它们常常将公司名称用在许多产品上，使其公司品牌成为终极系列品牌，保证其子品牌与公司品牌形象的一致性，延长品牌的寿命，增强品牌的组织形象，使消费者更加信服。

（四）社会化原则

企业是社会大系统中的一个单位，其生产、经营活动都必须和社会协调一致，服从和满足社会的需求。品牌形象只有得到社会公众的认可和赞同才具有意义，因此，品牌形象的塑造要遵循社会化原则，顺应时代潮流。日本色彩、心理学家小林重顺认为，品牌形象策划的意义就在于公司职员对企业政策的同化和熟悉，以及消费者对企业文化的接受与实现。

（五）标准化原则

品牌形象的标准化和差异化原则并不矛盾，前者是指形象设计时应遵循的技术性原则，即企业所采用的品牌名称、标志、标准色、包装等视觉系统必须统一标准，不能随意采用和变动；而后者则是指品牌形象作为一个整体和其他品牌形象间的差异，突出本品牌的个性。具体而言，品牌形象的标准化表现为以下几个方面：

（1）简化。简洁生动，既在视觉上给人以美感，又便于认知和传播，关键是充分体现企业的经营理念和所要表现的形象主题。如可口可乐的品牌形象设计“Cola-Cola”，流线型字体、朗朗上口的发音和红白相间冲击力极强的包装设计，充分体现了简洁流畅的美感原则。

（2）统一化。即把同类事物两种以上的表现形式合并为一种或限定在一定范围内。例如，同一产品的名称在不同国家和地区要统一，尤其是音译或意译的名称，不能随意采用，如日本的松下、索尼等。

（3）系列化。即对同类对象的设计中的组合参数、尺寸、大小等做出合理的安排和规划。对实行多品牌策略的企业而言，各品牌之间的协调统一尤其重要。

（4）通用化。即形象设计可以在各场合使用，彼此互换。如麦当劳的标志黄色大写“M”既可以制作得很大，高悬于空中百米之高，又可缩小置于门把之上。

（5）组合化。即设计出若干通用的单元，以便在不同场合自由组合使用。如具体规定标准字、标准色、标志性符号及其之间的合理搭配，具体使用时再根据情况进行选择，这对于连锁经营企业的品牌形象统一尤为重要。

二、品牌形象塑造的途径

（一）推行品牌经营战略

企业在经营中缺乏品牌意识，不能很好地运用品牌策略提高市场占有率是我国企业中常见的现象。在产品观念时代，产品质量是企业成败的关键，能否提供市场需要的产品，能否不断进行产品创新决定了企业竞争力的强弱。目前，市场已进入品牌竞争的时代，品牌的竞争优势取代产品的竞争优势成为决定企业胜负的关键。品牌形象的塑造需要企业全体员工长期的坚持努力，一个缺乏品牌经营意识的企业在塑造品牌形象时不可能取得成功。

（二）重视产品创新

产品形象是品牌形象的内在表现，企业品牌形象的好与坏，取决于产品的水平和质量。为此，企业必须积极引进高科技人才和管理精英，大力推进产品的科研、开发战略，用新材料、新技术、新设计的产品形象满足公众不断变化的社会需求。即使如麦当劳、肯德基这些讲究产品标准化的西式快餐店，在争夺潜在消费者的战争中，也十分注重产品的创新。如在中国市场上，麦当劳曾相继推出了海鲜蛋蔬汤、椰子味新地和申奥套餐等新产品，肯德基也不甘示弱，推出雀巢柠檬茶相对抗。不断进行产品创新，为消费者提供优质产品，这是强化品牌实力、树立品牌优势的关键，也是塑造品牌形象的根本。

知识窗

产品决定品牌形象

TCL即将启动新品牌战略，并正式推出高端子品牌，定位时尚、年轻、国际化。平心而论，品牌老化并不严重，如果说它有什么短板，那就是产品无法与国际品牌媲美。

在美国，惠而浦被称为“老奶奶品牌”，但这不表示人们对惠而浦“历史悠久”的尊重，相反，它传达出人们对惠而浦品牌老化的忧虑，已经到了“老奶奶使用”的程度。综观全球家电品牌成长态势，大致可以分为四个层面：韩国品牌（以三星为代表）如日中天，中国品牌（如海尔、格力）朝气蓬勃，日本品牌（如索尼、松下、夏普）日薄西山，欧美品牌（如惠而浦、伊莱克斯、西门子）暮气沉沉。

品牌老化不仅存在于欧、美、日企业，也一定程度上存在于中国企业。认为只有历史悠久的品牌才会老化，这是一个误区。如果品牌内涵不能与时俱进，产品不能取得年轻消费群体的认同，即使企业历史很短，照样会给消费者留下品牌老化的印象。

海尔是中国品牌意识觉醒最早的企业。2007年之前的海尔，统一使用“海尔”品牌，无论在国内还是国际。但海尔渐渐发现，来自中国的背景及“海尔”品牌自身的局限性，使其在国际市场始终难有大突破，更别说与国际高端品牌抗衡。于是，海尔启动了新品牌战略，卡萨帝应运而生。卡萨帝定位高端产品，首先使用于海外市场及冰箱产品，后逐步扩展至国内市场及洗衣机、空调产品。目前来看，这一品牌战略较为成功。美的也有类似举措。2010年凡帝罗面世，目前应用于美的旗下高端冰箱产品。实际上，通过启动高端子品牌改善品牌形象早有先例。20世纪80年代之前的丰田，在美国是“低价低质”汽车的代名词，“低档、省油、廉价车”的消费者印象根深蒂固。为改变公众这一固有观念，丰田推出全新高端品牌——雷克萨斯。随后多年，雷克萨斯一直位居美国豪华车销量榜首。

当然，品牌再造并非只有启动子品牌一条路。三星、LG都经历过品牌再造的过程，并最终跻身国际高端品牌之列，其经验值得中国企业借鉴。以LG为例，2000年之前的LG被中国消费者称为“洋品牌中的土品牌”，对开发中国市场非常不利。2004年，LG决定启动为期5年的“品牌再造”工程。应该说LG为此做了很多事情，但最重要的事情只有一件，那就是高密度向中国市场投放最新开发的高端产品：全球首家向中国投放对开门豪华大冰箱，第一时间向中国投放全球最大等离子电视（超过100英寸）和最新开发的巧克力手机。这些创新产品的投放，极大地改善了消费者对产品的固有印象，赢得了中国消费者的好感。LG产品的售价，也在这个过程中不知不觉地提高到和三星、松下大致相当。

其经验告诉我们，品牌再造的精髓在于产品。仅仅改换一下LOGO是远远不够的，产品才是第一竞争力，唯有不老的产品，才有不老的品牌。

综观中国家电尤其是彩电行业，品牌老化最严重者当属康佳、长虹。在20世纪90年代，长虹多年霸踞“中国彩电老大”位置，后一度被康佳短暂替代。然而，这两个当年的“彩电双骄”，在平板时代却被TCL、创维远远甩在后面。尤其是康佳彩电，没落的迹象最为明显。当年以“品质卓越”著称的康佳彩电，而今已沦落为二线品牌。

其实，保持品牌活力没有什么秘诀，关键在于企业能否培育创新能力，企业品牌形象不取决于LOGO好不好看，而是取决于企业能否开发出有竞争力的产品。因此，建设品牌形象需要从产品内容入手。

（资料来源：刘步尘．产品决定品牌形象．IT时代周刊，2013（3）.）

（三）重视企业质量保证体系的构建

质量保证体系是体现企业服务和品牌形象的重要方面。在购买时，大多数消费者比较注重产品的功能、型号、造型设计甚至包装等直观性指标，而不太关注深层次的质量指标。但是企业永远应走在市场需求的前面。随着时间的推移，消费者对于产品的质量指标就会高度敏感，高质量的产品保证体系会强化品牌形象，产生良好的品牌信誉。名牌企业无不重视品牌质量保证体系的构建，正是由于海尔集团一直倡导高品质的产品和服务理念，才成就了今天的跨国集团。

（四）重视品牌的包装设计

品牌标志系统是品牌形象的一个重要构成要素，包括品牌名称、标志、包装、装潢等品牌的外观设计。在国际市场上，我国的许多产品无论是功能、质量还是技术含量都毫不逊色于国外产品，但其价格和市场占有率却远远低于国外品牌的同类产品，原因何在？就是因为品牌标志系统粗糙所致。在国际贸易中流传着一种说法，就是我国出口的商品是“一流质量，二流包装，三流宣传，四流价格”。包装本来是为了保护和美化商品，促进销售，是吸引消费者注意力的第一要素，二流的包装不仅起不到美化商品的作用，反而成为塑造品牌形象的一大障碍，这不能不引起我国外贸企业的重视。

（五）重视品牌定位策划

品牌定位就是选择企业的目标市场并把和目标市场相关的品牌形象传递给消费者的过程，因此，品牌形象的塑造离不开品牌定位，偏离了目标市场的品牌形象不可能是成功的品牌形象。品牌定位必须清楚、明白，使消费者能在丰富多样的商品中迅速分辨出企业的品牌形象。品牌形象的定位直接决定和影响着一个品牌能否塑造出良好的品牌形象。定位失误，各方面工作即使做得再好，也不能塑造出良好的形象。例如，面对柯达、富士两个洋品牌在中国的强势进攻，乐凯公司经过分析，最终确定了“低价位，以农村包围城市”的品牌定位，结果在激烈的竞争中生存下来，维护了民族品牌的地位。

（六）强化品牌忠诚度

品牌忠诚度表明某种品牌在公众中受欢迎的程度。品牌忠诚度的高低和品牌形象息息相关，良好的品牌形象促使消费者重复购买某一品牌，挑选的时间较短，表明忠诚度较高；反之，则忠诚度较低。企业塑造品牌形象是为了提高消费者的品牌忠诚度，提高其重复购买的频率，为了达到这一目标，企业必须做好以下几方面的工作：① 树立“顾客至上”观念，营造“顾客至上”的环境；② 妥善处理顾客的不满与意见，提高顾客满意度；③ 努力提高产品的科技含量，建立完善的服务体系，运用适当的营销策略；④ 注重企业文化建设以及品牌形象的塑造；⑤ 预测消费者需求及变化，运用创新方法超前满足顾客需求。

（七）重视品牌管理

品牌形象的塑造，离不开品牌管理。品牌形象的树立不易，但维护更为不易，品牌是一种脆弱的东西。对于企业而言，建立了品牌形象并不就是万事大吉了，品牌管理是贯穿企业全部活动，具有持续性与稳定性的品牌发展和创新过程。在空间上，要不断开拓市场，提高市场占有率；在经济上，注重谋求经济效益，提高品牌的价值效应；在社会形象上，企业应积极参与公益活动，不断提高品牌的社会声望。

三、品牌形象塑造策略的选择与制定

品牌形象是一种感觉，但这种感觉绝不是华丽而空洞的，它通过产品、服务或者商标、包装等视觉系统散发出来，无处不在；它是一种气氛、一种精神、一种风格，需要策略制定者去挖掘、去表现。目前在竞争激烈的行业，产品功能的差别越来越小，单纯依靠宣传其功能已经难以突出独树一帜的品牌形象，此时应当从更广泛的意义上去挖掘并赋予品牌以鲜明的性格。通常有以下几种策略可供选择。

（一）情感导入策略

品牌不是冷冰冰的牌子，它特有的思想、个性和表现力，是沟通企业和消费者的桥梁。情感是人们心目中最柔软的东西，以情动人，以情诱之是品牌经营者的唯一法宝。因此，如果品牌能在消费者的心目中而不是大脑里占据一席之地，占据一方情感空间，那么这个品牌的塑造就是成功的。

（二）专业权威形象策略

专业权威形象策略是一种极具扩张性、竞争性和飞跃性的形象策略，一般为那些在某一行业占据领先地位的企业所采用，以突出该品牌的权威度，提高消费者的信任度。宝洁公司在这方面表现比较突出，例如，在它的牙膏品牌“佳洁士”系列广告中，一个中年牙科教授的形象多次出现，她通过向小朋友讲解护齿知识等，来肯定佳洁士牙膏不磨损牙齿并有防蛀的效果；洗发水品牌“海飞丝”也多次借专业美发师之口，强调产品出众的去屑功能。

（三）心理定位策略

美国市场营销专家菲利普·科特勒认为，人们的消费行为变化分为三个阶段：第一个是量的消费阶段；第二个是质的消费阶段；第三个是感性消费阶段。在现代社会，随着商品的极大丰富和消费者品位的提高，消费者追求的是产品与自己的密切程度或是追求商品与理想自我的吻合，日益看重商品对于自己情感、心理上的满足，而不仅仅是量和质的满足。所以企业应顺应这种变化，恰当运用这种心理定位策略，树立良好的品牌形象。

（四）文化导入策略

品牌文化是在企业及其产品历史传统基础上形成的品牌形象、品牌特色以及品牌所体现的企业文化及经营哲学的综合体。品牌需要文化，品牌文化是企业文化的核心，品牌文化可以提升品牌形象，为品牌带来高附加值。

品牌形象所具有的感性色彩决定了文化是品牌构成中的一个重要因素。品牌本身就是一种文化，凝聚着深厚的文化积累，在品牌中注入文化因素，使品牌形象更加丰满，更有品位，更独具特色。

（五）质量管理策略

影响品牌形象的因素很多，包括产品的品质、功能的多寡、安全性、创新性、价格等。但最基本的还应当是产品的质量。例如，苹果、海尔的成功多半取决于消费者对其品牌质量保证的充分信任。

（六）品牌形象代言人策略

这里所指的代言人，是那些为企业或组织的营利性目标而进行信息传播服务的特殊人员。例如，在宝洁公司众多品牌的广告中大多采用明星作为其代言人，这在消费者心目中留下了深刻印象。成功运用品牌形象代言人策略，能够扩大品牌知名度、认知度，近距离与受众沟通，受众对代言人的喜爱可能会促成购买行为的发生，建立起品牌的美誉度与忠诚度。

四、品牌形象测量模型与评价

（一）品牌形象测量模型

1. 基于艾克品牌识别系统的综合模型

我国学者范秀成基于艾克的品牌识别系统，提出品牌形象综合测评模型。模型包括产品维度、企业维度、个性维度、符号维度四个方面，如图7-3所示。

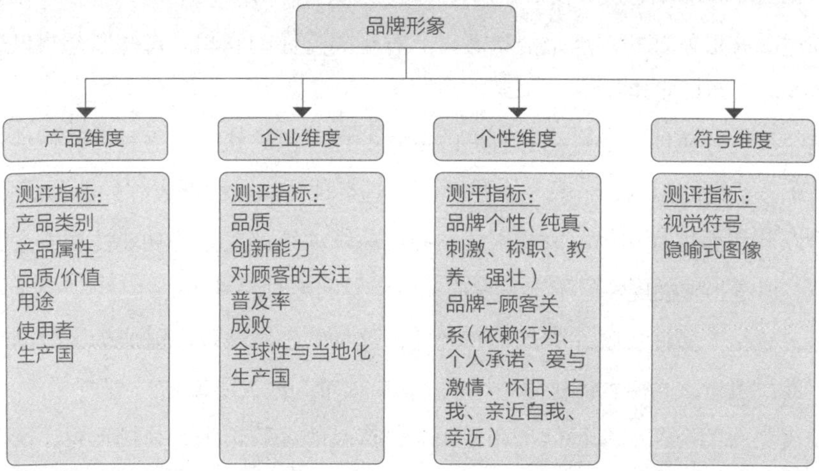

图7-3　艾克品牌形象模型

（数据来源：范秀成，陈洁．品牌形象综合测评模型及应用．南开学报：哲学社会科学版，2002（3）.）

2. 凯勒模型

凯勒从建立给予顾客的品牌资产的角度把品牌知识分为品牌意识和品牌形象两个部分。品牌意识与记忆中品牌节点的强度有关，它反映了顾客在不同情况下确认该品牌的能力。品牌形象是顾客关于品牌的感觉，它反映为顾客记忆内关于该品牌的联想。因此，通过分析品牌联想结构，有助于考察品牌形象和品牌营销的直接效果，揭示出仅靠绩效指标和以往的行为模型无法得到的信息，对于指导企业的营销战略，特别是品牌战略具有重要意义。

凯勒将品牌联想分为三类：产品特性、利益和态度。产品特性的品牌联想有两大类：与产品有关的特性联想和与产品无关的特性联想。功能性利益是产品或服务的内在优势，通常与产品有关的特性相关；象征性利益是产品或服务的外在优势，通常与产品无关的特性、尤其是使用者形象相关；体验性利益则是消费产品或服务的感觉，与产品的两种特性都相关，而最高水平和最抽象的品牌联想是态度联想，它是消费者对品牌的总体评价。

3. 克里斯南模型

心理学家克里斯南（H. S. Krishnan）提出联想网络记忆模型，即人们头脑中的记忆是由一些节点（Nod）和链接（Connecting Link）组成的网络，节点代表了存储的概念和信息，链接代表了信息和概念间联系的强度。任何信息都可以存储在这个记忆网络中，包括文字的、视觉的、抽象的和背景的信息。在品牌名称的外在刺激下，人们会激发头脑中已有的品牌联想记忆网络。

品牌联想的复杂性决定了考察品牌联想结构需要从多个维度进行。从联想网络记忆理论出发，克里斯南认为应从联想的数量、联想的偏好、联想的独特性和联想的来源四个方面来考察品牌联想。

4. 贝尔模型

贝尔认为品牌形象通过公司形象、使用者形象和产品/服务自身形象三个形象得以体现，而描述品牌形象好的起点是消费者对品牌相关特性的联想。这些联想可以分为“硬性”和“软性”两种属性。

所谓“硬性”属性，是对品牌有形的或功能性属性的认知。这种硬性属性对于品牌而言，是十分重要的因素，如果一个品牌一旦对某种功能属性形成“独占”，别的品牌往往很难再以此属性进行定位，一些市场领导者品牌往往都在某些功能性属性方面取得了垄断地位。但是，硬性属性已不再是形成品牌差异的绝对因素。

所谓“软性”属性反映品牌的情感利益，这种软性属性现在已成为区分品牌越来越重要的因素，因为，这种情感利益一旦建立，就很难为他人所模仿。

消费者将有关公司的各种信息和使用公司产品的经验组织为公司形象，这是品牌形象的重要组成部分，也可以称为组织形象。其构成要素主要包括：革新性、历史延续性（如企业的历史、规模、实力等）和社会营销意识，以及给消费者的信赖感。

使用者形象，是指品牌使用者的人口统计特征，这是“硬性”方面的特征。另外还包括使用者的个性、价值观和生活形态等软性方面的特征。产品/服务形象是与产品/服务本身功能或所带来的利益特征相对应的品牌特性，另外，产品产地、包装，以及其所能满足的需要等特性都是产品/服务形象的构成部分。

（二）品牌形象测评体系评价

由于品牌形象的集合性和动态性等特点，在不同的时间、地点和使用情境，消费者赋予其不同的含义和内容。许多研究人员也从各自的研究角度提出了不同的品牌形象模型，布朗（L.C. Brown）认为这些模型都是精神模型（Mental Model）。其中贡献最大的有艾克模型、凯勒模型、克里斯南模型、贝尔模型，表7-2将具体说明这四个模型。

表7-2　品牌形象模型比较

模型	模型性质	品牌形象的维度	优点	缺点
艾克模型	品牌资产	1. 品牌联想 2. 品牌的品质感知	揭示品牌形象与品牌资产的关系	1. 不系统 2. 不完备 3. 分类混乱
凯勒模型	品牌联想	1. 产品特性 2. 利益 3. 态度	1. 系统性 2. 全面性 3. 普遍性	1. 复杂 2. 不易实证
克里斯南模型	品牌联想	1. 品牌联想的数量 2. 联想的净值 3. 联想的独特性 4. 联想的来源	1. 角度新 2. 容易扩展 3. 实践意义大	不完备
贝尔模型	品牌联想	1. 公司形象 2. 产品及服务形象 3. 使用者形象	1. 直观 2. 实践意义大	1. 过于简单 2. 不完备

艾克模型的出发点是解释品牌资产的构成。因此，品牌形象只是作为品牌资产的一个部分在模型中体现，品牌联想和品牌的品质感知就是品牌形象的内容。虽然这个模型得到了广泛的认可和引用，而且它表明了品牌形象与品牌资产的关系。但是，艾克模型中的二级要素，即品牌联想和品牌的品质感知两个维度下面包括的要素只是大致提及，没有系统、全面的表述。当然，该模型更没有指出品牌形象构成要素之间的相互关系。

凯勒模型说明，在品牌顾客资产的产生过程中，品牌联想是其中发挥核心作用的关键部分，凯勒模型不仅描述了品牌联想的维度，还揭示了维度作用的机制，但是，没有对维度之间的关系进行说明。作为应用模型，凯勒模型过于复杂。

克里斯南模型的研究角度与其他三个模型都不同，使我们从另一个角度加深了对品牌联想的理解。同时，该模型也有利于进行实证研究。

贝尔模型认为品牌形象由公司形象、产品和服务形象以及使用者形象组成。任何品牌都存在这三种形象。但不同种类的产品，这三者的重要程度相差很大。特殊品属于形象性品牌，以塑造独特的品牌形象建立竞争优势。因此，运用贝尔模型测量特殊品的品牌形象，对企业广告主题、形象代言人以及促销方式的选择有着直接的指导意义。

贝尔模型的缺陷主要表现为没有描述各构成要素之间的相互关系，没有考虑三个要素的相对重要性。但是，贝尔模型简单、直观，并比较系统、全面地包括了品牌形象的构成要素。因此，从这个意义上来说，贝尔模型是四个模型中最名副其实的品牌形象模型。

本章回顾

品牌形象具有集合性、心理性、稳定性、动态性等四个方面特点。品牌形象塑造应遵守民族化、特色性、整体性、兼容性、社会化和标准化的原则。通过推行品牌经营战略、产品创新、重视企业质量保证体系的构建、品牌的包装设计和品牌定位策划等几个方面来进行品牌形象的塑造。企业塑造品牌形象常采用的策略包括情感导入策略、专业权威形象策略、心理定位策略、文化导入策略和质量管理策略等几种常见手段。常用的品牌形象测量模型有：基于艾克品牌识别系统的综合模型、凯勒模型、克里斯南模型、贝尔模型。

品牌个性具有人格化属性、不可模仿性、持续稳定性和互动性四个方面的特点。品牌个性的价值体现在其人性化价值、购买动机价值、差异化价值和情感感染价值。学界对品牌个性结构和维度比较权威的划分的有詹妮弗·艾克教授的品牌五大个性要素和我国学者卢泰宏教授的品牌个性维度模型。品牌个性的塑造可以通过产品自身的表现、品牌的使用者、品牌代言人几种途径来完成。

品牌文化具有经济性、民族性、渗透力强、相对稳定及个性鲜明的特点。品牌文化的培育应从产品文化、传播文化、管理文化几个方面着手。品牌文化建设能够丰富产品内涵，对企业内外具有导向功能、凝聚功能，能够提高企业的竞争力。

关键术语

品牌形象　品牌个性　品牌文化　品牌形象测量模型　凯勒模型
克里斯南模型　贝尔模型

讨论与思考

1. 结合自己的理解对学术界关于品牌形象的几种测评体系进行评价。
2. 比较中西方学者对于品牌个性结构和维度理解的异同。
3. 企业塑造品牌文化应如何入手？
4. 试述品牌形象、品牌个性和品牌文化在企业品牌塑造与管理过程中的重要价值及其之间的联系与区别。

案例分析

七位大师，一个品牌——LV的品牌故事

路易·威登创立于1854年，现隶属于法国专产高级奢华用品的Moet Hennessy Louis Vuitton集团。创始人是路易·威登本人，他早年是19世纪一位专门替王宫贵族打包旅行行李的技师。

1837年，年青的Louis Vuitton不畏艰难长途跋涉，到巴黎追求自己的梦想，也似乎暗示着旅行、冒险、勇气成为贯穿LV百年的品牌精神。Vuitton使用独特的布料为贵族制作皮件，很快就受到了注目，成为当时贵族阶层旅行最爱使用的品牌。1854年Vuitton在巴黎开设了第一家的旅行皮件店，从此一个代表高质量的旅行皮箱品牌诞生。1896年，Louis Vuitton的儿子George Vuitton设计出了以LV缩写搭配上四瓣花纹的“Monogram”图腾，成为LV的永恒标志和象征。1914年，LV在法国的香榭丽舍大道开设第一间大型专卖店，为全球大型皮件专卖店风气之先。

除了皮箱、皮件和时装外，求新求变的百年老店LV也将脚步跨入其他时尚领域。1998年，请来时尚界的大顽童Marc Jacobs掌舵，带领这艘巨轮继续前航。Marc来自美国，但他却深深为法国服装的历史、文化、根基和经典精神所着迷。Marc的设计理念以实用为主，他认为时装要能够让人穿出门才是最实际的，注重设计细节，结合个人的独特眼光，衍生出出众的女性魅力风格。经典的行李箱、鲜艳创新的提包，LV的高贵精神和品质不变，但在Marc的巧妙装扮下却为LV换上了新的表情，更贴近大众的生活。

日本的艺术家村上隆（Takashi Myrakami）以他的卡通世界颠覆了LV，也颠覆了整个世界，LV的字母组合图案遇上变化多端的奇幻色彩扭转了人们的视觉印象。顿时间，村上隆的大笑花朵和招牌眼睛幻化成各种形式出现在LV的商品上。西方经典品牌遇上东方天马行空的艺术家，这场时尚与艺术的联姻获得了空前的成功。对村上隆相当着迷的Marc Jacobs表示他最欣赏的是村上隆欢乐作品底下的黑暗面，同时具有光明和黑暗才是真实人生，也是Marc Jacobs要带领LV前进的方向。

整整一个世纪过去了，印有“LV”标志这一独特图案的交织字母帆布包，伴随着丰富的传奇色彩和雅典的设计而成为时尚之经典。100年来，世界经历了很多变化，人们的追求和审美观念也随之而改变，但路易·威登不但声誉卓然，而今保持着无与伦比的魅力。

也许正是这种魅力吸引了无数世界顶尖的设计师。为庆祝交织字母标志诞生100周年，路易·威登的总裁圣·卡斯利（Yves Carcelle）经过3年的考虑，决定邀请7位赫赫有名的前卫设计师来设计交织字母标志的箱包新款式。7位设计师是：阿泽蒂纳·阿莱亚（Azzedine Alaia）、莫罗·伯拉尼克（Manolo Blahnik）、罗米欧·吉利（Romeo Gigli）、赫尔穆特·朗（Helmut Lang）、伊萨克·米兹拉希（Isaac Mizrahi）、西比拉（Sybilla）和维维安·威斯特伍德（Vivienne Westwood）。

这些杰出的设计师们对流行时尚有敏锐的感受能力，他们凭着对路易·威登这一经典品牌的理解，各自发挥自己的想象力和创造力，设计出7款令人耳目一新的交织字母标志箱包新品，用于旅游休闲或高雅的社

交、工作场所，共同塑造了路易·威登的经典形象。

（资料来源：改编自《世界顶级品牌档案》，http://www.citymao.com/n75a7c54p6.aspx.）

【案例思考题】

1. LV的品牌形象源自哪几个方面？

2. LV的品牌精髓是什么？什么造就了LV的品牌精髓？

本章实训

【实训目的】

（1）熟悉品牌形象的测量与方法。

（2）能够掌握并熟练运用某种典型测量方法对企业的品牌形象进行测量和评价。

【实训内容】

（1）了解品牌形象的构成和结构，能够熟练运用一种或几种方法，并结合市场调查手段对某品牌的品牌形象实施测量活动。

（2）选定一个品牌，确定其品牌形象的结构，运用所掌握的品牌形象测量模型对其品牌形象进行测量和评价。如果条件允许，可以运用多种方法测评，并比较测评结果的差异，以了解各种模型的优势劣势。

【实训组织与步骤】

（1）由学生以小组的形式开展实训。

（2）学生小组自由选择品牌，并独立收集资料。

（3）学生小组完成项目研究报告，并以PPT的形式展示成果。

（4）实训成绩评定标准：小组团队参与程度占30%；上台讲演、PPT演示占40%；品牌形象测评内容占30%。

（5）教师最后做点评。

延伸阅读

[1] Jenniffer Aaker. Dimensions of Brand Personality. Journal of Marketing Research，1997.

[2] 卢泰宏，黄胜兵. 品牌个性维度的本土化研究. 南开管理评论，2003（1）.

[3] 范秀成，陈洁. 品牌形象综合测评模型及应用. 南开学报：哲学社会科学版，2002（3）.

参考文献

[1] 乔春洋. 品牌文化. 广州：中山大学出版社，2005.

[2] 凯文·凯勒. 战略品牌管理. 卢泰宏，吴水龙，译. 北京：中国人民大学出版社，2009.

[3] 梁东，连漪. 品牌管理. 北京：高等教育出版社，2012.

[4] 卢泰宏，黄胜兵. 品牌个性维度的本土化研究. 南开管理评论，2003（1）.

[5] 范秀成，陈洁. 品牌形象综合测评模型及应用. 南开学报：哲学社会科学版，2002（3）.

第三篇
品牌战略决策与管理

第八章
品牌架构优化与品牌组合管理

箴言

整体必然比局部要优先得到考虑。

——亚里士多德

本章学习目标

1. 了解品牌架构优化与品牌组合管理的意义
2. 掌握品牌架构优化的基本内容
3. 掌握品牌架构横向管理的六种基本战略
4. 理解品牌延伸的优势与风险
5. 掌握品牌成功延伸的要素与条件
6. 掌握品牌延伸的原则与步骤
7. 了解品牌联合的含义与优缺点
8. 了解品牌授权的主要形式、优势与风险

本章知识结构图

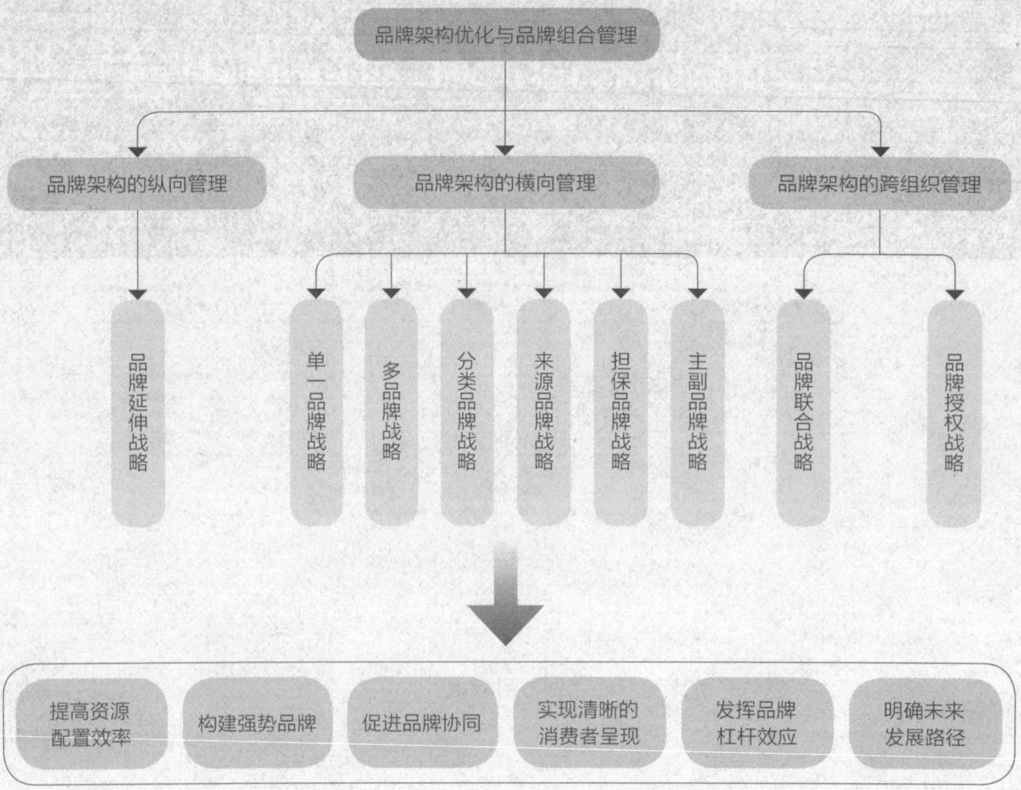

引导案例

联合利华的全球品牌战略

联合利华集团是由荷兰Margrine Unie人造奶油公司和英国Lever Brothers香皂公司于1929年合并而成。联合利华的14个品类的400个品牌畅销全球170多个国家和地区，是全球最大的冰激凌、茶饮料、人造奶油和调味品生产商之一，也是全球最大的洗涤、洁肤和护发产品生产商之一。每天有1.6亿多人次在世界各地选购联合利华的产品，家乐、立顿、奥妙、力士、多芬、舒耐、和路雪冰激凌等都已经成长为销售额超过10亿欧元的品牌。联合利华取得上述佳绩得益于公司1999年提出的全球品牌战略，即“通向发展之路（Path to Growth）”战略。

尽管它是个再明显不过的典型的全球化企业，但20世纪90年代及之前的联合利华却十分反感别人这么称呼它，怕这样会给人留下强烈的总部统管一切的印象，它竭力要表现出“多地方、多国家”的公司事业形态。因此，尽管这是一家年营业额达534亿欧元的“航母型”企业，但消费者对它的印象却是十分模糊的。“世界上有好多人都不知道联合利华的名字。普通的消费者顶多只是隐约感觉它或许是一家美国或者英国的日用品生产企业吧。”

让消费者记住品牌而不是公司名称，这在消费品市场上并不鲜见。强化品牌印象而不是企业名称，这几乎已成了一些食品和日用品生产企业市场制胜的不二法宝。其中联合利华重视品牌与当地社会生活密切结合的策略特别引人注目。但是，过于地方化地开展业务和充分强调品牌自主性的产品战略，这两个极富联合利华特征的经营方针却给企业带来了“90年代的苦恼”。缺乏战略性思考的战线延长，使得企业几乎难以在成本和生产方面享受到规模优势带来的好处。而实施“通向发展之路”战略的目的就在于改变这种状况。

1999年以前的联合利华拥有包装、印刷、广告等好多项与本业并无直接关系的业务，而且，由于各家子公司都有着自己的品牌，并独立进行产品开发，以致出现一样的产品但名称和包装却完全不同的情况。到最后，联合利华林林总总的品牌竟有1 600种之多。实施“通向发展之路”战略的首要任务是品牌再建，其目标是要将现有的品牌数从1 600个削减到400个。单从通过出售等方式削减1 200个品牌这点来看，就足见联合利华实施这一战略的力度是前所未有的。2000年，联合利华斥资243亿美元购并了以生产即食汤羹闻名的美国大型食品生产商“Best Food”，借此收购之机，联合利华一不做、二不休，将其名下所有生产食品的子公司统统改名为“联合利华 · Best Food”，连以创业者姓名命名的一家荷兰子公司也不例外。

宣布削减过多的品牌很简单，实行起来只要具有充分的领导力也不难。但仅仅是削减品牌的数量是毫无意义的，关键在于要集中现有的经营资源，将留下的品牌培育成强有力的世界级品牌。所以，“通向发展之路”战略的第二项内容是处置与整个联合利华发展战略毫无关系的资产，并收购对本企业发展具有战略性重要意义的强势品牌，集中力量培育世界顶级品牌。

荷兰总部董事会主席安东尼 · 伯格曼斯在介绍联合利华的这一战略时打了一个生动的比方。他说，如果你将手中的植物种子全撒在家里的院子里，它们一定长不好。但如果你集中精力在主要花木上，给予足够的空间、阳光、空气和水，它们就会茁壮成长。安东尼 · 伯格曼斯强调说，品牌再建的一个基本方针是，将资源集中在能够领导市场的顶尖品牌上，除此以外或出售，或废弃，或为主力品牌吸收。顶尖品牌的增长率90年代只停留在3%左右，大有发展余地。2000年，联合利华78%的销售额是由前400位的品牌创造的，2001年达到了84%，2004年这个数字达到了95%。这也直接为21世纪联合利华的发展奠定了基础。

第一节 品牌架构与品牌组合概述

在企业发展过程中，随着产品种类的增多、业务领域的扩展，兼并收购以及规模扩张行为不断增加，企业的品牌管理体系日渐复杂。中国许多大型企业采取了多元化发展、多产品经营、多品牌发展的经营策略，也面临着越来越多的品牌管理问题。有效的品牌架构和品牌组合成为企业提升品牌运营效率与效益的关键问题。

一、品牌架构与品牌组合的定义

品牌架构（Brand Architecture）是指企业中不同产品品牌的组合方式，它规定了各个品牌的具体定位、各个品牌与其他品牌的关系，以及各个品牌在整个品牌体系中的地位。合理的品牌架构能够减少消费者对企业复杂品牌体系的认知困扰，提升消费者满意度和忠诚度。

品牌组合（Brand Portfolio）与品牌架构的概念较为类似，是指一个企业所管理的所有品牌，包括主品牌、独立品牌、担保品牌、母子品牌、公司品牌及联合品牌。合理的品牌组合使得企业能够有效协同经营品牌，更加合理地在各品牌中分配资源，降低品牌运营成本，实现品牌价值最大化。

在具体的使用中，品牌架构和品牌组合之间通常会混用，因为二者的核心都是有关企业的各个品牌及其之间关系。但是二者之间也存在细微的差别，品牌架构是给消费者使用的外向的（Outward-facing）品牌结构，即便于消费者从企业产品体系中轻易地找到适合自己的产品，因此品牌架构的核心目的是实现清晰的消费者呈现。与之相比，品牌组合则是给企业内部品牌管理人员使用的内向的（Inward-facing）品牌结构，即要求企业内部品牌管理人员通过有效地创造、配置以及管理企业的众多品牌，以实现最大化市场覆盖、最小化品牌重叠，因此品牌组合的核心目的是培育强势品牌、实现品牌协同。简而言之，企业品牌架构作为外在的呈现在消费者面前的品牌体系，体现了企业对于自身品牌组合所做的内在的战略设计与执行工作。

例如，宝洁公司拥有众多知名产品品牌：婴儿用品品牌帮宝适（Pampers），洗涤用品品牌汰渍（Tide），彩妆品牌密丝佛陀（Max Factor），口腔护理品牌佳洁士（Crest），剃须产品品牌吉列（Gillette），零食品牌品客薯片（Pringles），以及多个知名洗发护发品牌，如飘柔、潘婷、海飞丝、沙宣（VS）等。所以，这些呈现在消费者面前的形象各异、定位清晰的众多品牌就是企业的品牌架构，从中消费者可以轻易地找到满足自身需求的产品。而这一清晰的品牌架构体现了宝洁公司成功的品牌组合战略。通过合理的品牌组合策略，包括创造了差异化定位的不同品牌、并配置了相应的内部资源来保证各个品牌，从而实现了市场的最大化覆盖和品牌之间的最小化重叠。宝洁的品牌组织策略，形散而神不散，宝洁塑造的“世界一流产品，美化您的生活”的核心品牌价值理念，统率各产品品牌的个性化价值定位与品牌形象传播。

二、品牌架构优化与品牌组合管理的意义

品牌架构优化有利于消费者轻易从中识别出适合自己的产品，进而提升消费者满意度和忠诚度；品牌组合的有效管理为企业内部资源的配置指明了方向，确保了企业内部资源的有效利用。具体来说，品牌架构优化与品牌组合管理的意义体现在以下五个方面。

（一）有利于高效配置企业内部资源

企业内部资源是有限的，特别是企业的研发资源和营销资源。而每个品牌的创造和建设都需要很高的研发资源和营销资源投入。如果没有一个清晰的品牌架构图景，就很难确定内部资源的最有效的利用方式。如果每一个品牌仅仅根据其盈利多少而决定其投入，企业将有可能会失去最具潜力的品牌，从而丧失企业品牌的持续竞争力。而根据品牌组合战略之下各个品牌的角色定位以及由此确定的优先级，企业就可以清晰地得出内部资源的配置方式，从而提升内部资源利用效率。

（二）有利于构建企业的强势品牌，促进品牌之间的协同发展

企业成功与否不在于品牌的多寡，而在于品牌的强弱。在清晰的品牌架构图景引导之下，企业内部资源的集中利用将会不断地培育出一个个强势品牌。同时，合理的品牌组合战略将会促进品牌之间的协同发展，而不是品牌之间的内在冲突，进而实现更大范围的市场覆盖和最小程度的品牌重叠。

（三）有利于实现更清晰的消费者呈现

随着企业自身产品种类的增加，消费者的品牌和产品识别难度开始增加。而清晰的品牌架构图景则能够为消费者提供清晰的品牌和产品结构，便于消费者从中获取适合自身的产品。特别是在买方市场下，消费者拥有更多的消费选择，而“清晰的消费者呈现”能够有效缩短消费者的时间和精力投入，降低消费者的消费成本，进而提高消费者满意度和忠诚度。

（四）有利于发挥品牌资产的杠杆效应

强势品牌的培育为企业发展奠定了基础，而强势品牌的有效利用则为企业带来了现实的经济利益。有效品牌组合战略指出了企业如何围绕强势品牌进行横向发展和纵向延伸，如来源品牌战略、担保品牌战略、主副品牌战略、品牌延伸战略等，从而有利于企业品牌资产杠杆效应的完美发掘。

（五）有利于明确企业品牌未来发展路径

清晰的品牌架构图景和合理的品牌组合战略将会指出明确的未来发展路径：是否要

进一步提供新品牌，如何界定新品牌与已有品牌的关系，是否在已有品牌名目之下进行品牌延伸，如何进行品牌延伸，如何进行跨组织的品牌发展。

三、品牌架构优化的内容与原则

（一）品牌架构优化的内容

从定义中可以看出，企业品牌架构涉及各个品牌的定位、各个品牌与其他品牌的关系以及各个品牌在整个品牌体系中的地位三个方面。而通过“品牌－市场”两个维度之下的企业产品分布，就可以有效地、清楚地了解企业的品牌架构。例如，宝马的产品涉及轿车、跑车和越野车等市场，品牌包括宝马、宝马MINI、宝马劳斯莱斯等品牌，在不同的市场中，不同的品牌又拥有不同的产品。

品牌架构优化表现为三个方面：一是品牌架构的横向优化，是指在目标市场中，企业应该有多少个品牌，如果有多个品牌，那个各个品牌之间的关系如何。在横向优化方面，企业可供选择的战略包括单一品牌战略、多品牌战略、分类品牌战略、来源品牌战略、担保品牌战略、主副品牌战略。二是品牌架构的纵向优化，是指每一品牌之下，企业应当有多少个产品，即品牌延伸。三是品牌架构的跨组织优化，是指品牌的跨组织发展，表现为品牌联合和品牌授权。

（二）品牌架构优化的原则

品牌架构优化的原则指明了企业品牌架构优化的主要规律，具体表现在以下三个方面。

（1）企业品牌架构与企业愿景和核心目标相匹配。企业愿景和核心目标决定了企业未来的总体形象，界定企业的价值对象（为谁服务）、价值诉求（服务什么）和价值创造（怎么服务），而企业品牌架构则是对这一总体形象和价值定位的具体化。因此，企业品牌架构与企业愿景和核心目标的匹配，不仅能够真正激发企业的品牌建设热情，也能够对企业的品牌架构进行有效的控制。

（2）企业品牌架构完美覆盖企业的目标市场。以目标市场为中心，系统了解目标市场需求，实现企业品牌架构对目标市场的完美覆盖。只有更好地满足目标市场需求，才能够更好地服务目标市场，才能够不断提升目标市场消费者的满意度和忠诚度，才能够持续提升企业的品牌价值。

（3）企业品牌重叠最小化。这包括两种类型的重叠，分别是某一品牌与其他品牌的重叠以及同一品牌下不同产品的重叠。通过精准和差异化的品牌定位和产品定位，可以有效缩减两种形式的重叠，进而实现企业品牌成本的最小化。

第二节 品牌架构的横向管理

品牌架构的横向管理主要涉及在目标市场上企业应当拥有多少品牌，并且不同品牌之间的关系如何。根据具体情形，企业可供选择的战略包括单一品牌战略、多品牌战略、分类品牌战略、来源品牌战略、担保品牌战略和主副品牌战略。

一、单一品牌战略

单一品牌战略是指企业生产的所有产品都采用同一个品牌的品牌战略，也称为综合品牌战略，简而言之即一牌多品。这种品牌战略通过聚焦单一品牌以形成强大的品牌影响力，特别是当形成一定的品牌美誉度之后，将会迅速带动产品销售。单一品牌战略之下，企业所有产品仅仅涉及一个品牌，这就使得该品牌成为企业形象的核心标志，也成为企业价值的核心构成部分，因而一个强大的单一品牌对企业形象的改善、美誉度的提高，以及企业价值的提升具有更为明显的推进作用。

企业实施单一品牌战略有如下三个方面的优势：第一，品牌架构简单明了。在单一品牌战略之下，企业仅仅需要关注唯一品牌，而不涉及与其他品牌的关系，因而品牌管理工作相对简单。第二，品牌建设费用较低。在单一品牌战略之下，企业所有的产品均在同一品牌之下进行营销，所涉及的广告宣传和产品促销费用相对较低，特别是在营销费用大大攀升的今天，单一品牌战略所带来的产品销售费用降低优势更为明显。第三，新产品进入市场较快。由于受到消费者行为惰性的影响，新产品的接受往往是一个长期的过程。而在单一品牌战略之下，企业的新产品依然在同一品牌覆盖之下，消费者行为就会受到之前对该品牌的感知而大大降低对该新产品的陌生感，即同一品牌的知识溢出效应，从而使得企业的新产品能够更快地进入市场。

当然，单一品牌战略也存在两个方面的劣势：一是品牌风险较大。正所谓“成也萧何，败也萧何”，单一品牌存在两类品牌风险。一方面，单一品牌的成功诚然能够直接推动企业快速发展，但是一旦出现问题，也会直接导致企业的衰败；另一方面，单一品牌之下的一种产品出现问题，将会对企业品牌产生不利影响，进而对该品牌之下的其他产品产生不利影响。二是产品范围受限。由于所有产品共享同一品牌，不同产品的定位必须与企业品牌定位相一致。这也意味着，企业所能够推出的产品范围不能超出企业品牌定位。否则，企业就需要对企业品牌进行再定位以适应将要推出的新产品。

案例

三星电子的单一品牌发展战略

在1970年的时候，三星电子（后文简称三星）还在为日本三洋公司（Sanyo）打工，制造廉价的12英寸黑白电视机。后来，依靠代工和模仿，三星大大地拓展了自己的规模，成为韩国最成功的制造企业。尽管三星一直在强化自身品牌，然而直到20世纪90年代初期，三星品牌一直无法与世界一流品牌同日而语。在西方人心目中，三星只是一个模仿别人制造廉价产品的公司。

1993年，三星集团社长李健熙提出，三星要二次创业，实施"数字化战略转型"，正式提出要超过索尼。为了实现二次创业，三星要"除了老婆和孩子，一切都要变"。1998年，三星开始进行"数字化战略"的再提升，要求三星的核心竞争力要从大规模制造转向基于数字技术的自有品牌，成为新经济中数字化消费潮流的创造者。为此，李健熙发动了设计革命，其中重要的一步就是请来了IBM的设计神童汤姆·哈蒂为三星的设计师们开拓思路。设计革命使得三星在美国工业设计协会年度工业设计奖的评选中获得诸多奖项，连续数年成为获奖最多的公司。同时，三星也提出了被认为过于大胆的计划：加入奥林匹克的TOP计划。为此，三星赞助了盐湖城冬奥会、2000年的悉尼奥运会、2004年的雅典奥运会、2006年的都灵冬奥会、2008年的北京奥运会等，从而极大地提升了品牌形象。另外，三星也开始把产品从以低价为标志的沃尔玛撤出，转向其他的以品质为特色的渠道商，如百思买等。

经过长期的品牌经营，三星品牌形象极大提升，三星产品获得了高端市场的认可。例如，可与苹果媲美的Galaxy S（i9000）是三星新款手机的代表，它是一款可以与iPhone媲美的智能手机，该款手机于2010年7月在美国市场销售，在短短45天内创百万部销售纪录。

二、多品牌战略

与单一品牌战略相对应，多品牌战略是指给每一个产品或每一类产品都冠上一个或一个以上的独立品牌，并给予其独特的定位，以对应特定的细分市场的品牌战略。在这里，多品牌战略下所对应的产品是指同一类的产品，而并非是指不同类的产品，因而多品牌战略也可以称为产品品牌战略，并具体表现为一品一牌以及一品多牌。多品牌经营模式是宝洁公司首创。在第二次世界大战之前，该公司潮水牌洗涤剂畅销，1950年又推出快乐牌洗涤剂。快乐牌洗涤剂虽然抢走了潮水牌的一些市场，但是两种品牌加成之后的销售额明显大于单一品牌的销售额。之后，这一品牌战略开始为其他企业所学习，从而成为企业品牌战略的重要选择。可口可乐也是多品牌战略的典型代表，截至2011年8

月31日，该公司拥有及在使用的品牌达到89个之多。

多品牌战略的优势主要包括以下两个方面：

第一，通过多品牌精准定位不同消费群体的差异化诉求，获得更大的市场份额。市场是由差异化诉求的各类消费群体组成。多品牌战略可以利用多个品牌精准定位不同诉求的消费群体，并匹配以相应的差异化产品以满足并强化其个性需求，提高顾客满意度和忠诚度，从而不断扩大市场份额。宝洁的洗发水品牌就是经典案例，海飞丝针对关注去屑止痒的消费群体，飘柔针对关注柔顺美丽的消费群体，潘婷针对关注营养发根的消费群体，沙宣则针对关注垂直定型的消费群体。

第二，有利于降低对某一品牌过度依赖的风险。多品牌战略使得企业可以通过多个品牌的齐头并进来避免对某一品牌的过度依赖，弱化消费群体诉求变动所带来的不利影响；也可以防止一个品牌的失败而殃及其他品牌以及企业整体形象的困境，确保企业的稳健运营。例如，对于可口可乐公司来说，部分消费者如果厌倦芬达的味道，也可以继续尝试雪碧的清爽口味，因而这部分消费者可以继续得以保持；同时，对芬达而言的不利信息一般不会波及雪碧的运营。

但是多品牌战略的有效运营也有其限制条件，这主要表现为以下三个方面。

第一，每个品牌所对应细分市场足够大，并且个性化消费诉求的差异足够大。只有这样，细分出一个独立品牌才具有经济价值和现实可行性。

第二，品牌管理费用相对较高。由于每个品牌均需要分别投入，这使得企业的品牌运营费用较大。

第三，品牌管理难度相对较大。企业不仅需要系统探索各个细分市场消费群体的消费诉求，并在此基础上凝练出各自相对独立的品牌定位；还需要针对各个细分市场消费群体进行针对性的品牌传播，这就大大提高了多品牌管理的难度。

三、分类品牌战略

分类品牌战略是指企业对不同类产品采用不同品牌的品牌战略。在这里，不同类产品强调的是不同产品之间在消费诉求方面存在较大差异的情况。因而分类品牌战略多适用于采用多元化战略的企业，由于企业涵盖的产业范围较大，产品差异巨大，因而难以采用单一品牌。例如，上海家化作为中国日化行业的支柱企业，利用分类品牌战略，创造了“六神”、“佰草集”、“美加净”、“清妃”等诸多中国著名品牌，进而占据了众多关键细分市场的领导地位。

与单一品牌战略和多品牌战略相比，分类品牌战略之下的各个品牌之间的关系更为独立，这就决定了分类品牌的优劣势。一方面，弱化了品牌关联所带来的劣势。由于各个品牌之间关系独立，这就不会存在品牌之间的“连坐”风险，同时也降低了企业对某一品牌过度依赖的风险。例如，丰田在发展豪华车品牌时，并没有使用丰田品牌，而是创建了雷克萨斯这一新品牌，以有效区别于欧美市场消费者心目中中低档车的品牌定位和产品形象。另一方面，增加了品牌培育成本。由于各个品牌之间关系独立，企业每一个品牌的定位、建设与维护均存在较大差异，这就大大提高了品牌培育成本。

四、来源品牌战略

来源品牌战略是指对企业产品采用统一的母品牌和个性的子品牌进行界定的品牌战略。其中统一的母品牌界定了企业所有产品的总体定位，而个性的子品牌则进一步界定了各个产品的差异化的定位。雀巢是使用来源品牌的典型企业，例如在饮用水领域，雀巢拥有雀巢优活饮用水和雀巢深泉饮用天然矿泉水两大品牌；在饮品领域，雀巢拥有雀巢果维、雀巢美禄、雀巢冰爽茶等品牌。这些品牌均为典型的来源品牌，即依托雀巢这一强大而又含义深远的母品牌以及各个个性化的子品牌以共同营造其鲜明品牌形象。

一般而言，企业母品牌一般是有较长历史，有很高的知名度、威望及无形资产的大品牌，可使消费者产生认同、信任感、安全感；而子品牌则张扬产品个性、锦上添花；两者之间在核心价值与形象识别上应当是自洽的。例如“雀巢果维”这一品牌，雀巢总品牌的定位在于“Good Food，Good Life”，而果维则强调了产品所具有的“更多的营养素”以及由此而带来的“活力”。二者之间形成了良好的品牌合力。

因此，来源品牌战略的核心优势是通过母子品牌的有效互动，不仅可以利用子品牌有效支撑、培育强大的企业母品牌，同时也可以有效利用强大的企业母品牌支持、发展各个子品牌。例如雀巢总品牌的强大离不开雀巢一个个成功的子品牌的成功，而各个子品牌的成功也不离开雀巢母品牌的强大影响力。与之紧密相关，来源品牌的最大风险也在于母品牌和子品牌之间的关联所带来的连带风险，即一个产品的失败不仅会给该子品牌产生影响，也会对企业母品牌产生不利影响。所以，来源品牌成功的关键在于母品牌与子品牌之间在品牌定位上的协调，即有效利用二者为企业产品营造一个丰满的品牌形象，这就需要精深的专业思考和高超的智慧。

五、担保品牌战略

担保品牌战略也是同时利用企业总品牌与独立品牌打造企业品牌的品牌战略，但是与来源品牌不同，此时总品牌只对独立品牌起担保、背书或支持作用，主要告诉公众担保品牌是独立品牌的制造商、核心技术与元器件的供应商或投资者，以取得消费者的信任。与来源品牌相比，担保品牌战略的特点有四。一是担保品牌主要提供品质、技术、信誉上的信任感，独立品牌则主要彰显产品独特价值；二是担保品牌很少直接与独立品牌连在一起亮相；三是独立品牌具有更大的个性化空间，是企业品牌培育的关键，因而消费者一般只记住独立品牌；四是难以像来源品牌那样培育出一个强大企业总品牌。

例如，同样为汽车巨头的通用（GM）和福特（Ford）分别采用了担保品牌战略和来源品牌战略。通用有四大主力品牌，分别是别克、欧宝、雪佛莱、凯迪拉克；在产品上，独立品牌的标志很醒目，而GM只在车尾出现，字很小；在宣传上，只在最后打出“通用制造”。而福特则采用来源品牌战略，在产品上，福特的标志非常醒目（Ford），而子品牌放在相对不显眼的地方；在宣传中，福特作为母品牌与子品牌的分量不分伯仲，有时福特的分量更重；在促进消费者对产品产生认同的推动上，两者的贡献比较接近。

六、主副品牌战略

主副品牌战略是指同时利用主品牌及其之后的能反映产品特性的副品牌共同打造企业品牌的品牌战略。在这里，主品牌占据主导地位，而副品牌则可以让人感受到一个全新的产品问世，创造全新的卖点。例如，海尔把小容量的波轮洗衣机命名为“海尔-小小神童”，其中“海尔”占据主导地位，而“小小神童”则强调了小容量、快速洗的定位。

主副品牌战略下的主品牌与副品牌之间存在以下两个方面的差异。第一，品牌地位上的差异。虽然副品牌能够充分展现产品特色，但是这仅仅是主品牌的有益补充，在品牌宣传中处于从属地位。第二，品牌内涵上的差异。一般来说，主品牌的内涵较为广泛，而副品牌的内涵较为具体、更具针对性，但是在语言上也会更加随意。例如海尔的品牌内涵就较为宽泛，而小小神童则较为具体、口语化，因而适用范围也就较小。

对比来源品牌、担保品牌和主副品牌，可以看出三者事实上都存在两个品牌来界定产品品牌，但是三者的差异也十分显著，主要表现在两个品牌的相对地位上。来源品牌下，母品牌与子品牌在地位上较为均衡，这体现在品牌宣传上，二者之间同时出现，并且两个品牌均受到消费者的认可；担保品牌下，独立品牌的地位更高，甚至已经超过主品牌，因而在广告宣传上独立品牌更显著，并且消费者主要受到独立品牌的驱动而引致消费；主副品牌下，主品牌则处于绝对主导地位，因而在广告宣传上，主品牌是核心，副品牌则是有益补充，并且消费者主要受到主品牌的驱动而引致消费。

同时，来源品牌、担保品牌和主副品牌三种品牌之间也存在转化关系。副品牌经过不断的推广，在驱动消费者认同的力量上与主品牌并驾齐驱的时候，主副品牌就演变为来源品牌的关系；当超过主品牌的时候，副品牌就升级为独立品牌，原先的主品牌就成为起到担保作用的总品牌。例如喜之郎—水晶之恋在刚刚上市的时候，水晶之恋是以副品牌出现的，随着水晶之恋在市场上受到消费者很大的认同，水晶之恋成为了消费者认同和企业推广的重心了，喜之郎就降格为起到担保作用的总品牌了。另外，来源品牌战略与担保品牌战略还可以相互灵活地过渡。由于采用来源品牌时，母品牌比较醒目地出现在产品与广告中，能把消费者对母品牌的认同优势淋漓尽致地发挥出来，新产品上市时通过来源品牌战略能迅速地使新产品推广成功并带动子品牌的成长，到子品牌较成熟后，就把母品牌隐在幕后改造成担保品牌，使产品的个性由子品牌为主来加以凸显，从而演变为担保品牌战略。

第三节　品牌架构的纵向管理：品牌延伸

一、品牌延伸的定义与类型

作为品牌架构的纵向策略，品牌延伸是指企业利用现有品牌名称推出新产品的一种品牌策略。这一定义强调了三个关键点：一是企业已经拥有一定的品牌资产，而品牌延伸就是为了实现企业品牌资产价值的最大化；二是新产品与已有品牌资产的匹配性有利于企业新产品的有效推出，实现已有品牌资源的有效利用，此为品牌延伸战略下企业品牌资产价值最大化的路径之一；三是随着新产品的不断推出，可以实现对现有品牌资产的再定位，实现已有品牌资源的持续优化，此为品牌延伸战略下企业品牌资产价值最大化的路径之二。具体见图8-1。

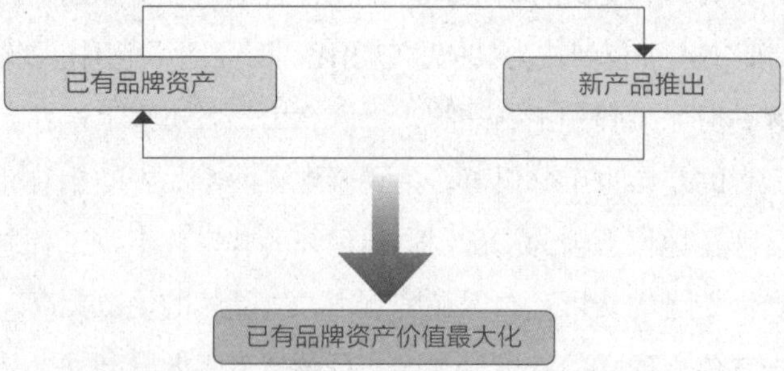

图8-1　品牌延伸战略的内涵

按照新产品是否来自同一产品线，品牌延伸分为产品线延伸（Line Extension）和产品类别延伸（Category Extension）两大类。前者是指新产品来自同一产品线，往往与已有产品表现为不同的成分、不同的口味、不同的形式和尺寸、不同的使用方式等；后者是指新产品来自不同的产品类别。

把产品线进一步具体化，根据产品所属产业的不同，品牌延伸分为同一产业领域延伸和跨产业领域内延伸。同一产业领域内延伸，强调企业将现有品牌延伸到同一产业领域内的新产品。例如，海尔冰箱成功后，又将海尔品牌运用到家电产业的洗衣机、空调、微波炉、彩电等多种产品。统一将其品牌运用于汽水、纯净水、茶饮料、果汁、方便面、酱油等产品中，但这些产品也均属于食品领域。跨产业领域内延伸，则强调企业将现有品牌延伸到不同产业领域的新产品。例如巨人品牌最早应用于计算机软件产品，后来又延伸到保健品产业。

根据产品档次差异，品牌延伸分为水平延伸和垂直延伸。水平延伸是指新产品与已有产品处于同一档次的品牌延伸，也是相对容易成功并容易实施的品牌延伸方式。由于产品处于同一档次，品牌形象和个性定位容易统一，已有产品的影响很容易泛化到新产品上去，产品的信息传播容易整合。

垂直延伸又分为向上延伸、向下延伸和双向延伸。向上延伸策略是指企业现有品牌向更高端产品延伸。例如，三星电子品牌在早期是低端品牌，但是随着一系列高端新产品的推出以及其他战略活动的推出，成功扭转企业品牌档次，成为中高端品牌。向下延伸是指企业现有品牌向更低端产品延伸。例如，为了应对日韩低端车的市场竞争，作为高端车代表的宝马也推出了一系列的低端车型，从而实现了品牌的向下延伸。双向延伸策略是指企业现有品牌同时向更高端和更低端产品延伸。例如，作为中档车代表的大众汽车，为了面对来自其他高端品牌的向下延伸以及部分低端品牌的向上延伸的竞争压力，不仅推出了以辉腾为代表的高端车进入高端市场，也降低部分已有产品的配置来进入低端市场，即双向延伸。

二、品牌延伸的优势与风险

品牌延伸作为企业战略增长的核心工具，优势与风险并存。

（一）品牌延伸的优势

从品牌延伸的定义中，可以看出品牌延伸的优势在于两个方面，一是利用现有品牌资产实现新产品的有效推出；二是通过新产品推出实现现有品牌资源的优化。又具体可以分为以下四个方面：

第一，借助现有品牌的伞效应，加快新产品进入市场的过程。由于产品更新日益加快，消费需求也日益精细化，这就要求企业必须加快新产品的推出，充分体现了时间的价值。在已有品牌知名度和美誉度之下，企业的新产品可以大大缩短被消费者认识、认同、接受、信任的过程，有效缩短新产品的上市周期，从而快速占领市场，满足消费者的差异化需求以提升市场份额。例如，汰渍洗衣粉在已有品牌影响力的作用下，通过快速推出特大号的家庭装、机洗专用装等新产品，有效满足了市场的差异化需求，确保了企业的市场份额。另外，汽车品牌也会在确保整体质量的同时，加快推出配置略有差异的新产品来满足消费者的不同需求，从而确保并提升市场份额。

第二，借助现有品牌的伞效应，降低新产品的营销成本。一方面，借助现有品牌的知名度和美誉度，企业新产品的促销费用将会大大降低。与创建一个新品牌相比，品牌延伸战略下的新产品可以利用已有品牌的持续宣传，大大降低广告宣传成本。另一方面，借助现有品牌的分销渠道，企业新产品的分销费用可以有效降低。例如，娃哈哈品牌延伸的一个成功之处，就是大量新产品可以共享分销渠道。娃哈哈纯净水的成功使得其他的一系列新品饮料都可以在同一分销渠道之中实施分销，从而大大降低渠道建设和维护成本。

第三，借助新产品上市，强化企业核心品牌形象。品牌延伸，使品牌从单一产品向多种领域辐射，就可以增加市场对该品牌的接触点，强化品牌的市场形象，提高品牌自身的美誉度、知名度，使得品牌的无形资产不断得到增值。例如，海尔以电冰箱为突破口，创立了“海尔”品牌之后，通过这一市场名牌，延伸出洗衣机、空调、微波炉等一系列家电产品。借助于原有的知名品牌，海尔系列新产品在快速占领市场的同时，以质量和服务为核心竞争力的系列产品，反过来又强化了“海尔”品牌形象，从而形成新产品上市与企业品牌强化的良性互动，进一步提升了“海尔”品牌价值。

第四，借助新产品上市，支撑企业品牌合理演进。企业品牌不可能一成不变，随着外部竞争环境、企业内部资源以及企业战略的变动，企业品牌也会随之发生变动。因此，企业借助新产品上市，可以有效支撑企业品牌的再定位，推进企业品牌的合理演进。例如，三星电子借助一系列高端产品支撑了品牌高端化战略，特别是三星Galaxy智能手机的成功推出，成为目前三星品牌升级的经典之作。

（二）品牌延伸的风险

不合理的品牌延伸将会为企业带来诸多风险，甚至导致企业品牌经营失败。品牌延伸的风险主要包括以下三个方面。

第一，原有品牌形象淡化或者稀释。如果品牌延伸的跨度过大将会带来原有品牌形象的淡化。例如，娃哈哈以儿童营养液起家，而以娃哈哈纯净水的成功奠定企业发展的基础，在这一过程中企业品牌形象中的“儿童”被淡化，并且随着一系列饮料产品的推出，这种淡化得以强化，以至于娃哈哈上马的童装产品并不成功，其中关键的原因就在于娃哈哈品牌中已经没有了“儿童”这一形象。当然，适度的品牌淡化也可能是企业品牌战略的规划，是企业为了应对内外部环境变化的主动战略。例如，IBM本身以计算机硬件优质制造商的形象获得大众的认可，但是随着IBM的战略调整，计算机硬件制造商的形象正在被逐渐淡化，而新的“IT服务商”的形象才得以强化。

第二，消费者心理冲突。如果品牌延伸大大超出原有品牌的价值理念将会导致消费者心理冲突。例如，三九集团是以“999”胃泰这一产品创出品牌的，在消费者心目中，“999”就是治疗胃病的代名词，而后来企业却将该品牌延伸到了啤酒，这就给消费者带来了心理冲突：“999”究竟是护胃还是伤胃？

第三，新产品与已有产品的市场冲突。很多品牌延伸，尽管新产品在成名品牌的强力拉动下起来了，但原产品的销售却下降了，即产生了“跷跷板效应”。虽然这本身就是产品升级换代过程中难以避免的问题，但是合理产品定位还是能够在一定范围内弱化这种冲突。例如，当推出大号家庭装洗衣粉的时候，之前的标准包装肯定会受到影响，因为这本身就是产品升级换代的阵痛；但是同时，小号装也会对大号装带来一定的影响。那么，如果把大号家庭装主要定位在家庭主妇，把小号装定位为单身年轻一代，那么大号装和小号装之间的市场冲突将会大大弱化。

三、品牌延伸成功的要素与条件

品牌延伸诚然是企业成功运营的利器，同时也是导致企业失败的重要起因。因此，企业需要系统把握品牌成功延伸的要素与条件。

（一）品牌延伸成功的基础：强势品牌

强势品牌的强势表现为品牌具有很高或较高的知名度、品质认知度、忠诚度和积极丰富的品牌联想。品牌知名度指消费者认出或想起某种品牌的程度。一般而言，品牌知名度的深度（消费者见到品牌，品牌被认出或忆起的程度）较易延伸，而宽度（消费者购买时想起品牌的可能性）则要根据条件反射原理，通过广告等反复强化才能实现。品牌的知名度越高，品牌就会被更多、更广泛的人所熟悉，延伸后被消费者认出、忆起的可能性越高，品牌延伸成功可能性也越大。

品牌品质认知度指消费者对品牌所代表的产品或服务的整体品质的感觉。消费者购买商品不仅要花时间成本、精力成本，还要耗费心理成本，而现代社会生活节奏加快，消费者为节约更多时间去休闲，往往不愿“高度卷入式”地购买商品，常根据对品牌的品质认知去购买。具有高品质认知的品牌具有一定的光环效应，在品牌延伸上具有更大的潜力，其品牌延伸也更容易成功。因为消费者会将原有的品质印象转移嫁接到新的产品上。

品牌联想指一提起某品牌消费者脑中会想到什么，它源于企业对消费者持久的品牌传播和教育，以及消费者对品牌的理解、消费者间的口碑相传。品牌联想可从三个方面评价：一是品牌联想度的强度，即消费者看到品牌就想起别的事物的程度；二是品牌联想的喜欢度，即指消费者看到品牌时产生正面、积极的联想；三是品牌联想的独特程度，即一看到品牌就产生的异于竞争品牌的独一无二的印象。仅有品牌联想喜欢度和强度的品牌延伸出来的产品很容易被淹没，最好是同时具备品牌联想的独特性，那样延伸出来的产品就与众不同，成功率也更高。由于品牌延伸的同时品牌联想也在延伸，所以品牌经营者要充分利用各种手段和工具，找出那些直接或间接影响购买行为的品牌联想，开展有益的品牌延伸。

作为品牌知名度、品牌品质认知程度和品牌联想度的一个综合反映，品牌忠诚度指消费者对所用的品牌感到满意并继续使用的程度，反映企业营销努力的最终成果。品牌忠诚度越高，消费者越易产生爱屋及乌心理，这种忠诚度也可迁移到延伸产品中，因而品牌忠诚度越高越易取得品牌延伸的成功。

（二）品牌延伸成功的条件：已有品牌与延伸产品的相似性

相似性是指延伸产品与已有品牌之间的某种共通性和匹配度。品牌延伸中的相似性可分为两类：与产品相关的属性或利益以及与产品无关的属性或利益。与产品有关的相似性，即外在的相似性，主要包括技术或资源的可转移性、互补性、替代性；与产品无关的相似性，即内在的相似性，主要是价值性，如品牌形象、象征意义等，即品牌的核心价值或品牌内涵的主成分。

进行品牌延伸应保持延伸产品与已有品牌的相似性。首先应考虑已有品牌与延伸产品的内在相似性。品牌定位主要体现为自身独特的核心价值与个性，如果已有品牌的核心价值与个性能够包容延伸产品，就可以进行品牌延伸。例如，登喜路、都彭、华伦天奴等奢侈消费品品牌麾下的产品一般都有西装、衬衫、领带、T 恤、皮鞋、皮包、皮带等，有的甚至还有眼镜、手表、打火机、钢笔、香烟等跨度很大、关联度很低的产品，但也能共用一个品牌。因为这些产品都能提供一个共同的效用，即身份的象征、贵族的标准，能让人获得高度的自尊和满足。

其次，当延伸产品与已有品牌不具有内在相似性时，品牌延伸就应考虑延伸产品与已有品牌下产品的外在相似性。具体来说，转移性是指已有产品生产设备、技术转移到延伸产品的可能性。如一家生产碳酸饮料的企业很容易利用原有技术生产矿泉水，而一家生产家电的企业则难以有效延伸到计算机行业。例如，海尔冰箱的成功使得其品牌成功延伸至洗衣机、空调等家电产品，但是在计算机行业的延伸却并不成功，其重要原因就是冰箱和其他家电产品具有较高的可转移性，而家电产品和计算机之间则不具备可转移性。互补性是指两种产品共同满足同一需求，如照相机和胶卷的关系。替代性是指两种产品相互替代来满足同一需求，如咖啡饮料和无咖啡因咖啡饮料。

（三）品牌延伸成功的保障：延伸产品所处的内外部营销环境

之前的强势品牌和相似性决定了品牌的潜在可延伸性，而这种可延伸性能否转变为现实的延伸产品，这还依赖于延伸产品所处的独特的内外部营销环境。良好的内外部环境有利于延伸产品的成功，而不利的内外部环境则会阻碍延伸产品自身的成功，也就决定了品牌延伸的成功与否。值得关注的外部营销环境主要包括消费者态度、市场总量与结构、竞争者三个方面，内部营销环境主要是企业的营销资源与营销努力。

第一，被延伸产品消费者对品牌的关注程度。消费者的品牌关注度较高的行业，企业进行此行业的品牌延伸时，遇到的阻力则可能较大。因为消费者在选择此类行业的产品时，通常会更加投入时间和精力去了解备选品牌，如观察品牌形象，了解品牌质量、品牌的信誉，不同的品牌诉求等，由于信息不对称等原因，多数消费者都会选择这个行业中已经存在的最强品牌，而不是其他的新产品。

第二，被延伸产品的市场总量与市场结构。在企业决定进行品牌延伸之前，要对目标市场做一番周密细致的市场调研，充分估算出市场的总容量，并尽可能细分市场，明确市场结构，并结合自己准备推出产品的定位，看是否值得进行品牌延伸。

第三，被延伸产品的竞争者。当被延伸产品的市场上品牌纷杂、品牌市场格局未定格、没有或未形成强势品牌时，被延伸的新产品容易成功。例如，在我国纯净水行业尚未出现一个全国性的领先品牌时，乐百氏、娃哈哈顺利地从乳酸业成功地跨入纯净水市场，成为这一行业的一流品牌的情况就基本属于此类。如果被延伸产品的市场存在强有力品牌时，其他市场强势品牌延伸进入，就难以获得成功。IBM进入复印机市场的失败，施乐进入计算机市场的败北，3M公司闯入胶卷市场被柯达扼杀等都是这方面的例证。

第四，企业的营销资源与营销努力。企业投入营销资源的多寡、营销策略和营销手段的合理与否同样对于延伸产品的成功起到至关重要的作用。因为品牌延伸到一个新的领域，如果延伸产品所在的行业内存在强大的品牌，那么仅靠品牌的知名度和品牌核心价值观的包容力是远远不够的。企业仍须在产品、定价、渠道、促销广告等营销方面付出很大努力，才能够有效获取已有品牌的积极带动，有效建立在延伸产品市场中的竞争优势，进而确保延伸产品的成功。

四、品牌延伸的原则与步骤

（一）品牌延伸的原则

作为影响企业品牌价值的一把双刃剑，品牌战略的有效执行需要遵循以下三个方面的基本原则。

1. 企业品牌资产的价值最大化原则

依托企业战略规划与品牌定位，进行品牌延伸，实现新产品推出与已有品牌资产的良性互动，实现企业品牌资产的价值最大化。一方面，合理利用已有品牌资产有效推进新产品，满足目标市场多元化和不断变化的新需求；另一方面凭借新产品的持续推进，提升目标市场的满意度和忠诚度，实现企业已有品牌价值的稳步提升与持续变革。

2. 企业品牌延伸的稳健原则

品牌延伸是一个系统工程，这就要求企业自身必须具备较强的实力，包括相对强大的品牌资产、相对完善的品牌管理能力。在此基础上，控制品牌延伸节奏，稳健实施品牌延伸。因此，在实施品牌延伸时，企业需要通过内部审视来充分了解自身。一是企业能否有效执行顾客导向战略？品牌资产是由于消费者的认可才得以存在，因此企业只有很好地满足消费者需求才能够建立自身品牌资产，才能够让自身的品牌资产延伸到新产品之上。顾客导向并非停留在口头上，而是要深入到企业员工内心，体现在日常的惯例性行为之中，才能够真正做到顾客导向。二是企业各部门协调配合能力如何？营销并非仅仅营销部门之事，而是整个企业的责任；有效的营销也来自各个部门的协调配合。品牌延伸更是涉及企业各个部门，因而有效的品牌延伸也是对企业各部门协调配合能力的考验。三是企业内外部信息沟通能力如何？企业只有具有良好的内外部信息沟通能力，才能够有效把握外部环境变动，才能够对自身品牌、消费者需求、市场竞争有充分的了解，才能够有效实施品牌延伸决策。四是企业品牌延伸的节奏控制能力如何？企业品牌延伸不仅复杂，也是一个长期的过程，这就要求企业能够有效控制品牌延伸过程中的各个关键节点，稳步推进新产品开发与上市、品牌资源有效利用与开发的系统过程。

3. 企业品牌延伸的权变原则

21世纪的今天，企业所面临的外部环境日新月异，消费者需求日益多元化，产品与技术更新速度也越来越快。这就要求企业的品牌延伸战略要具有较高的弹性，需要根据内外部环境的不断变动来动态调整企业的品牌延伸决策。一方面，持续关注外部环境的变动，不断发现新的品牌延伸时机，以实现快速的新产品上市。海尔品牌在冰箱市场刚刚获得成功后，在看到洗衣机市场还存在明显的市场空间后，毅然实施品牌延伸。事实上，当时以小天鹅、小鸭为龙头的洗衣机市场格局早已形成并定局，两者是行业的强势品牌。但是海尔认为全自动滚筒、高品质、高价格和优服务洗衣机的市场缝隙依然存在，并毅然实施品牌延伸，从而有效占领了这一市场，使被延伸的新产品获得成功。另一方面，时刻扫描外部环境变动，依托新产品发布动态调整企业品牌定位。企业的品牌定位与形象也不是一成不变的，而是需要准确把握外部环境变动，并依托新产品的持续发布而优化和动态调整。例如，华为作为我国知名的IT企业，在创业之初把自身的品牌定位于IT制造企业，在《华为基本法》中明确提出“为了使华为成为世界一流的设备供应商，我们将永不进入信息服务业”。但是随着自身实力的提升，并发现移动互联所带来的巨大的市场机会时，华为开始调整自身的品牌定位，进而确定了“全球领先的信息与通信解决方案供应商”品牌定位，并发布了一系列的新产品实施品牌延伸，并支持新品牌定位的实现。

（二）品牌延伸的步骤

1. 品牌形象调查

这一阶段的核心任务是系统、准确了解消费者头脑中与品牌有关的联想，认知品牌的属性、个性、意图、内心承诺和潜在力量，不同的消费者对企业品牌的各方面认知程度是否存在差异以及存在何种差异，从而清晰了解消费者对品牌的认知程度与结构分布。

事实上，企业对品牌的认知与消费者对品牌的认知总是存在差异，而消费者对品牌的认知更为关键，决定了企业品牌的实际形象与定位，决定了企业待延伸产品是否为市场所接受、能否获得成功。对此，企业可以采用定量和定性调查方法。其中定量调查方法较为准确系统，便于精确描述企业品牌形象，而定性调研方法则能够对企业品牌进行开放性的探索。综合利用两种调研方法，有利于企业准确全面地把握自身品牌形象。

2. 选择可行的候选产品

企业选择以何种产品、何种时机进入何种市场，必须充分考虑消费者因素、企业自身状况以及企业竞争态势等。当营销决策者在选择可行的品牌延伸候选产品时，必须以消费者为导向，了解消费者关注品牌的联想、品牌定位、品牌核心利益。在此基础上，以消费者需求为中心，充分明晰自身品牌想象与定位，并以品牌相似性为指标，充分考虑自身实力和市场竞争因素，列出基本可行的候选产品。依托消费者调查研究结果以及头脑风暴法，选出品牌延伸基本可行的产品清单。在选择基本可行候选产品时，应采用开放的心态和动态发展的思维进行产品搜索，而不应盲目地否决任何一种可行产品。例如，苹果公司早期的产品是计算机，后来开始延伸到音乐播放器，而之后开始延伸到具有划时代意义的iPhone。而当时很多人都认为苹果产品进入智能手机市场并不可行，但是乔布斯则看到了移动互联网时代的到来，而不论是诺基亚还是黑莓在移动互联方面仅仅是浅尝辄止，而苹果公司因同时具备硬件和软件开发的能力，并且市场也需要这种高端产品，为此乔布斯毅然选择了进入智能手机产业，并由此而开发出了经典的iPhone。

3. 评估候选产品

事实上，在选择可行备选方案环节中，就已经提及了评估候选产品的标准，即品牌相似性、企业实力和市场竞争。而在这一个环节则需要更为细致、全面和精确地评价各个候选产品的优劣，在此基础上得出品牌延伸可行性的明确结果。

（1）品牌相似性。以消费者为中心来判断已有品牌和某一产品的相似性，进而判断品牌延伸到该产品能否带来与竞争品牌相比的独特个性和消费偏好，以此筛选真正可行的候选产品。品牌相似性可分为两类：与产品相关的属性或利益以及与产品无关的属性或利益。与产品有关的相似性，即外在的相似性，主要包括技术或资源的可转移性、互补性、替代性；与产品无关的相似性，即内在的相似性，主要是价值性，如品牌形象、象征意义等，即品牌的核心价值或品牌内涵的主成分。以内在相似性为核心，以外在相似性为辅助，判断各个产品与品牌的相似性。为了实现这一目的，企业通常需要进行市场调查。例如：“某延伸产品与企业品牌是否匹配？你是否希望在该品牌下看到并使用这一新产品？”如果大多数被调查者都认为该延伸产品早就应该推出了，那么这一品牌延伸的风险就相对较小。当然，消费者也不是全知全能的，企业家直觉也应当发挥作用。例如，苹果前CEO乔布斯本人就不是特别赞同市场调查，而是更相信自身的直觉，认为消费者不应当仅仅用来迎合，还应当以合适的方法来引导。

（2）企业实力和市场竞争。消费者对企业已有品牌的认可诚然重要，但是同时还要深入了解企业在某一产品领域的内在实力以及相应的市场竞争，以评判该产品能否顺利地实施开发和上市。在自身实力评判方面，企业首先需要系统构建某一产品生产和销售所应具备的能力体系，在此基础上系统评价自身的能力储备以及能力缺口，特别需要关注能力缺口是否存在，是否可以弥补，以及如何弥补。如果能力缺口过大，并且弥补特别艰难时，这一候选产品就难以获得成功。在市场竞争评价方面，需要系统探讨竞争者的实力、竞争者的反应及其相应的后果。

4. 设计品牌延伸计划

对于筛选出的可行候选延伸产品，企业需要进一步制定出详细的营销战略计划以确保品牌延伸的落实。首先，确定延伸产品的品牌元素。品牌延伸不仅仅是使用已有的品牌名称，而是要与其他重要的形成品牌资产的诸多元素一起使用。这就要求延伸产品的品牌元素既要与已有产品的品牌元素一致，以表明属于同一品牌，以利于积极的品牌延伸；同时也要存在一些新的品牌元素，以表明这一新产品的特色。过度的利用已有品牌要素会带来与已有产品的重合、新产品形象的模糊；而缺乏足够的已有品牌要素则会阻碍品牌的顺利延伸。例如Tanqaery以鲜艳的红条纹、绿身的酒瓶为标志，当它向伏尔加延伸时，则选择使用银色酒瓶，虽然看上去时尚，但是没有利用已有品牌的重要品牌元素，因而其品牌延伸效果并不理想。

其次，设计营销计划。在设计中要充分考虑建立与产品相关和不相关的品牌联想，用消费者认知价值指导价格制定，分销策略要混合使用“推”和“拉”的方法，营销沟通中要使用多种媒体。特别是对产品类别延伸的情况，由于产品跨度较大，应尽力诉求共同点，加强宣传，强化消费者感知。

5. 执行品牌延伸计划以及执行后评估

执行品牌延伸计划时，企业需要持续关注内外部环境变动，如果超出了计划的前提，企业就需要修正已有计划，以确保品牌延伸的成功。执行之后，企业还需要对已有品牌在某一新产品延伸的有效性，以及新产品延伸对品牌资产的影响进行评估，以此总结成功经验与失败教训，提炼一些有用的规律，进而完善企业的品牌延伸流程与惯例，提升企业的品牌延伸能力。

五、品牌延伸策略

按照延伸产品与已有品牌的相似性，品牌延伸策略可以分为关联延伸策略和适度分离策略。

（一）关联延伸策略

关联延伸策略强调了相似性的一面，即借助成名品牌在消费者心中的已有产品形象，选择那些与已有产品相关联的新产品，使其包装、广告、宣传等尽可能展示出与已有产品相似性的做法，让消费者从中快速发现新旧产品之间的共性，进而接受新产品策略。这一策略特别适合于功能型品牌的产品延伸。因为消费者对已有成名品牌的个性、质量、用途、功效保留着深刻印象并存在显著的偏爱，所以保持新旧产品之间的高度相似性，就成为品牌延伸成功与否的关键。实行关联品牌延伸，包括关联产品延伸、相似包装延伸、统一分销延伸、相关广告宣传延伸等具体方法。

（1）关联产品延伸就是选择那些与已有产品个性、技术、用途、形象等方面具有关联的新产品作为品牌延伸的对象，比如用途相同的产品、伴侣或互补产品、技术先进性与质量水平都很接近的产品、专业用产品、顾客特权类产品等；基本形式是产品线延伸，即对同一产品线中的新增产品项目采用与已有产品相同的成名品牌。

（2）相似包装延伸策略主张将新产品的包装设计为已有产品相似的样式，包括包装造型、图案、颜色以及品牌标签等方面。包装不仅用于保护产品和方便使用，也有吸引目光、展现品牌、表现个性的作用。采用相似包装的方法，可促进消费者快速地联想到已有品牌的个性和特色，进而对新产品产生好感。

（3）统一分销延伸就是利用已有产品的销售渠道，甚至是新产品与已有产品一并展现在零售货架上，让消费者在关注已有产品时，能够马上注意到采用相同品牌的新产品。

（4）相关广告宣传延伸是指将采用已有品牌的新旧产品放在相同的或者紧密相连的广告宣传之下，让消费者有更多的机会了解新旧产品之间的相似性或关联性，加快情感和喜爱向新产品的转移。

（二）适度分离策略

适度分离策略则不仅强调品牌共性，同时也更加注重不同产品的个性。这一方法适合于在用途、技术、市场与分销渠道等方面与已有产品有较大差异的新产品。在这一策略之下，企业品牌会逐渐发展成为抽象型品牌，即品牌不再只是产品的标志，代表产品的个性和特色，而是代表着企业信誉、企业对消费者的服务承诺。而品牌之下的每个产品均成为支撑企业总体品牌形象的有机组成部分。

在适度分离策略之下，一方面，企业要实现品牌抽象化、理念化。这就要求企业凝练新的更为抽象的品牌定位，并实施专门的品牌形象宣传。例如，建立一个以该品牌名称命名的机构，或者组织一个用该品牌命名的公共关系活动，加上突出品牌声誉的广告诉求，表达企业的善意承诺，并通过该机构的良好的公关宣传，淡化品牌与产品个性的联系，植入品牌更为丰富的信息内涵，让消费者对品牌产生一种全新的认识。另一方面，企业要专门为新产品策划和组织广告宣传活动，而不必完全借助已有产品的特色。比如，联想作为一个计算机品牌已经获得了市场较大的认可，但是当企业看到移动互联网的发展前景时，企业开始把品牌延伸到移动互联产品和云计算产品（如乐Phone、ThinkPad Tablet）。这时，联想开始抽象化——“世界因联想更美好”，而新的移动互联产品和云计算也开始采用新的产品策划和宣传，其典型做法就是柳传志的复出以及在2010年4月19日，联想集团召开了迄今为止可能最为重要的发布会之一。联想宣布在中国正式启动移动互联战略，并推出乐Phone、Skylight、IdeaPad、U160等移动互联终端。

第四节 品牌联合与品牌授权

品牌架构的横向管理和纵向管理均是在企业内部实施的品牌架构优化手段，而品牌联合和品牌授权则是企业品牌架构跨组织边界优化的两大重要战略。

一、品牌联合

品牌联合是指两个或更多的品牌合并为一个联合产品和/或以某种方式共同销售的品牌战略。星巴克作为“咖啡快餐业”知名品牌与联合航空公司携手，一方面拓展了新的业务领域，使自己的产品覆盖到更广的市场空间；另一方面也正是由于这种优势合作，使它们在各自领域中的品牌价值得到了确实的提升。事实证明，许多其他品牌的忠实顾客正是由于这项新举措，转而变成了联合航空的顾客，而现在许多星巴克的“拥护者”也是在联合航空上结识并开始钟情于这一“咖啡之星”的。另一个经典案例来自于英特尔公司，它与微软携手打造的“WinTel”帝国为它们带来了令人咋舌的市值及丰厚利润，成为当时IT业最具实力的强势品牌。

（一）品牌联合策略的优点

品牌联合可为联合企业带来诸多好处，主要有以下两点。

第一，强化品牌形象，提升品牌价值。当品牌单独出现缺乏说服力时，推行品牌联合策略也许可以更好地提升品牌价值、改善品牌形象。事实上，很多国际知名企业都十分善于利用其在各自行业中的强大品牌号召力和市场优势，与其他行业的领导者进行“强强”品牌联合，以期在更大的市场深度和广度上进行扩展，来强化彼此的品牌形象，而由于这种联合往往是基于合作双方或多方的品牌共赢，因此也较容易得到来自合作伙伴和市场的积极反馈。如最早实施“Intel Inside”想法的松下电器公司就是通过在广告中加入“Intel Inside”商标，来建立它在高科技方面的信誉，并强化消费者对它旗下的计算机产品产生信心。之后，Intel公司自1991年开始要求多家计算机厂商，如IBM、戴尔、康柏等，在计算机说明书、包装和广告上加上“Intel Inside”商标。结果在短短18个月内，在这项计划下出现的“Intel Inside”广告就高达9万个，曝光次数可能高达100亿次。就在这18个月里，“知道”英特尔的人，从原来的46%增加到80%，相当于别的品牌努力多年的结果。英特尔的品牌价值也因此随之提高。光是在1992年，也就是“Intel Inside”广告推出之后的第1年，英特尔的全球营业额增长了63%。

大企业之间的“强强”品牌联合固然可以帮助它们在新市场迅速确立品牌价值，同样，中、小企业也可以运用这种方法，通过与具有强大品牌知名度的企业结成联盟，依托他人优势来提升自身品牌价值。当然这种联合的关键是要找准合作的契合点，以便发挥自己的相对优势。例如早年的联想就是依靠自身的相对优势与国际知名大企业合作，站在巨人的肩膀上成长，才树立起了自己今天的品牌。

第二，有助于合作双方或多方利用各自的品牌优势，取长补短推出新产品。例如在智能手机市场，诺基亚与微软合作，诺基亚高端手机将采用微软Windows Phone 7系统，并将Windows Phone作为其主要的智能手机操作系统，以此来谋求自身在高端智能手机市场的地位，而通过发展“新一代”移动装置，微软则可以加速拓展Windows操作系统的市场占有率。当然，也并非所有的品牌联合项目都对外公开。例如，在汽车行业，奔驰与斯维治合资生产出一种叫Smart的新型轿车，但奔驰并没有把它的商标贴在Smart汽车上。

（二）品牌联合策略的缺点

品牌联合策略最大的风险在于以下两个方面：一是企业对品牌控制力的降低。联合品牌需要各个品牌之间有效的协作，特别是涉及共同开发产品时，各个品牌在管理体系的对接将会至关重要。而不同的企业又有各自不同的文化、理念与管理体系，这就带来了对接的难度，使得联合品牌的各个成员企业难以有效掌控联合品牌的节奏，对消费者的响应速度也会大大降低。二是品牌联合的一方经营出现问题会波及另一方。例如，当联合品牌中的一方出现公共危机、申请破产时，另一方就会受到牵连，带来股市下挫、失去投资商以及消费者信任等危险。

品牌联合的方式较多，按照双方在品牌联合中的投入，可以分为合资式品牌联合、长期合作式品牌联合、短期契约式品牌联合。合资式品牌联合是指各个品牌通过股权投资的形式联合各个品牌。例如我国汽车产业中的一汽大众、上海大众、上海通用等均是合资式品牌联合的典型代表。长期合作式品牌联合是指双方不进行股权投资，但是联合是一种长期导向的。例如，Android智能手机操作系统是Google开发的基于Linux平台的开源手机操作系统，之后包括三星、HTC、摩托罗拉均开发了基于Android系统的智能手机，在这里Google与三星、HTC等企业之间就是长期合作式品牌联合。短期契约式品牌联合则通常是为了一个短期目标而进行的品牌联合。例如中国移动、中国联通为了促销而采取的“充值送”活动，就联合了一些知名的啤酒品牌、饮料品牌、食用油品牌等，在这一情况下，随着活动的中止，这种品牌联合也就中止了。

二、品牌授权

品牌授权又称品牌许可，是指品牌所有者利用自身的品牌优势，允许被授权商使用品牌，在一定的时间和地理范围内，生产销售某类产品或提供某种服务，并向品牌被授权者收取一定授权费用的品牌战略。品牌授权作为企业品牌价值利用和开发的重要方式，已经成为全球零售市场中的一种重要力量。例如，迪士尼的成功之处不仅仅在于它们创造出了一系列的经典卡通形象，还在于通过品牌授权的形式以有效利用和开发品牌，实现品牌价值最大化。

在实践中，根据所授权品牌的商业用途，品牌授权主要包括以下四种形式：一是商品授权（Merchandising Licensing）。品牌授权商允许被授权商运用其品牌的商标（Logo）、人物（Character）及造型图案（Design）等无形资产，运用在被授权商的产品的设计和开发上，并允许其进行独立销售。例如迪士尼公司授权天利玩具有限公司生产销售小熊维尼的室内飞行玩具，迪士尼公司授权摩根大通银行的银行卡使用其品牌形象。

二是促销授权（Promotion Licensing）。品牌授权商允许被授权商运用其品牌的商标、人物及造型图案等无形资产，运用在被授权者的促销活动之中。例如购买麦当劳套餐赠送天线宝宝玩具。

三是项目授权（Subject Licensing）。品牌授权商允许被授权商运用其品牌的商标、人物及造型图案等无形资产，策划并经营某一主题项目。

四是渠道授权（Place Licensing）。品牌授权商允许被授权商连锁专卖授权品牌。例如耐克、阿迪达斯等运动知名品牌在特定区域均会选择相应的企业进行渠道授权。

品牌授权对于品牌授权商的优势在于通过专注于品牌管理，并授权利用被授权商的资源与能力，实现品牌利用和发展的协同发展。具体来说，一是通过专注于品牌管理，有利于品牌授权商品牌管理能力的提升；二是通过利用被授权商的资源与能力，降低了品牌授权商自身的资金和人员压力；三是通过品牌授权，可以实现品牌名下产品的快速扩张，极大地增加了消费者与品牌形象直接接触的机会，有效地扩大了品牌宣传，延伸了品牌生命。当然，对于品牌被授权商而言，接受品牌授权使得自身产品能够立刻获得该品牌知名度带来的好处，迅速地被消费者知晓，并且更易于被分销渠道接纳。

品牌授权对于品牌授权商的风险在于对授权产品实际运营的控制力减弱。具体来说，一是被授权商运营不利对授权品牌的负面影响。与自身直接实施产品开发相比，品牌授权策略降低了企业对各个授权产品开发与销售的直接控制，从而可能会因为品牌被授权商的选择不当，使得授权产品开发不利，进而有损于品牌形象。二是授权产品实际运营对授权品牌的影响所带来的冲突。某些授权产品在被授权商的长期经营战略及实际操作之下，使得授权品牌的实际形象发生了重要变化，甚至与品牌授权商对该品牌的潜在定位可能会产生冲突。特别是同一品牌之下，不同授权产品由于不同被授权商的运营而具有了差异化、甚至冲突的品牌形象之后，就会使消费者产生心理不适，有损品牌形象。例如广药集团授权加多宝公司使用红罐王老吉就是一个典型案例。红罐王老吉在加多宝的运营之下，具有了迥异之前王老吉品牌的崭新形象，而如何有效利用这一崭新品牌形象，并合理分配品牌形象变化所带来的收益，成为广药集团和加多宝集团之间冲突的根本来源。

品牌授权对于被授权商的风险则在于对授权品牌的控制力弱。由于品牌授权商对品牌拥有所有权，所以被授权商经营得更好诚然会提升自身的利益，但是也会提升自身授权费用。例如广药集团和加多宝集团之间的冲突在于随着红罐王老吉的热销，广药集团要提高王老吉的品牌授权费用，而加多宝则认为品牌授权费用的设定根本不合理。

本章回顾

随着产品种类的增多、业务领域的扩展，兼并收购以及规模扩张行为不断增加，企业的品牌体系日渐复杂，有效的品牌架构和品牌组合成为企业提升品牌运营效率与效益的关键问题。

企业品牌架构与企业品牌组合的核心是有关企业各个品牌及其之间的关系。品牌架构优化的内容分为横向优化、纵向优化和跨组织优化。品牌结构的横向优化具体涉及六大品牌战略，分别是单一品牌战略、多品牌战略、分类品牌战略、来源品牌战略、担保品牌战略、主副品牌战略。品牌架构的纵向策略涉及品牌延伸战略。品牌联合和品牌授权是企业品牌架构跨组织优化的两大重要战略。

关键术语

品牌架构　品牌组合　单一品牌战略　多品牌战略　分类品牌战略　来源品牌战略　担保品牌战略　主副品牌战略　品牌延伸　品牌联合　品牌授权

讨论与思考

1. 企业品牌组合与企业目标市场之间如何实现对接？
2. 有观点认为，品牌的每一次延伸都意味着对品牌的稀释，请思考品牌延伸是否必然导致品牌稀释。

案例分析

大众辉腾的品牌发展之路

20世纪90年代中后期，奔驰和宝马开始进行扩张，并把范围延伸到价位较低的中低级别车型，日韩品牌在低端市场上也有上佳的表现，使大众决心在高端市场一试身手，生产更大、更贵、而且应该是更多利润的豪华车。于是，在2002年正式量产辉腾，型号有从最低价68 655美元的V8辉腾到售价达100 255美元的12缸豪华版。辉腾是希腊神话中太阳神赫利奥斯之子，他常常驾驭着太阳神战车在天空中急行，辉腾的原意是“耀眼”、“光芒四射”的意思。大众汽车以此来命名其新款豪华轿车，同时也赋予了它生命与力量。而事实上，辉腾也的确是部不错的车。《福布斯》称其为“伟大的车”，《今日美国》的评论也褒扬万分。即使与同级别的宝马7系、奔驰S级相比，辉腾所提供的装置也属顶级，其细微之处的考虑更是胜人一筹。辉腾车身长5.06米，宽1.9米。作为标准配备的水平控制空气悬架极好地运用了运动学原理。它提供了许多传统的悬架系统无法比拟的优点，使该款豪华车在乘坐舒适性和驾驶动感方面几乎可以满足最苛刻的要求。卓尔不凡的设计、顶级的性能表现及所有深入细节的至臻完美，让辉腾的豪华气质展露无遗。外形漂亮流畅，内饰品味高雅，舒适度出人意料，驾乘感受一流，动力更是充足强劲。

然而就是这一被称为“华美之车”的经典之作，自推出以来，辉腾两年来仅售出3 715部，市场表现平平，令原来寄予厚望的管理层感到失望。对此，有人评价，辉腾的失败有很大的原因就是错误地把大众和辉腾紧密地联系在一起，车身在前脸和后盖箱都安有大众的标志，广告宣传也出现了大众的LOGO。也许大众的决策者当初想当然地假设“用大众多年来形成的实力雄厚、技术领先的形象来推动消费者对辉腾的品质和技术产生认同，辉腾的成功反过来进一步强化消费者对大众的认同”，但消费者不会接受一款与桑塔纳、捷达贴有同样标志的元级豪车，因为大众的“平民车、中低档”的形象已经根深蒂固，大众的LOGO放上去就已经注定这不是一款能被接受的豪华车。而大众控股的奥迪的车身和广告宣传中都不会出现大众的标志，所以奥迪的营销非常成功。

但是，大众一直坚持辉腾的大众标志。事实上，从辉腾正式上市至今，已经申请了超过100项专利技术，无论从豪华程度或是技术层面，它都可以与同级别的奔驰S级、宝马7系和奥迪A8相媲美，同时辉腾还是同级别中唯一采用手工方式生产的汽车。但长久以来，大众品牌在豪华车领域的认知度仍然不及奔驰、宝马等传统豪华汽车制造商。作为大众汽车第一款豪华级轿车，这也正是辉腾所承载的使命。或者说，辉腾在诞生之初虽然受到了大众的眷顾，但是在批评与非议声中坚定前行，正是辉腾所要面对的命运。

【案例思考题】

1. 大众品牌与辉腾品牌之前的关系如何?

2. 如何实现二者的协同发展?

本章实训

【实训目的】

通过本次实训，学生应了解有效的品牌架构和品牌组合的形式，能够结合实际构建企业品牌架构，进行品牌组合选择。课程具体任务是：

（1）描述并评价一家企业的品牌架构。

（2）描述并评价一家企业的品牌延伸策略。

【实训内容】

（1）利用“品牌-市场”二维结构下的产品分布来清晰了解一家企业的品牌架构，识别其品牌横向的战略选择、纵向的品牌延伸战略。在此基础上，对该企业的品牌架构进行评价，指出其成功之处以及问题所在，并提出相应的对策。

（2）选定一家企业，了解其品牌架构，重点分析该企业的品牌延伸情况。分析该企业的品牌延伸策略之下，已有品牌对新产品开发与上市的影响，并分析新产品发布对品牌的影响。

【实训组织与步骤】

（1）由学生以小组的形式开展实训。

（2）学生小组自由选择品牌或者企业，并独立收集资料。

（3）学生小组完成报告，并以PPT的形式展示成果。

（4）实训成绩评定标准：小组团队参与程度占30%；上台讲演、PPT演示占40%；分析内容占30%。

（5）教师最后做点评。

延伸阅读

[1] 戴维·阿克. 品牌组合战略. 北京：中国劳动社会保障出版社，2005.

[2] http://www.bookschina.com/1107571.htm.

参考文献

[1] 周云. 品牌学：原理与实务. 北京：清华大学出版社，2008.

[2] 黄静，王文超. 品牌管理. 武汉：武汉大学出版社，2005.

[3] 郑春东，孟楠楠，唐建生，等. 主副品牌策略的实施模式研究. 财经问题研究，2008（12）.

第九章
品牌危机管理

箴言

永远战战兢兢，永远如履薄冰。

——张瑞敏

本章学习目标

1. 了解品牌危机的定义
2. 了解互联网时代的品牌危机的新特点
3. 掌握品牌危机的特征和实质
4. 掌握品牌危机的四个发展阶段
5. 了解品牌危机产生的原因
6. 掌握品牌危机的防范策略
7. 了解品牌保护的含义与策略
8. 掌握媒体多元化下的品牌保护应对策略

本章知识结构图

引导案例

宝洁公司SK-II事件

2006年3月7日，宝洁公司由于SK-Ⅱ含腐蚀性成分被江西消费者诉至法院，但是由于该公司积极高效地采取了相应的应对措施，诉讼以宝洁公司的胜诉告终。

2006年9月15日，有媒体报道从日本输入中国的宝洁SK-Ⅱ品牌的9 种化妆品被检出含有禁用物质铬和钕，一时间舆论哗然，在社会上也引起强烈反响。当天，宝洁公司高层就与国家质检总局针对SK-Ⅱ被查产品进行磋商，其对外关系部经理梁云发表公开申明表示，宝洁SK-Ⅱ公司高层与国家质检总局的磋商，仅仅是处理SK-Ⅱ品牌的9种化妆品被检出含有禁用物质铬和钕事件的第一步，随后会出台具体处理措施。20日，SK-Ⅱ公司宣布开始接受消费者退货，尽管接受消费者退货，但该公司一直反复强调其产品并无质量问题，其公司高层也一直与国家质检总局保持磋商，想对这些产品再进行检验。10月23日，国家质检总局与卫生部发布联合明称，SK-II化妆品中所含违禁成分铬和钕系原料带入所致，正常使用含微量铬和钕的化妆品对消费者的健康危害极低，该声明事实上是对SK-Ⅱ产品安全性的澄清。当天宝洁公司就对外宣布，将在今后几周内恢复SK-Ⅱ产品在中国大陆的销售。接着，宝洁公司多次表示对于此事引起的困惑深表歉意，对于国家权威部门对于SK-Ⅱ产品安全性的肯定深表欣慰。此次事件最终还SK-Ⅱ以清白，证明了SK-Ⅱ的安全性，以及SK-Ⅱ对消费者负责任的态度。正是有了及时、高效的危机应对机制，宝洁SK-Ⅱ公司才能渡过这次危机。

（资料来源：http：//finance.sina.com.cn/focus/sk2ccwjp/.）

第一节 品牌危机概述

一、品牌危机的含义

（一）危机

1. 危机的内涵

“危机”一词源自希腊文，本义是“决定”，指的是医学上的“转折点”（Turning Point），也就是病人的病情转好或恶化的关键时刻。美国学者 Rosenthal（1989）认为，危机是指对一个社会系统的基本价值和行为准则架构产生严重威胁，并且在时间压力和不确定性极高的情况下必须对其做出关键决策的事件。

危机是对组织、企业或产业可能造成潜在负面影响的重大事件，这个事件也可能波及该组织的公众、产品、服务或名声，冲击组织的正常运作，甚至威胁组织的生存和发展。

危机是不可预测的事件，如果不能很好地处理，会对组织、企业或相关人员带来负面效果。危机事件可能使组织所认定的基本价值观念和行为准则架构面临严重威胁，由于相关信息很不充分、事态发展具有高度不确定性和需要迅捷决策等，危机造成了高度的紧张和压力。为使组织在危机中得以生存，并将危机所造成的损害降至最低限度，决策者必须在相当有限的时间及物力、人力、信息资源约束下，做出关键性决策和具体的危机应对措施。

2. 危机管理的研究

在当今复杂多变的商业环境中，几乎所有企业都无时无刻不面临着各种危机的威胁。在营销过程中，国内外企业之间的竞争越来越白热化，品牌危机发生的概率和频率也在不断增加。

美国及欧洲等一些知名大学的商学院，已将企业危机管理列为一门重要的课程。国内对危机管理的相关研究起步较晚，学者们对企业危机管理的研究大致是从20世纪80年代末、90年代初开始的，进入21世纪后，尤其是2003年的SARS之后，学者们对危机管理进行了更加系统的研究，危机管理研究的内容、范围、广度、深度都有所拓展，主要形成了两大研究对象——企业危机和公共危机，企业危机中一个主要的内容是品牌危机。当前，国内学者的研究重心正在向将西方危机管理理论结合中国国情“中国化”的方向转移。一些高校也开始开设危机管理课程。

（二）品牌危机

1. 品牌危机的定义

所谓品牌危机，是指由于企业内外部环境因素的突变，以及品牌运营管理的失常或者品牌本身的素质缺陷，企业在经营管理、提供服务及公关关系等方面产生问题，从而对品牌整体形象造成不良影响，并造成社会公众对品牌的信誉产生质疑从而产生信任危机，发展成危及品牌甚至企业生存的危机状态。

最近几年，许多行业的企业遇到了大规模的品牌危机的冲击，尤其是食品业。食品业的特征是产业链条太长，其中不可控的因素太多，生产、加工、包装、储存、运输、上架，哪个环节都可能成为第一张倒下的多米诺骨牌，因此研究品牌危机管理成为企业管理很重要的内容，受到越来越多的企业的重视。

2. 产品伤害危机

产品伤害危机是指偶尔出现并被广泛宣传的关于某个产品有缺陷的或是对消费者有危险的事件，产品伤害危机会导致品牌发生危机，但是品牌危机不一定都是产品伤害危机。

3. 品牌危机的分类

对品牌危机进行分类，可以使人们分清类型，分别应对。

品牌危机可以分为以下几种类型：

（1）核心要素的品牌危机与非核心要素的品牌危机。所谓品牌资产的核心要素，主要是由于消费者对品牌认同的改变，导致品牌联想等核心要素的改变。非核心要素的品牌危机，可以归类为与品牌资产不直接相关的危机，比如品牌延伸的失败，品牌技术革新失效，以及企业违背社会责任等问题给企业品牌带来的危机。

（2）主动性的品牌危机与被动性的品牌危机。主动性的危机往往是由于企业自身经营管理不善出现的产品质量问题、虚假宣传广告，企业不遵守商业道德伦理出现的一系列危害品牌的负面事件。主动性的品牌危机是企业能够控制而且应该承担的责任。被动性的危机往往是由于外部环境的变化、竞争对手的恶意造谣中伤、媒体的不实报道、政府的限制性法规出台等因素引发的危机，消费者会认为企业是值得同情和理解的，如果企业能采取积极的应对策略，将有可能尽快恢复和重塑与品牌之间的关系。

（3）行业性的品牌危机与非行业性的品牌危机。行业危机的发生将导致消费者对整个行业的怀疑和不信任，有可能会造成整个行业的损害。至于非行业危机就是相对于行业危机而言，就是单个企业的危机事件。

（三）互联网时代的品牌危机

互联网的出现，为企业的品牌推广提供了品牌传播的平台和更多的发展机遇，但同时也加大了品牌管理的难度，许多企业还缺少这方面的系统应对管理方法。

在传统的品牌管理中，电视、广播、报纸杂志等大众传统媒体一直是品牌公关传播的主要方向，其主要职能也仅仅是进行品牌的公关传播，一般情况下也就是投广告、发软文、炒作企业经营者等。当品牌遇到危机时，传统的危机公关是进行简单粗暴的封杀、威胁，以此来避免品牌负面消息和新闻等，在信息相对落后、媒体传播方式单一的年代，这些做法见效快。

互联网自身的特点助长了品牌危机的产生。互联网将企业、团体、组织及个人跨时空地连接到了一起，相互之间的信息交换非常容易，同时，网上言论自由等特点为消费者抒发产品购后评价提供了保障，一旦有不满情绪和损坏企业品牌形象的言论，很容易传播和蔓延，使网络成为危机推动的强大媒体，超越传统媒体和品牌危机公关传播部门，成为品牌危机最大的传播杀手。

随着经济的发展及企业规模的不断扩大，企业面临的各种风险也在不断增加。品牌危机的发生既是出乎意料的，也是不可避免的。面对品牌危机，企业的当务之急是要树立危机意识，进行科学的品牌管理，并争取寻求危机中的机遇，让企业品牌转危为安，维护消费者对品牌的忠诚度。

二、品牌危机的特征

品牌危机的特征可以从以下几个方面去认识：

（一）必然性

品牌危机的发生不是个别的偶然的事件，突如其来的危机对于一个品牌来说防不胜防，品牌从诞生之日起就注定与危机相随。从形象、质量、技术、服务等方面突然爆发的危机都有可能对品牌造成严重的伤害，企业不可能时时处处都能对品牌的各个方面监控到位。

（二）突发性

事件的发生一般难以预料，媒体的传播更是难以预料，即便是在理论上存在发生的可能性，但具体何时爆发、爆发的形式、爆发的规模、爆发的强度等仍难以预料。

（三）聚焦性

进入信息时代后，危机的信息传播比危机本身发展要快得多，信息传播渠道的多样化、时效的高速化、范围的全球化，使得危机情境迅速公开化，成为公众聚集的中心，成为各种媒体热炒的素材。同时作为危机的利益相关者，他们不仅仅关注危机本身的发展，而且更关注危机的处理态度和所采取的行动，而社会公众有关危机的信息来源是各种形式的媒体，而媒体对危机报道的内容和对危机报道的态度，影响着公众对危机的看法和态度。

（四）破坏性

品牌危机一旦发生，消费者对企业的信心立刻动摇，产品销售立即受到影响，严重的时候，不仅一件产品卖不出去，而且有的消费者可能还会要求退货、赔偿经济损失与精神损失，给企业带来有形的和无形的损失不可估量，且品牌越知名，危机发生后传播的速度越快、面越广，处理不当对品牌的损害也就更大。

（五）机遇性

危机事件的机遇性是指尽管有些危机事件难以完全避免，但危机之中也孕育着机遇。

每一次危机既包含着导致失败的根源，也孕育着成功的种子，发现培育以便收获这个潜在的成功机遇，就是危机管理的精髓。

三、品牌危机的实质

从品牌发展过程来看，品牌危机可以在品牌发展的不同阶段上发生。从企业开始规划品牌开始，在品牌的创立阶段、品牌的维护阶段以及品牌的发展阶段都有可能出现品牌危机。从对品牌危机的界定中可以发现，品牌危机主要表现在品牌形象严重受损、品牌忠诚受到严重侵蚀、品牌生存受到严重威胁等。

品牌危机的实质可以从以下三个方面去认识：

（一）品牌危机是一种契约危机

每个品牌代表了相应的承诺，公众选择了这个品牌，就意味着公众认可和接受了这种承诺，所以，品牌与公众之间是一种契约关系。当品牌出现危机时，公众就会对品牌的诚信产生怀疑，继而降低对品牌的好感度，严重时可能会是拒绝甚至敌视，同时采取一系列的行动。

（二）品牌危机是一种关系危机

品牌、传媒、公众三者之间是一种互动关系，品牌及其企业的自身缺失或外部不利因素，被传媒以信息的形式公之于众，当公众体验或知晓有关品牌的负面信息时，并觉得品牌侵犯了他们的权益时，那么公众就可以拿起武器向品牌开战。同时品牌与传媒之间也产生了一种紧张关系。所以当品牌出现危机时，不仅要处理好与公众的关系，还要处理好与传媒的关系。

（三）品牌危机是一种突发信息的传播危机

有关品牌不利信息的突发性的传播，是品牌危机产生的直接原因，有些信息是品牌与其企业自身缺失的实事求是的反应，有些信息是外部世界无中生有或捕风捉影的恶意所为。不管这些信息是真实的也好，虚假的也罢，一旦被传媒登载，那么公众肯定会首先受到传媒的影响，产生情绪的变化，开始出现抵制行为，最终使品牌陷入到危机之中，所以，不利信息的传播是品牌爆发危机的最直接因素。

四、品牌危机生命周期

品牌危机存在这样四个发展阶段：第一个阶段是潜伏期，即有迹象表明潜在有可能发生危机，显然这是量变的阶段；第二个阶段是发生期，关键性的危机事件突然爆发，而且迅速演变；第三个阶段是蔓延期，危机的影响在存在的同时逐步扩大；第四个阶段是衰退期，危机的影响渐渐消退，但仍需保持警惕，以免危机重复。这四个阶段就是在大众传媒的作用下交替演绎，展示着品牌危机生命周期的轮回。

传媒介入品牌危机的不同阶段所产生的作用是不同的。潜伏阶段，应该说传媒对企业危机有预警和监视作用。由于自身的特征，传媒对社会和企业的各种问题具有特殊的敏感性，能够在第一时间传递可能导致危机发生的各种信息。这个时间里，企业应该给予足够的关注，即使是一些事不关己的信息，都应该引起有关企业的注意。比如，苏丹红这一严重危害健康的化学染色剂经传媒曝光后，所有有关的食品染色的行业都应该有所警觉，采取有效的措施把潜在的危机消灭在萌芽的状态之中，避免危机的升级。危机的爆发期，传媒起到满足公众信息需求、引导公众情绪的重要作用。这个时间应尽量掌握主动权，用最快的速度拨乱反正。如果品牌危机不幸进入蔓延期，比如品牌所代表的企业在危机处理时间上有所耽搁，危机公关有所失误，当然也有可能使品牌自身多年来的积习突然间大白天下，这种危机往往是难以自救的了。在危机的衰退期，传媒和公众对企业危机的诸多表现已经疲惫，这个时候，品牌所代表的企业需要痛定思痛地思考很多问题，在必要的时候再次借助于传媒，勇敢地对公众说声“我回来了”，用一系列正面积极的形象来挽回企业曾经失去的辉煌。

五、品牌危机的成因

企业要正确地进行品牌危机管理，就有必要对危机产生的原因有深刻的认识，分析品牌危机产生的原因。一般来说，危机产生的原因可以从企业外部与内部来分析。

（一）组织外部的原因

组织外部的原因主要是组织外部的伤害，它包括竞争对手的陷害、媒体的错误报道，以及其他来自组织外部与组织直接或间接相关的组织和个人的恶意与非恶意的伤害。

1. 恶意伤害

恶意伤害是指做这些伤害活动的目的是使该组织受到破坏和损失，这种情况多来自竞争对手，也有公众或其他对组织出于报复心理或嫉妒心理进行的诬蔑、陷害，这是每一个企业都应该警惕的。

2. 非恶意伤害

（1）非恶意伤害是无心的过失造成的，比如媒体由于时间的紧迫和知识的局限或不负责导致的错误报道。

（2）非恶意伤害也可能是由和品牌有关的个人自身的错误、谣言或灾祸引发的。现在许多品牌都有形象代言人，代言人的一举一动如果不妥，必然使该品牌形象受到负面影响。

（3）非恶意伤害是由社会上与组织生存发展本无直接关系的原因通过某种巧合或相似性，祸及组织造成品牌危机的灾难。

3. 由宏观原因所引起的组织外部伤害

该种外部伤害是指由社会不可抗力所造成的组织外部伤害，例如国家方针政策的变化、新法律条文的颁布、战争、恐怖主义等。这些改变与发生不是针对某个品牌的，也不是只对某个品牌或某些品牌造成伤害的，而是会造成全社会性变动或伤害的，属于社会背景的变化。

4. 自然灾害

组织外部的原因除了组织外部的伤害，还包括自然灾害。这里的自然灾害是一个广义的概念，是指非人为原因造成的品牌危机的总称，既包括地震、台风、火灾、洪水、瘟疫等自然现象带来的狭义的自然灾害，也是指迫于其他自然规律的非人力所能控制的原因造成的伤害。

（二）组织内部的原因

组织内部的原因主要是组织内部的错误，它是指组织内部成员造成的对品牌形象、品牌价值的损害，它包括以下几点：

1. 错误决策

错误决策常常是有关整个组织生存和发展的全局性问题，因而影响范围大、程度深，纠正时往往要伤筋动骨。错误的投资、不适当地开发新产品、品牌定位错误、漠视市场变化而故步自封、盲目扩大规模都属于决策性失误。

2. 管理不善

这包括机构设置的不合理、规章制度的不严格等。如组织内部矛盾导致的组织成员对本组织的恶意报复（如纵火、设置计算机病毒、制造流言）；组织内人员贪污腐化而挪用公款、制造假账；泄露组织机密、产品秘方、特殊工艺等；生产工具设备长期不检修；高级人才的突然离职等。

3. 生产性错误

它是指由产品质量、数量、技术或服务等生产性原因造成的企业内部错误。比如以次充好、以假乱真的弄虚作假行为，故意减少产品数量，不履行服务承诺等。由于品牌的实质是承诺，是企业就其产品特征、利益和服务等对顾客做出的一种保证，如果企业提供给顾客的产品或服务未能履行或未能全部履行其品牌承诺，那么该品牌的整体形象在消费者心目中就会受到损伤，所以生产性错误是产生品牌危机的重要成因之一。

4. 广告错误

广告使用不当会导致毁灭品牌的效果。例如广告与销售地的文化相冲突、广告所选择的方式不当等。

第二节 品牌危机的防范与处理

一、品牌危机的防范

（一）品牌危机管理的视角

品牌危机管理是指在品牌的生命周期各阶段中，采取恰当的管理活动，以尽可能避免导致品牌价值损失事件的发生，以及在发生品牌危机后，尽可能降低品牌价值的损失。

从战略角度研究企业危机管理问题，是把企业危机管理和战略管理融合起来。企业要从战略高度洞察和分析企业外部环境的变化，将危机管理纳入战略管理的范畴，使企业能及时发现潜在危机且进行预警和预控，危机发生能决策果断、应对迅速，进而实施有效的危机恢复和补救，实现企业的持续发展。

从过程视角看，危机管理过程涉及四个基本要素，分别是预防、准备、绩效、学习，强调企业应善于汲取危机处理经验，以备以后的危机管理借鉴。

从技术视角进行的品牌危机管理研究，多着眼于品牌危机的预警与处理的具体方法及操作，更多倾向于应用的层面。

系统视角的品牌危机管理研究在于扩大研究的范畴，从宏观的角度来考察品牌危机的产生机理。从系统角度研究企业危机管理，能从全局的观点认识危机，防止只见树木不见森林，企业不应等到危机爆发后再进行危机处理，而应重视危机预防，化危机于萌芽之中。

（二）品牌危机管理的主体和客体

品牌危机管理主体所指的利益相关者，是那些拥有企业品牌要求权、所有权等权力和利益的个人或团体，这些权力或利益是与企业（道德合法的）交易或行动的结果。有着相同权力和利益要求的相关利益者可归为相同团体。利益相关者通过参与企业活动取得利益，企业的管理又会对各利益相关者的行为产生影响。各利益相关者在企业品牌危机中所起的作用不同，因而他们对企业的要求也不一致，他们在危机管理中的参与度也不同，但只有基于共同利益基础上的品牌危机管理，才能不断优化决策效果，改善品牌与各利益相关者之间的关系，在利益最大化的基础上，满足企业各利益相关者的共同利益要求。

品牌危机管理客体是指产生危机的品牌对象及其范围，即品牌所有者企业和利益相关者之间的对应关系。利益相关者对于企业，目的是获取一种单独生产所无法达到的合作收益或剩余。对这部分收益的要求权，构成了企业与利益相关者相互之间的权益关系。品牌危机的发生，是这种关系的扭曲与破裂的结果。如何修复甚至改善这种关系，成了品牌危机管理要解决的问题。

因为品牌危机当中严重信息不对称的存在，使得品牌危机的管理成本大大增加。而建立有效的利益相关者沟通机制并实施之，可能获取不同利益相关者的理解和支持，不仅可以降低管理危机的总体成本，而且还能够形成更为和谐的情感及利益关系。只有解决了信息权和控制权的合理分配问题，才能在最大程度上满足利益相关者的利益要求，从而解决品牌危机，甚至是化危机为契机，促使品牌获得新的发展。

（三）品牌危机防范策略

如何有效预防品牌危机的发生是品牌危机管理的根本。结合品牌危机发生的深层原因，品牌危机防范应该采取如下策略：

1. 树立全员危机意识，实施严格的品牌日常管理制度

品牌危机意识是进行有效品牌危机管理的前提条件。企业管理者应该注意给员工灌输危机意识，并制定和实施严格的品牌管理制度。在生产中严把质量关，确保投入市场的都是高品质的产品和服务；加强产品核心技术的保护管理；做好商标注册维护工作，对于假冒伪劣等侵害自身商标权益的产品和行为及时处理。

2. 建立品牌危机预警系统，实施品牌自我诊断制度

信息是品牌危机防范的生命线。为了及时发现企业经营过程中潜伏的危机，疏通信息交流的渠道，企业必须建立有效的危机预警系统。

3. 改善企业管理，优化品牌管理体制

改善企业管理有利于预防品牌危机的发生。科学的品牌管理体制能合理协调品牌管理活动中企业内部各部门的权力与责任及其相互关系，有利于品牌策略和战略的优化调整，培育品牌危机抗体，有效预防品牌危机。

4. 制定品牌战略规划

企业要加强品牌的全方位管理，要在品牌创立之初就对品牌进行战略规划，将品牌个性定位、品牌核心价值确定、品牌形象塑造、品牌注册与保护、品牌延伸与扩张、品牌创新、品牌传播等一系列环节的决策规范化，并提高到企业战略的高度，使之成为企业常规化的工作。

5. 科学实施品牌延伸战略

品牌延伸作为企业品牌经营战略最主要的一种方式，一定要遵循品牌的成长规律，不能任意而为，否则不仅无助于新产品的推出，还会对品牌形象造成严重的损害。

6. 培养顾客忠诚度

企业必须综合运用技术、产品、服务、创新等方式来提升品牌竞争力，避免过度的价格竞争，采用消费者至上的经营理念，使顾客获得最大程度的满意，从而树立良好的品牌形象。

总之，企业要强化危机意识，不断更新观念，深刻认识品牌危机的成因，采取有效的品牌危机防范策略，才能有效预防品牌危机的发生，保证企业品牌的长远健康发展。

二、品牌保护的含义与策略

著名品牌能给企业所有者带来巨大的利益，因此，必须采取必要的手段和措施，加强企业对品牌的保护。

（一）品牌保护的含义

品牌保护是一个非常宽泛的概念，它包括受到商标法保护的商标名称、图形及其组合，也包括没有在商标管理部门登记注册的品牌名称和品牌标志，以及构成这些品牌名称和标志的各种要素的保护。商标保护是品牌保护的一个组成部分，或者说是品牌保护的一个最重要的组成部分。

1. 品牌的企业经营与管理保护

品牌的企业经营与管理保护是指企业在其经营与管理活动中，自觉地采取措施保护企业品牌资产。

企业可以从以下几方面进行品牌的企业管理保护：① 建立起企业内部品牌管理专门组织及相应的品牌经理负责制，并制定出适合企业自身品牌保护的各项制度。企业设立专职机构和制定相关制度，有利于品牌发展战略的实施执行和应对因管理不善或因市场竞争引发的品牌危机。② 主动采取品牌的跨国经营战略，对品牌的注册尽可能宽领域、多类别，要采取商标提前注册、及时续展、及时提出异议、及时申请专利等措施寻求法律保护。

企业应当在经营与管理过程中提高品牌意识，注重品牌形象的保护，遵循事前积极防范、事中努力控制、事后尽力补救的原则来保护企业品牌。

2. 品牌的法律保护

单纯靠企业自身的经营管理来保护自己的品牌是不够的，品牌保护的最主要途径是具有权威性和强制性的法律保护。根据我国的立法现状，知识产权保护法律为《商标法》、《专利法》、《著作权法》，商业秘密保护法律为《反不正当竞争法》，这四部法律组成了我国目前品牌法律保护的基础。

《商标法》为商标提供法律保护，对企业来讲只需要按照《商标法》的要求，及时进行商标注册并正确地使用和管理商标，就可以有效地保护企业商标权。

我国将具有独创性的文字、图片及影视作品都纳入了《著作权法》保护范畴，法律对这些对企业品牌形成具有重要意义的要素提供了知识产权保护，填补了对企业品牌保护的漏洞。

专利和专有技术对企业品牌的开发与保护具有极其重要的作用。企业应熟悉专利的申请程序和相应的权利义务以保护和利用自己的技术。同时，企业所掌握的技术、信息等商业秘密可以不通过申请专利的方式，而采取高度保密的措施，使之成为专有技术。专有技术与专利一样是企业参与市场竞争的根本动力，法律对该类商业秘密提供了保护，有利于保护企业品牌、维护企业利益。

企业应重视网络品牌的法律保护，在国际互联网上积极注册，以防企业品牌抢注。企业域名的重要性在不断提高，发展成为网络品牌。企业品牌应积极在国际互联网上注册，以防止企业品牌被其他不法企业抢注。

企业品牌保护作为一个复杂的社会工程来讲，需要企业经营管理的自身保护、国家法律保护，同时也离不开政府政策支持的外部运行环境。政府在企业品牌开发和保护方面负有重大的责任，应努力为企业品牌的开发和保护营造良好的外部环境。

（二）媒体多元化下的品牌保护应对策略

当我们进入多元化媒体时代，企业要重视多元化媒体时代的品牌建设和保护，做到常态化监控和及时有力的危机处理，方能让品牌始终立于不败之地。

1. 媒体多元化下的品牌保护新环境

新媒体时代，信息的传播可以从人到人，或者依托于电信和计算机网络的用户织成的网状结构迅速多维蔓延，而其中的每一个节点，有可能产生新的信息元素，可能对原始的信息进行加工处理，进而极有可能形成蝴蝶效应。

在传播能力日益强大的网络面前，每一个品牌都无一例外而前所未有的脆弱。这种脆弱来自于这样几个方面：

首先，品牌本身的问题不易被官方发现，但是容易被民间发现并且迅速传播。由于国际化生产的形成，大的品牌往往生产、销售和消费都遍布全球，要掌握这样大范围的信息反馈，需要有完备的机制和处理能力。很多事件，往往在官方还未察觉的时候，就已经被传播出去，等到企业发现时，事态往往已经不可收拾，只能善后，这就像是品牌在明处，打击在暗处，总有防不胜防的感觉。

其次，当一个品牌强大的时候或者自以为足够强大的时候，由于未能正确估量在多元化媒体时代品牌保护的重要性，往往在危机来临时采取强势的态度，力图掩盖危机本质，大事化小，小事化了，采用封杀媒体报道等方式来处理危机。殊不知，在多元化的传播环境下，几乎没有什么是可以被掩盖的，借助于传播网络，只会是小事变大，大事变得不可收拾，三鹿事件就是一个很好的例子。

最后，还要看到，因为目前多元化媒体的不确定性，也为恶意竞争提供了条件，企业往往可以利用非官方和常规的媒体渠道发布虚假的消息，并且借助网络推手推波助澜，打击对手的品牌，这种竞争态势在国内有越演越烈的趋势。

可以说，伴随着传播渠道日益多样化的，是每一个品牌日益脆弱的现实。在媒体日益多元化的今天，品牌保护从未像现在这样对企业如此重要过。

要找到媒体多元化下品牌保护的有力途径，就要首先认清媒体多元化时代的特征。

媒体多元化最明显的特征，莫过于每一个人都可能是媒体。“每个人都是媒体”的意思，是每个人都可能既是消息的传播者，又是消息的产生者和加工者，这和传统媒体时代有很大的区别。从某种意义上说，这意味着全民媒体时代的到来，全民媒体的代表无疑是在海外火爆的以facebook为代表的SNS社区和以twitter为代表的微博客，在国内以

QQ、微信为代表的即时通信和以新浪微博为代表的微博客，这些媒体无一例外地都没有权威和官方身份，都是以一个个人为中心组成的信息网络，任何一个信息都可以从这个网络的任意一个节点迅速蔓延至整个网络。轻轻一扇翅膀，立刻引发海啸。

2. 媒体多元化下的品牌保护应对策略

媒体中心的变化，要求品牌的维护者也应该随之变化，现在我们需要监控整个信息网络，这就要求不仅仅在意识上，而且在方法上都要更新。意识上，将对网络信息的监控置于最重要的地位；方法上，随时利用各种渠道监控有关品牌的任何信息，这些渠道包括微信、搜索引擎、各大社区、论坛、博客、微博等。要建立一张依托于网络的监控网络，借助专职和兼职的人员监控网络，并且和各种渠道的管理者保持良好的沟通，以便及时处理危机。

将品牌保护提升到企业运营的重要位置。在传统媒体时代，企业的品牌往往是一个非重要或者非独立的机构在运营管理，比如办公室、行政部、市场部等。但是在多元化媒体时代，必须有一个独立的品牌运营部门来进行品牌的运营、保护和危机的处理，这种部门在很多企业目前都有，大部分叫作公关部。但是目前的公关部的职能，大部分在后期的危机公关上，而忽略了前期的品牌监控和保护，事实上，这让很多品牌吃了大亏。

品牌监控常态化，并辅之以危机公关的正确方法和态度，才是品牌保护的上策。

应对任何危机，都应该采用快、准、狠的危机处理策略。

快，指应对速度要快，应对措施实施要快，要迅速对任何潜在危机产生反应。当确定应对策略之后，执行一定要快，任何时间的耽误，都可能让原本很小的危机迅速放大到不可收拾的地步，造成品牌的损失。

准，是要第一时间找到危机源头，这个源头一方面是内部的，一定要找准危机的起因，然后再选择措施；另一方面是找准危机的外在传播源头，根据源头的不同采用不同的处理方式。

狠，就是在找准问题之后，要迅速有效地处理，根据不同的情况，选用最有效的手段，下手一定要狠。如果迟疑，事态可能就会扩大到不可掌握的地步。

三、品牌危机的处理

（一）品牌危机的预防管理

危机意识是企业发展的原动力，是一种对企业环境时刻保持警觉并随时做出反应的意识。企业的全体员工，上到高层管理者，下到一般的员工，都应居安思危，将危机的预防作为日常工作的组成部分。

1. 成立品牌危机管理常设机构

在公司组织架构中明确设立关于品牌危机的常设和非常设相结合的组织系统，它包括了危机管理委员会，这是最高层次的非常设机构。危机处理委员会还必须明确规定公司危机管理中不同岗位的权利与责任，一般最高领导是结果的第一责任人，也是最大的权力者，这能确保一旦危机出现时，组织的整体运行可以达到高效统一，不会因为临时的忙乱而使指挥混乱。品牌危机管理的常设机构一般是执行危机管理办公室，须包含几大功能系统，包括竞争情报系统、品牌管理系统、战略管理系统、公关媒体管理系统、客户管理系统等。

2. 针对产品质量危机的管理对策

产品的质量问题主要是在生产过程中造成的，最容易引发突发性品牌危机，其直接后果是公众不信任感增加，销售量急剧下降，品牌美誉度遭受严重打击。这类危机的责任完全在企业，因此，对此类危机的管理，主要是尽快向公众赔礼道歉，挽回品牌信誉，减少长期业务上的损失。在品牌的日常危机管理中，企业要尽可能保证产品质量的安全性、无害性;同时，做好可能的退货准备，确保危机时刻，能够采取迅速的退货行动。在买方市场的条件下，公众与顾客对产品的质量要求越来越高。产品质量问题引发危机事件时，企业必须与消费者保持积极的联系，开诚布公地告诉公众企业的歉意，必要时通过新闻媒体向公众发表公开谢罪公告，以显示真诚，防止敌意的产生和蔓延。在承认现实的前提下，企业要放弃短期销售利益，采取补救消费者损失的措施。此后，企业还要通过适当宣传，把事态的发展情况、生产上的改进措施等内容公布于众，以消除公众对品牌的疑虑，恢复公众信任。

3. 重视客户服务管理

顾客的抱怨是企业获知自身反应的最直接来源，把抱怨的顾客转变为满意的顾客，才是企业的经营之道。企业在服务类突发性品牌危机管理中，必须主动承认错误，认真对待和听取顾客的需求，向他们提供详细的信息并解答提出问题，尽可能弥补顾客在服务过程中所受的损失。

4. 运用产品召回

产品召回是主动对有问题的产品实施召回，这种做法可以成功地避免企业品牌及其产品信誉危机的爆发，主动召回本质上是企业自身一种深层次的危机预防管理。就召回事件而言，主动召回就是品牌危机的事前管理。

相对而言，食品、药品、玩具、日用品和汽车等消费品行业会经常发生召回事件。这些领域的企业必须具有极高的危机感和攻克危机的意识。如果一旦发现并确认产品确实存在缺陷，企业应该采取适当的策略进行处理，但是这并不意味着所有的产品都需要公开地进行召回，有四种情况需要企业区别对待：

（1）危及人身和生命安全的产品需要召回。一般来说，如果这样的产品出现，则需要企业采取全面的消费者回购措施，并发出有意义的、完整的通知，确保能够让公众，尤其是用户最大范围地知晓。比如，宜家发布儿童椅的召回，以及三菱帕杰罗汽车的召回，就是为了避免和防止发生重大伤亡的可能。

（2）有潜在危险但不会威胁到生命安全的产品，企业应考虑召回。

（3）一些对生命或者财产没有重大威胁，但要求在一定范围内有限度收回的产品，这种情况就可以不发出召回通知。

（4）一些因为生产和设计上的缺陷可能影响使用效果，或者达不到预期效果的产品。生产这些产品的厂家往往采取对产品进行软件升级、对消费者适当补偿、或者打折处理的方式。

产品召回是典型的品牌危机管理事前预防的一个常用做法，其优势主要是：危机预防代价比较小，比如召回维修的费用虽然不是一个小数目，但与动辄几千万元危机损失，甚至企业倾覆相比，危机预防的成本要远远小于危机处理的成本。

危机预防更能凸显一个企业、一个品牌的成熟度。积极与公众进行沟通，保证召回的主动性，体现了一个企业管理的规范性和负责任的态度，进一步赢得了人心和信任。同时在整个产品召回的信息发布中，在与公众进行信息沟通过程中必须保证信息准确、及时、完整的传递和表达，这样整个传媒的舆论导向是朝着对品牌有利的方向发展。

在互联网时代，对不满意的产品和服务，顾客可以在网站上直接发布对企业对品牌不利的信息，同时也有可能是竞争对手的恶意谣言，企业也无法封住不利消息的传播途径。这样的坏消息甚至谣言可以突破时间和空间的限制快速传播和蔓延。因此，客户服务管理人员必须采取有力的措施，对舆论进行监控，关注网上信息的传播和舆论导向，避免一些负面效果，并从中了解顾客所关心的问题。同时大力开展宣传活动，将企业处理危机的正确态度、有力措施、整改方案传播出去，变危难为提高品牌知名度和美誉度的机会。

（二）品牌危机处理的原则

实施品牌危机处理的时候，我们一定要坚持如下几项原则：

1. 及时性原则

企业对危机的反应必须快捷及时，无论对受害、消费者、社会公众，还是对新闻媒介，都要尽可能成为首先到位者。

2. 真实性原则

危机发生后，企业应主动向社会公众讲清事实的真相，遮遮掩掩反而会欲盖弥彰，增强危机的伤害力，不利于控制危机局面，延长危机影响的时间。要保持信息渠道的通畅和信息的及时传递，以任何理由瞒报、迟报、甚至不报的行为都会导致品牌危机的蔓延，减缓危机恢复的行程，都将对品牌造成严重伤害。

3. 全员性原则

企业危机处理应提高危机透明度，让全体员工了解危机的性质、规模、影响及处理方法，积极参与危机的处理，为企业献计献策，共渡难关。这样做不仅减轻了企业的内部压力，而且让员工在企业危机中经受特殊的锻炼，增强了企业凝聚力。

4. 统一性原则

危机处理必须做到三个统一，即指挥协调统一、宣传解释统一、行动步骤统一。无序状态只能造成更大的混乱，使局势恶化。

5. 科学性原则

在应对危机之时，各级管理者必须首先抓住主要矛盾，分清轻重缓急和优先顺序，一切都要以公众为中心，以公众的切身利益为中心，以公众关注的优先顺序为中心来思考问题，只有以公众为中心安排的轻重缓急和优先顺序，才有可能使得本部门、本企业乃至领导者个人的损害降低至最小。

6. 决策要果断

在危机时刻，必须采取高压强政策，整个企业内必须雷厉风行、令行禁止，集中优势兵力将事态迅速控制住。

7. 措施要到位

危机管理措施一旦出台，领导者就必须亲赴前线，深入基层，检查措施漏洞，监督执行情况，对措施中存在的漏洞及时发现并立即弥补，对执行不利的失职人员当即进行严厉查处。

本章回顾

在当今复杂多变的商业环境中，几乎所有企业都无时无刻不面临着各种危机的威胁，而且随着经济社会的发展，国内外企业之间的竞争也越来越白热化，品牌危机发生的概率和频率也在不断增加。最近几年，许多行业的企业遇到了大规模的品牌危机的冲击，尤其是食品业。互联网的出现为企业的品牌推广提供了品牌传播的平台和更多的发展机遇，但同时也加大了品牌管理的难度，许多企业还缺少这方面的系统应对管理方法。面对品牌危机，企业的当务之急是要树立危机意识，进行科学的品牌管理，并争取寻求危机中的机遇，让企业品牌转危为安，保持品牌资产，维护消费者对品牌的忠诚度。

如何有效预防品牌危机的发生是品牌危机管理的根本。结合品牌危机发生的深层原因，品牌危机防范应该采取如下策略：① 树立全员危机意识，实施严格的品牌日常管理制度；② 建立品牌危机预警系统，实施品牌自我诊断制度；③ 改善企业管理，优化品牌管理体制；④ 制定品牌战略规划；⑤ 科学实施品牌延伸战略；⑥ 培养顾客忠诚度。

关键术语

品牌危机　品牌危机的特征　品牌危机防范　品牌保护　品牌危机管理

讨论与思考

1. 品牌危机的特征和实质是什么？
2. 互联网时代的品牌危机有哪些新特点？
3. 品牌危机产生的原因通常有哪些？
4. 如何进行品牌危机防范？
5. 品牌保护的策略有哪些？
6. 如何进行品牌危机管理？

案例分析

黄酒可能致癌风波的平息

2012年6月15日，一则香港消费者委员会关于“黄酒可能致癌”的消息引起舆论界轩然大波。其中黄酒生产商、上市公司浙江古越龙山（600059）首当其冲，成为风波焦点。

6月15号，香港消费者委员会在《选择》月刊上，发表一篇名为《34款酒验出氨基甲酸乙酯含量差异大》的文章，这是一篇劝慰消费者少喝酒类饮品的消费提醒类文章。

香港消费者委员会对36款东方风味的酒类饮品样本进行了测试，其中包括16款绍兴酒、8款糯米酒及12款梅酒产品。结果显示，各样本的氨基甲酸乙酯（简称EC）含量差异较大，其中绍兴酒样本中的含量为80 ~ 260μg/L。其中三款来自浙江，包括“古越龙山三年陈酿绍兴加饭酒”、“古越龙山正宗绍兴陈年花雕（五年）”和“塔牌八年陈绍兴加饭酒”，其EC的含量为200 ~ 260μg/L。《34款酒验出氨基甲酸乙酯含量差异大》文章中指出，EC是食物在发酵或储存过程中天然产生的物质，并非人工添加，普遍存在于发酵食品和饮品中。

文中提到，香港并没有法规对酒类中EC最高含量的标准做出限定，但根据加拿大的规定，在水果白兰地中EC每千克的最高允许含量为0.4毫克。因此，香港消费者委员会提醒消费者应当适量饮酒和告诫消费者哪些场合不适合饮酒。

在香港消费者委员会这个抽样检测中，并没有提到饮用黄酒会致癌，古越龙山等黄酒根据文章列举的数据，EC含量远低于严格的欧盟标准。被演绎出“致癌”，生产企业不免要“喊冤”。

在“黄酒致癌”风波发生后，国家黄酒产品质量监督检验中心对酒类中EC含量做了相关的解释和说明。据其介绍，EC为自然发酵产生，广泛存在于酒类及其他发酵食品中，比如香烟、腐乳、面包、酱油之中均存在EC。而酒类中的EC含量只要控制在一定范围，并不会对人体产生伤害。

国家黄酒产品质量监督检验中心表示，古越龙山、塔牌是中国黄酒的龙头企业，历年来，国家黄酒质检中心历次抽查的结果都符合国家标准要求。到目前为止，全世界都没有黄酒EC的限量标准，国家卫生部目前正在组织开展酒类中EC含量的风险评估，以便确定有关限量标准。

【案例思考题与参考】

古越龙山如何面对这种舆论危机和解决此类危机？

危机应对，时间就是生命。古越龙山的回应非常及时到位，事件发生当天即通过关键人物接受采访、发表声明和公告、权威机构发出正面声音等方式进行了回应。

15日下午，企业关键人物董事长傅建伟第一时间出来辟谣，发表澄清观点，不认可致癌说法，媒体也大量采用了其观点。

15日晚上，古越龙山及时发布声明，同时中国酒业协会黄酒分会对于有关港媒报道发布声明。

善于借助权威机构发出声音，事件发生当天晚上，利用官方媒体《新华网》发布国家黄酒产品质量监督检验中心的正面观点。

18日，及时停牌，防止媒体报道对股价造成影响，保护投资者的权益。并于停牌当天晚上及时发布澄清公告，进一步消除影响。

19日，利用券商的研究报告来稳定市场信心。东兴证券针对此事发布研究报告《古越龙山：EC含量远低欧盟标准强烈推荐》，报告认为本次“涉癌报道”事件对公司和整个黄酒行业而言短期负面长期利好，有多家网络媒体进行转载。 湘财证券也发布研究报告：《古越龙山氨基甲酸乙酯事件无碍投资价值判断》。

19日晚间，针对媒体报道的“被沃尔玛下架”的新闻，古越龙山再次发布澄清公告，并表示香港媒体报导所涉及的公司两个黄酒产品在内地无销售，古越龙山目前在沃尔玛销售一切正常。

董秘周娟英积极接受主流媒体采访，保持企业与媒体之间信息的通畅。邀请媒体参观公司，进一步引导媒体的报道方向。公司以正面宣传为主，包括重点突出黄酒中有营养价值的成分等，让消费者安心。

善用微博平台，在微博上面发布企业声明和公告、中国酒业协会黄酒分会对于有关港媒报道的声明，并大量摘录媒体的正面报道。

古越龙山的回应比较有效，经中国上市公司舆情中心监测统计，从16日至25日，大陆平面媒体的报道中，有31%的报道标题中直接采用了企业回应的内容，较好引导了媒体的报道方向。

本章实训

【实训目的】

通过小组讨论深入理解互联网时代品牌危机新趋势和应对策略。

【实训内容】

小组讨论互联网时代品牌危机新趋势和应对策略。

（1）描述在互联网时代品牌危机预防的策略。

（2）讨论企业如何进行产品召回。

（3）选择一个企业案例，策划一个品牌的危机管理方案。

【实训组织与步骤】

（1）由学生以小组的形式开展实训。

（2）学生小组自由实训选题，并独立收集资料。

（3）学生小组完成报告，上交一个品牌的危机管理方案。

（4）实训成绩评定标准：小组团队参与程度占30%；危机管理方案评价占70%。

（5）教师最后做点评。

延伸阅读

[1] 罗伯特·希斯. 危机管理. 王成，等，译. 北京：中信出版社，2001.

参考文献

[1] 薛可，熊文霞，余明阳. 复杂网络环境下的品牌危机处理策略. 深圳大学学报：人文社会科学版，2008（5）.

[2] 柳锦铭. 基于利益相关者的品牌危机管理研究. 天津大学博士学位论文，2007.

[3] 李桂华，张云飞，刘铁. 品牌危机情境下微博网络口碑的探索性研究. 经济与管理研究，2012（9）.

第十章
品牌更新管理

箴言

永远不要停止提升你的品牌。

——菲利普·科特勒

本章学习目标

1. 了解品牌老化及其原因
2. 掌握品牌生命周期规律的基本内容
3. 理解营销升级时代的品牌体验新趋势
4. 掌握品牌更新策略
5. 掌握老品牌激活的基本方法

本章知识结构图

引导案例

麦当劳品牌更新启示

“儿童乐园”，是麦当劳进入中国市场后苦心经营的形象，笑容可掬的“麦当劳叔叔”对于儿童、青少年、父母等细分市场都非常有亲和力，是不错的“品牌代言人”。但是对于有独立行为能力的年轻人而言，“麦当劳叔叔”土得很！根据麦当劳做过的一次顾客调查，年轻的嘻哈一族觉得麦当劳是小孩子去的地方，他们更喜欢“酷”、刺激和冒险的举动。而麦当劳如果不进行品牌更新、一年年地老下去的话，它就别想把年轻的、教育程度普遍提高的消费者拉回金色拱门下的餐厅。

在多元化的市场，非主流消费的时代，如何取得主流消费者的认同，是品牌定位面临的一个非常重要的问题。与传统的市场相比，新兴的“年轻人”（指年龄在24岁到35岁间的核心消费群体）市场显得异常的“优质”，他们集聚着较其他细分年龄段顾客更为旺盛的消费能量，并且由于这一群体尚在建构成型中，他们显得并不挑剔，一般只要卖场的环境、氛围适合他们就可以了，因而，麦当劳需要额外摊付的成本并不沉重。从2003年11月开始麦当劳就在营收报表上显示出“变脸”的好处。

到2003年9月25日进行品牌变脸之前，麦当劳50多年的品牌定位一直没有改变过，那就是针对家庭的品牌定位。几十年的品牌传播与资产积累，麦当劳这一品牌已深深地与家庭、欢乐联系在一起。“常常欢笑，尝尝麦当劳”，已成为消费者耳熟能详的广告语。几十年来，无论是其品牌传播还是日常的促销活动，都会围绕着这一主题展开。进入中国后，麦当劳更是大打儿童牌。麦当劳是以“儿童”为标杆启动家庭市场的，这种方式的巧妙曾一度备受市场的推崇，但“儿童”并没有直接购买力，麦当劳要借力“非购买力”群体引动“购买力”群体，就必须在“非购买力”群体上投注大量的非盈利性吸附成本，如游乐场、娱乐演员等，这部分成本会随着市场的挑剔而逐步走高。成本高，利润低，“家庭”市场已是形同鸡肋。

仔细观察麦当劳在中国的餐厅也可以发现，它的主要消费人群是20岁到30岁的时尚青年，他们享受那里的西式快餐、幽雅的环境、轻松的音乐和时尚的风格。而儿童们只有在节假日，在父母们的陪同下才有机会得以一偿夙愿，“潇洒”一回。

青年是举足轻重的核心消费群。如何在消费需求多元化的市场上，打造主流品牌，影响有影响力的人群呢？找好品牌定位的黄金点，就是一个非常不错的方法。

找酷的代言人，找酷的合作者。“我就喜欢”把目标顾客定在了麦当劳流失得最快、公司最需要抓住的年轻一族，所有的品牌主题都围绕着“酷”、“自己做主”、“我行我素”等年轻人推崇的理念。中文麦当劳歌曲的创作者及演唱者王力宏在年轻人中很有号召力，是有主见、有活力、有上进心的年轻人的代表。王力宏创作的带有嘻哈曲风的《我就喜欢》主题曲，推出之后登上了很多歌曲排行榜，在年轻人中非常流行，为麦当劳赢得了不少关注。与此同时，麦当劳连锁店的广告海报和员工服装的基本色都换成了时尚前卫的黑色。配合品牌广告宣传，麦当劳推出了一系列超“酷”的促销活动，比如只要对服务员大声说“我就喜欢”，就能获赠圆筒冰激凌。一些大学生认为这样的活动很新鲜，很有意思，很受敢作敢为的年轻人欢迎。为了配合麦当劳的品牌更新活动，麦当劳与“动感地带”（M-Zone）结成了合作联盟，并共同推出了一系列的“我的地盘，我就喜欢”的“通信+快餐”的协同营销活动。动感地带一直宣传一种很鲜明的品牌态度——“我的地盘听我的”，在年轻人中的认同感非常高。而对动感地带的客户来讲，购买麦当劳的产品在价格上可以得到优惠，这是一种特权感。以前他们来麦当劳只是吃汉堡、薯条，麦当劳儿童游乐场的设备让他们认为自己不属于这里。现在，由于动感地带的介入，使得他们更加有满足感和归属感。

在新的“年轻人”市场，麦当劳着力主推的“个性”文化也颇受时尚青年的认同，特别是那些仍保有“童心”的年轻消费群体。

（资料来源：http://www.cqn.com.cn/news/zgzlb/diba/27244.html.）

第一节 品牌更新概述

一、品牌老化及其原因

（一）品牌老化

1. 品牌老化的含义

由于内部或外部的原因，品牌在市场竞争中的知名度、美誉度下降，以及品牌销售量、市场占有率和覆盖率降低等使得品牌“受冷落”的现象，就是品牌老化。

它有两层含义：广义上的品牌老化是指品牌缓慢的、逐渐的退化；另一层含义是指品牌所反映的消费者形象也在逐渐衰退。

现代社会，技术进步越来越快，一些行业内，产品生命周期也是越来越短；同时，社会消费意识、消费观念的变化频率逐渐加快，这都会影响到品牌的寿命。

品牌老化发生在品牌资产价值的流失阶段，它经历过品牌的推广和成长阶段，也享受过由于品牌成熟所带来的巨大利润收益，只是由于维护、创新不当而风光不再。品牌老化最突出的表征之一是高知名度和低认可度，即提起这个牌子人人都知道，但在买东西时就不记得了；或者是记得起，但无购买冲动。

品牌老化已成为品牌发展的宿敌，许多缺乏新意的老品牌已不再被消费者所关注，渐渐归于沉寂，而那些充满活力的“后起之秀”则成为消费者追捧的“新宠”。如多少年来，百事可乐“新一代的选择”的品牌核心价值恒久不变，但是对“新一代的选择”的诠释方式却一直在变，五十多条广告语、数十个代言人无不追逐着时代的步伐。

2. 品牌的进化

随着时间的推移，消费者的消费心态、价值观念、审美标准等都可能发生变化。同样定位为年轻人的品牌，需要面对不同年代出生的年轻人，而他们的消费需求是迥然不同的。这时，进化选择要求品牌做出相应的自适应调整，那些能适应环境变化、进行自我调整的品牌才能生存，成为进化更成功的品牌。

要实现进化稳定，品牌必须满足三个条件，即：① 初始存活性，在发展初期品牌能够存活，获得部分消费者的认可，在市场上站稳脚跟，为进一步扩张奠定基础；② 扩张性，创立后的品牌通过企业的经营活动能传播到更多的消费群体中，被越来越多的消费者所认知、选择、购买，表现为销量增长和市场占有率的上升等；③ 稳定性，在不断适应消费者变化的进化过程中，某一品牌还面临着众多其他品牌的竞争和环境突变，如危机事件的挑战，只有在进化中能抵挡竞争者挑战、化解突发危机的品牌，才会进化成为成功的品牌。

（二）品牌老化的原因

品牌和产品一样都具有生命周期，而且品牌的生命周期具有较大弹性并受市场的影响较大，通常是通过市场表现出来的，具有市场寿命。

消费者对品牌的认可程度影响着品牌的发展态势，一旦消费者对品牌的态度表现冷漠，品牌老化现象就会出现。

品牌老化的原因是多方面的，既有主观原因，也有客观原因。究其品牌老化的原因，主要有以下几个方面：

1. 企业自身的因素

企业自身的因素是品牌老化的源头。品牌老化首先要从企业自身找原因，才能真正解决品牌老化的问题。

（1）企业产品质量存在问题。树立品牌形象必须从企业产品质量抓起，有些企业品牌策划与运营虽然很成功，但是因为疏于对产品质量的管理使企业产品的质量存在一定的问题，不能很好地满足消费者对这种产品的要求，甚至对消费者造成人身危害，从而导致消费者对该品牌的关注度和忠诚度下降，甚至使该品牌被市场淘汰。如乳制品“三鹿”品牌就是非常明显的例子，三聚氰胺使“三鹿”品牌一夜之间被市场淘汰。

（2）企业品牌运营管理失误。由于企业在品牌运营管理中的失误，会导致企业的品牌形象受到不良影响，并在很长时间内波及大范围的社会公众，进而在很大程度上降低了企业的品牌价值，甚至给企业的生存造成困境。

企业在品牌运营管理中的失误主要有以下表现：一是品牌的个性定位不准确，造成千篇一律。企业往往不考虑品牌的个性形象风格，使品牌本身容易与其他品牌相混淆。二是品牌的盲目延伸，缺乏战略规划。不遵循品牌延伸的规律而任意延伸品牌，缺乏对品牌的全面考虑和长远打算。三是品牌宣传广告的过度投入，造成盲目跟风。有些企业单一地依赖广告投入，希望能够促使品牌快速成长，结果使企业不堪重负而最终被拖垮。四是过度的价格战，导致消费者信任度降低。五是缺乏创新。

消费者从来都有先入为主的行为特征，谁最先推出新产品、新功能，谁就能牢牢抓住消费者的心。尽管品牌忠诚者会容忍自己所钟爱的品牌一时落后，但他们不会永远支持一个缺乏新意的品牌。

2. 市场环境变化的因素

市场环境变化的因素是品牌老化的催化剂。企业所处的市场环境是复杂多变的，很多时候市场上的商机是瞬息万变的，诸多因素会导致企业品牌的不断老化。

（1）经济全球化，企业竞争态势的不断加剧。随着经济全球化局面的不断形成，以及我国市场经济体制的不断成熟，我国企业面临的国际国内竞争压力越来越大，许多外国优秀品牌的涌入，使国内品牌面对的市场竞争更加激烈。某些品牌的产品要想在激烈的竞争中站稳脚跟，就必须付出更多的代价。

（2）科学技术迅猛发展，替代产品的不断涌现。由于科学技术的迅猛发展和国外先进技术的不断引进，新材料、新工艺不断投入生产领域，一些品质和功能更加优异的新产品不断出现，导致现有品牌产品的经济生命周期缩短。

（3）生活水平和知识水平提高，消费理念的不断变化。随着我国国民的平均受教育水平的不断提高，消费者的知识水平也在不断增加，消费者的价值取向和审美观点以及消费理念在不断变化，这种变化导致消费者对品牌的要求越来越高，消费者的购买行为更加趋向于购买那些品质优良和功能完善的新产品，因而动摇对老品牌的忠诚度。

消费行为的变化性可以通过边际效用递减规律来解释。边际效用递减规律是指连续消费同质产品，边际效用递减，即消费者对所消费的每一单位的产品或服务感受到的功能满足、情感满足程度随着消费单位的增加而减少。所以即使是对十分优秀的产品或服务，当消费者消费的数量达到一定程度的时候，人们也会转而尝试其他的产品或服务。

（三）品牌老化的危害

品牌老化对一个品牌的危害是巨大的，有时甚至会使品牌从此一蹶不振。老化的品牌不仅很难争取到更多的新顾客，而且还会丢失掉许多老顾客。

消费者转移品牌偏好，舍弃老品牌，追逐新品牌是极其自然的事情。研究表明，在维护品牌核心价值恒久不变的同时，与时俱进地对品牌进行不断创新，是品牌摆脱时间侵蚀、成就百年金字招牌的秘诀。动态的市场不存在一个恒久不变的品牌，品牌只有把握时代脉搏不断创新，才能焕发生机，永葆品牌的青春活力。

二、品牌生命周期

品牌也有自己的生命周期，任何品牌都会经历从建立、成长到换代的过程。品牌生命周期有它的特点，有的品牌是通过升级或者换代而实现市场生命的超越。

品牌是与产品、企业联结在一起的，产品和企业可以是品牌的载体。品牌可以超越产品和企业，成为一种精神文化的本体。品牌的生命周期，既可以与产品、企业的生命周期一致，又可以超越产品和企业的生命周期。

产品和企业是外在的实体，品牌是内在的精神文化本体。因此，品牌生命周期具有不同于产品生命周期、企业生命周期的特征。

（1）品牌的创建需要经过较长的时间。建品牌需要比较长的时间，它在开始的时候就需要以企业或者产品为载体，但是有了企业或者产品还不会成为品牌，而只有在建立了企业和创造了产品的基础上，再经过构思、设计和传播，才能创建一种品牌。

（2）品牌的成长需要更多的精神资源。品牌需要更多地满足人们的精神需求，它成了代表特定文化意义的符号，需要整合各种精神资源，包括时代现象、消费观念、民族精神、群体意识等。

（3）品牌可以通过创新来超越生命周期。有的品牌会因为历史渊博深厚，加上不断适应时代的发展而注入新的内容，从而超越一般的生命周期。它们往往经过了许多产品的更新换代以及企业的兼并组合，仍然兴盛不衰。

品牌创新是指随着企业经营环境的变化和消费者需求的变化，品牌的内涵和表现形式也要与时俱进。这包括在技术、服务或其他方面领先于对手，提供比竞争对手更加完善的服务，满足顾客更新更高的需求。

任何品牌都会经历从创建、成长到老化的过程，为了防止品牌的老化和衰亡，必须进行品牌创新，包括品牌形象的创新、技术的创新、营销的创新、服务的创新以及产品的升级换代，从而超越品牌生命周期。

三、品牌老化的预防——品牌更新

（一）品牌更新的含义

品牌更新指品牌形象更新或者用新的品牌来替代原来的品牌。

一般来说，品牌一旦被消费者、用户与社会认识，它就存之于人脑、凝之于人心，形成一种观念或印象，就同其他观念一样，一旦形成则很难改变。

（二）企业品牌更新的意义

要想让品牌长久具有蓬勃的生命力，就必须不断扩展新的增长空间，通过持续不断的创新，促进产品更新换代，从而培育新的品牌增长点。即使是一个名牌，如果失去持续创新的动力，必将变得老化陈旧，就会被消费者厌倦。

1. 创新是企业可持续发展的必然选择

降价是市场营销的一种重要手段，有着直观的威力，它削减了商品的利润泡沫，深化了企业管理和促进了技术的革新，最终给了用户最大的实惠。但是价格战并不是一种持久的竞争方式，过度的价格战会使得消费者和商家两败俱伤。只有品牌更新才是企业可持续发展的必然选择。

一个产品，一旦成了名牌，对于企业来说便是拥有了一笔巨大的无形资产。于是，创名牌成了许多企业和产品不懈追求的最高境界。名牌也需要不断创新，才能在激烈的市场竞争中立于不败之地。

2. 更新是奠定企业市场领导地位的关键

1946年，宝洁看到洗衣粉市场的潜力巨大，推出了汰渍这个品牌。在50多年的发展过程中，汰渍一直处于洗衣粉市场的领导者，汰渍的成功很大程度源于其成功的品牌创新。1947年，汰渍推出了第一种针对大洗衣量的合成洗衣粉，一经推出，市场反应强烈，许多企业纷纷效仿。当其他品牌洗衣粉进入市场的时候，汰渍又推出了亮白洗衣粉，同样获得巨大的成功。当其他品牌推出亮白洗衣粉的时候，汰渍又适时地推出和洗衣粉效果相同的液态洗衣剂。汰渍总是比别的企业先走出一步，不断开发新的产品，使汰渍品牌立于不败之地。

3. 创新是解决品牌老化的法宝

品牌更新是全部或部分调整或改变品牌原有品牌形象，使品牌具有新形象的过程。因此，它实际上是依据对品牌重新定位、重新设计，塑造品牌新形象的过程。

解决品牌老化的根本方法就是进行品牌更新。随着社会经济环境的发展变化，人们的需求特征趋向多元化，社会的时尚在变，就不会存在一劳永逸的品牌，只有不断设计出符合市场需求的品牌特性，品牌才有生命力。所以说品牌更新是品牌自我发展的必然要求，是克服品牌老化的唯一途径也是根本方法。

（三）品牌形象更新

品牌形象更新是品牌更新的重要方面。

品牌形象总是随着市场、消费者、竞争对手不断地在调整，因此，塑造品牌形象是一个随着社会环境和经营环境变化的动态过程，企业在塑造品牌形象之后，要适时、适当地做出更新的措施，保持或提升品牌形象在社会公众心中的地位。

1. 品牌形象更新的原因

（1）改变原有的错误品牌形象。一些企业接触品牌管理的时间较短，品牌管理理论和实践基础薄弱，在品牌形象塑造方面的能力和经验不足，市场上产品与品牌形象不相符现象屡见不鲜，企业只有更新原有的品牌形象，才能取得进一步的发展。

（2）品牌形象老化。 消费者的价值观与生活形态在不断变化，过去的产品已不能满足消费者变化了的需求。企业必须适时、适当地更新品牌，改变品牌形象老化的局面。

（3）丰富品牌形象。很多企业凭借一个拳头产品成功后，往往就只会以这单一的产品在市场上长期竞争。而且有些企业的宣传手段也十分单一，降价、优惠大赠送是其惯用的方法。然而在激烈的市场竞争中，讲究的是推陈出新，创新意识更是必不可少。通过丰富品牌形象，如开发新产品、采用新包装等，为品牌注入新的活力，树立丰富的品牌形象，才能吸引消费者的眼球，提高品牌竞争力。

（4）有效抵制竞争对手的威胁。虽然品牌形象比产品或服务更难以模仿，但随着时间的推移，那些市场追随者或新进入者往往借助模仿手段，有意模仿那些市场占有率高、品牌知名度好的产品来混淆消费者，在一定程度上威胁着企业的市场份额。因此，适当地更新品牌形象，保持与竞争对手的距离，防止被竞争对手利用或钻空子，才能保护原有的品牌形象。

2. 品牌形象更新的方式

（1）标志系统的更新。 品牌名称是品牌的核心要素，它提供了品牌联想，是形成品牌概念的基础。如果现有名称不能诠释品牌的内涵，就有必要进行更换。适当地更新品牌名称，是企业注入新的活力所必不可少的。

品牌标志是一种信息传递的载体，把产品特征、品质以及品牌价值和理念等各种要素以融合化的形式传递给消费者。品牌标志是品牌形象的关键。麦当劳的金黄色“M”字标志、奥迪的四环相连标志、中国海尔的“海尔兄弟”都是这些企业醒目的标志。如果品牌标志无法给消费者留下深刻印象，无法起到宣传企业和产品的作用，企业就应该及时给予更新。

包装是品牌的一部分，没有包装就没有品牌。包装可以表现品牌的个性与魅力，塑造一种独特的形象。包装可以起到保护商品和增加商品价值的作用。商品的包装需随着产品的改进和消费者品味的改变而及时做出更新。因此，企业只有及时地更换包装，转变形象，让品牌紧跟时代的脚步，才能在激烈的市场竞争中保持优势。

（2）产品的更新。产品的多样化已是不可逆转的趋势。“品牌之王”宝洁公司不断地改善着品牌形象，光是汰渍洗衣剂的配方就改进了不下70次。

（3）广告的更新。多数企业倾向于利用广告树立并强化品牌形象，进而促进商品销售。适当的广告宣传可以在短时间树立起品牌形象，但是，不同时期的广告应该有所不同。消费者在改变，消费者的偏好、倾向也在不断变化，广告宣传手段、表现手法也应与时俱进。

第二节 品牌更新策略

一、品牌更新的原则

企业开展品牌更新活动，提高品牌创新能力，需要遵循以下原则：

（一）以市场为中心

以市场为中心就是要以消费者为中心。品牌创新需充分考虑市场对品牌新形象的认可与接受程度。只有以市场为中心，以消费者为中心，才能真正实现品牌创新的目的。

不同国家的企业、不同行业的企业、同一行业的各个企业，由于其所处具体环境、行业性质、历史改革、文化积累、技术要求、生产建议的产品（服务）品类等方面不同，决定了各个具体企业的品牌创新活动的特色。

（二）讲求效益

效益是企业发展的根本动力，也是品牌管理的最高目标。效益第一，是市场经济的永恒主题和不变原则。品牌创新要求企业对各种资源统筹安排，合理调配，实现最佳综合效益。

（三）可持续发展

品牌创新是为了让品牌永葆活力。企业在品牌发展上，既要有短期目标，又要有长期计划。一方面要充分利用品牌资源；另一方面还要充分保持品牌资源，以实现品牌创新工作的可持续发展。

选择品牌创新道路就表明了企业和企业家的远见卓识。品牌创新精神的养成，品牌创新能力的提升，需要一个较长时期的实践，不可能一蹴而就。

（四）协同原则

提高品牌创新能力，实现品牌创新目标，放大品牌创新效益，需要品牌创新的主体、对象、时空、环境、效应各自内部及相互之间的协同。其中，主体协同是根本，对象协同是基础，时空协同是形式，环境协同是前提，效应协同是目标。

二、品牌更新的策略

（一）品牌更新的方式

一般情况下，品牌更新方式分为战略创新、营销创新、技术创新、广告创新、形象创新、产品创新、公关创新等几种。

1. 战略创新

企业战略创新是指企业经营方向和经营理念的重大变化。为了落实战略创新，企业要进行市场、品牌、产品等多方面的调整。正是通过调整，许多国际品牌都保持了旺盛的生命力，如IBM等。

IBM从创立开始是计算机公司，1985年微软的Windows上市以后，IBM到了必须改变的时候却仍然没有进行改变，以致IBM在1995年亏损了160亿美元，濒临破产。郭士纳上台后，进行战略调整，他将计算机销售公司变为替顾客解决计算机问题的公司，进行重新定位。郭士纳退休时，公司当年的赢利为80亿元。然而，随着时代的变化和公司的发展，计算机服务公司的定位已经慢慢制约了公司的发展。郭士纳的继任者并不认为郭士纳对公司的定位不需要去改变，而是继续进行改革，并放弃了计算机服务公司的概念，使IBM变为公用事业公司，使得IBM像电力公司一样运营，并与德国银行签了30亿美元的订单，负责德国银行的所有计算机服务。所以，放弃原有的东西进行改革是非常关键的事情。2002年，为了实现向服务为主的公司转变，IBM出售了其硬盘业务，同时收购了普华永道。这项收购使IBM由产品型企业向服务型企业的战略转型进一步加剧，增强了企业的服务能力，赋予了IBM品牌新的含义。

2. 营销创新

在经济领域中只要是对旧元素的重新组合都属于创新。没有先进的营销方式来给予支持，任何形式的品牌更新都是纸上谈兵。

营销创新是品牌更新的基石。在冰淇淋这个市场上，哈根达斯是绝对的领导者。哈根达斯之所以能取得这样的地位，与它新颖的营销方式是分不开的。每一个哈根达斯专卖店都装修得非常的考究，温馨而高雅的色调，精致的桌子和沙发，轻柔的音乐，透明的落地窗，使得哈根达斯冰淇淋成为了一种高雅的奢侈品。同时哈根达斯为自己的产品注入新的理念，那就是爱情，其中，最经典的就是那句“爱她，就请她吃哈根达斯”的宣传口号。正是因为哈根达斯冰淇淋融入了这种理念，所以就算是哈根达斯冰淇淋价格是同类冰淇淋价格几十甚至上百倍，消费者依然络绎不绝。

定位是使品牌在顾客心目中取得一个无可替代的位置，树立起品牌的正面形象。消费者的要求是不断变化的。若品牌形象不能与市场很好地对接，消费者不能认同和接受，那么企业就需要对品牌进行修正或重新定位了。

为品牌找到准确的定位并非易事，市场的复杂和竞争的激烈往往会使企业在品牌定位时产生偏差。品牌定位后，在日常的营销工作中应保持对此定位的检查，如果发现偏差，应该及时给予修正，不断完善品牌的定位。

品牌重新定位是企业改变品牌形象弱化、产品销售乏力等不利情况的有效措施。品牌重新定位不是原有定位的简单重复，而是企业对原有品牌战略的一次扬弃。

3. 技术创新

产品的创新包括性能、品质、品种、包装各个方面，突出地表现为技术创新。技术创新必然带来产品创新，为了适应市场的充分竞争，企业必须依靠技术上的创新来保持企业的持续发展。

技术本身就具有“新”的属性，通过技术创新赋予品牌新的科技生命力，是品牌更新的基础。而消费者“喜新厌旧”的本性决定了他们对产品的期待是永远不满足的，总是在不断追求更高、更新的产品，期待着功能更好、更强，能提供更多选择的品牌。一个在产品研发上一成不变、不能满足消费者需求的品牌，总是会在人们越来越挑剔的眼光中，被视为“陈旧、保守、过时”而被人们所抛弃。要保证自己的商品力在消费者心中长盛不衰，一定要加大科技开发的力度，提高产品中的科技含量。

4. 广告创新

广告是塑造品牌形象最重要的法宝之一，但如果广告的创意与传播枯燥陈旧，缺乏表现力，不具现代感，那么在今天消费者面对的海量广告信息中，根本不会引起什么关注，更不可能有多少号召力。 新、奇、特、出色的广告创意总会给人以新鲜感觉。在广告传播的通路上，广告思维的僵化与传播手段的单一化也会形成广告的“路径依赖”。所以广告通路也需要创新，需要运用多样化、立体化、广告营销化的传播方式在媒体的选择、栏目版面的选择、广告投放方式、广告发布时间、媒介组合等各方面进行观念与形式的创新。

5. 形象创新

品牌形象创新，顾名思义，就是品牌不断创新形象，适应消费者心理的变化，从而在消费者心目中形成新的印象的过程。

很多国际大型企业的品牌标志都经过几十年甚至上百年的时间才演变成今天我们所见到的这样，在品牌经营中，品牌标志变与不变、什么时间变，都是需要企业决策者在反复权衡机会与风险之后才能做出的重大抉择。品牌标志的每项要素都要与历史和现行的标志形象相进行比较，明确哪部分需要改动、哪些品牌风格应当保留，使新品牌标志既能保持消费者对品牌的忠诚度，又能给人以新鲜感。

2003年4月28日，联想为了推进国际化战略，启用了新的英文标志Lenovo。Lenovo标志的推出使得老标志Legend成为历史。新标志使得联想拥有了一个可以在全球畅通无阻的英文品牌标志，意味着联想品牌向国际化迈进了坚实的第一步。改变可以是外在的，同样也可以是内在的。因为品牌是活在消费者心中的。同样，品牌更新也是在与消费者互动的过程中完成的。因此，适时与消费者进行互动沟通，让品牌内涵植于消费者的内心，是进行形象创新的重要举措。

沃尔玛的巨大成功背后，品牌形象也功不可没。沃尔玛超市提供给顾客的每个塑料袋都印着“天天平价”这句口号，“天天平价”便是沃尔玛对消费者所宣传的品牌理念。“天天平价”这个理念随着消费者的增加，潜移默化地进入了消费者的心中。“天天平价”从此就代表了沃尔玛在消费者心目中的形象。在卖场里，沃尔玛每个员工的胸前都佩戴着一个圆脸带着微笑的LOGO，这个LOGO的意思就是：沃尔玛的员工对顾客进行服务的时候，要面带微笑，并露出8颗牙齿。这种特殊的服务方式，一下拉近了沃尔玛与顾客之间的距离，让顾客有了宾至如归的感觉。所以，这种特殊服务自然也成为了沃尔玛的品牌形象。

6. 产品创新

当前，产品的需求正在向多元化、个性化和审美化的方向发展。对于企业来说，进入目标市场、赢得竞争优势，产品是其基本手段。在某种程度上甚至可以说，顾客是产品创新的实际参与者。以宝洁为例，没有产品的创新，就没有宝洁今天的辉煌，品牌创新是宝洁产品创新的一个十分重要的基础。新产品上市也是进行品牌更新的有利机会，企业可以利用新产品改变或者修正原有产品在消费者心目中的地位，突出企业的品牌理念，使品牌具有旺盛的市场生命力，同时在新产品上市的时候进行品牌更新也会节约品牌更新成本。

7. 公关创新

公关是一种信息沟通，为品牌及企业树立良好形象，创造良好的舆论氛围。公关是塑造品牌形象的有效手段，它作为企业与社会公众之间的桥梁，可以加强企业与社会公众之间的了解，从而塑造企业美好的形象，提高品牌的美誉度。同时，公关也可以挽救品牌的不良形象，改变品牌在消费者心中的印象，提高公众的支持度。通过公关来改变或更新品牌形象是一种行之有效的手段。

（二）老品牌的激活

品牌创立之后，随着内部和外部的调整可以发现影响品牌老化的原因，并采取合理、恰当的激活方式来维护品牌，就可以让“不老的品牌”由神话变为现实。

由于环境的变化，或者因管理不善，品牌资产有可能流失，因而出现品牌停止发展、萎缩甚至濒临“死亡”的情况。怎样减缓品牌老化的趋势，让濒于死亡的品牌重新焕发光彩，是品牌管理的一项内容。

以消费者的需求为出发点，激活品牌是拯救品牌的有效途径。激活一个老品牌相对于重创一个新品牌，拥有许多优势：一方面，利用原有品牌的知名度和忠诚消费者，可以迅速获得竞争优势；另一方面，随着社会的发展，人们具有越来越浓厚的怀旧情结。

所谓品牌激活就是运用各种可利用的手段来扭转品牌的衰退趋势，并帮助其重振雄风，这是一种具有持续吸引力的营销战略。具体方法可以从以下几方面着手：

（1）更新品牌。品牌创新包括品牌名称改变、品牌标志改变等方面。当一个品牌已经失去它的新鲜感，改变名称是不错的选择。一般的，企业品牌标志创新会采取迂回改变的方式。例如壳牌标志的逐步演变，该标志自1897年开始启用，前后虽然经历10次修正，却一直保留贝壳符号。这10次演变中，虽然每次变化甚微，但也不失为创新，又使消费者的认同感相对不受影响，最终积少成多、循序渐进地实现了品牌形象更新的目的。

（2）更新广告。广告是塑造品牌形象最重要的法宝。广告创新具体可以包括：创意创新，新、奇、特、出彩的广告创意总会给人以新鲜的感觉，让人牢牢记住这样的广告，同时也记住了该产品的牌子；广告媒体与发布时间的创新；更换代言人；更新广告通路，运用多样化、立体化、广告营销化的传播方式，在媒体的选择、栏目版面的选择、广告投放方式、媒介组合等各方面进行观念与形式的创新。

（3）开发副品牌。开发副品牌无疑是最能赋予品牌新意与活力的一种方法。 副品牌重塑，是给老化的主品牌增添一个副品牌，其目的是为了利用较低的成本吸引眼球并提升知名度，强化品牌核心价值，活化主品牌，赋予主品牌年轻感、成长感，从而提升主品牌的各项美誉度指标，如亲和力、技术感、高档感、现代感、时尚感等。海尔企业的品牌策略就成功地利用了副品牌的效用：海尔用一个成功品牌作为主品牌，涵盖企业所生产的系列产品，同时又给不同产品起一个生动活泼、富有魅力的名字作为副品牌。在冰箱产品中，海尔有小王子、双王子、大王子、帅王子、金王子等。

（4）及时修正目标市场。从企业的角度看，改变品牌老化的措施之一即修正或扩大目标市场。修正目标市场是指以现有产品吸引更年轻或更年长的消费者。富有朝气的品牌不一定非要以青年消费者为目标顾客，而为了保持并增加销量，品牌也可以吸引更年长的消费者，这样做可能意味着要调整原先为品牌设定的目标市场的年龄层次。扩大目标市场是指通过同一个品牌或开发其副品牌，来挖掘新的细分市场。修正和扩大目标市场这两种方法在具体实施中都要求更新分销渠道。

本章回顾

消费者并不是一成不变的，进化选择要求品牌做出相应的自适应调整——能适应环境变化，进行自我调整的品牌才能生存，成为进化更成功的品牌。品牌有自己的生命周期，任何品牌都会经历从创建成长到老化的过程，为了防止品牌的老化和衰亡，必须进行品牌创新，包括品牌形象的创新、技术的创新、营销的创新、服务的创新以及产品的升级换代，从而超越品牌生命周期。品牌更新是品牌自我发展的必然要求，是克服品牌老化的唯一途径也是根本方法。

一般情况下，品牌更新策略分为战略创新、营销创新、技术创新、广告创新、形象创新、产品创新等几种。而品牌激活就是运用各种可利用的手段来扭转品牌的衰退趋势，并帮助其重振雄风，这是一种具有持续吸引力的营销战略。具体方法可以从以下几方面着手：① 更新品牌；② 更新广告；③ 开发副品牌；④ 及时修正目标市场。

关键术语

品牌老化　品牌更新　品牌生命周期　品牌形象更新　品牌激活

讨论与思考

1. 品牌老化的原因是什么？
2. 营销升级时代的品牌体验有哪些内涵？
3. 品牌更新策略通常有哪些？
4. 如何保持或提升品牌形象在社会公众心中的地位？
5. 如何激活品牌？

案例分析

宝洁公司的品牌竞争策略

宝洁公司（P&G）是世界上最大的日用品厂商之一，被称为“品牌巨人”。它有着怎样的品牌竞争策略呢？

在第二次世界大战以前，该公司的汰渍牌（Tide）畅销，1950年公司又推出了奇尔牌（Cheer）洗衣粉。至今宝洁公司已推出了九种品牌的洗衣粉。除了汰渍和奇尔以外，还包括格尼（Gain）、达涛（Dash）、波德（Bold）、卓夫特（Dreft）、象牙雪（Ivory Snow）、奥克多（Oxgdol）和时代（Era）。宝洁的这些品牌在相同的市场上相互竞争。但是，为什么宝洁公司要在同一品种上推出好几个品牌，而不集中资源推出单一领先品牌呢？答案是不同的顾客希望从产品中获得不同的利益组合，这样宝洁利用“集团军”效应，从而占领了洗衣粉市场，取得了巨大收益。同样，宝洁公司在牙膏、肥皂、除臭剂、尿布市场采用了同样的策略，在这些市场上也取得了成功。

在此基础上，宝洁公司结合了价格战的策略，在20世纪80年代，宝洁公司许多著名牌子的产品受到了其他名牌产品的冲击，宝洁公司也因发展而使机构变得十分庞大，充满了官僚气息。它被其自身所定的各种规矩所束缚，倒忘记了一些最根本的法则，产品价格脱离了轨道，技术水平也出现了下降，使宝洁的多品牌策略受到了挑战，于是宝洁公司进行了一次大的改组，使其成本在过去四年中下降了

16亿美元。从1992年起，它就将产品价格降到令人惊叹的地步，包括将Luvs牌降价30%，Nyquil降价22%，将Tide和Cheer降价8%，通过一系列措施，宝洁公司的众多品牌重新取得了竞争优势。

此外，宝洁公司还大力开展产品的研究开发。1997年，宝洁在全世界申报了1.8万项专利，更大力地支持了宝洁的多品牌策略。

【案例思考题与参考】

请结合营销学原理对宝洁的品牌更新成功之处予以述评。

本章实训

【实训目的】

（1）学习成功的品牌更新管理经验。

（2）掌握品牌更新管理的过程与内容。

【实训内容】

由学生以小组的形式开展实训，学生小组自由实训选题，并独立收集资料。内容从下面两个方面选择：

（1）通过查询文献资料描述品牌更新过程中可以应用的新媒体方式方法。

（2）描述并评价某一外贸企业品牌更新管理的过程。选定一家外贸转型内销的企业，了解其品牌架构，重点分析该企业的品牌更新与传播的技巧与方法。

【实训组织与步骤】

（1）由学生以小组的形式开展实训。

（2）各组学生进行分工，独立收集资料。

（3）学生小组完成报告，并以PPT的形式展示成果。

（4）实训成绩评定标准：小组团队参与程度占30%；PPT内容评价占70%。

（5）教师最后做点评。

延伸阅读

[1] 菲利普·科特勒，瓦得马·弗沃德．要素品牌战略．上海：复旦大学出版社，2010.

[2] http://www.douban.com/group/topic/15422046/.

参考文献

[1] 蒋璟萍. 论品牌生命周期及其延伸. 湖南商学院学报，2008（5）.

[2] 谢突雄. 市场营销品牌策略与创新. 湖南科技学院学报，2009（12）.

[3] 朱玉童. 营销升级时代的品牌体验. 经营者，2007（11）.

[4] 张美忠. 李莲英. 企业品牌危机管理对策研究. 价格月刊，2010（12）.

[5] 朱立. 品牌管理. 北京：高等教育出版社，2008.

第十一章
品牌国际化

箴言

在当今市场上，品牌正逐渐从本地化、区域化走向全球化。对中国经济来说，品牌国际化这一点事关重大。

——美国科特勒咨询集团主席米尔顿·科特勒博士

本章学习目标

1. 建立对品牌国际化的基本认识
2. 掌握品牌国际化的含义与度量
3. 明确品牌国际化的障碍与风险
4. 能清楚描述品牌国际化的程序，掌握品牌国际化模式与路径的选择
5. 了解中国品牌国际化的现状，并在此基础上掌握并拓展其发展对策

本章知识结构图

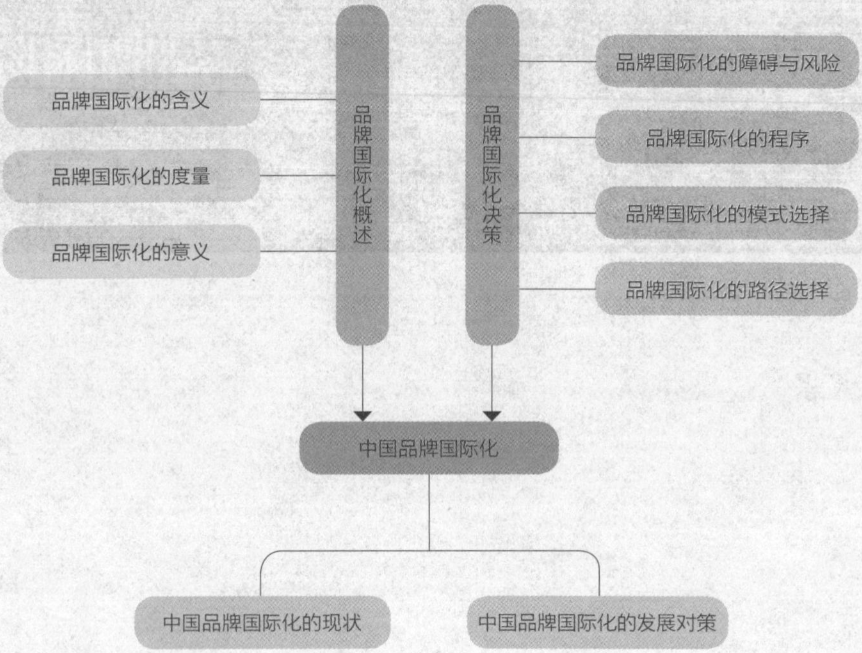

引导案例

爱国者的海外市场品牌扩张

中国数码品牌——爱国者2006年12月宣布，与F1迈凯轮车队签署了一份长期合作协议。按照协议内容，从2007年1月开始，该公司的广告标志将出现在迈凯轮车队的显眼位置。据悉，爱国者是该车队签下的第一个中国知名品牌，而这次合作极有可能成为该品牌扩张海外市场的一块有力跳板。

爱国者数码音乐网有限公司总裁张薮绫说："我们期望使用迈凯轮F1车队的市场营销平台，给爱国者的全球战略充当先锋，使爱国者的MP3和MP4播放器成为全世界消费者的首选。"对方表示，在2007年1月15日迈凯轮车队在瓦伦西亚赛道的表演中，该公司的标志将首次展示。据悉，爱国者是北京华旗资讯数码科技有限公司旗下MP3和MP4的知名品牌。目前华旗资讯的营业额稳定增长，而爱国者作为旗下一大品牌，其全球市场扩张战略已呈箭在弦上之势。

（资料来源：http://tech.sina.com.cn/it/2006-12-15/09241290101.shtml.）

第一节 品牌国际化概述

一、品牌国际化的含义

品牌国际化（Global Branding）又称为品牌的全球化经营，是指将同一品牌以相同的名称（或标志）、相同的包装和相同的广告策划等向不同的国家、不同的地区（即品牌原产国以外的其他国家或地区）进行延伸扩张的一种扩大品牌的国际市场占有率和地区覆盖率的经营策略，以实现统一化和标准化带来的规模经济效益和低成本运营。

品牌国际化有三个基本的含义：

（1）品牌国际化首先是一个区域性和历史性的概念，即品牌由本土向国外延伸和扩张的长期历史过程。品牌国际化不是一蹴而就的，需要企业为之付出几年甚至几十年的努力，才能真正实现国际化的目标。

（2）品牌国际化和品牌的跨国经营（Multi-national Branding）是相互联系但又不相同的两个概念。品牌国际化是指将全世界视为无差异的统一市场，用统一的品牌和市场营销组合策略开拓不同的国家、地区甚至全世界的市场，而品牌的跨国经营则是将全球各国视为差异化的不同市场，利用统一的或者不同的品牌、市场营销组合策略去开拓不同的市场。更重要的是，品牌国际化和跨国经营的市场营销目标存在着根本性的差别。

（3）品牌国际化有不同的形式。最低级的形式是产品的销售，即品牌的输出；较高级的形式是资本的输出，即通过在品牌延伸区域投资建厂以达到品牌扩张的目的；最高级的形式是通过无形资产的输出，即签订商标使用许可合同等形式，实现品牌扩张的目的。从全球经济发展趋势来看，发达国家企业基本完成了由商品输出到资本输出再到品牌输出的过渡。其中风险最小、回报最高、最理想的方式是品牌输出方式。

品牌国际化代表着全球化的服务、统一的品质、恒久的企业形象、共同的消费心理基础和不断的技术创新，是企业对全世界消费者商品价值的一种承诺，是企业战略愿景和内部运营体系的有机配合。

二、品牌国际化的度量

品牌国际化是一个历史过程，它不可能一蹴而就。怎样衡量一个品牌的国际化程度呢？可以从以下几个角度来对品牌的国际化程度进行衡量：

（1）以该品牌产品在其他国家销售量（额）占全部销售量（额）的比重来进行衡量。这个比重越大说明该品牌的国际化程度越高，反之，国际化程度越低。

（2）以品牌在全球的认知度进行衡量。有些公司虽然在海外的销售额非常大，但在全球的知名度却非常低，这种公司的国际化程度也是不高的。另外，由于不同品牌产品本身的技术经济特点不同，品牌之间的认知率并不完全可比。例如，生产资料产品属于专家购买，顾客受广告的影响相对较小；而消费品则属于非专家购买，消费者受广告和企业促销策略的影响较大。所以，其知名度和形象比较容易树立。

（3）以品牌销售所分布的国家和地区进行衡量。如果分布的国家和地区越广，则该品牌的国际化程度就越高。有些品牌，虽然在海外的销售额非常高，但是其销售分布却极其有限，则这些品牌只是处于国际化的初级阶段。相反有些品牌，虽然从出口额上来看，它们并不占优势，但销售分布却很广。

（4）以品牌产品生产过程中所使用资源的国际化程度进行衡量。如果生产中使用资源的国际化程度越高，则品牌国际化程度也就越高。

品牌销售的国际化只是品牌国际化的初级阶段，随着国际化和经济全球化进程的深入，国家与国家之间的经济技术联系不断加强，它必须逐步向资源和人才的国际化方向迈进，品牌国际化中的本土化运营成为所有跨国公司的必然选择。

不同的企业，不同的行业，由于产品的技术经济特点不同，其国际化的策略和途径肯定存在着很大的差异。从这个意义上来说，不存在一种放之四海而皆准的国际化模式和策略，这是企业在实施国际化策略时必须考虑到的问题。

三、品牌国际化的意义

品牌国际化对企业最大的益处在于可以实现规模经济，这种规模经济主要表现为生产、流通、研发的规模经济和品牌传播的规模经济。一个品牌如果拥有较多的消费者，便可以避免生产设备的闲置；研发及品牌传播的高额成本便可以通过分摊而变得越来越少，从而企业也可以获得更多的利润，实现品牌发展的良性循环。著名品牌专家凯文·莱思·凯勒（Kevin Lane Keller）对此做了卓有成效的研究，他认为，企业实施品牌的国际化具有以下优势：

（一）实现生产与流通的规模经济

在经济全球化的今天，对许多行业来说，在世界范围内开展经济活动所带来的规模经济效益，已经成为获得竞争优势的重要因素。学习曲线（Learning Curve）告诉我们，大规模运作能够实现生产和流通的规模经济，即可以有效地提高生产效率，显著地降低生产成本，使品牌产品更具价格竞争力。

（二）降低营销成本

实施品牌国际化，可以在包装、广告宣传、促销以及其他营销沟通方面实施统一的活动。如果在各国实施统一的品牌化行为，其经营成本降低的潜力很大，实施全球品牌战略成为分散营销成本最有效的手段。

（三）大范围的感染力

大范围的感染力可以创造有益的品牌联想，让人感到该品牌实力雄厚。品牌产品能够在全球范围内畅销，为广大消费者所接受并拥有忠诚的顾客群，说明该品牌具有强大的技术能力或专业能力产生的高质量，也说明该品牌能够给消费者带来生活上的便利，从而反过来又增强了品牌在其母国内的影响力。

（四）品牌形象的一贯性

在全球市场遵循同样的营销战略有利于保持品牌和公司形象的一贯性。统一的产品形象使顾客无论身在何处，都能购买到熟悉的产品或服务，感受到独特的产品文化带来的精神愉悦。

（五）知识的迅速扩散

品牌国际化可以使在一个国家产生的好的建议或构想，无论是研发、生产制造方面的，还是营销或销售方面的，都能迅速广泛地被吸取或利用。另外，国际化还可以做到：在品牌及其营销组合宣布后，立即覆盖各大目标市场，不给竞争者留下抢先的时间，从而能提高企业整体的竞争力。如微软（Microsoft）的视窗产品推出、英特尔（Intel）计算机芯片的推出等，都得益于国际化的品牌策略。

（六）营销活动的统一性

由于营销者对品牌产品的属性生产方法、原材料、供应商、市场调查、价格定位等都非常熟悉，并且对该品牌的促销方式也有详细的记录，因此，在品牌国际化过程中能够最大限度地利用公司的资源，大大减少和消除重复性的工作，以便迅速在全球展开该品牌的营销活动。

第二节　品牌国际化决策

一、品牌国际化的障碍和风险

（一）品牌国际化的障碍

普遍意义上的品牌国际化障碍是指一国的品牌在向其他国家传播时可能遇到的障碍。这些障碍是整个世界范围内都可能存在的障碍，一般分为环境性障碍和品牌自身障碍两种类型。

1. 环境性障碍

环境性障碍中最应引起企业重视也是最难解决的障碍是法律障碍和文化障碍。

（1）法律障碍。

① 技术标准障碍。法律方面的障碍最主要的是技术标准（含绿色指标即环保指数、

卫生检疫标准）的障碍，技术标准通常是非发达国家品牌国际化运作的最大障碍，决定了一个品牌能否进入它们的市场。因为多数情况下是发达国家设定了某一行业或某一类产品的标准，而且这个标准一般是非发达国家的技术所无法达到的。

冲破技术标准壁垒的方法有两个：一是获得通行证，如实施IS014001认证，获得进入国际市场的绿色通行证；二是自己设立全球公认的标准，这也是品牌国际化所能达到的最高境界。

② 其他法律障碍。其他法律障碍主要表现为广告法律障碍、知识产权的法律障碍、垄断的法律障碍等。

不同国家有不同的法律体系，在一个国家是合法的营销行为、品牌内涵，定位的表达方式，在他国有可能是非法的，这就很可能使在一国极为成功的品牌及其营销组合无法延伸到他国。

解决法律问题的障碍，企业应该有一批专业的律师队伍或律师事务所合作，通过法律顾问的形式可以避免不少不必要的麻烦。

（2）文化障碍。

① 品牌认知的障碍。同一种产品，在不同的国家所处的生命周期阶段是不同的，与产品生命周期各个阶段相对应，人们对特定品牌的知觉和定位也有所不同。在本国该品牌（产品）可能早已家喻户晓，不需要强调品牌产品的性能。但在国际化过程中，刚进入某一新国度时，其推出就需要多个层面地介绍产品的特征，甚至借助定位和广告来改变消费者的观念，才能促销这一产品。

② 消费模式的差异。不同的国家和地区有不同的消费习惯，本国成熟的品牌营销组合在另一个国家或地区不一定适用，所以不同的消费模式也会产生相应的障碍。

③ 文化理念的不同。文化理念包括消费理念、风俗习惯、宗教信仰、偏爱禁忌、民族种族等意识方面的观点，每个国家或者每个地区可能都有所不同，这也必然导致品牌在国际化的过程中会遇到一些相关的障碍。

（3）语言障碍。品牌在从一个语系的国家到另一个语系的国家国际化时，首先最有可能遇到的障碍就是语言的障碍。不解决语言的问题，无法实现有效的沟通。

语言障碍虽然可能是最先遇到的障碍，却也是最容易解决的障碍，只要企业在品牌国际化前就品牌传播的相关要素可能产生的语言障碍做好充分的准备，就可以避免不必要的损失和麻烦。

（4）其他障碍。其他障碍主要包括政治障碍、教育水平障碍和经济障碍等。如果一个国家政局不稳、治安较差或者对本国有敌对、仇视情绪，相信品牌在这类国家发展会遇到不少的麻烦；如果一个国家教育水平比较发达，则消费者比较容易接受外来品牌，而且企业也比较容易找到本土化的人才推进品牌的国际化进程。当然，较为重要的一点还有各国经济发展水平的差异性，这直接决定了一个品牌在他国市场潜力的大小或者营销组合的重新变更。

2. 品牌自身障碍

品牌自身的障碍主要是指品牌的构成要素（品牌名称、标志物、标志色、标志字、标志包装等视觉标志）在国际化时遇到的障碍。品牌自身之所以在国际化时存在障碍，是与世界各国环境性的差异密不可分的，所以环境性障碍中包含了品牌自身障碍，但后者只是前者中很小的一部分，这很小的一部分又是品牌传播时十分重要的因素。

（二）品牌国际化的风险

国际品牌的建设是一个长期的系统工程。无数的可控力和非可控力因素左右着国际品牌的建设。可控力包括企业所销售产品或服务的价格、销售渠道、促销手段等主观的营销要素。非可控力则包括所在国家的政治、经济、历史、文化、自然、法律力量和市场中的竞争力量等不以个人意志而改变的客观力量。因此，品牌国际化战略既有机遇又有风险，它可能为企业带来巨大的好处，也可能会引发政治风险和商业风险，一失足而成千古恨。其中尤以政治风险最为难以预计和规避。

政治风险是指投资者因东道国政局变化或触犯东道国的国家利益，而遭受经济损失的可能性。按品牌国际化的不同阶段，政治风险又可以分为两类：

1. 品牌进入时遭到东道国的外资壁垒拦截

虽然大多数国家都欢迎外来投资，但它们都设定有相关法律来限制外来资金进入关系国家命脉的关键领域，即外资壁垒。发达国家用于限制外国投资的常见理由一般是“国家安全”、“文化与民族传统”，这种限制主要体现在两个方面：第一个方面是投资行业限制，限制外资参与涉及国家安全、文化与民族传统的行业；第二个方面是企业股权限制，即限制外国国有企业、国有控股公司对国家战略性产业骨干企业的投资。

2. 品牌进入以后的风险

品牌在成功进入国际市场之后，更要小心翼翼，避免触雷。不了解东道国的历史、政治、法律；两国外交关系的微妙变化；东道国本身政治局势不稳定；企业功能超出经济范畴的本分等因素都可能给品牌带来严重甚至毁灭性的打击。

二、品牌国际化的程序

品牌国际化战略，首先是要慎重地选择品牌国际化的起点市场，进行前期的市场调研工作，包括对市场上消费者信息、竞争品牌信息的分析和对企业自身实力和产品信息的评估。其次，企业根据国际市场调研的结果确定企业品牌的发展目标，包括企业发展对象、品牌发展等级和品牌发展档次三个方面。然后，有计划、有步骤地进行品牌的国际化经营，最终实现创建国际品牌的梦想。此外，品牌维护贯穿于品牌发展的整个过程中，无论是品牌创立初期的定位还是品牌发展中的扩张和延伸，企业对品牌的维护都起到了重要的作用。具体过程如图11-1所示：

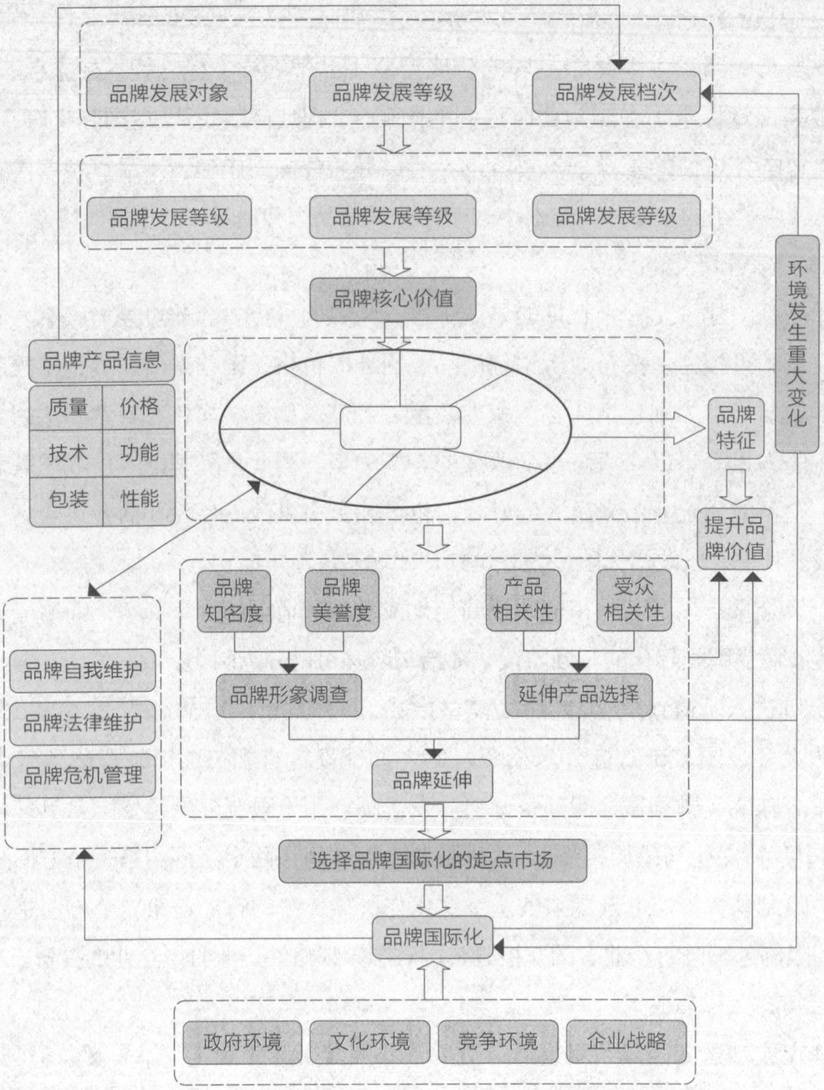

图11-1 品牌国际化的程序

三、品牌国际化的模式选择

（一）品牌国际化的四大基本模式

（1）标准全球化。将全球视为一个完全相同的市场，每一个国家或地区都是具有无差异特征的子市场。如早期的可口可乐。

（2）模拟全球化。即除了品牌形象和品牌定位等主要的营销因素实行全球统一化以外，其他因素（产品、包装、广告等）都要根据当地市场的具体情况加以调整，以提高品牌对该市场的适应性。如现在的可口可乐。

（3）标准本土化。即所有的营销组合要素都要充分考虑所在国的文化、语言、习惯等情况来制定。如肯德基。

（4）体制决定。指某些产品的特殊性，它们的营销并不完全取决于企业本身，而是要受到所在国的一些政策所影响。如音像制品行业。

以上四种模式的品牌国际化程度是依次递减。第一种比较理想化，第二种最常见，即所谓的“思考全球化，营销本土化”。

（二）品牌国际化模式选择

模式选择上应考虑标准化和本土化的一些因素，标准化压力因素主要包括：市场需求相似；技术的统一；顾客的偏好趋于相似；品牌规模化要求等。本土化压力主要因素包括：目标市场宏观环境差异；市场准入障碍；消费者偏好；文化差异。企业应综合考虑下列因素进行选择：

（1）企业所在行业特征。品牌产品的消费受文化差异影响较大的行业不易采用标准化。相反，则适宜采用标准化。研究表明，奢侈品和化妆品适宜采用标准化，最不适宜采用标准化的就是餐饮行业。

（2）企业所在国家经营传统。研究表明：德国、英国在品牌国际化过程中趋于标准化，而意大利、法国趋于本土化。

（3）目标市场国经营难度。发达国家适宜采用本土化，欠发达国家适宜采用标准化。

（4）体制影响大小。

四、品牌国际化的路径选择

（一）自主品牌国际化

自主品牌国际化即在发达国家市场逐步树立国际市场形象。这种创建国际品牌的方式风险是非常大的，特别是对于一些传统产业来说，打响国际品牌面临着资金上的支持、相对良好的渠道建设、持续的技术创新能力的考验。但对于不知名的企业在国际竞争中本身就处于劣势，如果没有后续资金的大力支持和畅通的渠道，将难以开发出适合国际市场的产品，且成本提高，将很难与世界知名企业竞争。自创品牌要逐渐适应当地文化及顾客购买习惯，获得国际市场上顾客的认同。

（二）“贴牌与创牌”并举

通过“贴牌”生产，可以使中国企业在较短的时间内接触到具有世界领先水平的生产技术和产品，节省了自主研发的成本，使企业能够很快地适应国际产品标准和市场规则，为今后的自主发展进行资本积累。同时，中国企业应积极主动地发挥自身的能动性，通过消化吸收先进的技术和制作工艺，在一个更高的平台上进行新技术、新工艺的自主研发，最终将具有相对优势的技术、工艺投入国际市场，在国际化的舞台上创立中国的国际品牌。除了将中国的本土品牌推向国际市场外，还可选择在东道国市场中，结合当地的具体情况，创立新的品牌。在国际化的运营中，可以弱化产品、品牌的国籍，结合当地的需求，创造出本土化的中国品牌。

（三）收购国际品牌

并购品牌是指某企业收购其他企业的品牌所有权而有权使用该品牌资产的方式。主要通过市场法则使品牌趋于集中，包括知名品牌并购非知名品牌、大型品牌并购小型品牌，是企业品牌扩张与品牌运营的重要战略之一。近年来品牌并购席卷全球，尤以跨国品牌之间的并购为甚。但强势品牌众多，竞争十分激烈，并且消费者表现得更为成熟和理性，建立一个新品牌需要较长时间且难度很大，而品牌收购则比较迅速，具有时间短、见效快的特点。品牌收购可采用合并、控股或参股等方式，只要能掌握品牌决定权和营销渠道，就达到了收购目的。

（四）建立营销联盟

营销联盟是一种既竞争又合作的新型国际化运营形式。一方面，在经济全球化时代，企业只有通过营销联盟，借助国际信息资源、网络渠道资源等，才能在竞争中占据一席之地。另一方面，企业要想在复杂、动态的世界市场取胜，离不开与其他企业的合作。进行国际化营销的目的是要最大限度地利用全球资源，与国外企业结成营销联盟，在既有的国际市场资源配置格局中挤占一席之地，我国绝大多数企业缺乏国际市场运作经验，如果与其他国际企业结成某种形式的联盟或加入某种国际性的联盟，是一种较好的国际化运营策略。

第三节　中国品牌国际化

一、中国品牌国际化的现状

改革开放以来，我国企业在品牌建设中取得了历史性突破。品牌观念深入人心，品牌建设基础性工作不断加强，扶持政策体系和工作机制初步建立，知名品牌影响力逐步扩大，自主品牌创新不断提高，海尔、联想等一批自主品牌启动了走向世界品牌工程，且逐步走向国际市场。

但与世界知名品牌相比，尚存在很大差距，中国本土品牌的国际化之路在国际竞争中表现出的劣势也相当明显。

（1）知名度低。提到中国本土品牌，很容易使人联想到档次低、价格低、附加价值低，没有属于自己的企业形象，在国际上的知名度相当低。

（2）侧重于制造和生产，而非品牌。大部分企业光做工厂，不做品牌，不善于运用有效的推广渠道和工具，将价值链中最丰厚的一块拱手送给中间商。

（3）企业实力弱、资金不充分。品牌建设需要的周期较长，投入也大，很多企业在进入国际市场之初，由于资金和实力的不足，缺乏整体规划和思考，在国际品牌竞争中，显得实力偏弱。

（4）缺乏科技含量。在国际高端市场中，本土品牌几乎没有自己的核心技术和自主知识产权，使得中国品牌国际化的道路缺乏核心竞争力。

（5）缺乏文化内涵。很多企业没有很好地将中国文化融入品牌设计中，缺乏吸引力和想象力，难以形成市场影响力，因此也难以走出国门。

（6）缺乏国际化的人才和经验。就目前现状而言，大部分中国企业缺乏一支熟悉外国市场运作规则、了解客户需求、拥有全球运营经验又熟悉本企业文化的管理团队。

虽然中国本土品牌在国际竞争中存在上述的劣势，但是中国品牌如果充分发挥自身的竞争优势，在国际竞争中占有一席之地还是非常有机会的。中国品牌如何能以小博大、以弱胜强，清晰的战略思维是国际化竞争制胜的关键，这也是品牌国际化的基础。

二、中国品牌国际化的发展

（一）中国品牌国际化发展战略

1. OEM策略

OEM（Original Equipment Manufacture）是品牌企业为了能更好地发挥其自身的技术创新能力、市场渠道的拓展能力、优良品牌的建设能力，将原有生产密集型、非核心技术的生产制造环节委托给专业化代工厂商进行生产加工，生产制造出的品牌冠以品牌企业的品牌的一种生产合作方式。OEM生产合作方式适合一些制造能力很强的中小企业。如图11-2所示：

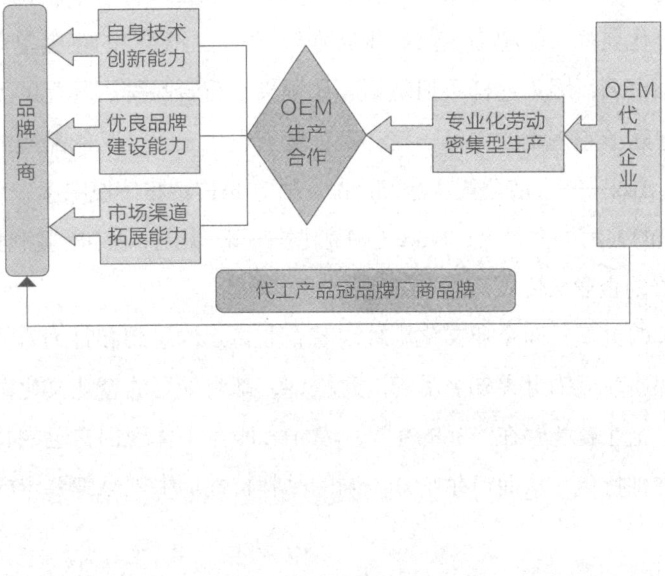

图11-2 OEM策略

2. 自创品牌策略

适合一些实力和品牌影响力很强的大企业集团。

3. 本土化品牌策略

适合一些在发展中国家有一定的品牌影响力但在发达国家市场的影响力较低，正在进军国际市场的企业。

（二）中国品牌国际化发展对策

1. 提升国家品牌价值

世界上最富有国家的经济是建立在品牌之上的，而非建立在商品之上。中国经济的增长备受瞩目，但如果战略方面没有从商品调整到品牌，这一显著的经济增长也很难维持。而什么是“国家品牌”呢？人们意识里对某个国家的产品形成的总体印象，也即这个国家所有产品的形象总汇，称之为这个国家的国家品牌，其意义在于它对你的购买决定发生影响。国家品牌需要从自发发展走向自觉发展，国家品牌的崛起，一个根本因素是是否有优秀的企业家群体，有了这个核心因素以后，团队、文化、品质保证、研发体系、管理架构、营销创新等问题才能做到。品牌群落的整体出现是一个漫长的过程，更多的是企业自觉努力的结果，政府的职责在于为之创造良好的生存环境，真正为优秀企业家的成长提供条件。

2. 实现品牌定位的国际化

品牌定位是为市场确定并塑造品牌形象，以进入目标消费者心智，并存留特定位置的全过程。品牌定位是品牌运营的前提，也是企业进占市场、拓展市场的前提。成熟的品牌定位，能在消费者心中树立品牌独特的个性。为了更好地适应市场竞争，越来越多的跨国公司由全球定位向本土化定位转变。

3. 促使品牌命名国际化

英文字母与阿拉伯数字是世界各地不同民族、文化、肤色的知识人群都认识的符号，故以英文或阿拉伯数字为元素的品牌名称才能通行世界，且世界上绝大多数知名品牌都是以英文字母为元素组成的，我国品牌要走向国际化就必须有一个以英文字母或阿拉伯数字构成的国际化名称。品牌命名国际化最好杜撰一个不存在的英文单词，还可以利用古希腊罗马神话命名，因为这样不但从语言和语义上符合品牌国际化的要求，公司还可根据自己的意愿赋予它一定的内涵，在一定程度上也代表了产品的品质或引起顾客的美好联想。例如，Ajax——宝洁公司洗涤剂产品品牌，是古希腊传说中第一个攻破城门的勇士，象征洗涤剂的去污能力强大；Nike（耐克）——来源于神话中的胜利女神。

4. 塑造良好的企业文化

文化是品牌的灵魂，而企业文化则体现着企业特定的思想和行为方式。一个成功的企业，在其品牌逐渐成为世界知名品牌的过程中，都有灿烂的企业文化做依托，拥有良好的企业文化，企业就能够在产品的生产、营销和服务上体现出自己的特色，并且让顾客也能感受到这种特色，从而产生与众不同的品牌特性。中国品牌要走向全球，不仅要提供优良的产品和服务等品牌的使用价值，更要为消费者提供品牌的文化价值。

5. 注重品牌文化的包容性

每个民族都有自己独特的文化传统与风俗习惯，这对于其他民族而言则充满新鲜感和异国情调。所以，品牌文化的民族色彩越浓，越能吸引那些追求新鲜感、异国情调的消费者。我国是这个世界上唯一拥有五千多年文明史而又从未间断过的国家，拥有丰富的民族文化资源。中国企业应该充分挖掘这一宝藏，并体现在产品命名、产品包装以及广告宣传上，让国外消费者对中国的品牌产生兴趣。假如其民族特色能与东道国传统文化、风俗习惯、价值观相融合，并在品牌的文化传递中能体现出来，将更能得到消费者的青睐，品牌更容易被接受。

6. 实现生产和销售的本土化

企业进入新的市场时，在各国设立的机构都倾向于雇佣当地人员以便尽快适应当地的营销环境，熟悉当地政策，了解当地文化、风俗习惯，在发展中国家还可以节省人力成本，解决当地的就业，使当地的人民更容易接受外来的企业。

本章回顾

品牌国际化又称为品牌的全球化经营，其对企业最大的益处在于可以实现规模经济，这种规模经济主要表现为生产、流通、研发的规模经济和品牌传播的规模经济。国际品牌的建设是一个长期的系统工程。品牌国际化战略既有机遇又有风险，它可能为企业带来巨大的好处，也可能会引发政治风险和商业风险，其中尤以政治风险最为难以预计和规避。

品牌国际化战略，首先是要慎重地选择品牌国际化的起点市场，进行前期的市场调研工作，企业根据国际市场调研的结果确定企业品牌的发展目标，然后有计划、有步骤地进行品牌的国际化经营，最终实现创建国际品牌的梦想。品牌国际化有四大基本模式，即标准全球化、模拟全球化、标准本土化、体制决定。中国品牌国际化发展战略可以是：OEM 策略；自创品牌策略；本土化品牌策略。

关键术语

品牌国际化　品牌本土化　中国品牌发展战略

讨论与思考

1. “品牌的国际化就是品牌的全球化与本土化的统一”，“全球化和本土化的统一，同时兼顾了企业和消费者的利益，实现了双赢”，你是否同意这种观点？为什么？
2. 品牌国际化发展一般分为哪几个阶段？各阶段制定战略的要点分别是什么？

3. 诸如像麦当劳、耐克、索尼、微软、可口可乐、奔驰等品牌，它们的国际化进程如此成功，并成为了世界知名品牌。你认为它们的优势在哪里？对于当前国产品牌的国际化进程有什么借鉴意义？

案例分析

奥康的品牌国际化

创办于1988年的奥康集团，在经历过企业的初始阶段和起步阶段之后，自1995年起，已步入快速发展阶段。从2001年开始，奥康开始实行多品牌经营，先后推出第二品牌“康龙”休闲鞋、第三品牌“美丽佳人”高级时尚女鞋，引起业界震动。至2002年，奥康皮鞋已三届蝉联“中国十大真皮鞋王”称号，根据中国皮革工业协会对全国制鞋企业六项经济技术指标的综合排名，奥康集团名列同行第二位，奥康皮鞋被评为“中国名牌产品”。

处于国内行业领先地位的奥康集团早在1998年就把目光投向了国际市场。公司先后投资1.5亿元引进了18条国际一流的生产流水线，并在意大利成立鞋样设计中心和信息中心，聘请有丰富工作经验的意大利制鞋大师和设计大师常驻温州总部指导开发设计，每年开发出几千个新品种，确保奥康皮鞋始终走在潮流的前列。奥康集团副总经理吴守忠曾笑称：“在产品方面我们和意大利相比有三个一样、两个不一样：一样先进的管理、一样前卫的设计、一样领先的设备；但我们的生产规模和厂房已经超过了意大利制鞋企业，我们的劳动力成本与它们相比更具有明显优势。因此，就产品而言，奥康毫不逊色于国际同行。”

此外，奥康集团还先后在意大利、荷兰和西班牙设立了办事处，成立了专门面向海外的国际贸易中心，产品的销售触角已经延伸到美国、日本、俄罗斯、韩国、沙特、德国、西班牙、南非等全球20多个国家和地区，并在纽约、印尼等地开设了自己的品牌专卖店。一直以擅长营销而著称的奥康集团于2002年10月20日，召集1 000多位终端零售商和商场负责人，召开了“营销新境界——奥康销售方式国际化大会”，指出了中国品牌国际化的瓶颈在于落后的销售方式，提出要和全体终端零售商一起共同缔造自己的品牌，实现销售方式的国际化，要以先进的销售方式卖出一个国际化的品牌。

奥康总裁王振滔指出，一个没有较大市场份额的产品，称不上是真正意义上的名牌产品。打造国际化的品牌，不仅要实现产品的国际化和企业国际化，更重要的是销售方式的国际化。

王振滔认为，光是说得好、做得好，并不能成为国际品牌。对于奥康来说，更重要的是要卖得好，奥康打造国际化品牌的时机已经成熟，但要进军国际市场靠零敲散打是不行的，传统的营销方式在国内市场日趋白热化的竞争中也毫无优势可言。营造一种科学合理、迅速高效的营销格局，实现销售方式的国际化已成为奥康等一大批中国企业迫在眉睫的事情。

对于中国内陆的企业来说，实现销售方式的国际化，打造国际化品牌是一项艰巨的任务，它没有现成的教科书在身边可供借鉴。在接受采访时，奥康总裁王振滔依然带着一脸自信的微笑，围绕销售方式的国际化，在具体工作举措上，王振滔谈了六点：一要整合物流管理，实施一体配送；二要打破设计体制，创造流行时尚；三要满足个性需求，推广电子商务；四要改造传统工艺，实现国际同步；五要面向营销终端倡导顾问式销售；六要实现强强合作，打造国际连锁。

时隔三年，在2005年，有记者曾问王振滔："与其他制鞋企业相比，奥康集团的主要优势和特点是什么？奥康集团的国际化之路是怎样的？"王回答说：目前，奥康在意大利、西班牙、美国、日本设立了国外分公司。同时，在温州、广州及米兰设立三个鞋样设计中心，每年开发出3 000多个新品种，保持奥康集团产品始终走在潮流的前列。与对手相比，奥康的做法是"携狼共舞"，主要是与多家国际上的品牌进行联手，特别是在与意大利第一品牌GEOX的合作中，奥康与GEOX以"双向借道"、"资源共享"的独特方式进行运作。2004年，GEOX正式把亚洲生产基地放在奥康，并宣布奥康是该公司全球唯一的合作伙伴。这意味着，奥康不仅运用GEOX在全球50多个国家的营销网络迅速"走出去"，而且也生产具有国际品牌的鞋产品。

奥康与GEOX在生产领域的合作上，GEOX总部直接派技术人员对奥康进行全方位的技术指导，GEOX的制鞋模板将全部供奥康使用，同时奥康也派技术人员赴意大利GEOX总部进行学习。真正将国际品牌的技艺为我所用，将自我品牌打造成世界级的产品，这是中国制造业成就世界品牌的根本。中国企业要借为国际品牌生产的机会，按世界级的标准来要求自己，全面提升自身品牌的内涵。

要成为世界品牌就要拥有世界级的制造，在国际化的竞争越来越激烈的今天，中国鞋业必须加强先进技术和设备的引进、消化、吸收，实现从模仿创新到自主创新的大突破。

【案例思考题】

1. 在2002年，王振滔说，奥康的国际化是靠销售的国际化来推动的，并认为，国际知名品牌的形成主要不外乎依靠两个方面，一个是历史文化，另一个就是销售方式。制约中国品牌国际化的最大障碍在于落后的销售方式。在2005年王振滔又指出，真正将国际品牌的技艺为我所用，将自我品牌打造成世界级的产品，这是中国制造业成就世界品牌的根本；我们要借为国际品牌生产的机会，按世界级的标准来要求自己，全面提升自身品牌的内涵。对于上述言论的变化，你认为如何更有可能成功地推进品牌的国际化进程？

2. 你认为，这几年奥康的国际化进程中，都采取了哪些国际化策略？分别具有什么样的作用？

3. 奥康集团副总经理吴守忠曾笑称："在产品方面我们和意大利相比有三个一样、两个不一样：一样先进的管理、一样前卫的设计、一样领先的设备；但我们的生产规模和厂房已经超过了意大利制鞋企业，我们的劳动力成本与它们相比更具有明显优势。因此，就产品而言，奥康毫不逊色于国际同行。"请问你如何看待其中的"一样"与"不一样"在品牌国际化中的意义和作用？

本章实训

【实训目的】

通过本次实训，使学生了解品牌国际化的意义、条件和模式。课程具体任务是：通过小组讨论深入理解国产品牌国际化的进程。

【实训内容】

小组讨论国产品牌国际化进程中的问题。

（1）你认为当前国产品牌在国际化的进程中，主要采取了哪几种形式？遇到的最大的障碍是什么？

（2）你认为当前的国产品牌国际化之路应该如何走？最应该注意的是什么？为什么？

（3）列举最新的品牌扩张成功或失败的案例，讨论其中得失。

【实训组织与步骤】

（1）由学生以小组的形式开展实训。

（2）各组学生进行分工，独立收集资料。

（3）学生小组完成报告，并以PPT的形式展示成果。

（4）实训成绩评定标准：小组团队参与程度占30%；PPT内容评价占70%。

（5）教师最后做点评。

延伸阅读

[1] 案例：《由李宁的五点失败，看本土品牌国际化出路》。

[2] http://classroom.eguan.cn/anli_143615.html.

参考文献

[1] 沈铖，刘晓峰. 品牌管理. 北京：机械工业出版社，2009（8）.

[2] 薛可. 品牌扩张：路径与传播. 上海：复旦大学出版社，2008.

[3] 让·诺尔·卡菲勒. 战略性品牌管理. 北京：商务印书馆，2000.

[4] 舒咏平，郑伶俐. 品牌传播与管理. 北京：首都经济贸易大学出版社，2007.

[5] 奈杰尔·霍利斯. 全球化品牌. 北京：北京师范大学出版社，2007.

[6] 苏勇，张明. 试论品牌国际化的内涵及其标准. 市场营销导刊，2005（6）.

[7] 韦福祥. 品牌国际化：模式选择与度量. 天津商学院学报，2001（1）.

[8] 刘淑华. 民营企业品牌国际化探析. 市场研究，2008（2）.

第四篇

品牌资产评估与管理

第十二章
评估和提升品牌资产

箴言

如果说在消费者心中，所有的品牌有一个个的广告看板，那么，一个品牌广告看板的大小，将反映这个品牌在这个消费者心中知名度的强弱。知名度是一个常被低估的财产，但知名度会影响顾客认知和口味。人们喜欢熟悉的东西，常会表现出对熟悉的商品的各种好感。

——大卫·艾克

本章学习目标

1. 了解品牌资产的含义和三种主要概念模型
2. 掌握品牌资产的构成要素
3. 了解品牌资产评估的三大类方法体系
4. 掌握品牌评估的主要方法及其具体步骤
5. 了解品牌资产的各项提升策略

本章知识结构图

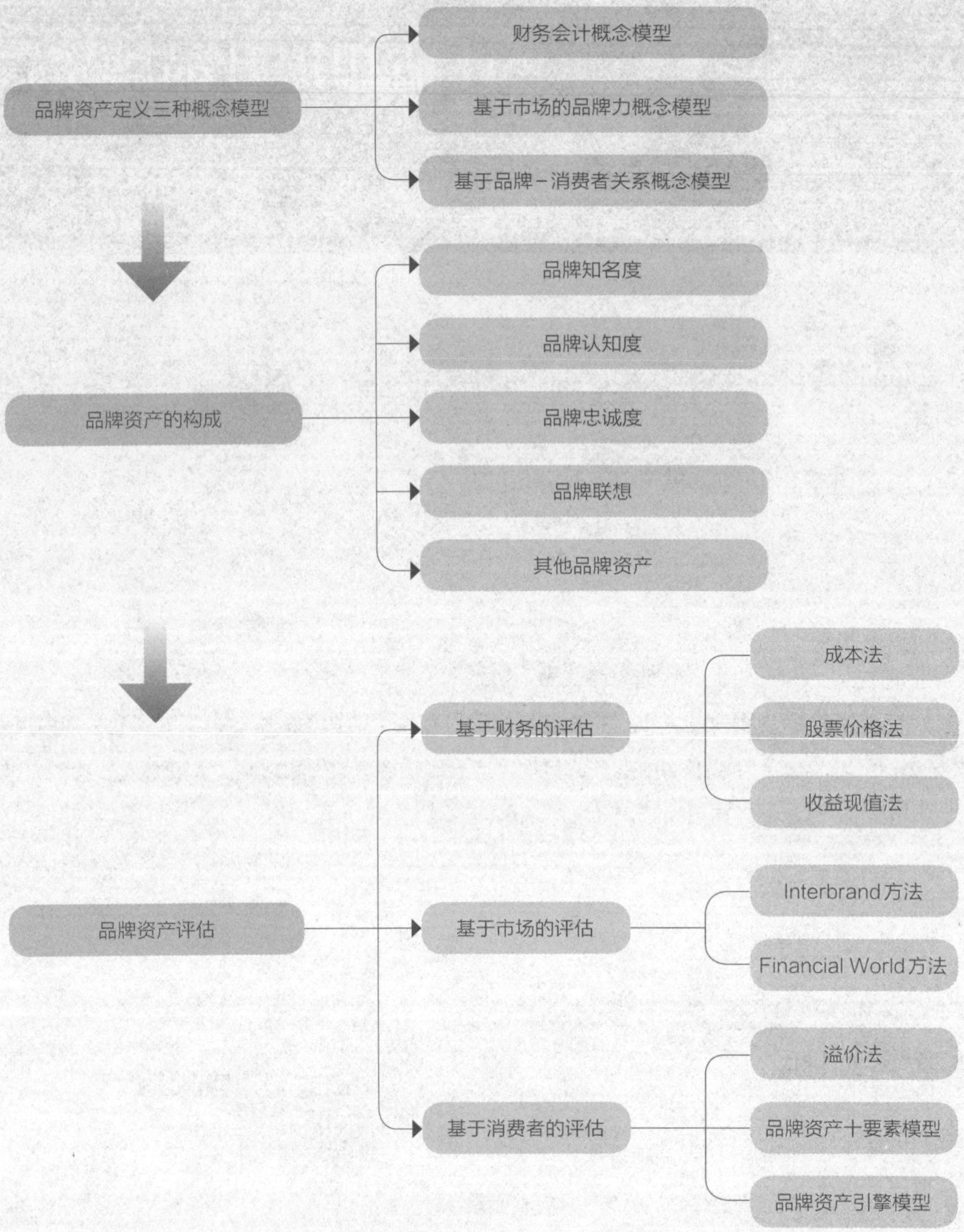
品牌资产定义三种概念模型
财务会计概念模型
基于市场的品牌力概念模型
基于品牌－消费者关系概念模型
品牌资产的构成
品牌知名度
品牌认知度
品牌忠诚度
品牌联想
其他品牌资产
品牌资产评估
基于财务的评估
成本法
股票价格法
收益现值法
基于市场的评估
Interbrand方法
Financial World方法
基于消费者的评估
溢价法
品牌资产十要素模型
品牌资产引擎模型

引导案例

2013年最具价值全球品牌前十强榜单分析

日前，“BrandZ全球最具价值品牌100强”排名公布，该排名是品牌调查公司Millward Brown受WPP委托开展的一项调查，今年已经发布第八期。该榜单根据品牌潜在消费者和当前消费者的观点，并结合财务数据来计算品牌价值（见表12-1）。

表12-1 Brandz全球景具价值品牌100强

2013年排名	品类	品牌	2013年品牌价值（百万美元）	品牌价值变化比例	2012年排名
1	科技	苹果	185 071	+1%	1
2	科技	谷歌	113 669	+5%	3
3	科技	IBM	112 536	-3%	2
4	快餐	麦当劳	90 256	-5%	4
5	软饮	可口可乐	78 415	+6%	6
6	电信	AT&T公司	75 507	+10%	8
7	科技	微软	69 814	-9%	5
8	烟草	万宝路	69 383	-6%	7
9	信用卡	Visa	56 060	+46%	15
10	电信	中国移动	55 368	+18%	10

同时发布的研究报告得出的主要结论如下：

增长领先品牌均已实现意义的差异化：在BrandZ品牌资产评估中，十大价值增长领先品牌在“有意义”、“差异化”和“突出性”方面的得分大大高于平均水平。普拉达的品牌价值增长最多，达到63%，业绩优于其他所有奢侈品牌，目前在奢侈品类别中名列第四（全球排名第95位），品牌价值为95亿美元。

啤酒品牌迅速崛起：在今年的排名中，全球消费量最大的酒精饮料——啤酒是增长最快的类别。十大啤酒品牌的总价值达到630亿美元，增长36%。该类别的崛起得益于拉丁美洲和中国的销售增长。全球第三大啤酒品牌喜力价值80亿美元，007系列电影《天降杀机》的宣传令其获益匪浅。巴西的梵天啤酒去年增长61%，价值达到40亿美元。

高价值品牌增长更快：对过去八年间“BrandZ全球最具价值品牌100强”上榜品牌阵容的分析显示，这些品牌的业绩明显高于标普500指数企业——在此期间，标普500指数企业和BrandZ品牌组合的增长率分别为23%和58%，充分证明拥有强势品牌的公司能为股东创造更大的价值。

第一节 品牌资产概述

品牌是一种超越生产、商品、有形资产以外的价值。品牌资产就是这种价值的集合，可以创造出更高的销售价格或实现更大规模的销售量，这一切都归功于品牌资产的积累。如何有效地管理品牌资产、评估品牌资产、维护和提升品牌资产的价值，是企业经营者必须关注的问题。品牌资产是一种长期经营的结果，找到这种经营结果的原因，有利于企业更好地管理品牌资产，提升企业的竞争能力。

一、品牌资产的含义

品牌资产是品牌管理中的重要概念，20世纪80年代以来在西方管理界广为流传，它将古老的品牌思想推向了一个崭新的高度。大部分营销相关从业者认为，品牌资产是一种解释营销效果的重要概念，是可以用产品的附加价值来解释的概念，是营销投资的一个重要结果。

美国营销科学研究所（Marketing Science Institute，MSI）定义品牌资产是：由消费者、中间商、企业构成的商品流通系统中，影响各环节和各因素的，具有象征意义的集合体，品牌资产给企业带来高销售额和高利润，其影响力也具有长期性。根据此定义，品牌资产意味着市场占有率或相对的价格，以及可带来利润的潜力，而品牌资产的效果是来自消费者对品牌持有的知识或认知度。从管理学的角度来说，品牌资产是一种超越生产、商品等所有有形资产以外的价值，是企业从事生产经营活动而垫付在品牌的本钱及其可能带来的产出。品牌资产是一种无形资产，它是品牌知名度、品质认知度、品牌联想度、品牌忠诚度以及品牌其他资产等各种要素的集合体。另外，从财务管理的角度来说，品牌资产是将商品或服务冠上品牌后所产生的额外收益。这个额外收益来自两个方面：一是对拥有品牌公司感兴趣的投资者，他们的出价包含了对于品牌的估值；二是购买某品牌产品的消费者，他们的出价包含此品牌高于市场一般价格溢价的部分。同样的产品因品牌的不同而带来额外的现金流入，这种额外的现金流入就是品牌资产。

品牌资产的概念在我国是20世纪90年代初出现的。当时《经济日报》举行“中国驰名商标”评选活动，北京名牌资产评估事务所借鉴Financial World公司方法，从1995年开始每年发布和提供《中国品牌价值研究报告》，这些在当时都产生了很大的影响，也表明了品牌资产已经开始被中国企业和中国企业家所重视。

然而，正如品牌资产在西方从诞生之日起就没有一个统一的被广泛接受的定义，存在着不同的概念模型一样，在中国，品牌资产一词虽然被广泛使用，但部分学者认为，对于什么是品牌资产，迄今为止也是众说纷纭，出现了多种不同的定义。究其原因，一方面，在品牌资产这个概念被引入后，缺乏对品牌资产概念本身以及对品牌所依托的学科背景的整体把握，即缺乏一个全面系统的了解，只是把这个概念简单“舶”来而已；另一方面，在具体操作使用“品牌资产”这一概念时，不同的使用者仍然可能有自己的不同理解，从而导致“品牌资产”形成不同的定义。品牌资产概念的不统一，再加上企业使用这一概念时的动机很复杂，所以导致在实际的品牌资产评估中出现种种问题。正如凯文·莱恩·凯勒（Kevin Lane Keller）在《品牌战略管理》一书中所说的：“品牌资产概念的出现，对于营销人员，既是一个好消息，也是一个坏消息。好消息是品牌资产提高了过去相对为人所忽视的品牌在整个营销战略中的作用，并引发营销人员对于品牌管理的兴趣和研究人员对于品牌研究的重视；但坏消息是不同人出于不同的目的对于品牌资产概念进行了大量的定义，结果导致了对品牌资产概念理解的混淆甚至误用。”

在我国，有的学者以与品牌紧密联系的商标为基准来定义，认为所谓品牌资产“就是一种超越生产、商品、一切有形资产以外的价值，这种价值集中体现在商标所代表的价值上，它是企业为从事生产经营活动而投资在商标上的各种资产的总和”。有的学者从消费者的使用与满意的角度来考察，认为品牌资产是给产品带来的超越其功能效用的附加价值或附加利益，这种附加价值或附加利益表现为品牌给企业和顾客提供超越产品或服务本身以外的价值。他们基于这样的认识，消费者对某一品牌的品质认知以及由这一品牌所产生的想象、联想都可能增强消费者的满意度。如坐在“奔驰”车上与坐在“捷达”车上肯定有不同的心理感受，这正是由于品牌得到了消费者的认同，产生吸引力和感召力，使消费者接受并产生消费行为，从而形成品牌资产。

二、品牌资产的概念模型

综合国内外学者的研究成果，整体来看品牌资产定义的概念模型有三种：财务会计概念模型、基于市场的品牌力概念模型，以及基于品牌-消费者关系的概念模型。现就各个概念模型做具体的介绍。

（一）财务会计概念模型

财务会计概念模型主要着眼于为公司品牌提供一个可衡量的价值指标，这种概念模型认为品牌资产本质上是一种无形资产，因此必须为这种无形资产提供一个财务价值。这种概念模型认为一个强势品牌是非常有价值的，应该被视为具有巨大价值的可交易资产。英国Interband执行董事Paul Stobart是该概念模型的典型代表，他曾认为："关于品牌的一个重要问题不是如何创建、营销，而是如何使人们看到它的成功以及在财务上的价值。"该概念模型产生的背景是公司必须对股东负责，一家规范的企业必须在一定的时期内向股东报告其所有资产的价值，包括有形资产和无形资产的价值。因此如果不给每一个品牌赋予货币价值，公司管理人员及公司股东就无法知道其公司的真正总价值，甚至会导致价值被低估，从而对企业造成重大损失。尤其是在收购或兼并行动中，就更需要知道品牌的价值。

品牌资产的财务会计概念模型主要可用于以下目的：① 向企业的投资者或股东在企业募集资金时提交财务报告，说明企业经营绩效；② 便于企业募集资金；③ 帮助企业制定并购决策。

财务会计概念模型把品牌资产价值货币化，迎合了公司财务人员把品牌作为资本进行运作的需要。但是这一概念模型存在着许多不足之处，最大的不足是过于关心股东的利益，集中于短期利益，很可能导致公司短期利益最大化，从而牺牲品牌价值的长期增长；过于简单化和片面化，因为品牌资产的内容十分丰富，绝不是一个简单的财务价值指标所概括的；财务会计概念模型对于品牌管理没有任何帮助，它只能提供品牌的一个总体绩效指标，却没有明确的品牌资产的内部运行机制。

（二）基于市场的品牌力概念模型

基于市场的品牌力概念模型认为一个强势的品牌应该具有强劲的品牌力，在市场上是可以迅速成长的，从而把品牌资产与品牌成长战略联系起来。这种概念模型认为，财务的方法只是在考虑品牌收购或兼并时才很重要，财务价值只应是评估品牌价值的第二位的指标，除此之外，更重要的是要着眼于未来的成长。品牌资产的大小应体现在品牌自身的成长与扩张能力上。例如，品牌延伸能力是体现品牌力的一个重要指标，对于一个企业而言，引入一个全新品牌的成本要比品牌延伸的启动成本高得多，而且失败的概率也要高，因此品牌延伸已为绝大多数企业所使用。而品牌延伸可以把现有品牌资产中的贡献因素向新的产品延伸，这些因素包括品牌名称、消费者对品牌的态度、对现有品牌的忠诚度、现有产品与延伸产品之间的适应性、品牌形象等。

基于市场的品牌力概念模型是顺应品牌的不断扩张和成长而提出的，该模型与财务会计概念模型最大的不同在于：财务会计概念模型着眼于品牌的短期利益，而基于市场的品牌力概念模型研究的重心则转移到品牌的长远发展潜力。提出该模型的学者开始比较深入地研究品牌与消费者之间的关系，并第一次把品牌资产与消费者态度、品牌忠诚度、消费者行为等指标联系起来。

（三）基于品牌－消费者关系的概念模型

基于市场的品牌力概念模型尽管已开始注意到消费者与品牌资产的关系，但是该模型的主要重心还在于品牌的长期成长及计划。

迄今为止，绝大部分学者都是从消费者角度来定义品牌资产的。他们意识到如果品牌对于消费者而言没有任何意义（价值），那么它对于投资者、生产商或零售商也就没有任何意义了，因此，品牌资产的核心便成为如何为消费者建立品牌的内涵。

有学者认为，消费者看待品牌资产的关键首先在于建立一个持久的积极的品牌形象。品牌形象事实上是一个品牌本身或生产品牌的企业的个性体现，消费者可以用形容词来描述其对品牌或企业的感觉和认识。另外有学者则认为，保持长期的顾客忠诚度关键在于让消费者了解品牌，让消费者掌握更多的品牌知识。消费者对品牌知识的了解可以分几个阶段进行，首先是品牌知名度、品牌形象。品牌知名度又分为品牌认知和品牌回忆，品牌形象又可分为态度形象和行为形象，如果建立一个好的品牌联想，消费者就可以建立一个积极的品牌态度。品牌能够越多地满足消费者，消费者对品牌的态度就越积极，也就有越多的品牌知识可以进入消费者的脑海，一旦在消费者心目中建立了品牌的知识，品牌管理者就要确定品牌的核心利益——即品牌能够满足消费者哪一方面的核心需要。

还有一个模型认为：一个品牌，第一，必须拥有提示前知名度；第二，必须建立与消费者需求的联系，能够满足消费者的某种核心需要；第三，品牌的产品功能和绩效必须达到消费者的要求；第四，品牌必须表现出相对于竞争对手独特的优势，与竞争对手相区别；第五，品牌必须与其最终消费者建立某种情感联结。只有知道品牌处于金字塔的哪一位置，品牌经理才能制定适宜的战略和策略来维持或提高顾客忠诚度。

案例

达芙妮的品牌故事

达芙妮的品牌宣言为“我不卖鞋，我参与一场华丽的戏”，在官网上，其更是进一步提出其品牌主题为“我希望每一个踏入达芙妮的女人，都像是谈了一场恋爱，体验一场华丽的戏，甚至找到真正的自己。所以无论今日女孩或是明日女人，自信的女人都会在达芙妮的引领下——新生感动”。这段文本，既体现出达芙妮为消费者营造梦想和创造感动的品牌核心信念，也表达了达芙妮进行品牌叙事的决心与力量。因此在网络上，甚至有消费者称达芙妮是“为消费者造梦”的鞋，并获得了众多附议。

达芙妮为消费者造梦的工程始于一则有关河神女儿达芙妮的希腊神话故事。这则神话传奇不仅给达芙妮品牌名称增添了神话色彩，更是通过爱情题材将达芙妮“为消费者造梦”的品牌核心理念表现得淋漓尽致。故事中追求真爱、勇敢执著的河神女儿达芙妮切合了现代年轻女性消费者所希冀的独立、勇敢、有主见的女性形象，反映了这一群体的核心价值观。因此，这则以积极女性精神为主题的故事对消费者起了很好的引导作用，让一些消费者因为喜欢达芙妮的这则神话故事而喜欢此品牌，让另一些消费者因为意外发现这则故事更加喜欢达芙妮品牌。

（资料来源：汪涛，周玲，彭传新，等. 讲故事塑品牌：建构和传播故事的品牌叙事理论. 管理世界，2011（3）.）

第二节　品牌资产构成

品牌资产结构是指构成品牌资产的消费者心理要素及相互关系，它是由品牌形象所驱动，关键在于消费者看待品牌的方式，从而产生出来的消费行为。根据Aaker（阿克）的“五星模型”，品牌资产的结构有五个维度：品牌知名度、品牌认知度、品牌忠诚度、品牌联想以及其他品牌资产，如图12-1所示。

图12-1　Aaker的品牌资产“五星模型”

（资料来源：戴维·阿克. 管理品牌资产. 吴进操，常小虹，译. 北京：机械工业出版社，2012.）

一、品牌知名度

品牌知名度是指某品牌被公众知晓和了解的程度，它表明品牌被多少或多大比例的消费者知晓，反映的是顾客关系的广度。品牌知名度在低介入度商品的购买中尤为重要，甚至知名度与销售有着正相关的关系。品牌知名度指标反映了一个品牌对某类产品的代表性程度、消费者对某品牌的熟悉程度以至可能引发的好感。

根据Aaker对品牌知名度的理解，品牌知名度可以分为4个层次：不知道该品牌、品牌识别、品牌联想、铭记在心。如图12-2所示。

（一）不知道该品牌

不知道该品牌也就是指该品牌没有知名度，消费者对品牌没有任何印象。由于消费者从来没有接触过该品牌或者该品牌没有表现出任何差异化的特色，并不能引起消费者的兴趣，很容易被消费者遗忘。

（二）品牌识别

品牌识别是指根据提示回忆起某类产品的某个品牌。例如，通过采访，提供家电类的一系列品牌，要求被调查者说出以前听说过哪些品牌。其实，品牌识别是品牌知名度

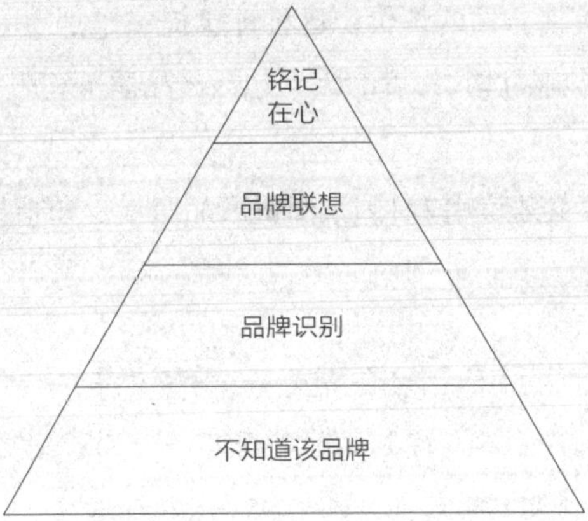

图12-2　品牌知名度金字塔

（资料来源：戴维·阿克. 管理品牌资产. 吴进操，常小虹，译. 北京：机械工业出版社，2012.）

的最低水平，是传播活动的第一个目标，它在顾客购买商品选择品牌时具有十分重要的地位。

（三）品牌联想

品牌联想，简单地说，就是在没有提供任何提示帮助的情况下，消费者自身进行的回想。它与品牌识别不同的是，在让消费者回想的同时不向被调查者提供品牌名称。与品牌识别相比，品牌联想难度更大，而且品牌联想往往与较强的品牌定位相联系。一个人在提供帮助的情况下能想到的品牌名称远远高于未提供帮助时能想到的品牌名称。

（四）铭记在心

这是指消费者在没有任何提示的情况下，所想到或说出的某类产品的第一个品牌，此时，在未提供帮助时想到的第一个品牌名称已经到了铭记在心的程度，这是一种特殊的状态。确切地说，该品牌在人们心目中的地位高于其他品牌。

产品经理的任务之一就是让企业的品牌进入金字塔的第二和第三层，最好是顶层，即消费者对自身品牌达到铭记在心的程度。

二、品牌认知度

品牌认知度是指消费者对产品或服务的主观理解和整体反映。必须明确，品牌认知度不同于满意度，因为顾客可能对产品或服务的性能水平期望值低而感到满意，而人们对品牌认知度高的商品往往期望值也高。品牌认知度也不同于态度，顾客可能因为低质量的商品非常便宜而产生积极的态度。与之相反，顾客可能会因为那些高质量的商品价格太高而产生消极态度。品牌认知度指标可以反映消费者对某一产品功能、特点、可信赖度、耐用度、服务度等诸方面的评价，这种评价提供了消费者购买的理由，同时是产品差异化定位的基础。影响品牌认知度的因素包括产品质量和服务质量。

（一）产品质量

哈佛大学的戴维·嘉文建议用7种因素衡量产品质量，如表12–2所示。

表12–2　衡量产品质量的因素

产品质量维度	评价标准
性能	产品的主要工作特性，如计算机的工作稳定性、运行速度等
特色	产品的第二要素，如奔驰的尊贵、沃尔沃的安全
与说明书一致	次品率是多少
可靠性	每次购买的产品性能一致；每次使用时产品都能保持正常工作
耐用性	反映产品的使用寿命：使用时间的长度
适用性	产品的服务能力
适宜与完美	产品的外观和感觉

（资料来源：余伟萍．品牌管理．北京：清华大学出版社，2007.）

（二）服务质量

无论是对于生产型企业还是服务型企业，服务质量的好坏会影响消费者对产品品牌的总体认知。服务营销研究学者帕拉舒拉曼、赞瑟姆及贝利通过对服务企业的研究，得出了影响服务质量的五维度，如图12–3所示。

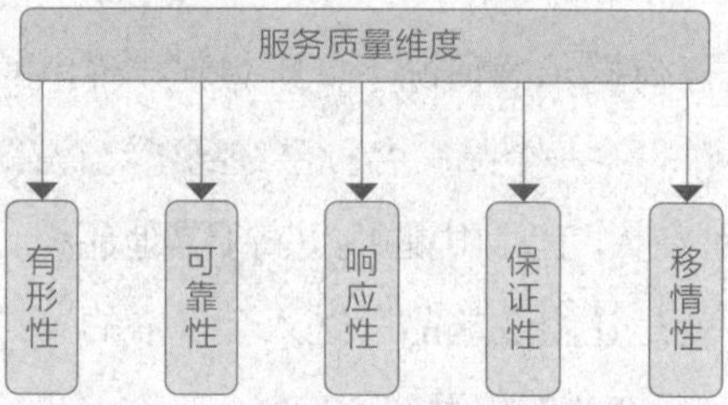

图12–3　服务质量维度的划分

在服务质量的五个维度中，有形性指的是企业的服务设施、设备、材料及员工的外表；可靠性指的是企业或员工可靠的、准确的履行承诺；响应性表示员工愿意帮助顾客并提供快速服务；保证性表示员工知识技能及礼貌让顾客产生信任感和信心；移情性是指企业设身处地为顾客着想并给予特殊关注。

三、品牌忠诚度

有相当一部分消费者在品牌选择上呈现高度的一致性，消费者在一段时间甚至很长时间内重复选择某一品牌，并形成重复购买的倾向，就是品牌忠诚。品牌忠诚度是品牌资产中的核心因素，忠诚度指标反映消费者对品牌的偏爱、选择、尝试购买、重复购买及承诺购买的水平。品牌忠诚度越高，竞争活动对顾客群的攻击力越弱。

如图12-4所示，品牌忠诚度分为几个层次。品牌忠诚度的层次不同，企业面临的营销挑战以及需要管理和利用的资产类型也不同，但是并不是每类具体的产品或市场都完全具有这些层次。

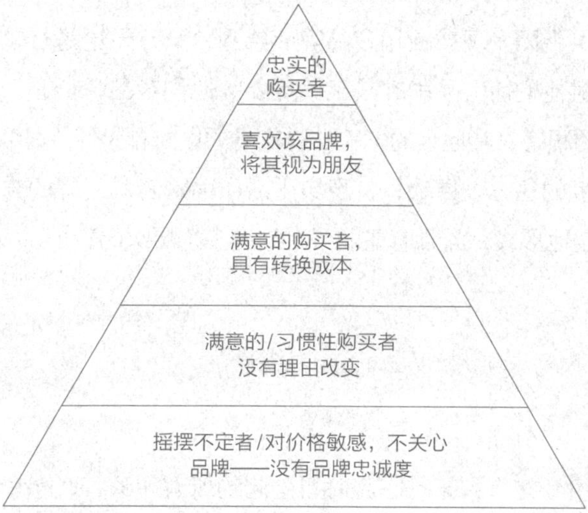

图12-4　品牌忠诚度金字塔

（资料来源：戴维·阿克. 管理品牌资产. 吴进操，常小虹，译. 北京：机械工业出版社，2012.）

（一）忠诚度金字塔的最底层是不具有忠诚度的购买者

这一层次的购买者对品牌漠不关心，对他们而言，可被感知的品牌都没有什么差别，品牌名称在其购买决策中所起的作用很小，打折销售的产品或者便利品是他们的首选，这群消费者可称其为摇摆不定者或价格敏感者。

（二）第二层次包括对产品满意或者至少没有不满意的购买者

对这一层次的购买者而言，因为他们对产品没有不满意，因此没有足够的理由改为购买其他品牌，尤其是改变需要付出代价时更是如此，因而将其称为习惯性购买者。这部分购买者最易受竞争对手的攻击，通过转换，竞争对手能够获得可观的利益，然而由于这部分购买者没有理由去考虑其他品牌，因此，要使他们购买其他品牌的产品也比较困难。

（三）第三层次包括那些不仅对产品满意、而且具有转换成本的顾客

转换成本主要是指与转换有关的时间、资金及性能风险方面的成本。可能顾客已经学习了与该品牌相关的系统知识；也可能其他品牌无法在特定使用环境中发挥作用。为

吸引这部分购买者，竞争对手需要提供诱因促使购买者进行转换或者提供能够补偿转换成本的利益，以此消除转换成本的不良影响。我们将这部分购买者称为具有转换成本的忠实购买者。

（四）第四层是指那些真正喜欢该品牌的购买者

这一层次的购买者可能基于对标志的联想、使用经验或者高的品牌认知度等原因而偏好该品牌。然而喜欢常常只是一种普通的感觉，不能与其他任何特定的事情相联系。人们往往难以说清楚为什么他们喜欢某事（某人），尤其是建立了长期关系后更是如此。有时甚至在缺乏友好标志或其他明显能够引起人们好感的情况下，长期关系也能产生巨大的影响。由于带有情绪性因素，所以将第四层称为品牌的朋友。

（五）最顶端的是忠诚的顾客

这一层次的购买者因发现或使用该品牌而感到自豪，无论是从功能角度看，还是表现其身份的角度，对他们而言品牌都是至关重要。他们对品牌信心十足，并会向其他人推荐该品牌，忠实的顾客对其他人的影响、对市场的影响都是巨大的。

关于品牌忠诚度的这五个层次，在现实生活中消费者对品牌的忠诚并不总是以该方式出现，还会出现其他形式，而且有些购买者具有多个层次的特征。

四、品牌联想

品牌联想是消费者在看到某一品牌时所勾起的所有印象、联想和意义的总和。比如提到麦当劳，人们会想到金色拱门、麦当劳叔叔及汉堡包和油炸食品等。品牌联想、品牌形象和品牌定位是相互联系的，通过品牌会产生一些联想，这些联想能组合出一些意义，这种有意义的印象就成为品牌形象。品牌形象是品牌定位和品牌沟通的结果，品牌定位是具有操作性、参考性的销售点，经过传播后在消费者脑海中形成的许多品牌联想最终构成一个具有销售意义的品牌印象。品牌联想度指标可以反映消费者对品牌的态度及情感，也是提供产品差异化和品牌延伸的依据。

品牌联想大致可以分为三种层次：品牌属性联想、品牌利益联想、品牌态度。

（一）品牌属性联想

品牌属性联想是指对于产品或服务特色的联想。品牌属性可以分为与产品有关的属性和与产品无关的属性。与产品有关的属性联想是指产品的物理组成或服务要求，它决定着产品的本质和等级。与产品无关的属性并不直接影响产品性能，但它可能影响购买或消费过程。比如，由品牌名称、产品价格、使用者状况、品牌标示、品牌原产地等引起的联想。

（二）品牌利益联想

品牌利益联想是指消费者感觉认为某一品牌产品或服务属性能给他带来的价值和利

益。品牌利益联想又可分为产品功能利益联想、产品情感利益联想和体验利益联想。

1. 产品功能利益联想

产品功能利益是指产品或服务固有的、内在的可以提供给消费者的利益，这种利益一般与“产品相关属性”匹配，它是消费者购买该产品最基本的动机，是产品的核心层部分对消费者基本功能的满足，如洗衣机是为了满足洗衣的需要，计算机是为了满足办公、娱乐的需要，酒店是为了满足人们饮食、住宿的需要等。

2. 产品情感利益联想

产品情感利益是指产品或服务能提供给消费者的相对外在的利益，它一般与“产品无关属性”，尤其与使用者个人状况相匹配。这种情感的利益将会满足消费者的社交需要、自尊需要等一些比较高层次的需要，消费者根据自我形象可能认为某一品牌很显赫或很孤独，或很时尚，或很流行。

3. 体验利益联想

体验利益联想是指消费者消费产品或服务后的感受，它既与“产品相关属性”相匹配，又与“产品无关属性”相匹配，这种利益能使消费者获得感官愉悦或某种刺激。

（三）品牌态度

品牌态度是最高层次、也是最抽象的品牌联想，它是指消费者对品牌的总体评价。品牌态度直接影响消费者的品牌选择，它通常建立在品牌属性和品牌利益上，必须注意的是，品牌态度是难以改变的，要想改变品牌的态度，企业必须付出很大的代价。

案例

屈臣氏的蒸馏水

屈臣氏的蒸馏水很好地体现并阐释了品牌联想，成为快速消费品营销案例中的典范。

从产品属性上来说，相比较矿泉水而言，许多倡导健康消费理念的消费者对蒸馏水并不是非常青睐，这可以说是所有蒸馏水产品在特征属性上的硬伤；而从效用及价值属性上来说，无论是蒸馏水还是矿泉水，都是为了满足人们对水的生理需求，而这一细分市场的产品及品牌可以说是数不胜数，竞争几近白热。然而屈臣氏蒸馏水营销团队难能可贵的是成功地从产品的简单物理属性和供销中跳了出来，从心理情感认知的角度对蒸馏水做了重新的定义——“爱——至清至纯”，用两个简单的形容词将蒸馏水的物理特性和懵懂青春的美好感情紧密地联系了起来，起到了意想不到的效果。其品牌故事讲述了年轻的男女主人公偶遇相恋的故事，情节清新而自然，但不乏新意，迎合了许多人、尤其是目标年轻人群的情感倾向，产品形象在消费者头脑中打上了深刻的可联想烙印。

曾有人说过，但凡优秀的产品总是能够充满人类美好的情感，给消费者留下许多感动。品牌联想的最高境界也莫过于此。

五、其他品牌资产

与品牌资产相关的还有一些专门的特殊的财产，如专利、专有技术、分销系统等。它们也可以为产品提供竞争优势。所谓“专门”财产，是指这些财产很难转移到其他产品或品牌上去，也只有这些专门财产才能成为品牌资产的有机构成。例如，如果某一专利权的价值能够轻而易举地转移到其他品牌名称之中，那么它对品牌资产的贡献就非常低，这种专利权就不是品牌资产的组成部分。

如果品牌资产的这些专有权能够抑制或防止竞争对手侵蚀企业的顾客和品牌忠诚度，那么就会凸显其品牌价值。例如，商标可以阻止竞争对手采用类似的名称、标志或包装等混淆消费者的视听，以起到保护品牌资产的作用；如果专利权独树一帜，并且贴近消费者的需求，则能够防止直接竞争；品牌以往的业绩也使得品牌能够控制分销渠道。

第三节　品牌资产评估

一、品牌资产评估的意义

首先，品牌资产评估是品牌兼并、收购和合资的需要。近期兴起的品牌兼并、收购热潮，使得许多企业意识到对现有的品牌资产的价值进行更好的掌握是必须的，对兼并、收购的企业品牌价值掌握同样重要。合资企业的不断出现产生了传统上认为不能联合的联合品牌。

其次，品牌资产评估有利于提高管理决策效率。虽然企业形象对股东有利，然而无法具体评估各项品牌经营实绩。对公司各个品牌价值做出评估后，有利于公司的营销和管理人员对品牌投资做出明智的决策，合理分配资源，减少投资的浪费。

再次，品牌资产评估能够激励公司员工，提高公司的声誉。品牌价值不但向公司外的人传达公司品牌的健康状态和发展，肯定品牌是公司长期发展的目标，更重要的是向公司内所有阶层的员工传达公司的信念，激励员工的信心。品牌经过评估，可以告诉人们自己的品牌值多少钱，以此显示自己的品牌在市场上的显赫地位。同时，品牌资产评估的结果能够激励投资者信心。评估品牌可以让金融市场对公司的价值有比较正确的看法，这可以提高投资者的交易效率。

最后，在某些特定的情况下，品牌资产评估有利于合资事业和品牌延伸的发展。将品牌从公司其他资产中分离出来，当作可以交易的财务个体的做法，有日渐增加的趋势。

很明显，这为合资与品牌繁衍奠定了稳定的基础。在过去的一个时期，中国品牌的价值很多未做评估，在与外商合资时，草率地把自己的品牌（如洁花、孔雀、扬子、美加净等）以低廉的价格转让给外方，就吃了大亏。

二、品牌资产评估体系与方法

品牌资产是战略性资产，它是竞争优势和长期利润的基础，必须由企业的高级管理层亲自参与管理。品牌领导模式的目标不仅是管理品牌形象，更要建立品牌资产。研究品牌资产评估方法对于建立和管理品牌资产是非常有价值的。

基于对品牌资产内涵的不同理解，品牌资产主要存在三种概念模型：财务会计概念模型、基于市场的品牌力概念模型，以及基于品牌－消费者关系的概念模型。构成各种品牌资产评估方法的基本要素也可以分为三大类：财务要素，如成本、溢价、附加现金流等；市场要素，如市场占有率、市场业绩、竞争力、股市价值等；消费者要素，如知名度、品质认知、品牌忠诚度等。本书将各种评估方法的基本分类进行了归纳，如表12-3所示。

表12-3　品牌资产评估方法的分类

评估方法要素	评估方法的特点	代表性方法
财务要素	品牌资产是公司五星资产的一部分，是会计学意义的概念	成本法、股票价格法
消费者要素＋市场要素	品牌资产是与消费者的关系程度，着眼于品牌资产的运行机制	品牌资产十要素模型
财务要素＋市场要素	品牌资产是品牌未来收益的折现，加入市场业绩的要素对传统的财务方法进行调整	Interbrand法和Financial World法
财务要素＋消费者要素	品牌资产是相对于同类无品牌或竞争品牌而言的，消费者愿意为某一品牌所支付的额外费用	溢价法、品牌抵补模型（BPTO）

（资料来源：卢泰宏．品牌资产评估的模型与方法[EB/OL]．http://www.kesum.com/zjzx/mizl/Guangzhou/lth/200612/33219.html.）

受到现实中不同的评估目的（例如：并购等财务的需要；品牌管理的需要；市场竞争及战略的需要等）的影响，品牌资产评估更重视方法的选择和可比性，而不强求建立统一的评估模型。依据各种评估方法的分类，品牌资产价值的评估体系及各体系下具体的评估方法基本可分为以下几种。

（一）基于财务的评估

基于财务要素的方法主要有成本法、股票价格法和收益现值法，这些方法都是比较早期的资产评估方法。

1. 成本法

对一个企业品牌而言，其品牌资产的原始成本占据着不可替代的重要地位，因此，对一个企业品牌的评估应该考虑品牌资产购置或开发的全部原始价值，以及考虑品牌再开发的成本与各项损耗价值之差两个方面。成本评估法主要分为两种：一种是历史成本法，另一种是重置成本法。

（1）历史成本法。历史成本法是资产评估中历史最悠久的方法之一。历史成本法是依据品牌资产购置或开发的全部原始价值估价，是评估品牌最直接的方法。最直接的做法是计算对该品牌的投资，包括设计、创意、广告、促销、研究、开发、分销、商标注册，甚至专属于创建该品牌的专利申请费等一系列开支等。

历史成本法存在的一个最大问题便是它无法反映品牌现在的价值。因为历史成本法没有将过去投资的质量和成效考虑进去，使用这种方法有时会高估失败或那些不太成功的品牌价值。因此，使用这种方法的主要问题是如何确定哪些成本需要考虑进去。此外，这种方法也没有涵盖品牌的未来获利能力。因此，这种方法在实践中运用很少。

（2）重置成本法。重置成本法是按品牌的现实重新开发创造成本，减去其各项损耗价值来确定品牌价值的方法。重置成本法主要考虑的因素是品牌重置成本和成新率，此二者的乘积即是品牌价值。重置成本是第三者愿意出的钱，相当于重新建立一个全新品牌所需的成本。重置成本法的基本计算公式为：

品牌评估价值＝品牌重置成本 × 成新率

其中：

品牌重置成本＝品牌账面原值 ×（评估时物价指数 ÷ 品牌购置时物价指数）

品牌成新率＝剩余使用年限 ÷（已使用年限＋剩余使用年限）×100%

2. 股票价格法

股票价格法由美国芝加哥大学的西蒙（Simon）和苏里旺（Sullivan）提出，它适用于上市公司的品牌资产评估。该方法以公司股价为基础，将有形与无形资产相分离，再从无形资产中分解出品牌资产。具体做法如下：

第一步，计算公司股票总值A，这可以通过股价乘以总股数获得。

第二步，用会计上的重置成本法计算公司有形资产的总值B，然后用股票总值减去有形资产总值，即得公司的无形资产总值C（$C=A-B$）。无形资产可以分解成3个部分：品牌资产C_1、非品牌资产C_2、行业外导致垄断利润的因素C_3。

第三步，确定C_1、C_2、C_3各自的影响因素。

第四步，建立股市价值变动与上述各影响因素的数量模型，以估计不同因素对无形资产的贡献率，然后在此基础上可以得出不同行业中品牌资产占该行业有形资产的百分比。由$C_1=B\times\beta$即可以得到品牌资产的数值。

用股票价格法得出的是公司各品牌资产的总值，因此，这种方法尤其适用于采用单品牌策略的企业。

3. 收益现值法

收益现值法又称为未来收益法，或简称收益法。它是通过估算品牌未来的预期收益（通常情况下，收益为“税后利润”），并采用适宜的贴现率将未来的预期收益折算成现值，再进行累加求和，最后确定品牌价值的一种方法。其主要影响因素有：超额利润、折现系数或本金化率、收益期限。

收益法是目前国外应用最为广泛的评估方法，因为对品牌的拥有者来说，未来的获利能力才是真正的价值。在对品牌未来收益的评估中，有两个相互独立的过程，一是分离出品牌的净收益，二是预测品牌的未来收益。收益法计算的品牌价值由两部分组成，一是品牌过去的终值（过去某一时间段上发生的收益价值的总和），二是品牌未来的现值（将来某一时间段上产生收益价值的总和）。其计算公式为这相应两部分的相加。

然而，收益现值法也存在一定的局限性：① 它在预计现金流时，虽然重视了品牌竞争力的因素，但没有考虑外部因素影响收益的变化；② 预期收益额预测难度较大，受较强的主观判断和未来收益不可预见因素的影响；③ 贴现率选取和时间段选取的主观性较大；④ 涉及企业超额收益在品牌与其他无形资产之间分配的难题。

（二）基于市场的评估

随着人们逐渐对品牌市场力的重视，品牌评估方法开始考虑品牌给企业带来的市场利益，即品牌的市场表现。有一点需要注意的是：明确地区分基于财务要素品牌评估法与基于市场要素的品牌评估法并不可行，这主要是因为，基于市场要素的品牌资产评估方法并没有从根本上摆脱财务要素，只是引入了新的市场要素，对财务要素进行了必要的调整，使得该类方法可以反映品牌市场业绩和市场竞争力，这对于品牌资产评估的方法是一种改进。基于市场要素代表性的评估方法主要有Intebrand方法（英特品牌法）和Financial World方法（金融世界法）。

1. Interbrand方法

英国的英特品牌公司（Interbrand Group）是世界上最早研究品牌评估的机构，它对世界品牌的评估具有公认的权威性。目前，国际上较通行的品牌价值评估方法就是英特品牌评估方法。此法实际上是一种改进的收益现值法。它的一个基本假定是：品牌之所以有价值，不全在于创造品牌所付出的成本，也不全在于有品牌产品较无品牌产品可以获得更高的溢价，而在于品牌可以使其所有者在未来获得较稳定的收益。英特品牌模型同时考虑主客观两方面的事实依据。客观的数据包括市场占有率、产品销售量及利润状况，主观判断是确定品牌强度。两者的结合构成了英特品牌模型的计算公式：

$$V=P\times S$$

其中：

V——品牌价值；

P——品牌收益；

S——品牌强度。

品牌收益，即品牌带来的纯利润，反映的是品牌近几年的获利能力。英特品牌方法中品牌收益的衡量方法非常复杂。品牌收益的计算虽然可以从品牌销售额中减去品牌的生产成本、营销成本、固定费用和工资、资本报酬及税收等，但是品牌收益的计算还要考虑许多其他因素。首先，并非所有的收益或利润都来自于品牌，可能有部分收益或利润来自于非品牌因素，例如，分销渠道因素。其次，品牌收益不能用某单一年份的利润来衡量，而应该用过去3年历史利润进行加权平均。

品牌强度，又称品牌因子，是指品牌的预期获利年限。品牌强度决定了品牌未来的现金流入的能力。英特品牌公司先后提出了两套计算品牌强度的模式：7因子加权综合法和4因子加权综合法。这两种方法都采用了英特品牌公司自行设计的详细问卷，收集品牌中各因子表现的得分。目前使用最为广泛的是7因子加权综合法。具体评价因素及其权重如表12-4所示。

表12-4　Interbrand评估方法的7因子

评价因素	含义	权重（%）
领导力	品牌的市场地位	25
稳定力	品牌维护消费者特权的能力	15
市场力	品牌所处市场的成长和稳定情况	10
国际力	品牌穿越地理文化边界的能力	25
趋势力	品牌对行业发展方向的影响力	10
支持力	品牌获得持续投资和重点支援的程度	10
保护力	品牌的合法性和受保护的程度	5

（资料来源：卢泰宏．品牌资产评估的模型与方法．中山大学学报：社科版，2002(3)．）

表12-4中每个因素的分值均在0 ~ 100，进行品牌资产评估时由专家给出每项评价因子的得分，然后加权平均就得到了品牌强度，即品牌预计获利的年限。

Interbrand方法的缺点在于：第一，预期收益额预测难度较大，受较强的主观判断和未来收益不可预见因素的影响，因此存在较大的不确定性；第二，该方法适用于市场经济较为发达的情况，主要针对国外市场，其市场竞争较为充分，企业及行业之间的规模和利润趋于平均，故没有考虑行业性质的不同对品牌价值的影响；第三，Interbrand评定品牌强度所考虑的因素是否囊括了所有重要的方面，以及各个方面的权重是否恰当等仍有待商榷。

2. Financial World方法

美国Financial World（金融世界）的品牌评估起始于1992年，其品牌评估方法是借鉴Interbrand公司创立的方法适当修改而成的，主要不同之处在于Financial World方法更多地以专家意见来确定品牌的财务收益等数据。

（1）该方法强调品牌的市场业绩，首先从公司销售额开始，基于专家对行业平均利润率的估计，计算出公司的营业利润。然后再从营业利润中剔除与品牌无关的利润额，例如资本净收益（根据专家意见估计出资本报酬率）和税收，从而最终得出与品牌相关的收益。1995年起，Financial World的品牌价值评估不再直接使用最近一年的品牌税前利润，而是用最近两年税前利润的加权平均数，其权数分配比例是最近一年的权重是上一年的2倍。

（2）根据英特品牌的品牌强度7因子模型估计品牌强度系数。品牌强度系数是根据被评估品牌的市场领导能力、稳定性、销售状况、国际化能力、发展趋势、所获支持状况和受保护程度7方面指标的综合评定。大量调查结果表明，有价值的品牌最低获利年限约为6年，所以为了便于评估，假设品牌获利年限最高不超过20年。这样，品牌强度系数的取值范围是6 ~ 20。

案例

万宝路与可口可乐的品牌资产计算

步骤	项目	公式	万宝路（1992）	可口可乐（1993）
1	销售额		154亿美元	90亿美元
2	利润率	（行业）	22%	30%
3	利润	1×2	34亿美元	27亿美元
4	资本比率	（行业）	60%	60%
5	理论资本	1×4	92亿美元	55亿美元
6	一般利润	5×5%	4.6亿美元	2.7亿美元
7	品牌利润	3−6	29亿美元	24亿美元
8	修正利润	三年加权	—	—
9	税率	（行业）	43%	30%
10	理论纳税	8×9	12亿美元	7.3亿美元
11	纯利润	8−10	27亿美元	16.7亿美元
12	强度系数	6到20之间	19	20
13	品牌价值	11×12	513亿美元	334亿美元

以上两种方法是基于市场要素品牌资产评估中最具代表性的，除此之外，还有其他一些代表性的方法，比如北京名牌资产评估事务所评估法、品牌力模型等。所有这些方法计算出的品牌资产只能是过去和当前品牌价值的市场反映，并不能反映出品牌长期发展的意义。

（三）基于消费者的评估

此类方法主要引入了消费者的新角度进行评估，但有些方法还是不能完全抛弃财务因素和市场因素的影响。具有代表性的方法有：溢价法、品牌资产十要素模型、品牌资产引擎模型。

1. 溢价法

溢价法的基本思路是品牌价值的大小可以通过消费者为选择这一品牌而愿意额外支付多少货币加以衡量。在其他条件相同的情况下，如果消费者为选择某一品牌而愿意支付的额外费用越多，则表明该品牌越有价值。

用溢价法评估品牌资产，首先要解决的问题便是溢出价格的确定，即确定在使用品牌时，与不使用品牌相比，消费者愿意额外支付的价格，一般是通过对消费者进行调查，比较同一种产品分别在使用品牌和不使用品牌时，消费者愿意支付的价格，两者之差即为溢价。可以在可控制的较小市场范围内进行比较实验，对得到的结果进行处理，计算出差价，差价乘以该品牌的销量即为超额利润，再用超额利润除以品牌所在行业的平均利润率即得到该品牌价值。

举个例子来说，如果某一品牌产品的市场售价为100元，销量为10 000件，不使用品牌消费者可接受的价格为50元，行业平均投资利润率为20%，则该品牌价值为：

$$(100-50)\times 10\ 000 \div 20\% = 2\ 500\ 000\text{（元）}$$

这种方法不仅可用于评估某个品牌的价值，也可用于评估两个品牌之间的比较价值，方法与前面的相同。需要指出的是：两个品牌之间价格的差异并不一定是由品牌造成的，也可能是由其他许多因素造成的，比如质量、技术水平、服务等，因此在评估两种不同品牌之间相对价值时，要注意选择在其他方面因素非常接近的产品，以排除其他方面因素的影响。如果两种产品相差较大，评估出的结果可靠性就不大。由于市场的变化，产品销量也是不断变化的，在经济繁荣的时候，销量就大一些，相反，经济不景气时，销量就小一些。为了较为准确、客观地反映销量，消除偶然因素的影响，可以用近几年来的销量平均数来减少这个误差。

用溢价法评估品牌资产，关键问题是溢价的确定，一般是通过市场调查及市场实验解决该问题的。该方法不足之处是仅仅考虑到品牌当期的获利能力，而没有考虑到品牌资产未来长期的获利能力，这与实际情况不大相符。但该方法的优点是：对同一品牌产品来说，能够较好地把溢价的其他因素剥离出来，对由品牌所造成的价格差异能较准确地加以衡量。

2. 品牌资产十要素模型

由美国著名的品牌专家David Aaker教授于1996年提出，从5个方面衡量品牌资产——忠诚度、认知质量或领导能力、品牌联想或差异化、品牌认知与市场行为，并提出了这5个方面的10项具体评估指标：

品牌忠诚度评估：价格优惠；满意度或忠诚度。

感觉中的品质或领导品牌评估：感觉中的品质；领导品牌或普及度。

品牌联想或差异化评估：感觉中的价值；品牌个性；公司组织联想。

认知评估：品牌认知。

市场行为评估：市场份额；市场价格和分销区域。

品牌资产十要素（Brand Equity Ten）模型为品牌资产评估提供了一个更全面、更详细的思路。其评估因素以消费者为主，同时也加入了市场业绩的要素。它既可以用于连续性研究，也可以用于专项研究，而且所有指标都比较敏感，可以以此来预测品牌资产的变化。其不足之处在于：对于具体某一个行业品牌资产研究，Brand Equity Ten 指标要做相应的调整，以便更适应该行业的特点。例如，食品行业的品牌资产研究与高科技行业品牌资产研究所选用的指标就可能有所不同。

3. 品牌资产引擎模型

品牌资产引擎（Brand Equity Engine）模型是国际市场调研公司（Research International）的品牌资产研究专利技术。该模型认为：虽然品牌资产的实现要依靠消费者购买行为，但购买行为的指标并不能揭示消费者心目中真正驱动品牌资产的关键因素。品牌资产归根到底是由消费者对品牌的看法、即品牌形象所决定的。

品牌资产引擎模型将决定品牌资产的因素分为两类：一类是“硬性”属性，即消费者对品牌产品有形的或功能性属性的认知；另一类属性是“软性”属性，反映出品牌提供给消费者的情感利益。该模型建立了一套标准化的问卷，通过专门的统计软件程序，可以得到所调查的每一个品牌其品牌资产的标准化得分，从而得出品牌在亲和力——情感属性和品牌功能——功能属性这两项指标的标准化得分。进一步分解为各子项的得分，还可以了解每个子项因素对品牌资产总得分的贡献，以及哪些因素对品牌资产的贡献最大，哪些因素是真正驱动品牌资产的因素。

国际市场调研公司的这项专利技术着眼于从品牌形象的角度来评估品牌资产，从而进一步摆脱了传统的认知——回忆模型，有助于发现品牌资产的真正驱动因素。它既可以用于连续性研究，也可以用于专项研究。该模型的不足之处在于，测量问卷要针对具体行业品牌做相应调整。

第四节 品牌资产提升策略

一、品牌知名度的提升策略

获得品牌的高知名度应该要经历三个过程：首先是提升品牌名称的身份；其次是对确立的身份用整合营销的方式进行传播；最后就是利用使用提示和不断的重复活动，使消费者产生品牌联想，消费者对某品牌的联想可以抑制其回想其他品牌。提高品牌知名度的方法如下。

（一）提升品牌名称的关注度

首先，要提高知名度，就必须让公众注意到这一信息，并留下难以磨灭的印象。要做到这一点，最关键的一方面是制造差异，做到与众不同。

其次，品牌应具备标语或押韵，因为标语和押韵可以形成与竞争对手的巨大差别，如海尔的“真诚到永远”，就很容易给消费者留下深刻的印象。标语能够凸显产品的特征，与标语相联系能够强化品牌形象；而押韵的品牌名称更易于人们记忆。

此外，品牌标志展示。如果企业拥有或者能够培育出与品牌紧密相连的标志，那么，在创建或维持品牌知名度时，标志就能发挥主要作用。标志包括视觉形象，它比文字形象更易于人们所理解与记忆，必须注意的是除广告之外，还可以用多种形式，例如展会、产品包装等手段，对标志进行展示。

（二）整合营销传播

（1）广告传播。广告适宜创建知名度，因为广告有利于企业根据目前的工作需要定制广告信息，而且一般来说，广告也是展示品牌的有效方式，差别化的广告是创造知名度的有效途径，广告运作的基本原则是与众不同、标新立异。美国广告大师罗瑟·瑞夫斯认为，一则优秀的广告应遵循三个要点：广告主题必须包括产品的一个具体价值；这一效应必须是独一无二的；这一主题必须能够推动销售，必须是能够影响消费者购买决策的重要承诺。在众多的广告中，要想让消费者对广告产生兴趣，并记住广告的诉求，新颖、独特、与众不同的创意是关键。

（2）公共关系。品牌知名度传播的另一种手段是举办相关的公关活动，公关活动通常对提高品牌知名度起到重要的作用，它不但比媒体广告的成本低，而且比媒体广告的效果好。与阅读广告相比，人们通常更愿意从新闻故事中获得信息，比较常见的公关活动有：赞助、竞赛、电视或广播访谈、受众参与的发问节目、展览、新闻报道、与电视台共同举办的娱乐节目、设立各种奖励基金等。特别值得一提的是赞助比赛，大多数情况下赞助比赛的最主要作用是创建或维持知名度。如我国的“红双喜”通过赞助世乒赛在全球范围内提高知名度，并取得了一定的成效。

（三）获取品牌回想

要让消费者回想品牌比让消费者识别品牌更难。这就要求品牌名称更为突出，品牌产品类别的联想更强。与品牌识别不同，品牌联想随着时间的推移会不断弱化，就好像我们能够认出面孔却难以回忆起名字一样。要建立品牌联想很难，只有通过深入的学习体验或多次重复，才能建立起品牌联想。当然要想让消费者铭记在心，则需要更多的营销努力。

二、品牌认知度的提升策略

前面提到影响品牌认知度的主要因素是产品质量因素和服务质量因素，产品质量因素包括性能、特色、可靠性、耐用性及适用性等，服务质量因素包括有形性、服务能力、响应速度和能否给顾客提供个性化服务等。这些都是企业提升品质认知度的重要内容，然而，在品牌管理中，要提高消费者的品牌认知，关键要找到消费者对品牌知觉质量的判断标准，或消费者对产品质量的要求，然后按消费者的判断标准进行改进，消费者使用产品后就会感到满意。具体包括以下两大方面。

（一）提供高质量的产品和服务

培育提供高质量产品的能力是提高品牌认知度的第一步。如果产品质量不高，而试图让顾客相信产品质量高是徒劳的。只有顾客的使用经验与产品质量状况相符，才能维持品牌形象，品牌的品质首先应该体现在产品的质量、性能和外观等方面，保证产品的高品质是消费者建立品牌认知的客观基础。20世纪80年代海尔还是一家濒临倒闭的企业，2002年海尔品牌资产的价值超过了红塔山，2006年在世界品牌实验室评价的世界品牌五百强的榜单中，海尔位列第83位，“高品质，零缺陷，星级服务”是海尔成功的关键。

（二）高质量产品和服务的传递

1. 高质量的标志

仅仅达到高质量是不够的，关键是如何使消费者相信该产品或服务的高品质；而且，最关键的质量构成要素往往也是难以辨认的。例如，购车者可能认为耐用性是关键的特征，但是没有好方法去判断其耐用性。因此，消费者可以从一些公共的报告或产品的品质认证书等判断某种产品是否高品质，如某种产品通过ISO 9000质量体系认证等。对服务产品而言，通常顾客认为最为重要的是服务人员的能力，因为对于服务产品的无形性，消费者往往依赖那些“琐碎”的特征来判断某种服务品质的高低。

品质认知度的另一个标志是品牌名称。顾客往往根据品牌名称形成对产品品质认知度的看法。关于品牌延伸的研究表明：将品牌名称用于不同类的产品上时，品牌名称就能影响品质认知度。

2. 价格暗示

价格是暗示质量的一个重要变量。但价格能否暗示质量还取决于其他暗示因素所涉及的个人以及产品，当其他暗示因素难以发挥作用时，人们往往将价格作为暗示质量的因素，而且不同人在判断产品质量时对价格的依赖程度不同。如果一个人无法评价或者不愿意评价产品的质量，那么他对价格的依赖性就会高一些。价格对产品质量的暗示程度因产品种类不同而有所不同，总之，难以评价质量的产品种类更可能将价格作为暗示质量的因素。

什么状况下高价位意味着高品质呢？有研究表明：消费者很难评价商品的品质和性能，除了以价格作为衡量标准之外，别无其他标准可循；消费者无使用该商品的经验；消费者对购买感到有风险时，或买后感到后悔时，容易以高价作为选择标准；消费者认为各个品牌之间有品质差异。该研究对企业营销实际活动极具指导意义，高品质产品高价位策略的重要意义是：在消费者心中树立了高品质的品牌形象。

三、品牌忠诚度的提升策略

消费者对某个品牌的忠诚度越高，以及某个品牌拥有的忠诚消费者越多，该品牌的价值就越大。因此，品牌忠诚营销的目标任务就是不断提高消费者的忠诚程度，在维系好已有忠诚消费者的同时，不断吸引新的消费者，以不断扩大忠诚顾客群体。品牌忠诚者可减少企业的营销成本，因为吸引新客户的成本是维持老客户成本的5倍以上。在销售渠道方面，品牌忠诚消费者可产生交易力量，同时有助于吸引新的消费者，减少竞争压力，赢得竞争时间。因为品牌忠诚者不会去寻求新品牌，也不会因新品牌的优势而转换品牌。那么，如何培养和维系顾客忠诚度呢？

（一）以顾客为中心，了解顾客的需求

以顾客为导向的企业文化氛围采取各种措施接近顾客。企业可以通过小组座谈会的形式了解顾客所思所想，倾听顾客的声音。通过加强与顾客的联系，有助于向组织和顾客传递一种信号——企业尊重顾客。企业只有以顾客为中心，才能主动地去接触顾客，了解顾客的需求，并且正确地对待顾客的需求。让顾客对产品的体验超过他的预期，是争取顾客、培养品牌忠诚的有效方法。

案例

宜家——以顾客为中心的营销理念

以顾客的实际需要为出发点，处处以顾客为中心，是宜家独特的营销观念，也是宜家赢得顾客和市场的独家秘诀。

20世纪50年代初期，宜家发现自己卷入了与竞争对手的价格战当中，于是想出一个办法，开放家具展销厅，用立体的方式呈现宜家家具的内涵，如今这已成为宜家最重要的营销方法之一。宜家的商场的布置有其标准规范。进入商场后，地板上有箭头指引顾客按最佳顺序逛完整个商场。主通道旁边为展示区，展示区的深度不会超过4 m，以保证顾客不会走太长的距离。展示区按照客厅、饭厅、工作室、卧室、厨房、儿童用品的顺序排列，这种顺序是从顾客习惯出发制定的。

在宜家的展示区中，有一个个分隔开来的展示单元，分别展示了在不同功能区中如何搭配不同家具的独特效果。每个宜家商场均有一批专业装修人员。调整的基本要求是要符合普通百姓家居生活的状况。如背墙的高度为2.9 m，这是普通住房的层高，过高过低都会给顾客造成错觉，做出错误的购买决定。背墙的颜色也必须是中性的，符合日常生活的习惯。不会使用一些特殊颜色来烘托家具的表现效果，让顾客有错误的感觉。每个展示单元都标注实际面积。所有这些都是从顾客的需要出发，顾客可以原封不动地把展示区的摆设方式搬回家去，也会得到与商场中一样的效果。

这些展示生动活泼，充满了家庭温馨的感觉。许多顾客到宜家就是为了参考这些摆设方式。宜家的品牌形象早已深深地印入他们的脑海之中，虽然没有产生直接的经济效

益，但其长远效益却是可以预期的。而且宜家经常变换摆设方式，和竞争者形成了显著差异，不易模仿。在宜家没有亦步亦趋的销售人员，顾客可以自由地选择商品。宜家在所有商品上都贴有标签，这些标签上标明了产品的尺寸。宜家把问题变成了机遇，开创了平板包装的先河。如今平板包装已成为众多家居用品制造商通用的模式，把家具设计成可拆卸的部件，装在平面式的材料里，这样大大缩小了家具的体积，节省了大量不必要的运输费。

宜家产品线条流畅、简单实用，秉承了注重功能、追求理性的典型的北欧风格。宜家的设计部门能够很好地把艺术与市场结合起来，开发出符合宜家风格又满足顾客要求的产品。这是由于宜家的产品开发员有很大一部分来自零售部门，有直接和顾客打交道的经验，比较了解顾客的需要。与此同时，宜家也充分体现了以人为本的企业文化。产品设计是企业的生存之本，因此宜家非常重视对设计师品牌的打造。在宜家的网站上可以看到宜家的一些经典之作，同时还附有设计这些产品的设计师照片、个人简历以及所获得的荣誉等。不仅是在网站，在宜家采购中心进门处最醒目的地方也挂着设计师的照片。

（资料来源：宜家——以顾客为中心的营销观念．种子世界，2007（10）.）

（二）完善自身服务，提高顾客满意度

企业应该运用与消费者互动的交互系统，便于双方之间进行信息交流。这个系统可以使消费者详细了解企业及其产品的有关信息，同时企业也可以及时了解和掌握消费者的意见、建议，从而使企业按着顾客的需求生产，保证产品的适销对路。

品牌的忠诚度往往体现在顾客对其产品的重复购买率上，高水平的售后服务可以保持顾客较高的重复购买率，它是企业接近顾客、取得消费者信赖的最直接的途径。售后服务除了传统意义的“三包”，还包括送货上门、安装调试、人员培训、维修保养、事故处理等过程，所以它是一个系统工程，必须用完善的售后服务体系加以保证。

持续的顾客满意会形成顾客的忠诚，所以对顾客满意或不满意的常规调查非常有助于企业了解顾客的感受，从而调整产品和服务。此类调查必须及时、敏感、全面，以便企业能够认识到顾客综合满意度发生变化的原因。

（三）加强客户关系，维系品牌忠诚

加强客户关系管理，首先应该建立一个客户数据库，收集、积累丰富的消费者资料。企业利用数据库挖掘技术，在了解消费者的需求及其变化的基础上进行个性化营销。其次，对重复顾客进行奖励。对经常购买本企业品牌的顾客给予相应的让利，是留住忠诚顾客最直接且有效的办法，消费者因自己的忠诚而得到回报，该措施也直接提高了顾客的转化成本。例如，一些公司推出的“里程积累计划”及飞行常客俱乐部等。这里要提及的是，为顾客遇到的问题提供解决方案也是一种提高转换成本的方法。最后就是企业还可以为顾客提供一些附加服务，通过向顾客提供这些意想不到的附加服务，往往就能轻易改变顾客的行为。此外，一些公司为了加强顾客与顾客、企业与顾客之间的关系，还成立会员俱乐部，给顾客提供一个渠道，抒发他们对这个品牌的想法和感受，同时还可以与其他和自己有相同品牌嗜好的人分享经验。最经典的例子当属哈雷公司成立的哈雷俱乐部，此俱乐部经常不定期举办旅游、比赛、促销与折扣活动等，甚至举办一些慈善活动，大大改变了一般人对哈雷迷就是“飞车党”的负面形象。

四、品牌联想的提升策略

品牌联想是创设品牌心理优势、影响消费者内在机制的关键。积极、肯定、独特的品牌联想能为品牌的竞争创设心理优势。

（一）恰当而准确的品牌定位

定位不仅意味着所涉及行业（通常涉及竞争关系），而且定位与品牌联想、形象概念密切相关。准确的品牌定位能够带来强有力的品牌联想，从而能够在吸引顾客方面产生竞争优势，人们高度评价那些符合需要的特征，如友善的服务，或相对于竞争对手而言具有明显差异的定位。品牌定位不仅反映了人们对于品牌的理解，而且也用于反映公司是如何理解品牌的。

（二）差异化的品牌联想

品牌联想不同，其市场地位、竞争优势就会有所不同。营销实践表明，只有那些与竞争品牌具有差异性，并能引起消费者共鸣的联想，才能是一个有竞争优势的品牌。失败的品牌往往是因其没有差异性而失去了发展的动力，那些与消费者利益相关的品牌联想正是一个强势品牌的魅力。

本章回顾

品牌资产的概念可以从财务角度、市场角度、消费者角度三个方面来进行理解。从消费者角度出发，品牌资产的结构有五个关键维度：品牌知名度、品牌认知度、品牌联想、品牌忠诚度及品牌的其他资产。

品牌资产作为一种无形资产是具有价值的，因此，有必要运用科学合理的方法对品牌资产进行定量化的评估。品牌资产评估具有很强的现实意义。首先，品牌资产评估是品牌兼并、收购和合资的需要；其次，品牌资产评估有利于提高管理决策效率；再次，品牌资产评估能够激励公司员工，提高公司的声誉。此外，品牌资产评估有利于合资事业和品牌延伸的发展。

对于企业品牌资产评估的方法有很多。与品牌资产的定义相对应，品牌资产评估的方法主要包括三大类：基于财务的评估方法、基于市场的评估方法及基于消费者的评估方法。其中，基于财务要素的评估方法主要有成本法、股票价格法和收益现值法；基于市场的评估方法中最负盛名的是Interbrand方法和Financial World方法；基于消费者角度进行评估的代表性方法有：溢价法、品牌资产十要素模型、品牌资产引擎模型。

品牌资产的提升策略包括提高品牌知名度、强化品牌认知度、培养品牌忠诚度以及建立良好的品牌联想。

关键术语

品牌资产　品牌知名度　品牌认知度　品牌联想　品牌忠诚度
品牌的其他资产　品牌资产评估　成本法　股票价格法　收益现值法
Interbrand方法　Financial World方法　溢价法　品牌资产十要素模型
品牌资产引擎模型

讨论与思考

1. 简述Interbrand品牌资产评估方法，试选择某一品牌进行品牌资产的评估练习。
2. 请评价三大类品牌资产评估方法，包括基于财务要素的方法、基于市场的评估和基于消费者角度的评估，在评估某品牌资产时的优势和劣势。

案例分析

摩根士丹利"贱买贵卖"南孚

福建省南平南孚电池有限公司成立于1988年，在全国电池生产行业可以说是首屈一指。2003年，南孚电池占据全国电池市场的半壁江山，总销量超过7亿只，产值7亿6千万。南孚已发展成为中国第一、世界第五大碱性电池生产商。

2003年8月，南孚突然被其竞争对手——美国吉列公司收购。这一事件当时在全国引起了不小的轰动。这个曾经让中国人引以为自豪的"民族力量"——南孚电池，怎么一夜之间就落入美国人手里了？ 2004年7月，也就是南孚被吞并将近一年之后，人们开始逐渐了解到"南孚并购案"这一事件的始末。

1988年，南平电池厂与福建兴业银行、中国出口商品基地建设福建分公司（简称"基地福建公司"）、香港华润集团百孚有限公司（基地福建公司的子公司）合资组建福建南平南孚电池有限公司。1999年，南孚正处在发展的黄金时期，在南平市政府吸引外资政策的要求下，上述股东以南孚69%的股份作为出资与摩根士丹利、荷兰国家投资银行、新加坡政府投资公司合资组成中国电池有限公司。其中，外方持股49%，中方持股51%。新成立的中国电池有限公司掌握了南孚的绝对控股权，也就是说外方股东只要再增加2%的股份，就可通过中国电池间接控股南孚。

南孚后来被出卖给竞争对手的厄运便由此开始了。首先是南孚公司由于经营不善，造成巨额亏损，被迫向摩根士丹利出让了中国电池8.25%的股份；接着，摩根士丹利以

1 500万美元获得原属基地福建公司的20%中国电池股份。2002年，外方股东又收购多达1 000万美元的中国电池股份。至此，中国电池有限公司的绝大部分股份基本上已转入外方股东手中，而它们对南孚的控股也已达到了72%，本来摩根士丹利希望中国电池有限公司能够在海外上市，从而给它带来巨额的股票收益，但是由于各种原因，中国电池迟迟未能上市。外方股东等不及了，他们以1亿美元的价格将中国电池的全部股份出售给美国吉列公司。外方股东的总投资约为4 200万美元，一下子赚了5 800万美元。2003年8月11日，生产“Mach3”剃须刀和金霸王电池等消费产品的美国吉列公司宣布，已经买下中国电池生产商南孚电池的多数股权——南孚成了它的子公司。

【案例思考题】

1. 摩根士丹利等外资机构开始为何选择南孚作为自己的注资对象，后来又为何将南孚的股份抛售给吉列公司?

2. 作为南孚的竞争对手，吉列为何收购南孚的股份，而其成交价高达1亿美元?

3. 南孚被“贱买贵卖”了，有哪些需要反思的地方?

本章实训

【实训目的】

（1）掌握一种品牌资产评估方法。

（2）熟练运用所掌握的方法进行品牌资产评估活动。

【实训内容】

（1）了解品牌资产价值评估体系及各体系下具体的评估方法，并且能够熟练运用其中一种或几种方法对某品牌的品牌资产实施评估活动。

（2）选定一个品牌，了解其品牌资产的结构，运用所掌握的品牌资产评估方法对其品牌资产进行测量和评估。如果条件允许，可以运用多种方法测评，并比较测评结果的差异，以了解各种方法的优势劣势。

【实训组织与步骤】

（1）由学生以小组的形式开展实训。

（2）学生小组自由选择品牌，并独立收集资料。

（3）学生小组完成项目研究报告，并以PPT的形式展示成果。

（4）实训成绩评定标准：小组团队参与程度占30%；上台讲演、PPT演示占40%；品牌资产评估内容占30%。

（5）教师最后做点评。

延伸阅读

[1] 戴维·阿克. 管理品牌资产. 吴进操，常小虹，译. 北京：机械工业出版社，2012.

[2] 凯文·凯勒. 战略品牌管理. 卢泰宏，吴水龙，译. 北京：中国人民大学出版社，2009.

[3] 顾伟. Interbrand品牌资产评估模型述评. 商业经济，2012（12）.

参考文献

[1] 戴维·阿克. 管理品牌资产. 吴进操，常小虹，译. 北京：机械工业出版社，2012.

[2] 刘国华. 基于全球视角下的品牌资产评估模型. 工业技术经济，2010（8）.

[3] 卢泰宏. 品牌资产评估的模型与方法. 中山大学学报：社会科学版，2002（3）.

[4] 凯文·凯勒. 战略品牌管理. 卢泰宏，吴水龙，译. 北京：中国人民大学出版社，2009.

第五篇

品牌管理新领域

第十三章
不同领域的品牌管理

箴言

一个品牌就是一个与众不同的实体，它传达出自己的价值观、意义、功用、风格、外表以及行为方式……国家是品牌，宗教也是品牌……其实我们自己也是品牌。

——（美）唐·威廉姆斯

本章学习目标

1. 掌握零售商品牌、服务品牌、文化品牌和网络品牌的定义和特点
2. 了解零售商品牌产生的动因
3. 了解服务品牌的类型
4. 理解文化品牌的价值
5. 了解网络品牌的重要性
6. 理解零售商品牌、服务品牌、文化品牌和网络品牌的创建与管理

本章知识结构图

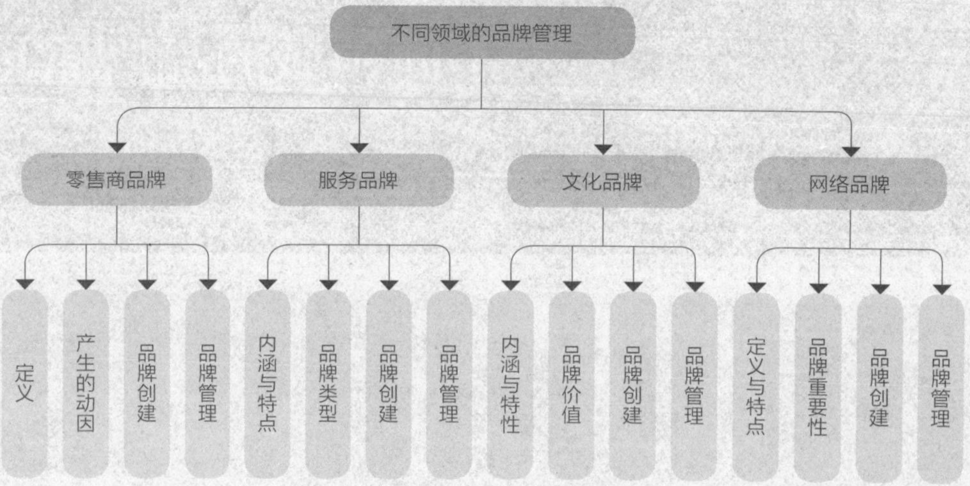

引导案例

屈臣氏的自有品牌管理

屈臣氏，全称是屈臣氏个人护理用品商店（以下简称屈臣氏），是现阶段亚洲地区最具规模的个人护理用品连锁店，是目前全球最大的保健及美容产品零售商和香水及化妆品零售商之一。屈臣氏在“个人立体养护和护理用品”领域，不仅聚集了众多世界顶级品牌，而且还自己开发生产了1 500多种自有品牌。屈臣氏目前在亚洲以及欧洲的36个市场、1 800个城市共拥有18个零售品牌，超过7 700间零售店铺，每星期在为全球超过2 500万人提供着个人护理用品服务。随着屈臣氏在中国本土化进程中取得的显著成绩，已经成为了当今国内美妆连锁业逆风中的旗帜，越来越多的日化企业品牌商和日化专营店经营者，开始不断关注屈臣氏的市场经营策略，并对于屈臣氏的自有品牌战略进行了深入的研究。

据2008年的数据资料显示：在屈臣氏销售的产品中，自有品牌的商品数量已经超过了1 500多种，其自有品牌的商品比例已经超过了店内商品总数的三分之一。屈臣氏公司已经进入中国市场19个年头了（自1989年至2008年），但是在最初的8年时间里，由于对于中国市场消费特性的认识和把握出现了失误，一直以来屈臣氏在国内市场的品牌推广举步维艰。屈臣氏自有品牌在国内市场的发展主要分为四个阶段：

第一阶段：明确战略方向。在1997年以前，屈臣氏系统内的自有品牌很少，不足商品销售比例5%的市场份额。自1997年以后，屈臣氏开始将自有品牌的开发和推广提上了工作议程，开始走出了以代理一线个人用品品牌为主的“围城”。

第二阶段：试水零售。从2001年起，屈臣氏开始着力发展自有品牌，短短一年时间，屈臣氏在国内市场的自有品牌数量就达到了200多个，并在商品的销售中占据了10%的市场份额。

第三阶段：战术跟进和演变。从2004年开始，为了配合屈臣氏在全国市场推行的“低价策略”，屈臣氏的自有品牌开始加大了促销推广力度，除了要求有效控制和降低自有品牌的低成本水平指标，更对于零售店铺的市场运作提出了明确的要求。通过一系列的政策扶持，屈臣氏自有品牌在屈臣氏全国门店系统同一线代理品牌的差距正在不断缩小，而且截至2006年屈臣氏的自有品牌数量已经达到了700多个，并在商品的销售中占据了21%的市场份额。

第四阶段：专业化和多元化并重。从2006年开始，在自有品牌发展的道路上，屈臣氏可以说是获取了很多“心得”，并巧妙地将其附注于现实生产力的改进和提升，一方面屈臣氏将自有品牌的单纯战术向多元化延伸，另一方面屈臣氏更着力将自有品牌的开发战略提升到了专业化的高度，并适时地将两者进行有机结合和并重推广，以期寻求加法倍增效应。经过了这一切的切实努力，果然成绩斐然。截至2008年年底，屈臣氏的自有品牌数量已经达到了1 500多个，并在商品的销售中占据了34%的市场份额。

所以，我们不难看出屈臣氏在中国本土的业务经过了19年卓有成效的规模化发展，除了努力营建“发现式陈列”和“体验式购物”的经营理念之外，还稳固地建立起了以代理商品与自有品牌代工共同发展的模式。进一步深入研究屈臣氏自有品牌的市场策略，我们不难发现，屈臣氏在自有品牌的开发上主要以店内畅销品和潜力新品为目标焦点，采取贴身跟进的策略，经过目标锁定，持续观察“假想敌”的上场表现后，特别是当潜力新品在店内的市场表现和数据分析指向呈明显增长态势时，屈臣氏就会立即进行仿制品种的跟进。此外，自有品牌的业务发展水平对于屈臣氏非主营业务收入的提升具有着显著的积极促进效应，具体则包括如下几个方面：

首先，屈臣氏通过着力企划，创新促销，屈臣氏自有品牌产品群得以高速复制和落地推广，可以迅速稀释其一线代理品牌的市场份额，从而间接地拉高了店销商品的毛利贡献指数。

其次，通过其自有品牌战略的不断推广，可以形成自身系统的“免疫力”，以期从根本上压制一线代理品牌供应商的话语权。

再者，通过其自有品牌的成功推广，可以为今后的其他代理品牌产品的进店谈判增加谈判筹码，并间接抬高非主营业务收入的门槛。

最后，通过其自有品牌战略的演绎和战术升级，可以坐地起价，并不断给各类代理品牌供应商形成压力，迫使各类代理品牌供应商遵从屈臣氏的商品进场、营业支持和市场推广等有偿服务环节的游戏规则，以期实现屈臣氏非主营业务收入的持续增长。

所以说，屈臣氏将自有品牌战略作为长远目标去发展，不仅有着阶段性的想法和打算，更有着其长远的思考和规划。

（资料来源：豆丁网，http://www.docin.com/p-75368582.html.）

第一节　零售商品牌及其管理

一、零售商品牌的定义

一直以来，品牌领域都是制造商的天下，大多数品牌都是由制造商缔造的。但是在20世纪70年代，伴随着西方大型连锁企业集团的发展，零售商品牌开始兴起，成为商业流通领域内不可忽视的力量。零售商品牌（Store Brand），又称自有品牌（Private Brand），是指零售商以自己的品牌名称命名产品，而且该品牌只在该零售商店销售。自有品牌制造商协会（PLMA）将其定义为："自有品牌商品包括所有以零售商的名义销售的商品，这一品牌可以是零售商自己的名称，也可以是零售商重新创造的名称。"霍克（1996）对零售商品牌的定义为："唯一可以遍布整个卖场产品种类的品牌；唯一零售商可以完全决定行销方式、存货规划等决策的产品；必定放在最醒目的货架，且不需支付上架费用，可以将产品价格折让的部分100%转嫁到消费者身上的产品。"朱瑞庭（2004）认为："零售商品牌是指由零售商开发、组织生产并归其所有的商品或者公司符号和标记。"关于零售商自有品牌的定义很多，其共性有两点：首先，从品牌的归属权来看，自有品牌归零售商所有，零售商对自有品牌拥有排他性的权利。其次，从分销渠道来看，自有品牌只在零售商独有或受其控制的渠道内销售[①]。

① 陈亮. 国外零售商自有品牌研究综述. 商业研究，2011，416（12）：156-157.

二、零售商品牌产生的动因

零售商品牌产生的背景因素有两个方面：一是20世纪中叶，零售业发展非常迅猛，呈现出集团化、规模化、连锁化、国际化特点。势力日渐增长的零售业者不再甘于受制于生产厂家，而努力地把业务扩大到生产领域，利用自己的系统网络建立自有品牌，分享产业资本的最大利润。二是随着经济的快速发展，消费者需求多样而且多变，这就要求商品更新要快。零售企业要适应这一局面，势必建立自己与生产者的良好沟通，而生产企业不能及时地搜集市场需求的变化信息，从而给零售企业建立自有品牌创造了机会[①]。

零售商开发自有品牌的原因有：

（1）获得更大的利润。零售商品牌形成和发展的最根本原因是零售商试图从制造商那里争取更大利润份额。零售商作为生产和消费之间的桥梁和纽带，既了解生产者的信息，又掌握消费需求动态，可以适时地调整自己的产品结构。因此，建立自有品牌能把市场主动权牢牢控制在自己手里，从而分得更多的利润[②]。

（2）形成价格竞争优势。零售商自己生产或找到具有过剩生产能力的生产企业，生产出较低成本的商品，且进货不必经过中间环节，从而大大节省了流通费用。还可借助其自身的商业信誉和优质服务推进自有品牌的销售，减少促销费用。另外，零售商销售自有品牌也可节省为建立营销渠道而发生的费用。以上因素都有利于自有品牌价格下降，使企业在竞争中获得价格优势。

（3）提高议价能力。零售商直接接触消费者，比制造商更接近市场，他们充分了解需求变动、实际市场价格甚至制造商成本等方面的信息，这样就会拥有更多与制造商讨价还价的筹码。零售商还可以影响消费者的消费决策，因为大部分消费者的购买决策都是现场做出的，购物环境、现场促销方式、广告宣传等都会极大地影响顾客的选择。此外，目前有的零售商规模巨大，销售量很高，购买是大批量和集中进行的，其买方地位在制造商品牌的销售中处于相当重要的地位。他们在与制造商的谈判中会要求更低的批发价格、更多的交易折扣和服务项目，加大了零售商对制造商的议价能力。

（4）培养顾客忠诚度。零售企业直接面对消费者，能够迅速捕捉消费者对商品需求的各种信息。特别是销售管理电子化，信息处理能力不断进步，能更好地把握消费行为的变化趋势，从而有针对性地开发符合消费者需求的商品。这样会获取消费者对企业的好感，有利于培养顾客忠诚度。在与制造商品牌产品质量差别性不大的情况下，完善的销售网络增加了自有品牌购买的便利性，降低了消费者进行品牌转换的成本，提高了顾客忠诚度。

三、零售商品牌的创建

零售商品牌的创建是指通过搜集、整理、分析消费者对某类商品需求特征的信息，提出新产品功能、价格、造型等方面的开发设计要求，进一步选择合适的生产企业进行

① 张玉波．零售商品牌战略浅析．商业研究，2000，214（2）：77-78.

② 陈亮，唐成伟．国外零售商自有品牌研究综述．商业研究，2011，416（12）：157.

开发生产或自行设厂生产，最终由零售企业使用自己的商标对新产品注册并在本企业内销售。零售商自有品牌创建的基本程序是：

（一）分析是否具备开发自有品牌的条件

首先，零售企业规模要大，而且具有良好的商誉。开发自有品牌需要耗费大量的资金，这就要求零售企业必须拥有庞大的销售网络和雄厚的资金实力，以实现大规模生产，利用企业规模效应，降低成本，并借助良好形象树立产品形象，获得消费者的认可。其次，必须保质保量，消费者对品牌有一定的认可度。零售商品牌要取得成功，必须在质和量上处于优越于竞争对手的地位，这样才能吸引顾客，使顾客认可品牌。有了广泛的消费基础，自有品牌商品才有赖以生存的土壤。最后，零售商与生产企业有良好沟通。无论是定牌委托生产，还是自行生产和加工，零售商家都要与生产厂家建立融洽的、具有良好沟通渠道的合作关系。

（二）选择恰当的商品项目

并非所有商品都适宜采用零售商品牌，应当选择最能突出零售商营销优势的商品项目。

（1）时尚化商品。如服装、鞋帽、首饰类等，可以利用零售商最接近消费者、了解时尚、渠道短等优势把该类商品迅速送达市场，使顾客产生一种新潮、流行的感觉。

（2）单价较低和销售量大的商品。在同等质量的条件下，消费者更容易接受价格较低的自有品牌商品。只有销售量大的商品，企业才可以实行大量开发订货，从而降低开发生产成本，保证自有品牌商品低价格的实现。

（3）科技含量不高的非专业性产品。一是碍于自身的技术形象劣势，零售商难以在高科技产品方面与制造商竞争；二是技术含量高的商品的品牌忠诚度一般较高，不易改变消费者的购买态度；三是科技含量高的商品往往需要强大的售后服务支撑，这是零售商的弱项。

（4）保鲜、保质要求程度高的商品。如食品、蔬菜水果、水产及其他保质类商品，零售商以良好的商誉做保证，利用渠道短的优势能够及时地把货真价实的商品提供给广大的消费者。

（三）选择适当的品牌战略

从零售商自有品牌战略的选择来看，主要有以下几种类型：

（1）单一品牌战略。即零售商经营的所有商品全部采用同一种自有品牌，不使用制造商品牌。如英国最大的零售集团——马狮百货集团，其下属260家连锁店内只出售一个牌子——圣米高牌商品。

（2）双重品牌战略。同一种商品，既采用制造商品牌，也采用零售商品牌。如“家乐福监制”、“家乐福精心挑选”等。双重品牌既能宣传商家形象，也能宣传厂家的知名度，很好地兼顾到产销双方的利益。同时双重品牌能吸引各自的品牌忠诚者，有利于提高产品的竞争力和市场占有率。

（3）混合品牌战略。即零售商经营的部分商品采用制造商品牌，部分商品采用自有品牌。日本最大的零售企业大荣连锁集团有40%的商品使用统一自有品牌，而其余的60%仍使用各个不同的制造商商标。一般情况下，制造商优势大的商品采用制造商品牌，制造商优势不突出的商品采用自有品牌。

这三种战略的选择主要取决于零售商自身的实力，实力较弱的零售商可先采取混合品牌战略或双重品牌战略，而后，等实力增强时再考虑单一品牌战略。鉴于我国大型零售商当前的实际情况，双重品牌和混合品牌应为首选。

（四）进行合理化品牌市场定位

与制造商一样，零售商开发经营自有品牌商品也应进行合理化的市场定位，找到符合其特征的消费者心目中的位置。因此，零售商需要对自有品牌商品的特征进行深入的分析，找出其与同类商品相比的优势，并在宣传中将其放大，进行有针对性的宣传。同时也要对该商品潜在消费者的需求进行分析，找到其与自有品牌商品特征的契合点。这样，零售商在确保自有品牌质量和低价位的基础上，更可以抓住潜在消费者的心理，为自有品牌商品的销售和推广奠定基础[①]。

① 战勇. 我国零售商自有品牌经营管理现状及提升策略. 商业经济，2012（8）：23.

四、零售商品牌的管理

零售商品牌的成功是建立在充分的企业资源、健全有效的组织结构、准确的市场定位并辅之以相应的业态选择和科学的管理，以及独特的企业文化基础之上的。完整的品牌管理必须采取以下的措施：

（一）合理设计品牌，注意品牌的保护

零售商自有品牌名称的确定要注意把企业的风格与经营产品的特点有机地结合起来，还应结合目标市场的消费习惯和消费心理，使商品能愉快地被消费者所接受。实施自有品牌战略的商家应在品牌的创建之初就着手进行品牌的申请注册工作，以免在日后被他人抢注、冒用时得不到法律的保护而蒙受损失。同时，应运用法律武器，随时维护本企业品牌的权益。

（二）建立自有品牌商品的全面质量管理体系

自有品牌商品除了要不断降低成本，还要保证商品质量。自有品牌商品的质量不仅关系到商品的销量，也会对零售商的形象产生影响。因此，零售商开发经营自有品牌，不能以牺牲质量来换取成本降低，仅仅将自有品牌作为增加销量的手段。实施自有品牌战略所需的全面质量管理，不仅包括全方位的质量控制，还必须建立全员性的质量保证系统。

（三）慎重选择制造商

自有品牌产品应该由什么特性的制造商来加工生产，一直是令零售商头疼的问题。

从实践上看，国外大型跨国零售商热衷于全球寻找具有知名品牌的制造商，这样能够保证产品的质量，但产品的进价较高。而国内零售商倾向于选择相对不知名的小制造商来加工生产，其优势是零售商能够获得更大的价格优势，但存在的问题是产品质量有时难以得到保障。因此，零售商在对潜在商品供应商进行选择时要对其生产能力、交通状况等方面做出慎重的考虑。制造商应同时具备产品质量可靠、设备较为先进、人员素质较高、技术能力较强的条件，才能确保产品的信誉度[①]。

（四）培养高素质的专业化人才

零售业作为人力密集性行业，人员费用的开支占很大的比重，因此工作人员的工作效率对自有品牌的开发起着关键性的作用。尤其是为了保证自有品牌商品的质量，零售企业必须拥有一批高素质的商检人员。如英国马狮百货集团在公司所属的260家连锁店经营自有品牌“圣米高”商品的同时，集团拥有350多名技术人员负责“圣米高”商品的质量检测工作。所以，零售商在开发和管理自有品牌过程中，要积极培养人才，不断强化专业素质，使其能够严格按照企业的要求规范做事；同时，合理配置人才，充分发挥各自的优势，做到人尽其才。

① 常永胜，王卫红. 论零售商自有品牌管理. 经济与管理，2004，25（128）：115.

第二节 服务品牌及其管理

一、服务品牌的内涵与特点

进入21世纪后，随着消费者对于服务体验的日益重视，服务品牌越来越受到各类企业青睐，不但有很多服务业创建自己的服务品牌，如银行、通信、零售等服务类行业，很多制造业企业也开始打造服务品牌，如家电、汽车、电子、烟草等制造类企业。与产品品牌定义类似，服务品牌（Service Brand）是指企业用来区别于其他企业服务产品的名称、符号、象征或设计，它由服务品牌名称和展示品牌的标志语、颜色、图案、符号、制服、设备等可见性要素构成[②]。

从内涵上来看，服务品牌是服务企业或品牌主体一切有形和无形资产的综合反映，这一反映以特定的符号来识别，是企业、员工、消费者和社会之间进行各种关系活动的产物。它是一种以通过提供创意性服务过程为特征来满足消费者心理需求并被消费者广为认同的服务行为标记。或者说，它是一个优质服务的规范，是企业的服务宗旨、服务理念、经营战略、营销策略以及企业精神的总和，是企业文化的具体体现[③]。

② 莫少颖. 论服务营销与企业竞争力. 江苏商论，2005（5）：44.

③ 杜军燕. 基于品牌关系管理的服务品牌创建策略研究. 济南：山东大学，2010.

由于服务具有不同于有形产品的特征，因此服务品牌与产品品牌也存在很多的不同点，表现在：

（1）服务品牌所涵盖的品牌要素比产品品牌更多更复杂。美国学者凯勒（Keller）在1993年针对产品品牌提出了消费者品牌资产模型，他认为品牌联想主要包括产品相关因素（如核心功能）和非产品相关因素（如价格、包装、使用者形象和用途等）两大类[①]。而澳大利亚学者奥卡斯（O' Cass）和格雷斯（Grace）认为服务品牌联想包括品牌名称、价格/货币价值、服务环境、核心服务、员工服务、情感、自我形象一致性[②]。相比之下，服务品牌联想显得更加丰富，也更加复杂，员工形象和行为、顾客情绪、服务环境和氛围都会影响服务品牌的形象。因此，控制和管理人为因素对服务品牌的影响，对服务性企业来说具有很大的挑战性。

（2）服务品牌与顾客之间的沟通接触点更多。产品品牌与顾客沟通的接触点主要是广告和促销，而服务品牌还可以用服务环境、员工形象和服务设施等接触点与顾客进行沟通和体验。较多的品牌接触点使得如何保证服务品牌沟通的一致性成为很多服务性企业所面临的问题[③]。

（3）消费者对服务品牌的感知和评价主要在于服务过程和服务结果。产品品牌的感知和评价可贯穿于消费者购买前、购买使用过程中和使用之后等阶段，而服务的无形性使消费者无法在购买之前对其做出评价。消费者对服务质量的感知来自他们在接受服务时所得的服务结果和他们接受服务的过程，也就是说，顾客对服务品牌的感知和评价主要是服务消费过程和服务的最终结果。

（4）在品牌管理上，服务品牌应该实施公司品牌战略。产品品牌通常由品牌经理来管理，而由于服务具有较强的无形性，因此服务品牌管理更适宜采用公司品牌战略，即由高层管理者进行管理，协调营销和人力资源管理等部门共同实施企业整体品牌战略[④]。

① Keller, Kevin L. Conceptualizing, Measuring and Managing Consumer-based Brand Equity. Journal of Marketing, 1993 (1): 1-22.

② O, Cass, Aron, Grace, et al. An Exploratory Perspective of Service Brand Associations. Journal of Services Marketing, 2003 (5): 452-475.

③ 程鸣，吴作民. 西方服务品牌研究评介. 外国经济与管理，2006，28（5）：53-60.

④ McDonald, Malcolm H.B., de Chernatony, et al. Corporate Marketing and Service Brands——Moving Beyond the Fast-moving Consumer Goods Model.European Journal of Marketing, 2001 (3/4): 335-352.

二、服务品牌的类型

常见的服务品牌有服务企业品牌、服务业务品牌和服务品牌等几种。

服务企业品牌、服务业务品牌和服务品牌各有不同的内涵与品牌载体，但三者又紧密联系在一起。服务企业品牌是把企业看成一个“整体的产品”而赋予的品牌，一般情况下，企业以自己的名称作为企业品牌，如麦当劳和肯德基等。而服务业务品牌是服务企业为某种的特定产品而设计的品牌，它反映了这种特定产品的质量和独特功能，意义在于它提供了区别和判断产品差异的标准，以及表现企业品牌内涵的外在形式，是企业品牌的一部分，如中国移动通过不同的市场定位，推出了神州行、全球通、动感地带三大业务品牌。服务品牌也是企业提出的品牌，它也是企业品牌的一部分，但与服务业务品牌不同，它更强调无形的“服务过程”品牌，如迪士尼乐园的“生产欢乐”、北京市王府井百货大楼的“一团火”、国美电器的“彩虹服务”和海尔的“真诚到永远”等服务品牌。其实，在有些研究中并不严格区分服务企业品牌、服务业务品牌和服务品牌。对于刚刚创立的服务企业来说，其企业品牌既代表了其业务品牌，又代表了其服务品牌。

三、服务品牌的创建

尽管服务品牌的创建比产品品牌困难，但是也有可供遵循的路径与规律。

（一）从企业战略管理层面进行服务品牌构建

一个强势、有竞争力的服务品牌的创建是需要企业长期努力和积累的。因此，在服务品牌的构建策略上，首先要将服务品牌建设与企业的愿景、长远发展目标、企业的经营理念与价值观有机统一起来，要清楚明确地规划企业的服务品牌战略未来5年之后要达到的目标，到那时消费者如何描述和评价你的品牌，企业的经营理念和价值观是否还能强力支撑这个目标，是否仍有助于其服务品牌资产的累积等。由此，服务品牌建设不仅仅体现在营销战略上，它是企业整个战略的核心[①]。

（二）坚持服务品牌差异化原则

成功的服务企业从不将其服务作为一般的商品出售，总是有清晰的定位，力图树立一个明确的、有别于竞争对手的、符合顾客需要的形象。而且通过不断的创新，创建与其他企业相区别的品牌关系。服务品牌差异化能起到展示品牌、服务概念、质量和价值的作用，已经成为服务企业参与市场竞争、谋取竞争优势的手段之一。

（三）使服务有形化、标准化

使服务有形化和标准化，是服务企业创立服务品牌的基础。这需要企业在创建服务品牌时，使用全方位的品牌要素，例如品牌名称、服务的“外观”、品牌的标志、口号等。作为品牌核心因素的品牌名称应易于记忆和发音，相应的文字和标志等刺激物要仔细谋划；服务的“外观”，如环境设计、接待区域、服务人员着装、附属材料等对形成客户的品牌认知有着重要的影响；其他品牌要素，如标志、人物和口号，均可以全部用来辅助品牌名称，向客户展示品牌，建立品牌认知和品牌形象。使用这些品牌要素的目的是试图使得服务及其关键利益更为有形、具体和真实[②]。

（四）改善服务质量，提高服务水平

服务品牌往往就是一种优质、稳定服务质量的标志，改善服务质量、提高服务水平是技术先进服务品牌的中心内容。首先要规划服务流程，制

① 韩梅．服务品牌构建的策略与方法研究．理论学刊，2007（10）：77.

② 安圣慧．我国服务业品牌创建路径研究．国际商务——对外经济贸易大学学报，2013（1）：116.

定服务规范，使各个环节有条不紊地高效运作，以保证服务质量的稳定性。其次，服务品牌的核心是让顾客满意，而顾客满意具有明显的个体差异性，要充分了解顾客的需要和期望，为顾客提供有特色、个性化的超值服务，增加服务品牌的附加价值，让顾客全方位的满意。同时，企业要正确认识并鼓励顾客投诉，进行服务补救，使服务不断完善。

（五）进行内部服务品牌建设

内部服务品牌建设体现在公司的企业文化、价值观、人力资源管理发展、团队建设等方面。由于服务过程是由员工来完成的，因此，员工在服务品牌的建设中扮演着重要角色。做好服务品牌的建设首先要向员工解释和宣传品牌，将服务品牌意识、品牌精神、品牌内涵牢牢地印在每一位员工心中，让员工喜爱这个服务品牌，自觉为顾客提供与服务品牌价值一致的服务，这是提升顾客满意度、增加顾客忠诚度、提升服务品牌喜好度的关键。

四、服务品牌的管理

品牌有“三度”，即知名度、美誉度及忠诚度。简单地说，知名度是“我知道这个品牌”，美誉度是“这个品牌还不错”，忠诚度是“我会继续使用这个品牌”。服务品牌的管理实际上就是以这三度为中心开展活动。

（一）品牌的命名

做品牌的第一步是命名。品牌名称能起到识别服务品种和质量、提示服务信息、便于传播、反映企业经营思想、提升企业形象的作用。好的品牌名称能对品牌的迅速成长起到推动的作用，能达到花一倍甚至数倍的广告费也不一定能达到的效果。品牌的命名应该遵循“五好”原则：好听、好记、好认、好理解、好传播。

（二）品牌的定位

品牌定位的基本原则与企业的市场定位相同。在市场定位的基础上赋予品牌的核心理念，如香格里拉代表优雅的世外桃源，希尔顿代表家的感觉。这种核心理念往往代表了品牌赋予顾客的核心利益点，并能引起顾客的共鸣。同时还应该注意塑造品牌形象，使品牌人性化。

（三）品牌的传播

服务品牌传播是指通过合适的渠道向消费者沟通服务品牌的本质要素，让消费者感知服务品牌的精神，并把服务品牌价值传播给消费者，甚至影响其价值观的过程。服务品牌传播应该考虑品牌与消费者接触的每一个点，确保每一个接触点都能正确一致、有效地传达信息。即建立起整合营销传播体系，综合协调使用各种形式的传播方式，以统一的目标和形象传递一致的产品/服务信息，以树立品牌在顾客心目中的地位，建立品牌与消费者长期密切的关系。

（四）品牌危机的处理

如果企业与顾客发生矛盾，应该按照公司的危机管理程序冷静处理，与顾客对簿公堂是下下之策。如果品牌在顾客心目中的形象已经无法挽回，或者解决危机的成本超过新建品牌的投资，企业就应该采用品牌撤退策略，重新树立新的品牌。

（五）品牌改造

一个品牌经历一定的年月，就可能要面临改造了。可以通过市场营销创新、技术创新、服务创新、管理创新等方面来进行，如改变视觉形象广告、推出新服务内容、赋予新价值等，使品牌保持活力。一些具有悠久历史的服务企业往往容易忽视这一点。

第三节　文化品牌及其管理

一、文化品牌的内涵与特性

关于文化品牌的界定不多，现今可以参见的主要有：

舒咏平和吴希艳认为文化品牌是指以文化业为核心取向，并向社会提供各种文化产品或文化服务的组织品牌或产品品牌，大致包括：① 教育品牌，如哈佛大学、清华大学、新东方学校等；② 媒体品牌，如华尔街日报、时代华纳、人民日报、新华社、CCTV等；③ 演艺品牌，如费城交响乐团、好莱坞、奥斯卡电影节、东方歌舞团等；④ 体育品牌，如奥林匹克运动会、世界杯足球赛、NBA、英超等[①]。

欧阳友权和柏定国在《2006中国文化品牌报告》中对文化品牌的定义为：文化品牌是文化产业品牌化的结果。作为品牌的一个类型，文化品牌是相关文化、艺术、娱乐、休闲、新闻、出版、传播等行业的品牌，主要涵盖了文化艺术、新闻出版、广播影视、网络传播、休闲娱乐、文化旅游、会展收藏、体育健身八个主要领域及其他衍生领域[②]。

张海东认为文化品牌即是企业或组织为满足消费者及自身发展的需要，为体现文化产品的经济价值与精神价值，而对文化、艺术、休闲、娱乐、新闻、出版、传播等行业的产品或劳务确定名称、图案、文字、象征、设计或其互相协调的组合，是消费者对文化产品认识的总和[③]。

文化品牌的特性来源于文化产品本身的特点，如精神性、意识形态性、创意性、价值延伸性、增值性。具体有：

（1）文化品牌载体是符号。传统品牌的载体一般是具体的有形的产品。消费者在做出购买决定之前，产品的物质性功效往往是一个重要的驱

① 舒咏平，吴希艳. 品牌传播策略. 北京：北京大学出版社，2007：18.

② 欧阳友权，柏定国. 2006中国文化品牌报告. 北京：中国市场出版社，2006：2.

③ 张海东. 营销组合视角下民俗文化品牌的市场层次品牌竞争力评价研究——以广西民俗文化品牌为例. 桂林：桂林理工大学，2009：27–28.

动因素。文化品牌则不同，文化产品最大的特征是无形性，是由许多具有娱乐价值的视听符号和叙事符号等符号系统组合而成，顾客也是通过对这些符号的消费来获得精神层面的愉悦和满足。可见文化品牌的载体是符号，符号构成了文化内容的核心。

（2）文化品牌生成是从无形象征价值到有形产品价值发展的过程。传统品牌的诞生一般要经历一个“产品—意义—品牌”的生成过程。它表示传统品牌的打造总是先从有形的物质产品载体开始，中间经过长期的卓有成效的品牌构建和传播活动，从而给物质的产品赋予特定的品牌意义。文化品牌则不同，它的诞生一般要经历一个“意义—品牌—产品”的生成过程。它表示非实物化的内容产品在品牌化之前首先是被人为地赋予了特定的象征意义，这种意义经过不断的品牌传播活动慢慢转化成品牌的象征价值，然后再向有形的产品领域扩展[①]。

（3）文化品牌延伸较容易。因为文化品牌开发风险非常高，而且具有虚拟性和文化性特征，因此，品牌一旦成功之后，企业很愿意也很容易实现品牌延伸。例如小说畅销后，很容易转变为同名电影或电视剧；演出成功后，也能较为容易地发行DVD、画册等衍生产品。

（4）文化品牌外部性较强。文化品牌的外部性主要通过文化消费的外部性来实现的。文化消费不仅满足消费者的效用，而且也是消费者学习知识、进行人力资本投资的过程，文化品牌不仅具有经济功能，而且还具有社会功能和文化功能。

（5）文化品牌具有垄断性。一方面，一些文化产品品牌只能在特殊的地域产生，如《印象·刘三姐》就只能在桂林生产和消费，换个地方就不行。另一方面，为保护文化产品，各国都制定了一系列的保护法律，比如版权法和专利法，这种保护一方面极大地激励了创新，但也一定程度上造成了垄断，一些文化产品品牌没有替代品。

（6）文化产品品牌比文化企业品牌知名度高。不同于其他行业的企业知名品牌很多，文化产业更看重的是产品品牌，如《喜羊羊与灰太狼》大家很熟知，但其背后的企业只有少数观众知道；再比如电影《1942》很多观众都看过，但不一定记得电影的制作公司是华谊兄弟还是中影集团[②]。

① 梁明洪．论中国文化产业品牌战略．西南民族大学学报：人文社科版，2007，192（8）：113-115.

② 尹良润．文化产业品牌的基本特征与传播策略．新闻爱好者，2013（7）：13-15.

二、文化品牌的价值

（一）具有鲜明的人文识别意义

文化品牌鲜明的人文识别意义一方面体现在不同文化产品形象的独特性上，另一方面则由于文化品牌意义的人文性因素的规定性，使社会大众在认同独特品牌意义的同时也认清了自己的社会地位、社会价值与文化意义上的一种归属。

（二）影响力巨大

首先表现为品牌传播对象及范围具有广泛性的特征，具有突出的社会效应。其次表现在对人们的思想意识形态所产生的一种转换意义，即文化品牌通过其文化意义的传播对公众的思想观念、意识或思维方式、生活方式以及行为方式产生影响。

（三）具有广泛价值联动及价值升值效应

比如一部引人注目的长篇小说一经问世，如果成功地改编成电影和电视剧，就能借助视听传媒和计算机网络，迅速地向视听传媒和计算机网络的消费者市场扩散，成十倍成百倍地增加消费者。而在这个领域形成了文化品牌，又很容易地扩散到其他具有流行文化特征的大众消费市场中去，引发“多米诺骨牌”式的再开发和再投资效应，从而在战略意义上提高投入产出率[①]。

① 王钧，等. 文化品牌传播. 北京：北京大学出版社，2010.

三、文化品牌的创建

（一）坚持以消费者为中心的品牌建设原则

重视对消费者体验的精准理解和把握，创意研发要始终体现消费者的利益诉求。

（二）进行准确的品牌定位

让品牌在消费者心目中寻找到一个独特的位置，是构建品牌关键所在。文化品牌的创建有两条路径：其一是对原有文化的发掘，从历史的、民族的、民间的、现有的各种人文奇观中发掘出具有深厚文化内涵与底蕴的文化品牌；其二则是创立一个前所未有的、全新的、富有现代气息和风尚的文化品牌。这样的一个过程，就是文化品牌定位的过程。

（三）重视文化产品的质量

产品是品牌发展的根本支撑，要真正提供提升消费者文化素养、具有更多正能量的文化产品。世界上没有一个文化品牌是“评介”出来的，也不是“推荐”和“宣布”出来的，更不是文化企业自我标榜出来的，而是经过市场大浪淘沙磨砺淘洗出来的，是无数消费者经过自愿消费褒奖出来的。而要消费者自愿消费，那就是要打造高品质的文化产品。

（四）整合和利用优质资源

文化产品要成为文化品牌，要做到资源的高效整合和利用。如与知名品牌的联合、自然资源与文化资源的整合、资金的整合等。

四、文化品牌的管理

（一）文化品牌的传播

品牌传播要刺激消费者的感情和心境认知。文化广告是推广文化品牌的利器，但是广告语并不是品牌沟通的全部，必须配合相应的情境模式，让消费者沉浸到文化品牌所渗透的精气神中。除此之外，要把形而上的价值取向根植于受众心中，形成其共同的意义空间，必须借助公关传播实施文化品牌的“软着落”。

（二）文化品牌的创新

任何一个文化品牌都要创新，只有在不同发展阶段注入适应社会潮流的新思想、新内涵，才能在激烈的市场竞争中站稳脚跟。文化品牌存在两种创新方法：一种是骤变，即全新品牌策略，指舍弃原品牌，采用全新设计的品牌名称与标志；二是渐变，又称改变品牌的策略，指在原品牌上进行局部改进，使改进后品牌与原品牌大体接近。

（三）文化品牌的延伸

把文化产业品牌塑造的象征价值，通过品牌延伸策略向有形产品领域转移是打造强势文化产业品牌的内在需求。但是，文化产业品牌向有形产品延伸是要有独特条件的，延伸品牌要能不断强化主品牌的核心价值，而不是削弱它的核心价值。因此在文化产业品牌向有形产品领域延伸时，必须要注重对授权企业的资质审定，加强对衍生产品的品质管理，不断强化和维护品牌符号的核心价值。

（四）文化品牌的保护

随着文化产业的迅速发展，文化品牌保护的作用日益重要。文化企业从自身的角度来看，除了要加强对品牌保护的认知度、关注度，提高品牌保护的意识外，还应当采取法律手段，加快对商标、域名进行注册，并重视商标保护的国际惯例；要加大品牌、产品宣传，通过包装、防伪技术等与众多同类产品、相似及假冒产品区别开来，提高消费者对产品的认知。

第四节 网络品牌及其管理

一、网络品牌的定义与特点

从传统品牌的定义延伸出网络品牌的定义，即用以识别某个销售者或某群销售者的产品和服务，并使之与竞争对手的产品和服务区别开来的商业名称及其标志，通常以互联网为平台，由文字、标记、符号、图案和颜色等要素或这些要素的组合构成。广义的网络品牌是指一个企业、个人或者组织在网络上建立的一切美好产品或者服务在人们心目中树立的形象。网络品牌有两个方面的含义：一是通过互联网手段建立起来的品牌，二是互联网对网下既有品牌的影响。网络品牌与网下品牌的区别就在于是否以互联网为平台发展品牌。

网络品牌由品牌的名称、图案和附属内容三部分构成。品牌名称是指品牌中可用语言表述的部分。网络品牌的名称就是网络的域名或域名的简要部分，如雅虎（yahoo.com）、网易（163.com）等。品牌图案是一种可被识别但不能直接用语言表达的特定标志，包括专门设计的符号、图案、色彩和文字等，如腾讯公司的蓝色企鹅QQ标志。品牌附属内容则是指附属于品牌名称表达形式和品牌图案表达形式之上的其他表达形式，如声音、三维动画等。

按照经营的领域来划分，我国的网络品牌可以分为门户网站、社区论坛、网络游戏、即时通信、电子商务、专业门户网站和搜索引擎等。

网络品牌的特点是由互联网的特点而来的，互联网的个性化、交互性等特点对网络品牌的建设有着非常深刻的影响。具体来说，网络品牌的特点有：

（1）网络品牌具有虚拟性。网络品牌基于虚拟的数字空间，企业的运营是在0和1的虚拟平台上进行的，企业保存的用户资料是以数字的形式保存在网络服务器上，它趋向于展现的是概念化的形象，而非实物产品。

（2）网络品牌具有高信息性。由于网络空间的产品不具有触摸性和试用性，因此网络品牌的媒介作用是向接受者输出信息、提供服务，使产品更加真实可信，更具亲和力。

（3）网络品牌具有国际性。网络品牌是全球化的品牌，没有地域限制，除了语言文字的一些局限外，它比任何传统品牌更具国际性[①]。另外，互联网全球性的特点使网络品牌从诞生的一开始，就必须以全球范围内的对手作为竞争者。

（4）网络品牌具有服务性。网络品牌的服务是全天候的，能体现随时随地服务的优势。“一对一”式的信息传输，使品牌可以针对服务对象的个性化要求来提供帮助，同时顾客可参与品牌的设计、生产、推广、服务和咨询，使服务更具有针对性。

（5）网络品牌具有交互性。网络品牌的交互性主要体现在以下两个方面：一方面，品牌与顾客的交互性，企业通过多种传播路径将自己的品牌信息传递给顾客，顾客通过自身的感知和体验，从而对品牌产生特有认知；另一方面，顾客与顾客之间的交互性，顾客在体验某种产品或者服务时，会形成特有的品牌感知，顾客会将这种感知通过论坛、博客等途径分享给其他顾客，从而形成顾客之间的交互性。

（6）网络品牌具有传播的全方位性。在传统媒体的品牌传播过程中，品牌的展示大都是片面的、静态的、毫无生机的，而在网络品牌传播过程中，企业可以利用网络的文字、声音、图像、动画等多媒体工具，全方位、多角度地展现企业的品牌形象[②]。

① 姜彩芬. 网络品牌建设. 经营与管理，2007（10）：29–30.

② 刘阿平. 对我国发展网络品牌战略的探讨. 合肥：安徽大学，2011.

二、网络品牌的重要性

随着互联网经济的迅速发展，网络市场竞争日益白热化，网络品牌已经成为许多企业体现核心竞争力获取竞争优势的首选工具。

（一）网络品牌的建立有利于顾客在购物时快速进行产品识别

网络如同漫无边际的大海，储存了大量的产品信息，顾客要在网络世界中购买到自己所需的产品或服务，就不得不大量地对比筛选信息。而网络品牌的产生可以大大缩减顾客寻找产品的时间，顾客在网络时可以直接进入自己心仪的网站选择商品，从而大大减少选择的成本。

（二）网络品牌的建立有利于树立顾客购买信心

购物风险一直是制约电子商务发展的瓶颈问题，很多用户之所以不愿意在网上购物就是因为商品可能存在风险。而拥有网络品牌的企业通过品牌可以让顾客对产品或服务产生信任，因为品牌的首要作用就是保障产品质量和提供良好服务。

（三）网络品牌的建立有利于企业获得竞争优势

首先，网络品牌的传播范围广，成本低，效应和效益成正比。其次，网络品牌的互动性可以帮助企业更好地与顾客沟通，从而生产出更符合顾客需求的产品。另外，顾客的参与可以提高顾客购物的愉悦度，从而提高对企业品牌的忠诚度。

（四）网络品牌的建立有利于维护企业合法权益和保护正当竞争

在如今的网络时代，产品和服务种类越来越丰富，有些企业为了扩大自己的销售量，采用不正当竞争手段，如通过山寨产品来迷惑公众视线。而网络品牌的品牌效应可以积极地引导顾客购买正当商品，从而也维护了企业自身的权益[①]。

① 赵秋梅. 网络市场营销与策划. 北京：机械工业出版社，2008.

三、网络品牌的创建

（一）网络品牌的定位

网络信息量非常巨大，如何给顾客留下深刻印象变得越来越困难，这就需要企业做好品牌定位。网络品牌的定位实质上就是定位该网站提供的个性化服务，如雅虎、搜狐、Google同样是搜索网站，雅虎、Google是定位于搜索功能，而搜狐则定位于综合服务功能，包括搜索、电子邮件、新闻信息等服务内容。成功的网络品牌定位，能使顾客对其提供的网络服务产生联想，形成登录该网站、满足自己需求的欲望。如一个网民要上网查信息，他就会想到雅虎、Google，想要上网轻松娱乐一下就想到联众[②]。

（二）网络品牌的命名

网络品牌名称是用户在茫茫的互联网络中能够找到企业的重要标志，因此网络品牌的命名非常关键。网络品牌名称即是域名，在传统领域知名度高的企业往往可以直接借用原有的品牌，如惠普公司直接用www.hp.com；而以互联网业务为主业的公司则可以命名全新的品牌，以体现网络时代的高科技前卫特色，如Yahoo（雅虎）是互联网上富有传奇色彩的品牌，名称取自一句短语：

② 杨智荣. 网络品牌建设初探. 江西行政学院学报，2003（11）：148-149.

Yet Another Hierarchical Officious Oracle（又一个颇有影响的、乐于助人的圣贤）。

（三）网络品牌的视觉形象设计

品牌不仅仅要有一个响亮的品牌名称，还要有显眼的视觉形象。一个给人以强烈视觉冲击的形象，往往使人产生强烈的印象效果。如美国微软公司的网络平台就飘动着颜色鲜明的视窗旗帜，给人留下深刻印象，使网络品牌更具有吸引力。在视觉设计中，可以使用强烈的色彩对比，还可使用多媒体技术，如三维动画、音响效果等来给人以强烈的视觉冲击，突出品牌形象。

（四）网站的内容设计

在网站内容策划上要支持企业的核心识别，而不是仅有产品和服务信息。网站发布的信息要具有价值，让顾客访问后有所收获。如腾讯QQ站点，利用专门的频道提供一些高质量的flash 动画、影视等，反映出腾讯公司提高用户的生活品质、丰富人们的精神世界的企业精神，给人留下良好的印象[①]。功能栏目的设计上要充分考虑使用的便捷性，不要让消费者在信息的查找上感到困难和沮丧。网站所经营的商品种类或门类界定一个清楚的、形象的名称，让用户既能快速、准确地找到所需要的商品，又能够体会到商品类别名称中包含的深远寓意，从而给用户带来使用的乐趣[②]。

① 王丽君．浅谈企业网络品牌的创建．丽水学院学报，2010，32（4）：32-35.

② 刘龙．关于网络经济中虚拟社区与品牌塑造的研究．经济问题探索，2002（9）：118-120.

四、网络品牌的管理

为使网络品牌形象在顾客心目中不断巩固、发展、延伸和完善，企业必须重视对网络品牌进行管理。

（一）网络品牌的传播

在网络时代，网络品牌形象的传播对于改变目标受众对品牌的原有印象起着重要作用。美国网络对话机构的研究发现，在网络使用中，有三分之一的使用者会因为网络上的品牌形象而改变其对原有品牌的印象，有一半的网上购物者会受在网络上购买的品牌的影响，进而在离线后也购买该品牌的产品。因此，网络品牌的传播是一个重要的问题。企业可以采取的网络品牌传播策略有广告传播、公关传播、搜索引擎、电子邮件、企业博客和虚拟社区等。

（二）网络品牌的保护

随着互联网竞争的日益激烈，域名的滥用、网站的安全、品牌风险等问题不断增加，企业面临的一大挑战就是面对诸多风险如何保护好网络品牌。企业要积极注册域名、商标，为企业的品牌战略服务；还应时刻对可能的域名侵权保持警觉，一旦发现侵权，应立即采取积极有力的措施夺回域名，以保护自身的无形资产不受侵害。另外，企业要重视网上声誉保护方面的投资，建立声誉预警机制，防患于未然，运用法律手段和各种公关技巧来保护网上声誉，从而保护网络品牌形象。

（三）网络品牌的发展

网络品牌的创立维护难，持续稳定的发展更难。企业要提高市场竞争力，就要求网络品牌能持续稳定发展。一般而言，网络品牌的发展可以采取网络品牌并购策略、网络品牌上市策略、网络品牌联盟策略、网络品牌延伸策略、网上品牌全线营销策略和网上网下品牌整合策略。

本章回顾

零售商品牌又称自有品牌，是指零售商以自己的品牌名称命名产品，而且该品牌只在该零售商店销售。零售商开发自有品牌是为了获得更大的利润、形成价格竞争优势、提高议价能力和培养顾客忠诚度。服务品牌是指企业用来区别于其他企业服务产品的名称、符号、象征或设计，它由服务品牌名称和展示品牌的标志语、颜色、图案、符号、制服、设备等可见性要素构成。与产品品牌相比，服务品牌所涵盖的品牌要素更多更复杂，与顾客之间的沟通接触点更多，消费者对服务品牌的感知和评价主要在于服务过程和服务结果。文化品牌是指以文化业为核心取向，并向社会提供各种文化产品或文化服务的组织品牌或产品品牌。文化品牌的价值体现在具有鲜明的人文识别意义，影响力巨大，具有广泛价值联动及价值升值效应。网络品牌通常以互联网为平台，由文字、标记、符号、图案和颜色等要素或这些要素的组合构成。网络品牌具有虚拟性、高信息性、国际性、服务性、交互性和传播的全方位性等特点。网络品牌的建立有利于顾客在购物时快速进行产品识别，有利于树立顾客购买信心，有利于企业获得竞争优势，有利于维护企业合法权益和保护正当竞争。

关键术语

零售商品牌　服务品牌　文化品牌　网络品牌

讨论与思考

1. 零售商品牌产生的动因是什么？
2. 服务品牌与产品品牌的不同是什么？
3. 文化品牌的特征是什么？
4. 如何创建网络品牌？

案例分析

联邦快递品牌领跑

在2006年“中国十大商务品牌”的评选结果中，联邦快递（FedEx）无疑是颇为引人注意的一个品牌。它在被调查的经理人群体中，品牌崇尚度高达44%，遥遥领先于第二名的中国邮政EMS，后者的这一指标仅为19%。这一结果既在意料之外，也在意料之中。说是意料之外，是因为联邦快递的这一成绩，是在一个并非完全开放的市场中取得的。2005年的12月11日，中国的国内快递市场才正式解禁，向外资企业开放。此前，联邦快递只有资格在国际快递业务中与EMS展开竞争，在这种情况下，众多的本土中小企业还没有机会成为它的客户。而说是意料之中，则是因为以联邦快递为代表的跨国巨头们，自进入中国市场以来，就在物流网络、运力运能、服务水平等各方面持续表现出强大的冲击力，使得曾经是EMS一枝独秀的国际快递市场被不断地“蚕食”和“瓜分”。“我们是最早进入中国市场的国际快递公司，一直以来，品牌管理和传播的工作从没有间断过。”联邦快递中国区市场董事总经理陆文娟表示。

在不成熟的市场培育品牌

早在1984年，联邦快递就开始通过代理商，利用商务航班在中国市场提供服务了。那时，成立了十余年，并且已在世界其他国家获得迅速发展的联邦快递，对于中国市场还是一个非常陌生的名词。只有少数人会从偶尔收到的国际包裹上，看到“FedEx”的字样，却并不一定理解它代表着什么。“什么是国际快递？什么是联邦快递？我们能提供什么样的服务？几乎没人能够说得清楚。”在陆文娟的印象中，这种情形大概一直持续了十几年。因为就在1999年，时任台湾地区市场经理的陆文娟到上海拜访客户时，从大多数客户那里，她还只是得到了含糊其辞的答案。也正是在那一年，联邦快递迎来了在中国市场的发展转折点——与本土民营企业大田集团合资组建了“大田-联邦快递有限公司”。这次合作，不仅使联邦快递可以在政策允许的范围内在中国开展国际快递业务，也让它得以有空间把FedEx的品牌和管理带入中国。

直至合资公司成立，联邦快递才正式开始了在中国的品牌建设。几乎从零起步，在一个并不成熟的市场上一点一滴地建立起自己的品牌。没人知道国际快递到底有多快？最早推出的是一组专门介绍大田-联邦快递各种服务类别的平面广告。比如亚洲一日达、北美一日达，目的是让客户知道，有些地方看起来很远，但是联邦快递的服务能够迅速地帮助他到达。没人知道联邦快递具备什么样的实力？接下来的广告传播中，重点介绍联邦快递遍布全球的空运航线和运能运力。比如：在世界各地设有超过5万个收件中心，聘用员工超过14万人，拥有671架飞机及4.2万辆货车，以及每个工作日为全球超过220个国家及地区运送约330万件物品，等等。没人知道品牌背后的含义？从2001年开始，联邦快递针对中国市场设计了不同系列的旨在宣传品牌形象的广告片。先是通过一些在太空或沙漠的夸张表现手法，传达出一种无所不在、使命必达的品牌精神。随后，联邦快递重视员工的文化也开始成为宣传的主题：一位年轻的递送员和他的伙伴们，富有创造力地完成各种棘手包裹的递送。“联邦快递在中国的品牌建立和传播，遵循了一种从产品到企业、从功能到文化的渐进过程。”回顾几年来的品牌之路，陆文娟总结说。在她看来，这个渐进的顺序在当时的市场环境下是不可逆的：“在客户对快递服务概念还很模糊的时候，如果骤然开始宣传企业，宣传品牌，他会搞不懂这个企业的价值究竟在哪里。所以，首先是把我们所提供的服务功能讲清楚，让客户认可。那时候品牌传播的重点在于产品本身。而随着整个市场被培育起来，竞争者不断进入，产品、服务功能渐渐出现了同质化趋势之后，如何让品牌在竞争中脱颖而出就非常重要了。不仅在于看得见的物流网络、高科技工具这些硬件实力，更重要的是在客户心目中建立一种信赖感。所以我们转而塑造品牌的个性化形象，以及传播一种以人为本的品牌文化。对于服务型企业来说，这是最高层次的品牌传播。”

让“非客户”喜爱品牌

此次“十大商务品牌”调查中，在企业快递类别还有一项有趣的发现。那就是，虽然有44%的经理人最崇尚的品牌是联邦快递，但在过去12个月中使用过该品牌服务的经理人仅为30%；而崇尚度仅为19%的EMS，使用过的比例却高达56%。这固然是因为外资快递公司被限制经营国内快递业务而造成的，另一方面却揭示出，有相当一部分喜爱联邦快递品牌的经理人，并没有真正体验过它的服务，他们属于联邦快递的“非客户”。那么，如何才能让“非客户”对品牌情有独钟呢？“为什么没有使用过联邦快递服务的人会喜欢我们的品牌？唯一的解释就是，他对现有的服务不能满意。”陆文娟坦言，在服务的观念、方式和品质等各方面，本土企业与跨国公司相比还相去甚远。而通过各种途径对自身的竞争优势进行宣传，这样的品牌铺垫将为联邦快递日后抢占国内快递市场打下很好的基础。联邦快递为人所熟知的品牌口号是“使命必达”。在多年的经营中，为客户提供更为方便、快捷、可靠的服务，是其品牌承诺的核心要素。它带入中国市场的几乎所有服务项目，都曾令国人耳目一新。比如：精确的运送时间表、多种付费方式（预付、到付、第三方付款）、即时的跟踪查询，等等。最具代表性的差异是，在联邦快递推出门到门服务之后的几年间，中国邮政EMS还依然固守着“必须在规定时间到邮局办理业务”的老大作风。此外，在运能方面，运往美国、欧洲的快递，EMS大多使用航空公司飞机的腹舱带货，而以联邦快递为代表的几家国际快递巨头都是使用自己的全货机，因此在快捷性上，EMS也很难与之抗衡。通过媒体报道或业务伙伴之间的口耳相传等途径，“非客户”可以了解到联邦快递相对于其他品牌在服务和实力上的这些优势。而在陆文娟看来，更重要的工作还在于企业品牌形象的传播：“‘非客户’之所以崇尚一个品牌，往往不会因为某种具体的产品或服务，因为他没有体验过。他所能看到的是一个整体形象，所以在推广中要回归到整体的品牌精神。”陆文娟所说的这种品牌精神，在联邦快递可以归纳为一种人性化的服务精神，最终是需要它在中国三千多名员工，特别是那些每日奔波在第一线的递送员来传递的。在内部，各种培训中，员工们了解到自己的工作与整个品牌使命的关联。而在外部，联邦快递也总在利用各种机会沟通“员工是最宝贵的资产”以及“尊重员工”、“发展员工”等自己特有的品牌文化。

联邦快递的经营战略也正在悄悄地进行着改变。而这种改变在品牌传播的形式上也体现出了相应的调整。2006年，除了品牌广告的投放之外，联邦快递选择了体育营销的方式来进一步推广品牌——它成为了中国羽毛球队2006—2008年的首席合作伙伴。在这一阶段中，不仅中国羽毛球队参加世界各大赛事的比赛服上多了“联邦快递”的字样，而且，羽毛球队员们还会陪同递送员一起到客户那里递送包裹。陆文娟认为，选择中国人喜闻乐见的羽毛球作为合作伙伴，正是为了进一步提高联邦快递在中小客户群中的品牌认知度。陆文娟坦言，与大型跨国客户相比，本土中小企业客户对快递服务的期望值往往有一些细微的不同之处。比如，大客户多数比较看重快递公司的规模和运能，以及持续稳定的递送质量；而中小客户则对价格表现得更加敏感，同时期待更为人性化的服务方式。因此，在新一轮的品牌传播中，物有所值的服务、亲切热情的员工，以及团队互助的工作方式等都成为了被重点突出的诉求点。在陆文娟看来，对于品牌已经走上健康发展轨道的联邦快递而言，真正的挑战并非来自外界，而是来自自身。中国地域辽阔，随着运营网点的不断增加，业务覆盖面越来越广，这带来的不仅是服务上的挑战，更是品牌管理上的难题。只有将品牌的形象和文化在那些发展差异较大的区域之间，成功地加以复制和传承，联邦快递才能继续保持甚至是扩大对竞争对手的领先优势，并对未来的业务发展提供良性的品牌支持。

（资料来源：《中外物流》2006年第11期。）

【案例思考题】

1. 联邦快递是如何培育品牌的？对中国服务企业有何启示？

2. 如何理解联邦快递的品牌精神？

本章实训

【实训目的】

（1）掌握零售商品牌、服务品牌、文化品牌和网络品牌的含义。

（2）理解零售商品牌、服务品牌、文化品牌和网络品牌的创建与管理。

【实训内容】

让学生分别选择一个零售商品牌、服务品牌、文化品牌和网络品牌，搜集该品牌创建与管理的相关资料，并对其进行评价。

【实训组织与步骤】

（1）学生分成4～6人一组。

（2）每组从零售商品牌、服务品牌、文化品牌和网络品牌中任意选择一个，搜集该品牌创建与管理的相关资料，并评价该品牌创建与管理过程中有哪些经验值得借鉴，有哪些不足，并制作PPT。

（3）各组在全班展示PPT，相互交流，并互评成绩。实训成绩评定标准：小组团队参与程度占30%；上台讲演、PPT演示占40%；品牌分析内容占30%。

（4）教师最后做点评。

延伸阅读

[1] 郭虹，李思潇．中国动漫品牌创建分析——以《喜羊羊与灰太狼》及其衍生产品等为例．电视研究，2009（11）：18-20.

[2] http://baike.baidu.com/view/2762127.htm.

[3] http://www.doc88.com/p-282419520668.html.

[4] http://info.ceo.hc360.com/2009/11/16090988409.shtml.

[5] http://zt.rednet.cn/c/zt/20416/.

[6] http://www.globrand.com/2007/74362.shtml.

参考文献

[1] 王钧，等．文化品牌传播．北京：北京大学出版社，2010.

[2] 柏定国．文化品牌学．长沙：湖南师范大学出版社，2010.

[3] 郭国庆．服务营销管理．北京：中国人民大学出版社，2009.

[4] 赛奇．网络时代的品牌．石晓军，译．北京：企业管理出版社，2002.

[5] 沃德·汉森．网络营销原理．北京：华夏出版社，2001.

[6] 瓦拉瑞尔·A．泽丝曼尔，玛丽·乔·比特纳．服务营销．张金成，白长虹，译．北京：机械工业出版社，2005.

[7] 巴里·伯曼，等．零售管理．吕一林，等，译．北京：中国人民大学出版社，2001.

第十四章
不同层级的品牌管理

箴言

产品的来源国家或地理区域同样与品牌有关，并会产生次级品牌联想。

——（美）凯文·莱恩·凯勒

本章学习目标

1. 了解国内外学者对公司品牌内涵的不同表述
2. 理解公司品牌的特征与作用
3. 掌握公司品牌的发展路径与管理方式
4. 理解区域品牌的内涵与特征
5. 了解区域品牌的形成规律与培育路径
6. 了解国内外学者对国家品牌内涵的不同表述
7. 理解国家品牌的特征与意义
8. 掌握国家品牌塑造的核心要素、原则与主要路径

本章知识结构图

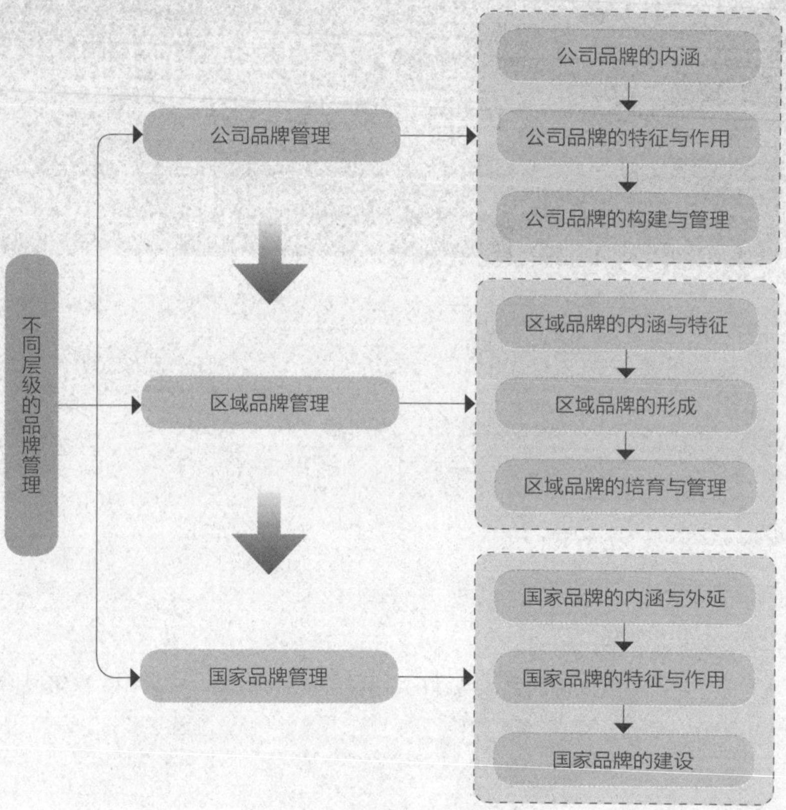

引导案例

新西兰之路

1991年，新西兰开展了一场题为“新西兰之路”的国家品牌运动，目的在于塑造新西兰整体国家品牌形象，创立一个国家品牌伞，在该品牌伞下，提升新西兰的商品和服务的附加价值和形象。这次国家品牌运动的目的是：① 在国际市场上区别新西兰的产品和服务；② 提升新西兰的独特价值观和个性；③ 利用新西兰旅游局和新西兰贸易发展局以及制造商的广告活动，提高新西兰品牌产品和服务的形象。这次“新西兰之路”品牌运动的宗旨在于定位一个广泛的新西兰产品服务，并使之全球化。后来新西兰又发起了“百分百纯净的新西兰”的广告战役，大获成功，在诸多的国家定位中，它显得独特而且清晰，为新西兰的整体形象的提升，尤其为新西兰的旅游业打下了坚实的基础。

（资料来源：中国广告，2008（12）：40-41.）

新加坡国家品牌的塑造

新加坡通过创建和培养国家品牌，这个小小的岛国从几乎一穷二白的状况一跃成为亚洲主要国家的领跑者。2010年国家品牌索引（这是一项针对全球110个国家的声誉进行的调查）中，新加坡位列第15名，亚洲排名仅次于日本。从生活质量指数来看，新加坡在亚洲地区排名第1，全球排名第8，是唯一一个进入全球前10名的亚洲国家。这样好的排名在很大程度上要归功于新加坡式独一无二的品牌维护。说它独一无二，是因为新加坡的国家品牌是为国民塑造的，又是面向全世界人民展示的。为了吸引国外支持者，新加坡在塑造国家品牌上所进行的持续、全面投资与其国内企业品牌的成功、产品的高端程度是紧密联系的。

（资料来源：许木松．国家营销——新加坡国家品牌之道．赵鲲，译．杭州：浙江人民出版社，2012.）

第一节　公司品牌及其管理

一、公司品牌概念的提出与内涵

（一）公司品牌概念的兴起

公司品牌领域非常有影响力的学者巴尔默（Balmer）和格雷瑟（Greyser）指出一个崭新的管理领域即将出现在现行的管理世界中，他把这个领域称为“公司营销”（Corporate Marketing），核心是以整个企业而非单个产品为主体而展开的营销，以整体企业的营销努力来取得成功是其关键思想。[①]其中，“公司品牌化”（Corporate Branding）在公司营销中扮演着非常重要的角色。随着公司营销的兴起，公司品牌化将逐步进入企业经营的视野为企业界所认知和熟悉。

早在20世纪30年代，已有学者在文献中间接提到公司品牌的重要性。在随后近半个世纪，虽然也有学者提及，但却没有引起学术界的重视。直至90年代初，一些品牌界的领导者和咨询人员才开始明确地用Company Brand提出公司品牌的概念。由于Corporate Brand不仅仅局限在组织而包括其辅助部分，并可以用在国家、地区和城市上，较Company Brand概念更为宽泛，到了1995年，公司品牌（Corporate Brand）的概念得到认同并开始在各种文献的标题和内容中被广泛使用。此后，随着品牌的发展，公司品牌建设开始被提到公司议程上，并被当成一个创造和保持公司价值的战略工具。

① Balmer J M T, Greyser S A. Corporate Marketing: Integrating Corporate Identity, Corporate Branding, Corporate Communications, Corporate Image and Corporate Reputation. European Journal of Marketing, 2006, 40 (7/8): 730-741.

（二）公司品牌概念的内涵

公司品牌作为一个综合性概念，不同学者从各自的角度对其进行了定义。

从公司与品牌资产的视角。西蒙·诺克斯（Simon Knox）和戴维·比克顿（David Bickerton）在2001年将公司品牌定义为公司一种唯一的，并能够通过视觉、口头和行为进行表达的商业模式。从品牌资产的角度，公司品牌资产是消费者、员工、合作伙伴及其他任何相关者对于特定企业的言、行、传播及产品（服务）的差异化反应。公司品牌是彰显企业特质、表达企业个性的有力工具，而企业的特质和个性是产品或服务本身无法传递给消费者的，需要一个整合的平台工具来进行传播，而这就是公司品牌。公司品牌是一个辐射所有产品品牌的“品牌发展之伞”，吸引利益相关者并为其提供差异感和归属感。

从利益相关者视角。Barich和Kotler（1991）将公司品牌定义为公司利益相关者对公司的信念、态度及印象的综合反应；巴尔默（Balmer）和格雷（Gray）将公司品牌定义为是一个能以人力、投资前景、消费者购买偏好等要素吸引众多利益相关者选择该公司的导航仪。同时，对公司品牌的内涵做了进一步的总结与归纳，认为公司品牌应包含所有权的象征、形象（包括公司建筑）、与核心价值相关的特征、身份证明、消费者的购买愉悦感五个要素；并强调公司品牌是企业一种以长期获利为目的的，具有稀缺性、持续性、不可侵占性、难以模仿性和难以冲击性的资源。[①]这一定义将公司品牌看作是一种资源，并从不同相关利益人的角度说明了公司品牌的作用。从股东的角度，公司品牌是所有权的象征；从消费者的角度，公司品牌是身份证明和购买愉悦；从组织内部员工的角度，公司品牌具有公司形象和与核心价值相关的特征。

从消费者视角，公司品牌被定义为消费者对公司的整体性认识。品牌管理大师戴维·A. 艾克（David A. Aaker）认为，公司品牌定义了一个立足于满足消费者需求生产提供产品而发展的公司，公司品牌扮演着一个隐形的背书角色，它让消费者感受到来自产品背后的强大公司的支撑，公司品牌还可以是一个载体，以其为基石推出各种差异化的服务。他还指出公司品牌是一个最终的品牌化集合体，由于公司品牌代表一个组织，因此公司品牌是整个组织的“担保者和驱动者”。在《利用公司品牌》（Leveraging the Corporate Brand）一文中，艾克指出：“公司品牌是公司将兑现或者支持顾客将购买或者使用的物品。公司品牌最初是由组织联想定义而来的。当然，组织联想也许是与产品品牌相关的，但是组织联想所亮相的次数、力量和信任对一个品牌将会有更大的作用，其明显地代表了一个公司组织。”[②]艾克特别强调公司品牌应该具有以下六方面属性。

（1）历史根基。公司品牌拥有比产品品牌更丰富的历史内涵，从该内涵中公司能够找到独特之处和成功之源。

（2）企业绩效。企业绩效包括企业在运营中的资产和发展的实力，公

① Balmer J M T, Gray E R. Corporate Brands: What are they? What of Them? Euro of Marketing, 2003, 37 (7/8): 972-997.

② Aaker D A. Leveraging the Corporate Brand. California Management Review, 2004, 46 (3): 6-18.

司需要通过公司品牌向市场传递公司的专业性和公司的强大实力，要告诉消费者公司拥有能够向其提供不断创新的产品和附加价值的能力。

（3）员工表现。组织的人员，特别是在以服务为主要业务的公司，人员为公司品牌形象的展示提供了基础，员工在与外界接触时他们的言行举止代表着公司，在无形中传递着公司的品牌形象。员工在与客户接触过程中所表现出的积极参与、体贴顾客的特质以及他们强烈的责任心和扎实的专业能力会使公司品牌受到客户的尊重、喜爱和拥护。

（4）价值观和优先事项。这是一个公司最核心、最重要的部分。公司核心价值观、核心理念和公司倾注更多资源的优先事项以及这些要素的结合构成了公司战略的组成基础。

（5）本地化或全球导向。一个公司品牌是地方品牌还是全球品牌对顾客关系的影响是完全不同的。地方性品牌对于地方市场的消费者会倾注更多的关怀，其产品及销售管理措施也更为贴近地方消费者的心理和消费习惯，更让地方消费者感觉到细节和体贴；全球导向的品牌则无法做到细致入微地照顾特定消费群体，其产品及营销规划均以世界性的客户行为为导向。然而全球导向的品牌一般而言实力强劲、公司发展后劲十足，此两者在进行建设规划上所需要的措施和方式也有很大不同。

（6）企业社会共鸣。个人消费者和组织倾向于与值得尊敬和欣赏的人或企业合作。始终致力于为股东利益着想，关注员工发展、社区建设、教育事业，强调社会和环境问题的公司在社会中能够获得更多的尊重和爱戴，进而形成更高的客户美誉度及忠诚度。

我国学者张黎明、胡豪（2011）[①]综合了国外学者具有代表性的观点，认为公司品牌是包含一个公司的历史与文化、价值观和理念、由公司愿景所主导的公司生产行为和社会行为的经济与社会成果，通过向全部的利益相关者如员工、合作伙伴、供应商、消费者等传递信息，从而在他们心中塑造具有差别化的、有吸引力的、有归属感的公司形象和公司价值定位，并使得公司能与利益相关者之间建立一种稳定的、强有力的、情感上的契约关系。公司品牌由组织的愿景、文化和形象共同构成，从整体上代表一个组织，与组织行为相互作用而引导组织各项业务发展，并对外传递组织信息与承诺，塑造组织形象，影响内外利益相关者，并以战略层面和高度、一致性的方式来传递公司的价值观和认同。其构成要素具体包括价值观、理念、目标、文化、标志、符号、承诺、实力、绩效和形象，如图14-1所示。

公司品牌最重要的构成要素可提炼为愿景、文化和形象。愿景代表了公司高层的意志，是高层管理者对公司未来和发展的期望；文化是组织内部的价值观、行为和态度为组织内部成员所接受的程度和成员的表现；形象则是企业愿景和文化的外显，是外部公众对公司的整体印象。

① 张黎明、胡豪在《公司品牌战略选择》一书（张黎明，胡豪．公司品牌战略选择．北京：清华大学出版社，2011.）中从理论与实践两个层面系统地阐述了公司品牌的战略及其选择。国内关于公司品牌的系统论著尚很少见，故本书以下相关内容是在参照该书作者提出的相关理论体系与观点的基础上梳理总结提炼而成。

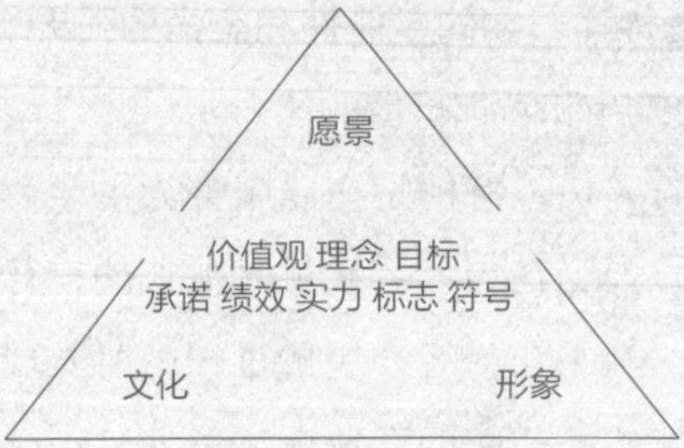

图14-1　公司品牌构成要素示意图

公司品牌的发展可以被看作是其构成要素的成长过程，是三要素在相互作用、相互推动的过程中实现彼此的共荣发展。公司品牌化涉及愿景、形象和文化三者之间的协调变化。在企业的发展过程中，愿景、文化和形象任何一个要素的改变都会影响其他要素，都会带来公司品牌的变化。

公司品牌化是一个螺旋上升的要素间动态平衡的过程，由愿景、文化和形象之间相互影响、相互促进和相互进步的螺旋式上升过程引致公司品牌逐步成长。当三要素中的任何一个与其他两个出现发展的不平衡，即出现缺口时，就意味着公司在某一方面已经出现了短板，公司品牌就需要进行调整和重新规划，这三者就会在缺口—调整—平衡—再缺口的循环中实现矛盾、上升和前进，即实现了公司品牌的逐步成长和发展，如图14-2和图14-3所示。

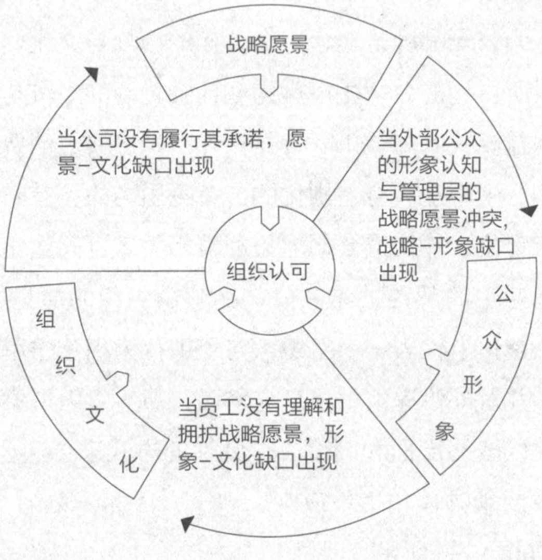

图14-2　公司品牌三要素的螺旋一致

（资料来源：Hatch M J, Schultz M. Taking Brand Initiative: How Companies Call Align Strategy, Culture, and Identity Through Corporate Branding. New York: Jossey-Bass, 2008.）

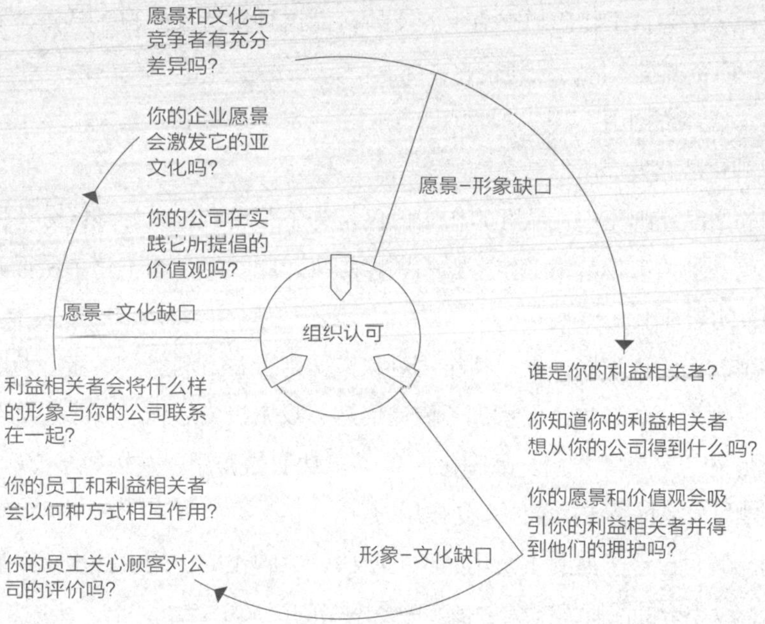

图14-3 公司品牌三要素的一致性检验

（资料来源：Hatch M J, Schultz M. Are the Strategic Stars Aligned for Your Corporate Brand?Harvard Business Review, 2001, 79（2）: 128–134.）

二、公司品牌的特征与作用

（一）公司品牌的特征

巴尔默（Balmer）在2001年将公司品牌的特征做了归纳，认为一个好的公司品牌应拥有文化性、复杂性、实际性、无形性与承诺性五个特性。

（1）文化性。文化性主要是公司品牌一般具有很强的“文化根基”。这种“文化根基”与组织中的众多文化混杂，表现出组织的独特性。这些文化包括公司文化、职业文化、国家精神等。

（2）复杂性。复杂性是指品牌固有的复杂性。它是多学科和多维组合，由不同渠道的沟通使不同利益群体相互冲击，方法相互交流。

（3）实际性。实际性是指公司品牌是由实际现实的因素表现的，包括产品/服务质量、商业范围、地理范围、与绩效相关的问题、利润空间、付款标准等，也包括体系、商标等。

（4）无形性。无形性是指公司品牌是无形的。它可以通过无形的方式表现，包括“生活方式”、“交付特征”，也包括品牌联想。

（5）承诺性。承诺性是指公司品牌必须能有对网络成员与公司利益相关者进行承诺的特性。这种承诺来自于物质与交流上的支持，而这种支持又来自于从重要管理人员的个人魅力到物质资源投入等一系列企业资源。

（二）公司品牌的作用

1. 从品牌化战略发展历程看

在最初的产品品牌化中，品牌的作用仅仅是为了帮助顾客更好地区分不同企业的产品和服务，单一地由市场营销工作来影响顾客购买，此时的作用不仅单一而且也仅仅局限于促进购买的短视上。

随着品牌的多元化发展进程，其作用对象扩展到了各方利益相关者。此时品牌的作用不仅在于区别形成差异化，更增加了传递信息、吸引投资、树立声誉、刺激购买、形成品牌美誉度和忠诚度等作用。品牌化产生了多功能的作用，并辐射多方利益相关者，形成了为特定对象发挥特定功能的多向作用力。

现在的品牌化已经发展到了公司品牌的阶段，品牌化的作用发挥平台凝聚成了企业品牌的整体，以整合的品牌发挥辐射多方关系网络的交叉功能。

从品牌化发展路程（见图14-4）来看，公司品牌的作用可以概括为以下四方面：

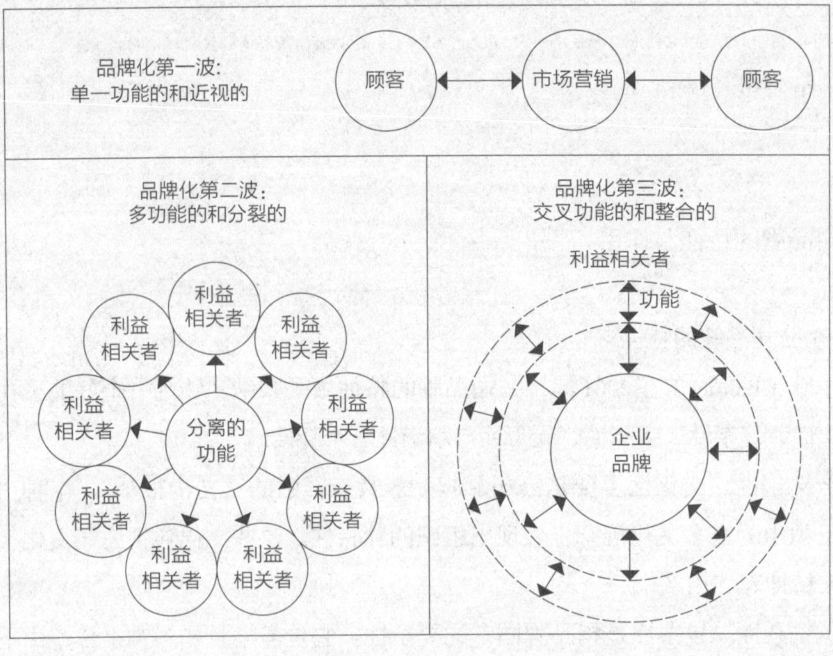

图14-4 品牌化发展路径比较图

（1）传递品牌核心价值。随着品牌竞争的加剧，能否把个性鲜明的品牌核心价值刻在消费者内心深处是公司品牌营销成功的关键。公司品牌是公司与外界联系的纽带和桥梁，要不断向员工及利益相关者传递包括组织使命、目标、核心价值观和文化在内的信息，而这些工作是单独的产品品牌所不能传递或无法有效传递的。

（2）有效形成品牌差异。在建构一个品牌时，差异化是必须最先考虑的因素，而差异化也是建立“品牌－顾客关系”的重要基础。通过差异化，公司品牌能在产品和服务日趋同质化的今天，从组织整体入手形成不同组织间、不同消费者之间的一种区隔，突出组织整体的特色和能力，并区别于其他组织。强大的公司品牌能以一个清晰完整的价值陈述来促进实现品牌的差异化，逐步完善品牌在消费者心目中的认知层次，更有助于加强客户认知，提升公司形象。

（3）发挥平台作用。公司品牌作为一个发展平台，能发挥强有力的载体作用，为产品品牌的推出保驾护航，能够最大化地实现品牌化的目标，使品牌组合协同一致。通过整合的公司品牌的管理，使得产品和市场的品牌管理工作日趋简单、高效、有力，实现降低运营管理单个或多个产品品牌所带来的高成本和资金的压力。尤其是当公司要上市新产品（包括新兴技术）时，有公司品牌做支撑就容易被消费者接受。

（4）更好联系公众。公司品牌更能获取公众信任，更易于营销和品牌管理工作的进行，它通过企业的使命、目标、价值观、文化等内在要素与员工、消费者及所有利益相关者产生连接，建立顾客的社群联结意识。通过提供一系列支持，为利益相关者创造共识，使其产生认同感与归属感。公司品牌还有利于支持、引导、建立客户忠诚及客户价值，带给客户超越产品或服务的利益和感受。由公司品牌所建立起来的公众信任及客户忠诚很难为意外突发事件所打破，其稳固性和高强度远非产品品牌可以媲美。

2. 从企业生命周期来看

公司品牌还是组织定位战略的基础，它以战略和连贯的信息更深入地传递企业的价值观和形象。从企业发展的生命周期来分析，可以发现不管是在企业生命周期中的创业导入期还是快速成长期，不管是稳定成长期或者衰退更新期，抑或是公司在面临重大战略抉择的过程中，在面临危机遭遇瓶颈的时候，公司品牌都起着支撑、稳定、扶植和拉伸的作用。

在企业的创业初期，着手建立公司品牌有利于引导公司战略的抉择及制定，引领企业的发展道路和模式，决定企业的定位，影响企业所选择的道路；在快速成长期，品牌力能够强势推动，助力公司快速成长，不断增强企业实力；在稳定成长期，能保证公司的发展扩张稳定、可靠，不偏离主题，确保公司向其他领域扩张的实力。在企业面临重大战略抉择时，强势公司品牌能够支撑企业的重大抉择，促进企业在新领域的发展，支撑企业的相关或非相关产业的多元化发展以及在供应链上的前后端延伸；当企业面临危机时，公司品牌能对组织发挥稳定、巩固、矫正等作用。

三、公司品牌的构建与管理

（一）公司品牌管理类型

自品牌理论兴起至今，品牌管理理论与实践日臻成熟与完善，但关于公司品牌的管理还没有成熟的方法，仍需要探索。本教材引用我国学者张黎明、胡豪（2011）提出的公司品牌管理模型，即从公司发展的角度应用公司品牌作用力度和公司品牌作用幅度两个维度，建立一个基础性的公司品牌管理模型，以分析和指导公司品牌管理。

公司品牌作用力度是指公司品牌在企业品牌战略中作用力度的强弱。公司品牌作用幅度是指公司品牌在企业发展战略中的作用范围，不同发展规模和实力的企业的公司品牌的作用范围不同。虽然公司品牌的具体管理方式受包括绩效、愿景、目标等要素在内的诸多变量影响，但公司品牌在企业发展、品牌战略实施中的作用力度和作用范围应是衡量企业公司品牌构建情况的基本指标。因此，可以公司品牌作用力度和公司品牌作用幅度为两个维度，分别作为纵坐标与横坐标，建立公司品牌管理方式矩阵，来大致界定公司品牌管理方法，描述公司品牌管理方式。按公司品牌作用力度的由弱到强和公司品牌作用幅度的从小到大，将公司品牌管理方式按照典型特征区分为先锋型、纵深型、联结型、象征型四种类型（见图14-5）。

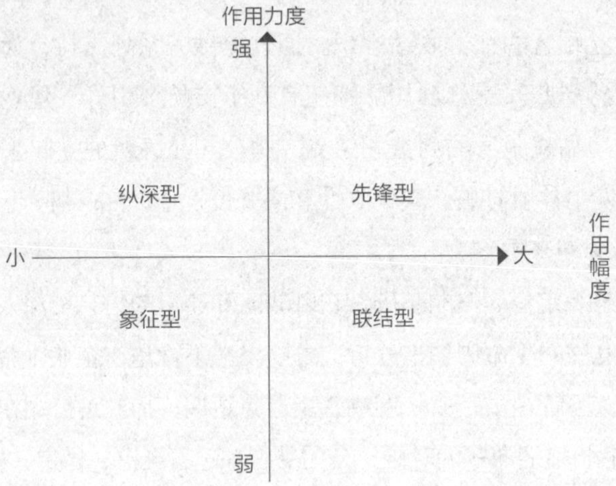

图14-5 公司品牌管理方式矩阵图

1. 先锋型

先锋型公司品牌管理方式作用幅度广、力度强，公司品牌在企业品牌战略中发挥市场“先锋”作用。企业以公司品牌的建设为品牌建设的重心，营销工作以公司品牌为主，推广传播以公司品牌为核心，属于公司品牌主导型的品牌战略。

2. 纵深型

纵深型公司品牌管理方式作用范围集中，力度强，公司品牌在企业品牌战略中发挥“纵深”扩展深化作用，作用点集中化，具有整合凝聚性。与先锋型相同，企业营销工作以公司品牌为主，公司品牌的推广传播在企业品牌推广活动中占比较大，公司品牌的建设主导了企业品牌建设战略，公司品牌的构筑占据绝大部分的企业品牌工作。但由于企业业务规模的影响，业务具有专业化、归核化的特点，从而使得企业经营范围集中，由此公司品牌作用范围集中，以强作用、高度集中的公司品牌管理实现企业业务的纵深扩展。

3. 联结型

联结型公司品牌管理方式作用幅度大、范围广，管理力度较弱，在企业公司品牌战略中发挥着“联结”或“联盟”的作用。企业具有相关或不相关业务领域，各业务或各产品线拥有独立运营的品牌战略，各自运作自己的品牌。公司品牌是将子公司品牌或子产品品牌串联起来的“联结器”，串联起分布于不同领域或相关领域的企业各类业务，将各类业务置于公司品牌的联结之下，希望能够实现遍地开花，发挥1+1>2的作用。在此目标下，集团的公司品牌仅对各子公司品牌战略起辅助支撑作用，产业单位各自的发展通过集团公司品牌的旗帜产生连接。

4. 象征型

象征型公司品牌管理方式作用范围小，力度弱，公司品牌在企业品牌战略中发挥“象征”辅助作用。企业品牌战略仍以运作产品品牌战略为主，以产品品牌或子公司品牌推广为主，营销工作集中于产品品牌，以构筑产品品牌或品牌组合作为企业品牌工作的重心。由于作用范围小，企业不具有多样化的业务，故此公司品牌仅对企业的核心业务或企业的产品品牌发挥辅助作用，用以标明或象征企业产品品牌的来源，即仅对企业品牌战略及企业发展起隐形背书作用。

（二）公司品牌的构建

1. 树立公司品牌意识

要想构筑强势公司品牌，首先需要企业树立公司品牌建设意识，明确公司品牌的含义、作用和组成要素，区别公司品牌与产品品牌的界限，了解公司品牌所具有的超越一般品牌管理范畴的重要作用，从企业管理层到普通员工全面渗透公司品牌建设和维护的思维意识。

老牌企业由于创立时间长、起步早，已拥有一套延续流传的成熟运营机制，在长期的发展过程中，企业也积淀了一定的影响力和口碑，即使还没有进行系统的公司品牌建设工作，老牌企业也拥有了公司品牌的基础，具备了一定的公司品牌形象和影响力。为了传承并将企业积淀发扬光大，老牌企业需正视历史流传的公司品牌积淀，对企业的公司品牌形成正确认识，树立系统的建设和维护意识。

新创企业处于企业初创期，新创企业发展方向、战略规划、运作模式和组织结构等方面都需从头进行。为构筑公司品牌，少走弯路，更需要新创企业在创业初期就树立公司品牌意识，认知公司品牌含义，了解公司品牌构成要素及其对新创企业发展而言的重要性，明确选择公司品牌战略作为企业品牌建设方向。在公司创立初期明确以公司整体为依托创立公司品牌，以公司品牌意识指导企业的战略行动，以“构筑公司品牌”为目标设计愿景、企业规划、运营管理控制等企业经营行为，在意识的指导作用下完成公司品牌构筑。

公司品牌的构建是以企业整体实力为依托，其管理范畴远超一般品牌管理，建设维护工作不仅在于营销部门，更需要企业管理各职能单位同心协力。不仅需要在企业外部进行公司品牌的推广维护，也需要在企业内部进行公司品牌的内化建设，从战略决策层、人力资源、财务、运营到营销，将所有部门都包含进公司品牌的建设规划中。因此，企业需要夯实内部管理基础，梳理组织结构和企业运作管理工作，加强公司品牌的内部构建。

只有具备公司品牌意识、具有实施公司品牌战略的坚定决心、拥有构筑公司品牌的执著追求，才能在此意识的指导下破解公司品牌发展的困境，在公司品牌的内部建设基础上，对外进行传播维护和总体控制，实现公司品牌构筑。

2. 明确公司品牌管理方式

为进一步构建公司品牌资产，企业首先需要明确目前企业公司品牌建设的情况，确定未来所要运作的公司品牌管理方式，这样就可以在公司品牌管理方式的十字象限矩阵中选取自己所处的区域。由于公司品牌作用范围的大小差别，作用力度的强弱各异，处于同一象限内的管理方式也存有极大不同，根据各自企业的不同情况，为企业的公司品牌管理方式在十字象限矩阵中找到对应的具体位置，明确具体形式。如图14–6所示，公司品牌作用幅度宽、力度强，属于先锋型管理方式的如中信集团、联想集团等；作用幅度宽、力度弱，属于联结型管理方式的如广药集团、中粮集团等；作用幅度相对集中、力度强，属于纵深型管理方式的如龙湖地产、泸州老窖等，以及作用幅度集中、力度弱，属于象征型管理方式的如百胜集团。

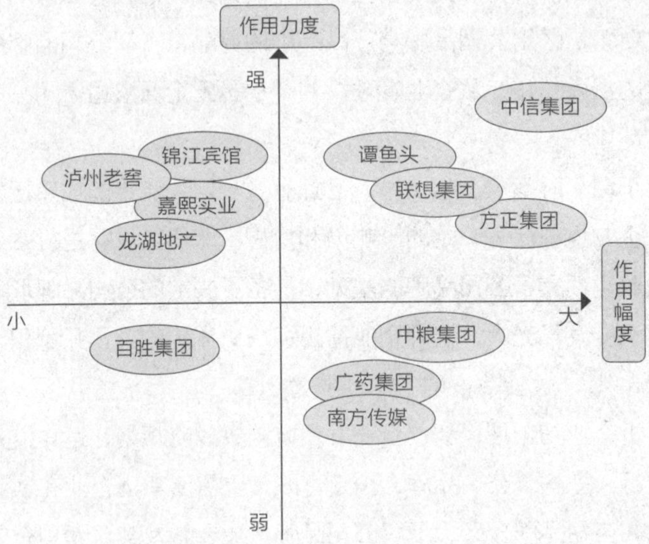

图14–6 公司品牌管理方式例证总结图

3. 规划公司品牌路径

公司品牌的发展有起点，也有目标中的终点，企业就需要规划自己公司品牌路径。企业生命周期从初创的起步期开始，依次经历引入期、成长期、成熟期和衰退期。处于生命周期不同阶段的企业，所具有的资源、资金实力、管理能力等条件不同，面临的战略抉择便不同，相应适合的公司品牌管理方式也会随之不同。而企业总体经营规模不同、所处竞争地位不同、经营方式和状态的不同也会影响企业公司品牌管理方式的变化。企业应随发展阶段和战略规划不断调整公司品牌发展路径，变化完善公司品牌管理方法。概括起来可将公司品牌管理的变化路径归纳为总体变化路径和内部交互式发展路径两类。

（1）总体变化路径。总体变化路径主要包括三种类型：象征型到纵深型；象征型到联结型；象征型到先锋型。

在企业初创、各项业务刚起步之时，由于资金薄弱，资源较少，业务或产品销售增长缓慢，规模小实力弱，管理能力不够系统扎实，组织结构较为简单，几乎都处于第三象限象征型管理方式中。但此时企业富有开拓进取的创新精神，随着企业创建时间的增加、各项业务的逐步铺展和企业规模实力的逐渐增强，品牌战略的起步开始推动公司品牌向不同方向发展，从第三象限象征型向其他象限演进。

当然，部分成熟企业也可能由于此前不以公司品牌战略为建设重心，并不着力于公司品牌的构建，在公司品牌战略确定、公司品牌构建措施采取之前，企业主要以建设产品品牌为主，公司品牌发展情况处于第三象限之中，自企业采取系统的公司品牌建设措施开始，公司品牌从第三象限开始发展。

（2）内部交互式发展路径。随着企业生命周期由初创期到成长期或成熟期，企业各方面资源储备日益充足，管理基础日渐扎实，组织建设不断完善，规模和实力逐步增长。从象征型起步已发展至一定类型的公司，品牌管理开始受到资源、战略变化、愿景等相关变量影响，在发展中出现内部交互式变化，从一定类型或收缩或扩张至另一类型。内部交互式发展路径主要包括以下12种类型：① 象征型到先锋型到纵深型；② 象征型到先锋型到联结型；③ 象征型到纵深型到先锋型；④ 象征型到纵深型到联结型；⑤ 象征型到联结型到先锋型；⑥ 象征型到联结型到纵深型；⑦ 象征型到先锋型到纵深型到联结型；⑧ 象征型到先锋型到联结型到纵深型；⑨ 象征型到纵深型到先锋型到联结型；⑩ 象征型到联结型到先锋型到纵深型；⑪ 象征型到先锋型到纵深型到象征型；⑫ 象征型到先锋型到联结型到象征型。但管理方式的演变路径千变万化，各企业由于特殊情况的存在也可能演化出极特殊的规律，因此，发展路径并不只限于上述12种类型。

4. 选择公司品牌的应用管理方式

（1）公司品牌应用方式分析模型。根据公司品牌管理方式十字象限矩阵，结合公司品牌管理的演变路径，可总结归纳出9种具体的公司品牌应用方式，构建APL九宫矩阵——公司品牌应用方式分析模型。

首先，按照公司品牌推广在企业品牌推广工作中的渐次增强的显性程度，即公司品牌在企业品牌战略中作用力度的不同深浅状况，将公司品牌管理方式区分为辅助型、平台型和主导型。

① 辅助型。公司品牌在企业品牌推广中仅起辅助作用，企业主要推广产品品牌，公司品

牌主要为企业的品牌战略起隐形背书作用。辅助可以英文Aide来表示，简称为A型管理方式。

② 平台型。公司品牌为企业品牌推广做支撑平台，以公司品牌的推广为基础支撑产品品牌的渗透推广，公司品牌与产品品牌或子公司品牌的建设相互交织。平台可以英文Platform来表示，简称为P型管理方式。

③ 主导型。公司品牌为企业品牌推广工作核心，品牌建设以公司品牌为主导，基本不建设产品品牌或子公司品牌。主导可以英文Lead来表示，简称为L型管理方式。

其次，按照公司品牌在企业中作用幅度的不同，再将每种类型的管理方式区分为三种类别：单一业务、相关多元业务、复合多元业务。

① 单一业务。企业仅拥有单一业务，公司品牌支撑辐射的作用范围集中于单一业务，以公司品牌助力业务发展壮大、产品销售及新产品入市。单一可以英文Single来表示，简称为S业务。

② 相关多元业务。企业实施相关多元化战略，进行相关多元化扩张，将公司品牌覆盖面扩散至相关多元业务，以公司品牌涵盖相关业务的发展，打造整合的供应链，凝聚企业发展合力，使企业运作流程各部分均能发挥品牌的力量等。相关多元可以英文Diversified来表示，简称为D业务。

③ 复合多元业务。企业实施完全多元化战略，拥有诸多不相关产业部门，各子公司或业务群均服从公司品牌战略，以公司品牌的强大张力维系各不相关产业在同一“帅旗”下的统一成长，形成庞大的品牌化企业集团。复合多元可以Multipolar来表示，简称为M业务。

由横纵轴各自的三个细分区间交叉相连，构建九宫矩阵如图14–7所示，大致将公司品牌管理方式区分为9种类别。

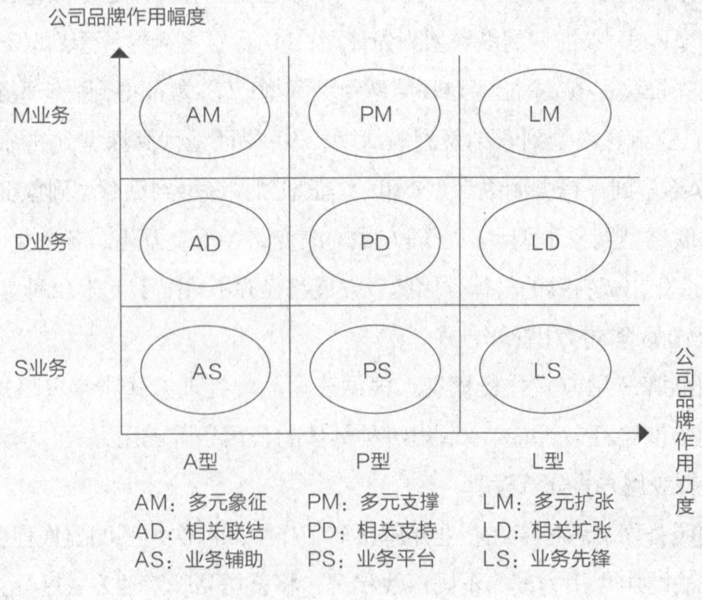

图14–7 公司品牌应用的九宫模型

（2）公司品牌应用管理方式。

① A类公司品牌应用管理方式。A类的三种管理方式中，公司品牌的推广在企业的品牌推广工作中所占比例均比较小，三种方式都主要以产品品牌或子公司品牌推广为主，公司品牌仅对企业品牌战略及企业发展起隐形背书作用。公司品牌属于辅助型应用类型。A类方式下企业未对公司品牌的运作维护采取过多措施，品牌战略仍以运作产品品牌战略为主，公司品牌对于企业而言只作为产品品牌战略的辅助支持而存在，是为了促进产品品牌战略更好地完成。

例如，化妆品行业的跨国巨头欧莱雅集团，其公司品牌管理方式就是AS类业务辅助式，集团采用品牌经理制的组织结构，即根据不同的产品种类规定不同部门的相应责权。以产品品牌为单位独立设计品牌建设维护措施以及从定位到4P的各项品牌推广工作。各产品线上产品品牌结构清晰、目标客户明确，根据对各产品品牌的推广实现产品线的成长，公司的品牌战略规划集中对各产品品牌进行建设维护。以隐于水面下的欧莱雅公司品牌向市场和消费者证明产品品牌的出身，站在产品品牌的成长背后提供隐形的支持力量，辅助支持各类产品的发展（见图14-8）。

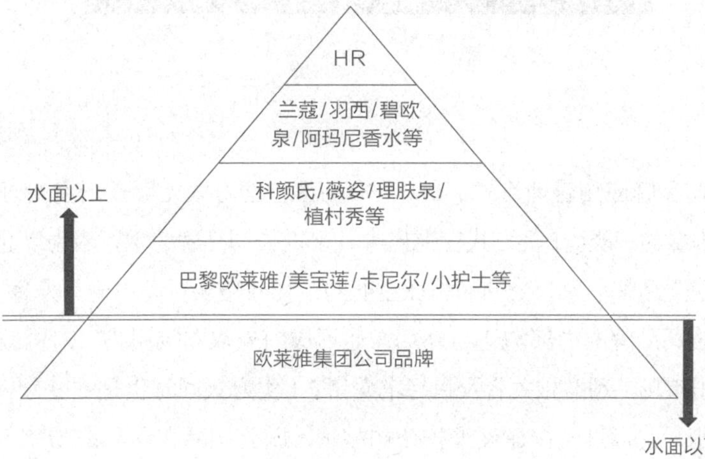

图14-8 欧莱雅集团AS类“业务辅助”式公司品牌管理方式示意图

② P类公司品牌应用管理方式。P类方式位于“平台型”横轴区间，以公司品牌的推广为产品品牌渗透建立支持平台。以公司品牌推广所塑造的整体企业形象和公司绩效推动产品品牌的成长发展，而产品品牌的壮大反过来又为公司品牌的提升提供营养。产品品牌与公司品牌相互交织，以交互的影响共同发展，在这其中，公司品牌主要扮演企业整体品牌战略中的“平台”角色。设计、建设并维护公司品牌，着力打造公司品牌各项要素，从而为产品品牌进入市场并持续壮大开辟道路、创立良好市场环境。

例如，嘉熙实业有限公司品牌管理方式属于PS类别。嘉熙的产品品牌结构是以“嘉熙木桶”、“卡莱熙”为核心产品品牌，以“明士居”、“仕嘉”为辅助产品品牌，以“禾润”为防火墙产品品牌。嘉熙以公司品牌为产品品牌进入市场打造通道，并作为五个产品品牌实现成长的平台。嘉熙公司品牌的作用力一直仅在于嘉熙公司旗下五大产品品牌（见图14-9），以公司品牌的建设维护形成支撑产品品牌发展的真空空间，随着公司品牌的不断发展、品牌平台的不断稳固和扩大而逐步在平台上搭载新的产品品牌，以公司品牌的推广维护为产品品牌的发展寻求保障。新兴产品品牌顺利通过公司品牌平台的护佑进入市场扎稳脚跟后，通过各自自主的推广建设和维护工作实现独立成长，同时为生长平台——嘉熙公司品牌的进一步发展提供营养，促进公司品牌的不断强大、产品品牌发展平台的不断稳固。

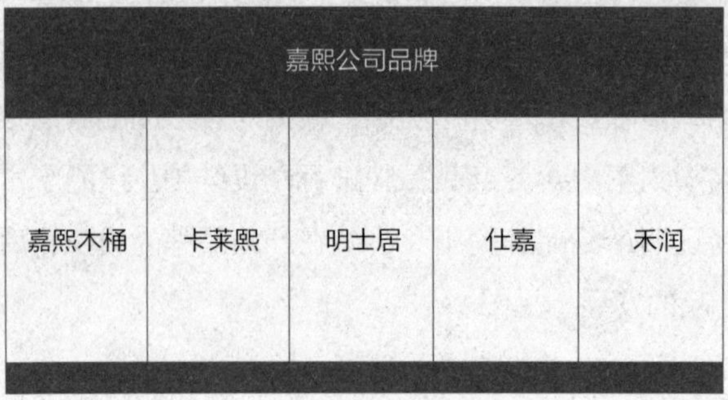

图14-9　嘉熙实业PS类“业务平台”式公司品牌管理方式示意图

③ L类公司品牌应用管理方式。L类公司品牌管理方式无疑是所有管理方式中最能发挥公司品牌力量的一类。L类方式在推广中几乎以公司品牌为主，着力以企业的整体实力和文化内涵建立品牌形象，公司品牌在企业的市场战略及行动中充分发挥“攻城略地”的作用。通过公司品牌的内部沟通与外部沟通形成内外双向吸引力，对内凝聚员工的向心力，对外吸引市场、利益相关者及目标消费者。L类方式同时也是难度最大、要求最高的管理方法类别，它通过直接建设维护公司品牌，以公司品牌参与市场竞争，占领市场份额，以整合的力量拉动旗下各业务群、子公司或产品线的发展。

“一锅红艳，煮沸人间”的创新性中式餐饮连锁巨头——谭鱼头股份有限公司的公司品牌管理方式正是LD类别方式。谭鱼头以公司品牌推动主营业务的持续发展，随着企业向供应链前后端的延伸扩张，谭鱼头同时延伸公司品牌影响范畴，以公司品牌影响供应链前后所有子公司的成立发展及壮大，着力实现依托谭鱼头公司品牌的运作而取得“链式”共同发展的经营目标。具体如图14-10所示。

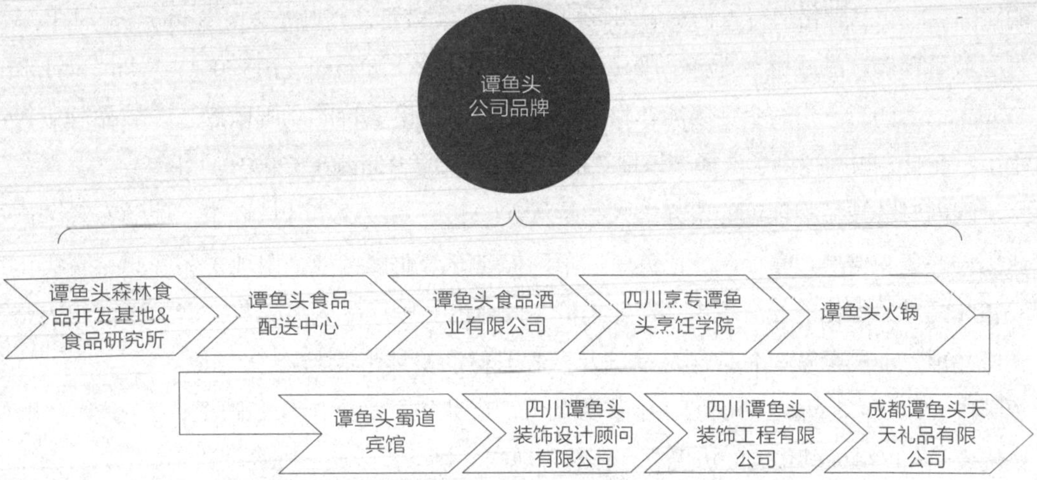

图14-10 谭鱼头LD类“相关扩张”式公司品牌管理方式示意图

第二节 区域品牌及其管理

一、区域品牌经营的动因与起源

经济、文化的全球化趋势以及交通、通信技术的巨大进步，给世界各地区、城市，包括国家都带来重大影响，其中之一就是地区间的竞争加剧。这种竞争表现在对资源、企业重组、外商投资、旅游观光，甚至是人口等方面的争夺（Kotler等，1999）。由于人才、资金和企业在地区之间的流动性逐渐增强，对于区域管理者来讲，不仅要提供和创造一个适合的环境来吸引新的投资者和居住者，更重要的是能够保持现有用户和居民的满意（Barke，1999；Rainsto，2003）。特别是由于各地区硬件条件（如基础设施、教育和其他娱乐设施）逐渐同质化，人们在选择区域时，越来越重视对该地区软环境的考察。为了应对区域竞争的挑战以及满足区域发展的需要，各地区开始注重区域特征、区域形象以及区域品牌的塑造。因此，区域品牌化（Place Branding）作为区域发展的一种新的战略工具，近年来在世界范围内悄然兴起，并呈现出日益增长和流行的趋势，越来越多地得到区域营销理论工作者和区域管理者的广泛关注。[①]

区域品牌的研究最早是由Keller等人开始进行的。Keller（1998）认为当地理位置像产品或服务那样品牌化时，品牌名称就经常成为这个地点

① Mihalis Kavaratzis. Place Branding: A Review of Trends and Conceptual Models. The Marketing Review, 2005（5）: 329-342.

的实际名称。品牌化使得人们意识到该地区的存在，并与之产生联想。Kotler等学者也认为区域可以像产品或服务那样品牌化（Kotler等，1999；Hankinson，2001；Killingbeck和Trueman，2002）。当一个地区能在目标顾客心目中创造适合的品牌联想，区域品牌就产生了，而且为顾客提供了选择在该地“消费”的机会（Rainisto，2003）。[①]

国内对区域品牌理论的研究，大约是从2002年开始。改革开放以来，伴随着我国产业集群的蓬勃发展，在浙江、江苏、广东、福建等产业集群地区出现了名牌产品聚集化成长和区域品牌化的经济现象，产业集群空间体内名牌产品大量聚集，产业区域成为某类产品或产业的象征，依靠区域品牌及名牌簇群的整体形象与竞争力占领国内乃至国际市场，使区域竞争优势凸现，产业集群地区出现名牌聚集化成长和区域品牌化的经济现象。在这种现实背景下，区域品牌的理论研究开始受到国内少数学者的关注，先后有零星的研究文章发表。陆国庆（2002）发表的《区位品牌：农产品品牌经营的新思路》一文，最早提出了在农产品经营中建立区域品牌的观点[②]；黄兆银（2003）在《产业集聚区与地域品牌》一文中，从产业聚集区树立地域品牌对城市经济发展的战略意义的角度阐述了地域品牌的效应[③]；夏曾玉（2003）发表的《区域品牌建设探讨》一文，以温州为例探讨了区域品牌建设的有关问题[④]；孙丽辉、史晓飞（2003，2004）在《地方产业集群与区位名牌簇群互动效应机理探析》一文中，论述了区位名牌与名牌簇群效应及其与产业集群之间的互动效应机理[⑤]；刘衍桥、黄元斌和贾爱萍（2004）也分别就区域品牌建设问题发表了有关文章。2005年之后，区域品牌的研究文章陆续问世，逐渐成为国内理论界关注和研究的热点。

二、区域品牌的内涵与特征

（一）区域品牌的内涵

目前，国外学者对区域品牌还不能给出一个清晰的定义，对于区域品牌应该包括哪些内容，亦存在多种观点。较有代表性的是Rainisto（2001）给出的区域品牌定义，他认为“区域品牌是一个地区所拥有的独特的吸引力，其核心问题是构建区域品牌识别”。“区域”由许多要素组成，如名称、标志、包装和声望等（Shimp，2000）。区域产品是一个区域向其消费者提供的全部产品的组合（Rainisto，2001）。Kavaratzis（2005）则根据Aaker的品牌定义来界定区域品牌的含义，认为“（区域）品牌是功能、情感、关系和战略要素共同作用于公众的头脑中并产生一系列独特联想的多维组合”[⑥]。Allen（2003）根据公司品牌定义推理（公司品牌被定义为在

① Seppo K Rainisto. Success Factors of Place Marketing: A Study of Place Marketing Practices in Northern Europe and the United States. Finland: Helsinki University of Technology, 2003.

② 陆国庆. 区位品牌：农产品品牌经营的新思路. 中国农村经济，2002（5）：59-62.

③ 黄兆银. 产业集聚区与地域品牌. 光明日报，2003-02-11.

④ 夏曾玉，等. 区域品牌建设探讨——温州案例研究. 中国工业经济，2003（10）：43-48.

⑤ 孙丽辉，史晓飞. 地方产业集群与区位名牌簇群互动效应机理探析. 市场营销导刊，2004（1）：56-58；孙丽辉，史晓飞. 地方产业集群与区位名牌簇群研究. 中国市场学会2003年会暨高层经济论坛论文，2003（12）.

⑥ Mihalis Kavaratzis. Place Branding: A Review of Trends and Conceptual Models. The Marketing Review, 2005（5）：329-342.

公司组织框架下的产品或服务的品牌），将区域品牌定义为在政治/地理框架下的产品或服务的品牌。[①]

国内学者对区域品牌的内涵的表述各有侧重，概括起来主要有以下两种观点：

1. 从产业集群的角度定义区域品牌

将区域品牌等同于集群品牌，认为区域品牌是某地域产业集群内的众多企业集体行为的综合体现，是产业集群发展的必然结果，代表着一个产业集群产品的主体和形象。代表性观点，如区域品牌是指以一定产业及其集群为支撑、以特色产品为卖点、以区域地名和产品类名命名组合为共享品牌名称而在消费者心目中形成的具有相当影响力的区域公共品牌。[②]

2. 从地方名特产品的角度定义区域品牌

认为区域品牌是以区域传统产业为基础、以地方名特产品为载体、以悠久历史中积淀的文化为内涵，冠以行政区域或当地景象名称，享有广泛的知名度和较高的美誉度，极具商业价值的品牌，也称为传统区域品牌。[③]

根据上述学者观点，本教材认为可将区域品牌归纳为两种类型：一是基于产业集群所形成的区域品牌，有学者称其为“集群品牌”（如姚向军，2005），其表现形式为“区域名称+产业名称”；二是基于独特地理优势或悠久的历史传承而形成的区域品牌，有学者称之为“地理品牌”（如牛永革、李蔚，2006），表现形式为“地理名称+产品名称或品牌名称”。前者是伴随着我国产业集群发展出现的一种十分典型的经济现象，后者是由于悠久的生产历史形成的具有很高口碑效应、久负盛名的“地方特产”。两者在国内外市场竞争中日益显现出强劲的产业竞争力与区域品牌效应。

① George Allen. Place Branding: New Tools for Economic Development. Design Management Review, 2007, 18 (2): 60-68.

② 沈鹏熠，郭克锋. 基于产业集群的区域品牌建设——模式、路径与动力机制. 特区经济，2008 (6): 145-146.

③ 董兵兵，王水嫩. 传统区域品牌保护不利的原因与对策. 浙江树人大学学报，2005 (4): 37-40.

（二）区域品牌的特征

1. 两要素观点

持两因素观点的学者中多数认为区域品牌具有区域性和品牌效应两方面属性。区域性是指区域品牌一般限定在一个地区或一个城市的范围内，带有很强的地域特色；品牌效应是指区域品牌往往代表着一个地方产业产品的主体和形象，对本地区的经济发展起着举足轻重的作用；另一种观点认为区域品牌具有区域性和产业特性。集群品牌是与某个集群特定的主导产业及其产品联系在一起的，同时由于企业的空间集聚而与特定的地域联系在一起。

2. 三要素观点

这种观点认为产业集群区域品牌是区域经济、产业集群和品牌营销等行为活动的复合。它包含区域特性、品牌内涵和产业基础3个要素。① 区域特性是区域品牌的重要组成要素。任何区域品牌的形成都是与本区域的特色密切相关的，区域内的经济、自然、历史文化和社会资源都会影响到本区域内产业的选择和发展。② 品牌内涵是构成区域品牌的基本要素。区域品牌是某地域的企业品牌、产业品牌集体行为的综合体现，拥有品牌的一般内涵；区域品牌的品牌内涵不仅将本区域同其他区域区别开来，而且意味着吸引特定的投资者和顾客，产生独特的知名度和美誉度。③ 产业基础构成了区域品牌的基本内容。区域内特定产业、产品所具有的生产规模、市场覆盖面、技术和质量水平、产业内部分工合作程度等决定了产业的发展水平，为区域品牌的建设奠定经济基础。

3. 四要素观点

除上述所论及的三方面属性外，区域品牌还具有公共品牌的性质，而这一性质是它与一般产品和公司品牌的本质区别所在。因而，区域品牌应具区域性、产业特性、品牌特性和公共性四个基本属性。

三、区域品牌的形成

（一）区域品牌的演进规律

从我国产业集群的形成与发展历程来看，在这些具有竞争优势的产业集群中，都有相当数量的名牌产品或名牌企业诞生和知名的区域品牌存在。名牌产品或名牌企业的诞生以及知名的区域品牌的建立有如下规律：

区域品牌往往是在产业集群发展到一定水平产生的。这时区域内有一部分企业聚集并形成一定规模，区域内产生了一个龙头企业或若干个骨干企业，它们率先创牌，并形成了一定的品牌知名度，市场将这些品牌产品或企业与盛产其品牌产品或企业的所在地联系起来，从而使该区域在公众中有了一定程度的认知。这可以说是基于产业集群的区域品牌雏形。由于龙头企业和骨干企业的品牌效应，区域内有一定实力的企业纷纷效仿，开始创建自己的品牌，随之出现同业内品牌聚集化成长的现象。伴随着名牌群体的扩大，区域品牌在更大的空间范围得以传播，区域由于聚集了众多生产同类或相关产品的企业，以其产品齐全、产业链完整、产品质量可靠、拥有国内知名品牌的产品和企业而著称，并获得国家该行业权威部门或机构的认证，此时，区域品牌确立和形成。这时，名牌效应和产业集群效应放大，更多的生产同类或相关产品的企业及关联机构在区域内进一步聚集，产业集群发展到更高的阶段。名牌群体与区域品牌之间交互作用十分明显，形成互相加强的名牌效应。

上述区域品牌形成与发展的过程可概括为：专业性中小企业聚集→优势企业形成并创牌→品牌聚集化成长→区域品牌形成→产业竞争力提升→区位优势凸显。

（二）区域品牌形成的影响因素

根据产业集群区域品牌的形成与发展的一般规律，产业集群区域品牌的形成主要受集群所具有的产业优势、集群内良好的区域环境、集群内龙头或骨干企业名牌战略的实施和名牌群体的成长、集群所在地政府政策导向与效能四个维度的综合作用与影响。

1. 集群所具有的产业竞争优势

从区域品牌的形成过程来看，区域品牌的形成与产业集群的发展阶段有着十分密切的联系，是产业集群发展到高级阶段的结果。产业集群为集群企业带来了单个游离企业所不具备的产业竞争优势，从而有利于名牌产品或企业的形成，进而为区域品牌的形成奠定了基础。主要表现在：集群的外部规模经济效应为企业品牌和区域品牌建设创造了低成本优势；专业化分工、弹性生产与协作竞争效应为企业品牌和区域品牌建设带来了组织效率的提高、灵活性增强、产品质量的保证与产品差异化优势；集群的知识外溢效应、良好的创新氛围与创新资源的存在为企业品牌和区域品牌建设提供了提高与加快其自主创新能力和速度的技术优势；集群企业的合作营销为企业品牌和区域品牌建设带来了市场竞争优势等，从而使集群内企业比集群外企业更具有竞争力。因此，产业集群已成为企业品牌与区域品牌成长的重要载体，产业集群奠定了企业品牌和区域品牌形成的基础，营造了有益于企业品牌和区域品牌成长与发展的土壤和条件。

2. 集群内良好的区域环境

区域环境对名牌企业或产品进而对区域品牌的形成有十分重要的影响。品牌区域环境是指各类品牌在一个单位时间中共处同一市场空间，形成竞争关系，促使品牌不断学习和竞争的市场范围[①]。在学习和竞争中，品牌环境是品牌生成的催化剂和孵化器。产业集群为名牌企业或产品以及区域品牌的成长提供了良好的硬环境与软环境，硬环境如为企业商品交易提供便利的场所和完备的交通、通信等基础设施、功能完备的专业市场等；软环境如讲合作、重信誉的商业文化氛围、良好的创新氛围与创新资源、公平竞争的市场秩序，以及政府、商会、行业协会、企业等组织创建品牌的强烈意愿等，从而使区域内形成了一个有效的品牌发生、发展、评价和淘汰机制，有利于促使名牌迅速生成和繁衍，进而为区域品牌的形成奠定了基础。

3. 集群内龙头或骨干企业名牌战略的实施和名牌群体的成长

通过对国内大量产业集群区域品牌案例的研究表明，大多数比较成功的产业集群都有龙头企业或一批骨干企业作为品牌领导者存在并以其为核心形成了一个个名牌群体。这些龙头企业或骨干企业率先创牌和持续不断的创新活动促进了产业集群的发展和区域品牌的形成，使集群的竞争优势得以保持。由于龙头企业“一般是作为市场需求的发现者、企业孵化器、创业支持者、成功典范以及变革代理者等角色而存在的……”[②]，龙头企业的成功成长模式往往成为集群内其他中小企业竞相模仿的典范。龙头企业带头实施名牌战略及自创品牌的示范效应，会激发其他企业的创牌热情进而相继仿效，从而带动集群内一批名牌企业或产品的产生。可见，龙头企业的特殊地位和作用很大程度上会主导产业集群的演进方向、速度及绩效[③]，如温州正泰、德力西、康奈、奥康、庄吉、报喜鸟等一批龙头企业率先创牌，带领集群内一批优秀和骨干企业走上自创品牌的发展道路，

① 张祖健，等. 中国东部品牌研究. 北京：中国轻工业出版社，2003：96.

② 朱嘉红，邬爱其. 基于焦点企业成长的集群演进激励与模仿失败. 外国经济与管理，2004（2）：33-37.

③ 同上②。

使温州低压电器、服装、制鞋等集群内相继产生了一大批省级和市级名牌，形成了由国家、浙江省、温州市三个层级名牌组成的强大品牌联合舰队，不仅大大提升了区域形象与产业竞争力，为区域品牌的形成奠定了雄厚的基础，同时也引领温州产业集群驶入健康的发展轨道。

4. 集群所在地政府创建区域品牌的主观偏好、政策导向、创新精神与学习能力，以及区域品牌管理的质量与效率

区域品牌的形成与地方政府的政策导向与执政效能有着十分密切的关系。区域品牌的性质及其对公共政策的需求客观上决定了区域品牌的创建必须有政府参与其中并发挥主导作用。由于区域品牌产权边界模糊和利益共享性的特点，使区域内任何一个企业都缺乏创建区域品牌的内在动力，地方政府作为所在区域公共利益的代表，可超越单个企业利益的局限，从区域整体利益出发，整合区域品牌资源，作为集群企业的代理人行使区域品牌创建与管理的权力。所以，在区域品牌形成过程中，政府的构建性要明显大于市场的生成性。政府行为主体的偏好是产生不同行为及其绩效的基本出发点和初始原因。地方政府被认为是经济活动赖以发生的制度环境的重要组成部分，地方政府行为影响地方区域范围内制度的制定及变化，进而影响经济活动的绩效。地方政府官员的品牌意识、创新精神以及学习能力决定了政府区域品牌政策的制定与管理水平，而政府区域品牌政策的制定与管理水平的高低又决定了区域品牌的演进速度与发展水平。

四、区域品牌的培育

区域品牌能够为区域经济的发展提供公共品牌效应，已成为区域经济发展的核心战略，是地方产业集群发展的重要依托和迅速壮大区域经济的有效途径。根据区域品牌形成的内在规律性及其影响因素，区域品牌的创建应遵循以下基本路径：

（一）从战略高度重视区域品牌的建设

区域品牌对于区域经济的发展具有与单体名牌（企业或产品名牌）同样甚至更加重要的作用，特别是对中小企业占据较大比重的经济省份和行业来讲，区域品牌的创建对于当地地方经济的快速发展就显得尤为重要。在地方经济发展过程中，努力形成区域品牌，依托区域品牌的良好形象和整体效应扩张区域经济的辐射力和竞争力，吸引全国甚至全球流动的生产要素落户本地，以区域品牌来提升产业竞争力是地方产业发展的必然选择。因此，各个地方政府应上下达成共识，将区域品牌的建设提升到振兴区域经济发展的战略高度来认识，与产业集群一道作为各地区域经济发展的核心战略。

（二）确立区域品牌建设的主体和组织模式，明确职责，形成完善的区域品牌运营体系

创立区域品牌，首先必须形成有利于促进区域品牌建设的公共机构。由于区域品牌

的共享性和经济外部性的原因，集群内单个企业一般不愿单独或无力承担代表集群整体利益的区域品牌创建活动，这就决定了地方政府和行业协会应成为区域品牌创建、管理和维护的主体，特别是政府的极力提倡和有效、持续的推动尤为重要。由于区域品牌的创建是一项专业性、技术性很强的系统工程，是企业群体和区域政府以及行业协会等中介机构共同的事情，不是靠某一方面的单独力量可以实现的，这就需要政府、行业协会、商会和企业等多方力量的积极投入和共同努力，因而，必须建立起一个多方力量参与的有利于区域品牌建设的组织模式和相应的从事区域品牌管理的专门机构，明确各自的职责，形成一个完善的区域品牌运营体系。

（三）科学制定区域品牌发展战略

应根据各地的区域条件和产业发展的特点，科学确定区域品牌发展战略，并将区域品牌建设规划列入当地的区域经济或产业发展规划。一是充分利用各个地区的资源条件和产业优势，逐渐发挥名牌产品的集聚效应和规模效应，实现以名牌产品引导产业结构调整，以名牌规划引导资源配置和产业集聚，以名牌企业群体筑起区域品牌；二是根据各个地区产业发展的具体情况，通过研究制定区域品牌发展的总体战略，提出科学的品牌推进的指导思想、基本原则和总体目标，拟订合理的实施步骤和阶段性目标，明确品牌发展的方向和重点，最终形成区域品牌、企业名牌、产品名牌的多层次的区域品牌体系。

（四）提炼区域品牌的核心价值，科学地进行区域品牌定位

创建区域品牌，必须建立清晰的区域品牌形象，这是进行区域品牌开发、设计、注册、宣传等工作的前提、基础和主线。区域品牌定位来源于对区域品牌核心价值的开发。区域品牌核心价值的开发是基于对区域的历史、现状和未来，区域的政治、经济、文化、自然地理、社会等环境，区域和行业竞争对手等多层次因素的全面分析、综合和提炼。因此，区域品牌核心价值及其区域品牌定位必须遵循独特性、优势性、创造性的原则，从各省产业集群所在地域的历史、地理、经济和文化特征出发，充分考虑产业集群的行业特性和特色，突出产业集群的整体发展理念，融入集群区域的优秀人文文化内涵，提炼和整合集群内各企业名牌的精华，综合反映产业集群区域品牌的区域特征、产业特征、名牌特征，集中传递产业集群区域品牌的个性、价值和文化，使区域名品牌成为各个地区产业和特定区域的象征。

（五）构筑区域品牌的产业基础，形成产业优势

区域品牌作为特定区域产业或产品的象征和一种具有“公共物品”性质的无形资产，其形成必须有坚实的物质基础，即产业要素要丰富，企业品牌要发达。

迈克尔·波特（M.Porter，1998）指出，一个国家或地区在国际上具有竞争优势的关键是产业的竞争优势，而产业竞争优势来源于彼此相关的企业集群。所谓集群产业优势主要指在集群的专业分工、根植性和创新属性基本形成的情况下，产业集群中的各种资源能力通过交互作用产生的优势，这些优势不仅存在着“自我繁殖”机制，而且有较强的外部效应，即对区域经济发展有较强的促动作用。

国内学者对产业集群与区域品牌的相关性进行了研究。一致认为，区域品牌的形成是产业集群发展到一定阶段的产物。区域品牌都是在那些产业实力雄厚、具有明显产业竞争优势的产业集群的基础上形成和发展起来的。每一个区域品牌的背后都有雄厚竞争力的产业集群为支撑。因此，培育和发展产业集群进而形成产业竞争优势是区域品牌形成的重要条件。

（六）促进名牌企业的成长与整合，发挥名牌群体的聚集效应

在区域品牌形成与发展过程中，通过龙头企业或骨干企业率先创牌和持续不断的创新活动，带动集群内一批名牌企业或产品的产生，形成错落有致的品牌梯队，发挥名牌群体的正向效应，对提升区域品牌形象与产业竞争力具有重要作用。因此，应在集群内实施名牌战略，大力推进名牌产品创建工程，对于集群内企业实行分类指导。① 实施品牌舰队策略。重点扶持技术含量与附加值高、有市场潜力的名牌产品企业创国家或世界名牌，积极引导中小企业向旗舰品牌集聚，将集群内品牌以最优的组合方式装配成一个结构合理、竞争极强的品牌集群，犹如舰队般具有极大的“攻击力”。② 建立品牌战略联盟。通过集群内两个或两个以上的企业品牌进行合作，借助相互的竞争优势，以建立相对稳固的战略伙伴关系或结成利益共同体，获得单个企业品牌所不具有的竞争力。

（七）营造有利于群内名牌企业成长和繁衍的区域环境优势

区域环境优势对名牌簇群以及区域品牌的影响主要表现在资源环境、制度环境、文化环境、投融资环境、社会关系环境、基础设施等方面。地方政府应通过对所管辖范围的集群企业和全体品牌所有者的正确公共政策与导向，解决好企业名牌和区域品牌培育的内外部环境问题。政府应在尊重产业发展规律、贴近产业需求的基础上，积极引导产业发展、营造产业环境、提供有效的公共产品和公共服务、加强市场监管等方面，发挥其对产业集群和区域品牌以及名牌簇群形成与发展的重要推动和促进作用。

（八）开展区域营销，塑造统一的区域品牌形象

区域营销是指为实现区域发展目标，将区域作为一个整体推向市场，以区域的整体形象参与市场竞争的过程。区域营销的核心在于建立区域的核心优势，形成独特的竞争力和吸引力，通过区域品牌整体营销传播，逐步建立与扩大区域品牌的形象和影响。

五、区域品牌的管理

区域品牌是区域内所有相关企业可以无偿使用的公共品牌，其公共产品的性质决定了企业在创建区域品牌方面的投入和由此得到的回报具有不对称性，导致企业缺少创建和维护的积极性，而普遍产生“搭便车”的心理预期。区域品牌不仅得不到像对企业品

牌那样有效的管理和维护，而且比企业品牌更容易遭受个别企业机会主义行为的损害。因此，必须加强区域品牌的管理，不断提升区域品牌的质量、信誉与形象。

（一）抓好质量工程，提高区域品牌的质量与信誉

制定统一的产品技术标准，实行严格的市场准入制度，对符合技术标准的成员企业允许其使用集体商标；加强质量监管，将质量监管重点放到集群所在区域，建立省、市两级质量联系镇制度，形成市镇结合、镇企结合，齐抓共管的质量保证体系。

（二）加强知识产权的保护

各级工商、质监、农业、知识产权部门要在产业集群内严厉打击侵犯注册商标、专利、版权等知识产权行为，保护技术创新成果，坚决遏制假冒伪劣行为，保护诚实守信者，形成有序的市场秩序。

（三）积极进行原产地域产品标志注册

利用原产地域产品标志这一法律武器，使地域品牌形象合法化，禁止任何原产地域以外的生产者使用地域形象标志。

（四）培养以信任为基础的区域品牌文化氛围，以促进集群内企业之间的公平竞争

政府应运用舆论工具，大力宣传和引导集群区域品牌文化的形成。如职能和社会中介机构联合可采取对集群内企业进行公正客观的信誉评级，向集群内外公布，对信誉良好的企业大力推介，对信誉差的则给予警示。在必要时地方政府应运用法律、行政手段等对危及集群整体的败德行为加以干预等。

第三节 国家品牌及其管理

一、国家品牌的概念

（一）国家品牌的内涵

国家品牌是一个崭新的研究领域。1996年，美国人西蒙·安浩（Simon Anholt）创造了“国家品牌”（Nation Brand）这一术语[①]。他把塑造国家品牌的过程称之为国家品牌化（National Branding）。2001年9月荷兰国际关系学院彼得·范·荷姆（Peter van Ham）在《外交事务》（Foreign Affairs）上发表了《国家品牌化的崛起》一文，从国际政治视角提出了“品牌国家”（Brand State）的概念。2002年，营销学大师菲利普·科特勒（Philip Kotler）提出国家在国际市场上竞争类似于公司之间的竞争，国家的竞争必须要分析国家与世界的关系，制定国家竞争的战略方针，在这个方针的执行过程中，国家品牌将发

① http://en.wikipedia.org/wiki/Simon—Anholt. Retrieved on January 27, 2012.

挥重要的作用。在此基础上，Stefan Paul Jaworski和Don Fosher（2003）[①]提出，国家品牌与产品品牌类似，每个国家都有其独特的、和其他国家不同的核心内涵和价值，被称为国家品牌DNA，它是国家品牌和国家形象的基础。此后，人们对国家品牌进行了广泛的研究。

1. 国家品牌的定义

关于国家品牌的定义，目前国内外尚未形成统一的认识。根据英文《维基百科》的解释，国家品牌建构是一个理论与实践领域，致力于测量、建设和管理国家声誉。[②]

对国家品牌建设做出巨大贡献的英国国家品牌领域著名的咨询专家西蒙·安浩认为："国家声誉与公司或产品的品牌形象差不多，都很重要。"[③]国家品牌塑造的核心内容是"声誉管理"。其在2007年出版的《铸造国家、城市和地区的品牌：竞争优势识别系统》中指出：品牌建构是设计、策划和传播名称和身份的过程，其目的是制造或管理声誉。[④]

可见，上述定义将"国家品牌"等同于"国家声誉"。

我国学者毕研韬等将"国家品牌"界定为：国家品牌是一个国家的名称、身份和声誉的集合，是人们对该国政治、经济、军事、文化、外交诸领域运行状态的整体认知。[⑤]

胡立彪等学者将国家品牌定义为：国家品牌是在一定时期内一个国家在其他国家公民心目中的总体形象，包括有形资产（如市场流通中的实物产品）和无形资产（如服务、投资环境、文化传统、居民素质、政府管理）。[⑥]

国家品牌既由当前国家的地理位置、自然环境、经济、政治、文化状况所决定，也受到历史状况和发展前景的影响。一个国家特有的物（包括自然物、文化产物等）、人（古代、现代、当代的名人）、事（著名事件），都是该国品牌的基础。塑造国家品牌就是充分利用本国的优势资源，并把这种优势资源转化为一种为世人认可的固化形象。

刘瑞旗、李平等在《国家品牌战略问题研究》一书中对国家品牌的内涵及其相关理论做了全面系统的阐述[⑦]，认为：国家品牌是指在一国范围内所形成的具有相当规模和较强生产能力与服务能力、较高市场占有率和影响力的企业和企业所属品牌的商誉总和，它是能给拥有者带来溢价、产生增值的一种无形资产。国家品牌是一个国家一系列产品投射在国内外利益相关者心目中的形象，它是外界对一国产品总体的、相对稳定的一般性评价。国家品牌的标志首先是作为产地的国家名称，用国家名称区分产品特征，其本质是产品差异性的总体特征。如冠以国家的大米就有泰国大米和日本大米之分，除了产地之外，其形状差异是泰国大米细长、日本大米颗粒饱满，其味觉与嗅觉差别是泰国大米香、日本大米绵软。就工业品而

① Stefan Paul Jaworski, Don Fosher. National Brand Identity & Its Effect on Corporate Brands: The National Brand Effect (NBE). Multinational Business Review, Fall 2003, 11 (2): 99.

② http://en.wikipedia.org/wiki/Nation—branding.Retrieved on January 27, 2012.

③ 西蒙·安浩. 铸造国家、城市和地区的品牌：竞争优势识别系统. 葛岩，卢嘉杰，何俊涛，译. 上海：上海交通大学出版社，2010.

④ 同上③。

⑤ 毕研韬，等. 品牌之道. 北京：中央编译出版社，2012.

⑥ 胡立彪. 打造国家品牌的良好形象. 中国品牌，2007.10

⑦ 刘瑞旗，李平，等. 国家品牌战略问题研究. 北京：经济管理出版社，2012. 本书以下对国家品牌有关问题的阐述大多依据该书提出的理论观点。

言，品牌母国往往是从原创性设计到生产制造后在国际市场的综合表现。如汽车冠以国家名，就有了美国汽车、德国汽车和日本汽车等国家品牌。美系车豪华人气、德系车安全可靠、日系车省油轻便是这类国家品牌的综合特征。

从本质上看，国家品牌也可以界定为一个国家的文化个性、历史脉络、生活方式被世界人民所认识的共性特征，是全世界对这类国家的这样一种制造持普遍的认同。这种能力的形成，与其国家、人民、文化个性、产业能力是有直接关系的。

国家品牌作为消费者在长期的消费体验过程中所形成的印象，是对一个国家的产品和服务整体形象的感受和认知。这种感受和认知的个别性也许是狭隘的，但是如果消费者大众整体在反复消费的过程中所形成的印象渐趋一致的话，它就形成了国家品牌的整体印象。正如我们一般人对世界主要国家的制造业产品所感知的：美国——创新制造；英国——经典制造；法国——浪漫制造；德国——完美制造；瑞士——精密制造；日本——品质制造；韩国——模仿制造……消费者在谈到某个国家的产品时，通常都会有一个基本的印象。

当然，国家品牌不可能完全是一个抽象的印象，它需要具体的可以代表一个国家产品品质和服务水平的品牌形象。作为一个集合概念，国家品牌代表着一个国家所有产品和服务的整体素质和文化内涵，它所表达的信息无不渗透着一个国家的品质属性、技术水平、文化特质和民族个性特征。反过来说，任何国家的产品或服务都是国家品牌形象的代表，它会从各个方面表现出国家品牌的价值观，彰显着一个国家民族文化的内在基因特征，延续着民族文化的血统。

2. 国家品牌的内在规定性

国家品牌的内在规定性总是会以某种具体的特征外在地表现出来，并在消费者心目中形成具体的印象，而这种印象一旦形成，在一个相当的历史时期内是比较稳定和不易改变的。

（1）品质规定性。在国际市场上，国家品牌的概念首要的是其产品和服务的品质规定性。任何一个品牌，无不带有国家品牌的烙印，它的品质从某种程度上说就是代表着一个国家的产品品质。如第二次世界大战以后初期的日本，在制造业方面的品牌特征集中体现为“日本造”，在世界市场上就是品质低劣的代名词，直到20世纪60年代末期，以松下电器为代表的电子制造业决心重新塑造日本品牌，才逐渐诞生了松下、索尼、三洋、日立等一大批代表新一代日本产品品质的先进制造品牌。而以节油轻便为特点的日本汽车品牌在1973年石油危机发生以后，一举攻下了美国市场，使得日本品牌开始改变了在各国消费者心目中的形象定位。“日本造”从而也成为世界高品质产品的国家品牌。

（2）水平规定性。一国的制造水平高低，既取决于其技术的先进程度，也取决于其管理的严格程度。因此，先进国家之所以先进，是因为其产品的技术水平先进，由此表现为国家品牌也具备一定水平的先进性；反之，落后国家的落后，也是因为技术的落后、管理的落后，并自然延伸出产品性能的落后，其国家品牌也成为落后水平的代名词。

（3）形象规定性。形象虽然是事物外在的表现，但是对于国家品牌形象而言却具有代表国家产品品质、制造水平和服务理念的内在规定性。通过品牌形象识别可以使消费者感知不同国家的产品品质、制造水平和服务理念。一般而言，德国生产的汽车，无论是奔驰、宝马还是奥迪，皆因其产自德国而给人以品质可靠的保证；同样，瑞士的手表也以精密或更美观耐用的品牌形象示人。当然，品牌形象除了表现产品品质和技术水平等基本要素外，还会折射出品牌所属国家的民族文化内涵和精神追求，这同样存在着国家品牌下的产品是否与消费者的价值取向和文化偏好相吻合。

（4）价值规定性。品牌是有价值的，企业品牌如此，国家品牌更是如此。一个好的国家品牌可以为提升本国产品的附加价值提供广阔的空间。同样一款汽车，在使用的性能上也许差别不大，但是，由于韩国品牌和德国品牌的差异而在附加价值上会相差数倍，这样的差异是由国家品牌的价值规定性所引起的。这种价值规定性是同品质规定性和水平规定性密切相关的。

（5）竞争力规定性。国家品牌代表着一个国家的竞争力，虽然国家竞争力表现为创新能力、治理能力、教育水平、社会管理能力、法制环境等诸多因素，但是国家品牌竞争力则主要集中体现为一国产品的国际市场竞争力。这种竞争力既是其产品的市场占有能力的集中体现，也是产品附加价值的集中体现。因此，一国产品在国际市场上的知名度、美誉度和消费者的忠诚度会通过产品的销售收入和超额盈利能力而表现为国际品牌的竞争力。

（6）财富规定性。一个国家国土面积的大小、自然资源的丰瘠、人力资本的多寡、技术水平的高低、生产能力的大小等，都构成一国财富的基础。品牌作为企业和国家发展的主要战略资源，同样是不可忽视的国家财富，这种财富既可以用具体的价值来表现，也可以用品牌在市场上的竞争力和溢价形态来表现。富裕的国家有各种富裕的形态，如中东的石油，俄罗斯、澳大利亚和巴西的矿产，德国、瑞士和日本的技术工艺，美国的美元和中国的外汇等。但是品牌就如同太阳能一样是取之不尽、用之不竭的财富资源。凡是发达国家，最大的标志是拥有一大批世界品牌，这些品牌反过来构成了国家财富。

（7）文化内涵规定性。文化直接反映一个国家和民族的独特性，是影响国家品牌方面具有重要价值的核心要素。国家品牌就是一国和他国所不同的文化差异在各个方面的有机综合。而各国所拥有的独特文化，不可能被别国模仿，所以，这种独特性具有相对的稳定性及鲜明的民族文化特色，会直接影响一个国家人们的行为方式和价值观念，并最终物化在社会生产的产品中。这种文化特征的物化自然要通过国家品牌的产品和服务最终表现出来。因此，文化在国家品牌方面具有重要的价值，而国家品牌也必然毫不保留地展示出其文化内涵的规定性。

（二）国家品牌的外延

从国家、行业、企业、产品和服务等不同层面分析和理解，才能对国家品牌得到完整的认识。

1. 总体概念的国家品牌

国家品牌是国家形象的固化以及精炼，是国家形象的进一步提升。良好的国家品牌是一个国家走向世界的“特别通行证”，也是一国在国际交往中“特殊的润滑剂”，更是一国在处理国际事务中所必须占据的“道德高地”。

总体概念上的国家品牌是指在一般意义上，只要是某个国家生产的产品，都具有该国的国家品牌属性。甚至贴牌生产的产品，虽然设计和品牌监控由品牌所属国家完成，但是，只要在产地上显示出是某国制造，就给消费者产生是某国产品的印象。如“德国制造”、“英国制造”、“法国制造”、“意大利制造”、“中国制造”、“印度制造”或“斯里兰卡制造”等，这在一般意义上就是国家品牌的象征。

2. 行业概念的国家品牌

经济学的比较优势理论告诉我们，不同国家由于资源禀赋的差异和历史文化传统的不同，会在产业发展过程中形成自已独具特色的产业发展类型，逐渐在国际市场上形成代表国家竞争力的优势产业，并在此基础上逐渐向品牌化方向发展，从而形成独具特色的国家行业品牌。

（1）瑞士钟表业品牌。瑞士的精密机械制造业是全球闻名的国家品牌。在钟表行业，特别是机械表的制造领域，只要是有着“瑞士制造”标志的手表，一般都被认为是质量可靠、品位优雅、有欧洲大陆文化根基的国家品牌。甚至在包装方面，经销商还有意识地把瑞士的红十字国旗印制在包装盒上，以显示这是瑞士品牌产品。瑞士表的概念已经深深印在人们的心中，成为瑞士品牌的典型代表。

（2）法国葡萄酒业和化妆品业品牌。法国由于得天独厚的地理位置和浪漫的文化传统，形成了葡萄酒和化妆品两大国家级行业品牌。

法国的波尔多地区盛产美味葡萄，其所积累的葡萄酒酿造工艺也是世界公认的一流水平，于是，法国逐渐成为一个葡萄酒飘香的国度，各类干红、干白和威士忌葡萄酒被世界认可。

巴黎是一个浸泡在香水里的城市。法国的各类香水和化妆品总让人感觉充满浪漫气息。这在很大程度上是由于法国人身上散发出来的健康、潇洒、浪漫、激情和性感的民族气质和文化气息。加上法国人崇尚自然，在花蕊提取技术上精益求精，并通过品牌营销传播推广而故意营造品牌的浪漫气息，由此衍生出了这样的产业品牌。

（3）德国制造业品牌。德国的制造业是全世界公认的最具有竞争力的产业，德国人的认真、严格和精益求精几乎体现在制造业的各个领域。如汽车产业的奔驰、宝马、奥迪等均被认为是世界顶级的国家品牌，而德国制造的光学仪器、医疗器械、医药、精细化工，甚至餐具和刀具都被认为是世界最好的品牌产品。德国制造业的国家品牌形成，与德国长期坚持高端的国家标准、严格的国家实验室和精益求精的民族文化等都有根本的血肉联系。

（4）美国高科技产业和创意产业品牌。美国作为世界最强大的国家，首先在于其强大的国家品牌竞争力。根据《福布斯》公布的年度世界500强排名，美国占189名，在前100名中，美国占35名。这无一不是美国国家品牌的重要组成部分。

美国的国家品牌多集中在高科技产业，如航空航天工业、电子信息产业、生物医药产业，还有就是文化创意产业和金融服务等高端服务业。这些产业领域的美国品牌充分体现了美国品牌的国家竞争力。

3. 企业概念的国家品牌

提起国家品牌，人们在潜意识中往往会对象化为那些在世界市场上有足够影响力的跨国公司企业品牌。这些品牌要么富可敌国，要么执行业牛耳，其在全球的影响力甚至大过一些国家。

（1）美国企业品牌。提起美国品牌，人们耳熟能详的有苹果、微软、GM、Ford、花旗、GE、埃克森-美孚、IBM、惠普、INTEL、戴尔、AT&T、杜邦、克莱斯勒、宝洁、沃尔玛、强生、辉瑞、波音、摩托罗拉、可口可乐、百事、麦当劳、肯德基、高盛、联邦快递、联合航空、朗讯科技、耐克、锐步、SUN、惠尔浦、金百利、生命保险、友邦等，这些均在全球500强之中。

（2）日本企业品牌。日本企业品牌主要集中在制造业，比较能够代表日本国家竞争力的品牌如丰田、日产、本田、三菱、马自达、铃木、索尼、松下、NEC、日立、东芝、三洋、夏普、朝日、精工、住友、丸红、伊藤忠、佳能、富士、新日铁、川崎等，日本正是靠这些世界知名的企业品牌而成为发达国家的。

（3）德国企业品牌。德国企业品牌也是以制造业为主。比如戴姆勒-奔驰、宝马（BMW）、大众、西门子、克虏伯、拜尔、巴斯夫，无不以高品质的产品而使企业品牌独步天下。图书公司贝塔斯曼、航空公司汉莎航空也同样具备非凡的竞争力。

（4）其他小国家的企业品牌。一些经济规模较小的国家也多因在国际市场上有著名的品牌而引起各国的重视。经常被提到的有：瑞士品牌如雀巢、诺华等；瑞典品牌如爱立信、沃尔沃、SAAB等；芬兰品牌如诺基亚等。韩国也有三星、LG、现代、大宇、浦项等世界知名品牌。

4. 产品概念的国家品牌

如果说在构成国家品牌的元素中企业品牌是国家品牌的分子结构，那么产品品牌则是国家品牌的原子结构。世界各国的消费者认识一个国家，往往是从该国的产品品牌开始认知的。如瑞士的手表品牌，无论我们是否购买和消费，都不能不认可，劳力士、欧米茄、雷达、宝路华、帝舵、浪琴、卡迪亚、天梭、梅花等已经成为世界各国消费者耳熟能详的产品品牌。产品品牌是国家品牌的主要载体。国家品牌并不是抽象意义上的国民性或民族性对于其他国家的国民所留下的印象。它一定是从市场或商业的角度，在购买比较和消费体验中认知一国产品的品质和性能，比较不同国家之间同类产品的使用价值和文化内涵，经过反复比较和体验，逐步检验一国产品总体水平的差异，进而体会不同国家品牌产品的个性化特征，这是一种长期积累所形成的国家品牌差异。在对个性化产品的差异中逐步归纳出某个国家产品从品牌到文化的共性，从而就形成一个国家的品牌印象。

知识窗

2012年全球最佳国家品牌

根据全球品牌咨询公司未来品牌（Future Brand）日前发布的2012年国家品牌指数（Country Brand Index），瑞士在最佳全球国家品牌排行榜上位居榜首。未来品牌全球董事长克里斯·努尔克（Chris Nurko）表示，作为动荡环境中经济稳定、文化稳定和社会稳定的象征，瑞士"显示出了对自由、宽容、透明度和环境保护的培育，而这些可以让国家品牌处于领先地位——即便是处于经济困难的时期"。

为了确定人们最喜爱的国家品牌，这家公司进行了年度国家品牌指数（CBI）全球性研究，对各个国家的全球品牌影响力进行评估和排名，包括这些国家的文化、产业、经济活力和公共政策措施。这项国家品牌指数综合了趋势报告、专业研究、数据丰富的分析和面向未来的积极预测。

这项综合指数的得分由5个主要类别的26项形象特征决定，包括价值体系、生活质量、商业环境、文化古迹和旅游业。得分还综合其他6项品牌实力指标（知名度、熟悉度、喜爱程度、考虑前往、旅游决定和拥护度）的表现，评选出排名前25位的最佳国家品牌。

在连续两年位居榜首后，加拿大2012年在国家品牌排行榜上排名第二位。排名第三的日本向来是一个强大的国家品牌。美国在2012年的国家品牌排行榜上名列第8位。不可否认，美国是全世界得到广泛认可的国家品牌。

未来品牌北美地区首席战略官丹尼尔·罗森特雷特说："一个强大的国家品牌不仅是这个国家形象特征的总和，实际上代表了这个国家让人们的生活更加幸福的能力。从政治进步到社会开放和言论自由，一个国家能够以民众为主，满足他们的需求，必将提升自己的品牌形象。这样做能够建立情感联系，发生连锁反应，借此让世界各地的民众愿意访问这个国家，与这个国家做生意，或者在（这个国家）某个特定的地方构筑自己的人生。"

（资料来源：New Marketing. 福布斯中文网，2012（12）：12.）

二、国家品牌的特征与意义

（一）国家品牌的整体特征

1. 国家品牌的抽象特征

国家品牌是一个国家整体产品和服务所表现出来的共有特性的抽象。德国的产品精密，不单指德国汽车精密，德国的机床和医药的精密也是世界闻名。这是一种刻板印象，很多人并没有使用过德国的汽车和机床，但是德国的文化气质和德国人思维的缜密和严肃，使得他认为德国的产品也具有这种特质，而精密的“德国制造”也标示着德国产品的国家品牌——先进、精密、可靠。国家品牌是这个国家的抽象化，一个国家的国家形象就是在这个国家的品牌中体现出来的。国家品牌在很大程度上影响了国家形象，一个优秀的国家品牌对于抽象的国家形象无疑是至关重要的。

2. 国家品牌的非专有权利特征

国家品牌中的国家名称是一项非专有性的集体权利，它不能为某生产者作为商标注册专有专用。在推动国家品牌建设的过程中，不少国家的政府都在具体实施发展战略和规划。在“品牌加拿大计划”中，对冠名的拥有者有明确要求：使用加拿大品牌的食品及农产品必须是在加拿大种植、饲养或收获的，最终的实质性加工也发生在加拿大。

3. 国家品牌的公共物品属性

作为公共物品，国家品牌具有明显的非排斥性和非竞争性。国家品牌的非排斥性是指，将国家品牌作为一个物品的话，不论一个人是否能承受其价格他都可以使用。其非竞争性并不是说国家之间没有竞争，而是指当国家品牌向更多的人提供服务时，社会的边际成本等于零。

4. 国家品牌的不可转让性

国家品牌作为公共品牌，其非专有性特征和公共属性同时也决定了它的不可转让性。不仅国家品牌中的国名作为产地名称不能转让，同时作为本国产品也不能许可产地外的非本国企业或个人使用。

5. 国家品牌的累积性特征

国家品牌的发展和壮大是一个国家文化的沉淀和传统的历史累积过程，即使是一个国际知名品牌的诞生一般也需要经过几十年甚至上百年的历练和沉淀。商品领域的国家品牌是各个本国品牌的产品特性和文化特性逐渐积累起来的国家品牌的共同属性。

6. 国家品牌的价值增值特征

品牌是给拥有者带来溢价、产生增值的一种无形资产。一个国家品牌作为一种资产本身可以成为企业品牌的一部分，从而为本国的产品品牌增加价值。例如，同样的一辆车，如果标有“德国制造”的标志，将比使用“韩国制造”标志的售价增加一倍以上，这就是消费者对德国国家品牌和韩国国家品牌的不同认知导致的结果。国家品牌的价值差别是一种客观存在。

（二）国家品牌的意义

一个国家的品牌形象一旦形成，人们就会带着对这个国家的总体印象去看待来自这个国家的公民、企业、产品和服务等一切事物。也就是说，一个国家的整体品牌形象将对该国的政治、经济、社会等各方面均产生影响，这就是所谓的“国家品牌效应”（Nation Brand Effect，NBE）。在全球化时代，国家品牌形象的作用和地位进一步凸显，越来越明显地对国家的实力、利益和行为发挥着重要影响。强大的国家品牌可以提升国家的整体竞争力，对该国政治、经济、社会等不同领域产生积极影响。

1. 良好的国家品牌有利于提升国家的软实力

软实力是一个国家的无形精神力量，包括该国国民主流的价值观、文化魅力和国际社会中设定规则的能力，其核心是文化、传播和影响力。国家品牌是一国软实力的重要内涵，它可以对国际公众心理、行为产生潜移默化的影响，有时这种影响还会产生比经济、军事更加显著的效果。国家品牌能折射出一国独特的文化背景和精神传承，正所谓基于内而见于外。世界各国通过对该国产品的消费而了解该国的文化，各国的消费者们在认同该国产品的同时，该国的文化也会得以彰显。国家的软实力来源于世界对一国文化和价值观的认同。事实上，软实力的增强意味着一个国家文化的“全球普及性”。只有当自己的文化与价值观念在国际社会广为流行并得到普遍认同的时候，软实力才算是真正提升了。因而，良好的国家品牌是软实力提升的重要标志。

2. 良好的国家品牌有利于增强国家竞争优势，提升国际竞争力

良好的国家品牌能够增强国家竞争优势，提升一国的国际竞争力，加大对国际经济组织的影响力和世界其他国家的吸引力，从而提升自己的国际经济地位。在当今全球化潮流中，国家与国际经济组织和跨国公司等一起，构成了国际经济竞争的主要参与者。为了追求社会物质福利最大化，国家需要获得更多有利于本国经济发展的外部要素，如外资、国际游客及出口市场等，能否争取到这些资源，在很大程度上取决于该国的国家形象或国家品牌。一个积极、健康、强大的国家品牌可以获得更多消费者、投资者、游客、移民、媒体以及他国政府的瞩目、尊重和信任，并因此在全球竞争中获得有利地位。那些形象单薄或声望不佳的国家，在全球化中往往也处于被边缘化的地位。由于其弱势的国家品牌资产，它们的声音与举动难以被外界所关注。当今发达国家与发展中国家在国际经济中的地位与获益的不同，也可看成是其国家品牌资产存在差异而产生的结果之一。

3. 良好的国家品牌有利于企业获得晕轮效应，提升企业品牌形象

国家品牌的光环能够对本国的产品产生晕轮效应，其价值表现在国际市场上，国家作为原产国，其品牌形象影响消费者对产品的评价和购买。产品原产国国家品牌形象如同价格、品牌名、包装一样，是一种重要的外在线索，影响消费者对产品的评价和购买。当消费者缺少内在线索（如使用的材料、功能等），或对其内在线索的处理能力有限时，这种影响尤其明显。如果某个国家长期向市场传播、灌输某种形象，消费者就会对该国形成固有模式，短期内难以改变。因此，国家品牌具有作为一个伞形品牌的潜力，即国家品牌有助于产生协同效应，能够激发消费者的购买意向，从而促进本国企业品牌在国际市场上的认知度、曝光率和可信度。

4. 良好的国家品牌有利于提升民族文化力

文化力是指综合国力中的文化、精神力量，它是与综合国力中的经济力、政治力、

军事力等相对而言的，精神文化因素越来越成为综合国力竞争中具有基础性、全局性、渗透性和长期性的要素。

一个民族的文化是国家形象的一部分，属于国家品牌的重要构成要素。例如，法国的生活艺术有浪漫、高雅、精美、创新的特点，是民族文化的一部分，在提到法国时我们就会想到这些独有的特点；在提到德国时我们就会想到认真、严谨、执著，它也是其文化的一部分。法国、德国等国家把它们特有的文化植根于本国产品、服务中，增加了产品和服务的特有内涵，并通过构建国家品牌战略，传递自己的价值观，提高民族的文化力，进而增强国家的竞争力。

三、国家品牌的建设

（一）国家品牌化的含义

国家品牌化是指国家通过制定并执行一个战略性的国家营销计划，构建良好的国家品牌形象的过程。具体来说，国家品牌化要通过各方面的调查研究，确定一国向外传播的国家品牌理念，制定一个整合的周密的营销传播计划，广泛吸纳各利益相关群体（特别是商界和政府部门）的合作，利用一切具有可营销性的机遇，将一致性的国家品牌形象展示给世界各地居民，消除人们的负面评价，促进正面和积极评价的生成，最终塑造和不断提升形象一致的国家品牌的战略性行为。

国家品牌化要回答的两个基本问题：① 我现在是一个什么样的国家？② 我期望成为或我可以转变成一个什么样的国家？缩小这两者间的距离，即构建国家品牌化的目标。英国品牌学者Wally Olins称，国家品牌化的实质是：考虑国家各个经济因素（组织、企业、居民甚至单个产品）的现实状况与国外对其评价之间的关系，然后通过各方面的共同努力，促进其正面评价的产生和传播，逐步加强它们之间的正向联系程度，直至形成一个具有很强凝聚力与表现力的国家品牌。对于上述两个问题的回答，实质上就是认识一国国家品牌的现状，以及通过国家品牌化所期望达到的国家形象的理想目标状态。

从某种意义上讲，国家品牌建设过程就是将国家正面的、积极的、优秀的特征转化为一种有形的、充满活力的、可传达的、真实可见的竞争优势，从而积累国家品牌资产，使国家财富增值的过程。世界品牌实验室研究发现，“国家品牌”对一个企业或产品品牌的贡献率达到了29.8%，可谓至关重要。

（二）国家品牌建设的核心要素

成功建设国家品牌是一个牵涉面很广的系统工程。国家品牌是由该国的代表产品、国家特征、经济与政治背景、历史和传统等变量所决定的，国家品牌是和社会相联系的，涉足的领域包括政治、经济、文化、外交、科技、教育等大的范畴，而影响国家品牌建设的行为因素包括政府行为、企业行为、协会行为和居民行为（如居民共享文化）等。

我国学者刘瑞旗、李平等认为国家品牌的核心要素由产品、国家特征、经济与政治背景、历史和传统文化等构成。在经济领域，国家品牌建设的四大核心要素是文化个性、技术优势、产业优势和信用体系优势，其中技术优势是基础，产业优势是保障，而信用优势又是技术优势和产业优势有力的推动者。

1. 文化个性

"品牌代表着财富，文化决定命运。"不同国家的品牌差异性形成的重要原因是文化个性。一个国家的文化个性是长期形成、不易改变的。从某种意义上讲，国家品牌建设是由一国的文化个性决定的。什么样的文化个性决定什么样的品牌个性；历史的文化个性决定今天的国家品牌价值；今天的文化个性决定明天的国家品牌价值。可以说，国家品牌建设就是如何改善与调整一个国家目前的文化个性。

美国的制造崇尚创新，日本的制造重在精准，德国产业则主打品质和完美主义，中国制造重在效率与成本。以汽车业为例，美国、德国的汽车是由其文化个性决定的。"以人为本"是美国的文化个性之一，因此其汽车品牌也突出了"大而舒适"这一个性；"对质量的保障"是德国的文化个性，德系汽车具有安全性高这一品牌个性。

案例

德国国家品牌的文化个性

曾经身份卑微的"德国制造"，在英国工业雄霸天下的时代，毅然崛起并取而代之。目前，在机械制造业的31个部门中，德国有17个占据全球领先地位，处于前3位的部门共有27个。无论百年前的教堂大钟、酿酒设备、地下排水系统、建筑与家具，还是今天的奔驰、宝马、双立人刀具，"德国制造"具备了如下四个基本特征：耐用、可靠、安全、精密。

（资料来源：刘瑞旗，李平，等. 国家品牌战略问题研究. 北京：经济管理出版社，2012.）

2. 技术优势

国家品牌建设与自主创新能力的建设密不可分。综观世界知名品牌，往往都是以先进的科技实力作为支撑，并不断推出技术领先的产品，从而获得持久的品牌生命力。在国家品牌的建设过程中，必须依靠自主创新，不断推动创新产品的出现，才能真正实现基于自主创新能力的品牌建设，这样的国家品牌在国际市场中才更有竞争力。

基于伦德瓦尔（Bengt-Ake Lundvall）为代表的国家创新系统理论体系和波特（Micheal E. Porter）的国家竞争优势理论考虑，一个国家的技术创新激励体系的建立非常重要，因此，应将技术优势作为国家品牌建设的第一大支柱。在经济全球化日益发展的今天，基础科学理论研究和应用技术研究必须与世界的经济发展水平相适应，理想的科技能力与投入必须与其竞争力较强的产业发展步伐一致，并与产业所处的竞争阶段（区段）以及企业和大学等研发机构的研究能力相一致。而技术优势的形成，不能只靠一个体系来扶持，更需要形成一种综合的教育和文化环境，最关键的则是要有促进这种技术创新的制度与环境。

3. 产业优势

企业是国家应用科学技术研究的主要承担者，应用技术研究的主体是企业，产业集群的构成主体也是企业。因此，企业不仅在一个国家的经济生活中，而且在其竞争优势的形成过程中都扮演着极其重要的角色。因此，产业优势应作为国家品牌建设的第二大支柱。

美国既是财富最多，也是品牌最多的国家。支撑其财富与国家品牌的是其产业优势。如果从行业的角度看，在最有价值50大品牌所涉及的22个行业领域中，美国有19个行业领域进入排名，日本有3个行业进入排名。

国家品牌价值高的国家，其行业覆盖面就广，即其受益的企业和行业就广。例如，古巴这一国家品牌，能给古巴雪茄产业带来溢价、产生增值；美国这一国家品牌，给美国的大学、食品业、服务业、电影业、制造业带来增值。几乎所有日、美国家品牌的产品认同度都比较高，其结果是，日、美产品全球畅销。

4. 信用体系优势

现代社会是信用社会，逐步建立和完善国家信用体系，确立一国在国际社会中的信用优势，也是逐步提升一国国际地位和国际形象的重中之重。信用体系的建立，即形成以道德为支撑、产权为基础、法律为保障的社会信用制度，确保增强全社会的信用意识，政府、企事业单位和个人都要把诚实守信作为基本的行为准则。信用是新经济时代社会成员处事和行为的基础，因此，要把国家信用作为国家品牌建设的第三大支柱。

（三）国家品牌建设的原则

1. 国家品牌核心化

最佳的国家品牌应与国家的核心技能相关联。如果国家品牌与一个国家的核心产业或技能相关联，它就可以对其产品有直接的推动作用。一个国家也更有可能逐渐获取相关领域内更为核心的技能，并为国际商业社会所接受。

2. 国家品牌真实化

创立的国家品牌形象一定要真实客观可信。这是在当今国际舆论宣传领域最重要的先决条件。在当今社会，信息极其透明，而且信息传输速度极快。如果提供的信息不真实，很快就会被全球大众知道，从而完全丧失了可信度。所以，国家品牌要反映一个国家的特点，符合一个国家的国情与政治、经济、科技、文化与历史等诸多方面的实际情况。

3. 国家品牌独特化

一个商业品牌必须要有独特鲜明的个性与内涵，才能在竞争极其激烈的国际市场上立于不败之地。因为一个形象独特的品牌能够使全球用户容易识别和记忆。在信息量过剩而用户注意力严重不足的情况下，个性鲜明形象独特的品牌能够使它在众多同类产品中成为一枝独秀。

4. 国家品牌简洁化

世界超级商业品牌大多都是简洁的。这种简单性反映在品牌的内涵、概念、名称与品牌符号等，如索尼、可乐、耐克、微软、英特尔等。一个内容明确简单的品牌和品牌理念容易让人理解，接受与记忆。一个国家的品牌也不例外。如果国家品牌的内涵太过复杂，则容易在用户心目中造成混乱及理解上的困难，从而使他们无法对这个国家形成一个鲜明而持久的印象。

5. 国家品牌国际化

一个国家的品牌必须国际化才能够在国际市场上展开有效竞争。国际化的含义有两方面：其一，品牌所表现的理念一定要能够让全球范围内不同政治经济与文化背景的用户接受；其二，对国家品牌含义的诠释应能在不同的文化环境下保持一致，而不会带来误解。

6. 国家品牌一致化

一个国家的品牌形象必须保持一致性，否则就会在用户心中造成混乱，从而使他们对这一品牌产生不良印象。这种一致性表现在国家品牌形象的核心元素在不同市场具有一致性、诉求内容在时间前后上保持一致性，以及在各类媒体与宣传材料之间保持品牌形象与内涵的一致性等。另外，在所有出口产品上应采用统一的国家品牌元素，如名称、标记等。这样，才能在全球用户心中不断强化和最终建立起具有统一形象的国家品牌。

7. 国家品牌灵活化

成功的国际商业品牌在保持其整体理念一致的情况下，针对其所处不同的经营环境和市场会对其品牌形象做出相应的调整。一个国家的品牌形象也应具有一定程度的灵活性，既要使这个形象在整体概念上保持一致，又要在不同受众前具有一定的针对性。国家品牌形象的灵活性还表现在品牌形象的可调整性。一个国家品牌应当保持稳定，这样不至于给用户造成理解上的混乱。但一个国家的政治经济、商业情况总是在不断的变化之中，尤其是对于一个高速发展的国家而言。所以，在不同的发展阶段，一个国家应对其国家品牌形象进行调整，随时与它的真实情况相一致，以便使其国家品牌形象充分反映出这个国家的现状。

（四）国家品牌建设的主要途径

1. 凭借经济实力，以国际事项为契机构建国家品牌

选择这条途径要具备的前提是：① 该国经济体系比较健全，经济实力达到一定水平；② 该国产品或服务品牌比较知名或有望知名。在此前提下，国家品牌化可以依托产品品牌和服务品牌，以国际事项（如承办奥运会、世界锦标赛等体育赛事及全球经济金融会议等）为契机，全面启动国家品牌的营销体系。举办国际事项不仅能够促进本国的城市建设与交通建设，促进旅游业的发展，促进本国经济增长，还构成一次向国外公众展示本国良好形象的契机，将使举办国的声音在更大范围、更广领域内得以传播。对于该国企业而言，国际事项也为其提供了近距离接触和了解消费者的平台，使其不仅可以

推广企业品牌，而且更容易与相关企业、团体建立良好的交流和合作关系。

以2002年韩国世界杯足球赛为例，这场赛事对韩国经济发展及韩国国家品牌的提升意义重大。表现在：① 给韩国带来了可观的经济利益。据相关统计，世界杯使韩国出口额增加了200万亿韩元。② 提高了韩国企业品牌的知名度。韩国现代汽车和三星都称，由于世界杯的举办，它们的品牌知名度大幅度提高。现代汽车的一项调查显示，世界杯期间，认识现代汽车品牌的日本人占67%，而在此之前的比例仅为32%。③ 提升了韩国国家品牌。韩国相关研究机构认为，世界杯有利于韩国国家品牌的提升。LG研究所人员说："从世界杯中，我们得到的最重要的是自信和积极的国家品牌形象。"

2. 利用旅游资源，通过发展旅游业构建国家品牌

通过旅游，国外游客可以亲眼目睹一国取得的成就，能够大范围地感知当地的人文地理、风俗习惯以及产品，这为国家品牌的展示搭建了平台。这种直接接触比通过媒体获得的感知更具体、更真实，因而印象也更深刻。一次舒适、愉快的旅行经历会让游客记住很多东西，留下美好而深刻的记忆。因此，许多国家都试图通过大力发展旅游业，促进其国家品牌的构建。例如，新西兰通过一系列的营销活动，同时借助各利益相关群体的力量，成功塑造了其旅游品牌。海外游客大量增加，新西兰的知名度大幅提升，其国家品牌"百分百纯净的新西兰"（100% Pure New Zealand）已享誉全球，并带动了新西兰众多产业的发展。

3. 挖掘文化特性，从文化的角度构建国家品牌

特定的文化是指某个国家经过长期的历史演化而形成的人们的特定行为准则和价值观念的总和。与一国的自然地理一样，文化直接反映了一个国家的独特性。这种独特性具有相对的稳定性及鲜明的民族特色。文化联系起一国的过去与现在，是不易被别人模仿的，具有重要的竞争价值。Krzyszt of Kubacki和Heather Skinner通过对波兰国家品牌的实证研究，证明了一国的文化构成因素与构建积极而独特的国家品牌之间的密切关系。因此，一些具有悠久历史文明的国家，可以考虑从文化的角度来构建其国家品牌。同时，在当今商业高度发达的国家市场上，消费者对商业信息越来越怀疑，基于利益驱动开展的商业宣传活动并不容易获得信任，而以非营利性为特质的文化，更易引起消费者的兴趣和共鸣。这种潜移默化的影响无疑是最佳的传播手段。另外，整个人类的文化有着共同和相通的内容，这便是文化传播的突破点。通过文化的推销和传播，可以使得关注点从一种短期的追求媒体传播效果的模式，转移到一种更全面和持久的展示方式——让世界理解一国及其价值观。在国家品牌构建的传播环节，可以与相关目标群体开展语言的交流和学习活动，通过举办各类文体活动，如音乐会、博览会、体育竞赛以及特定的民族传统盛会等，从而有助于提升国家品牌的知名度进而积累国家品牌资产。

本章回顾

公司品牌作为一个综合性概念，学者们分别从公司与品牌资产、利益相关者、消费者三个视角对其进行定义。公司品牌具有传递品牌核心价值、有效形成品牌差异、发挥平台作用、更好联系公众四个方面作用。公司品牌管理方式按照典型特征可区分为先锋型、纵深型、联结型、象征型四种类型。公司品牌的构建包括树立公司品牌意识、明确公司品牌形式、规划公司品牌路径、选择公司品牌的应用方式四个步骤。

区域品牌化已成为区域发展的一种新的战略工具。区域品牌具有区域性、品牌特性、产业特性和公共属性四个基本特征。区域品牌是在产业集群发展到一定水平产生的，其形成受多个维度的综合作用与影响。区域品牌的创建应遵循科学的发展路径：从战略高度重视区域品牌的建设；确立区域品牌建设的主体和组织模式，形成完善的区域品牌运营体系；科学制定区域品牌发展战略等。

国家品牌是在一定时期内一个国家在其他国家公民心目中的总体形象。从其外延来看，可分为总体概念的国家品牌、行业概念的国家品牌、公司概念的国家品牌和产品概念的国家品牌四个层次。国家品牌具有抽象特征、非专有权利特征、公共物品属性、不可转让性、累积性特征和价值增值特征。国家品牌化是国家通过制定并执行一个战略性的国家营销计划，构建良好的国家品牌形象的过程。

关键术语

公司品牌　公司品牌三要素　公司品牌管理方式矩阵　公司品牌管理的变化路径　公司品牌应用的九宫模型　区域品牌　国家品牌　总体概念的国家品牌　行业概念的国家品牌　企业概念的国家品牌　产品概念的国家品牌　国家品牌化

讨论与思考

1. 如何理解公司品牌的内涵、特征与作用？
2. 试分析公司品牌的发展路径与管理方式。
3. 如何理解区域品牌的内涵与特征？
4. 区域品牌的演进规律与形成的影响因素是什么？
5. 试分析区域品牌的培育路径。
6. 如何理解国家品牌概念的内涵与外延？
7. 如何理解国家品牌的特征与意义？
8. 试分析国家品牌塑造的核心要素、原则与主要路径。

案例分析

创意英国——塑造国家品牌

英国是一个怎样的国家呢？英国在中国人的心目中有着怎样的形象呢？是“身着黑色礼服、头戴高帽的古板绅士经过浓雾笼罩下的大笨钟”吗？英国政府2002年在中国开展了一项民意调查，试图了解中国人对英国的印象。调查结果显示：中国人对英国仍停留在负面印象中。这一结果使英国政府充分认识到改变并重塑英国这一国家品牌形象的重要性和紧迫性。

2003年，正值中英建交30周年，又恰逢英国首相布莱尔访华之良机，英国驻华使馆及英国文化协会在中国开展了一场声势浩大、充满创新动力的大型公关活动——“创意英国”。主办方希望通过这一活动，向中国人民展示富有创造力和创新精神的现代英国，改变中国人对守旧英国的负面印象；还希望重新树立并强化国家品牌形象，加强与中国在经济、文化、政治等领域的交流与合作，从而建立长久的、积极的合作伙伴关系。

主办方为此设计了一个全方位的创意构想，涵盖了文化艺术、时尚设计、科学技术、金融商业、环境保护等各个领域，希望从各个层面向受众展现英国的创意和合作精神，塑造“创意英国”这一国家品牌形象。

主办方将这一大型公关活动命名为“创意英国——Think UK”，并打出“中英共创未来”的口号。活动将中国的“成功一代”（16 ~ 35岁，受过良好教育的城市年轻人）作为目标受众。因为年轻人才是创造和构建未来的重要人群。

“创意英国”活动在中国举行了20多个项目，仅在广州和深圳就举行了超过15个重要项目，包括展览、竞赛、演唱会和派对等。这些活动吸引了成千上万的年轻人参与，他们了解了关于英国从太空探索到基因研究、从无线技术到街头时尚等多方面的信息。

将代言人融入到“创意英国”这一主要信息的传达当中。比如在“亚洲土地雕塑展”中，英国著名的艺术家安东尼·葛姆雷指导并带领广州市花都区的农民和广州美术学院的学生，共约300人，用广东的红土制作了20万个手掌大小的代表着生命力和创造力的小泥人。艺术家的创意构想及亲身参与，传递了“创意英国”的主要信息。

此项活动采取广州、北京、上海及重庆巡回展览的方式。展览于2003年3月在广州启动，4个月后移师北京。7月21日英国首相布莱尔访华，还亲自前往北京天安门广场的国家博物院参观，把“亚洲土地雕塑展”推向高潮。

借助纪念日及特别时机开展相应活动。比如2003年恰好是英国科学家发现DNA50周年，“创意英国”活动举行了“DNA模型搭建擂台赛”，参与观众通过搭建DNA模型，领略了英国在科技研究方面的创新力。又比如2003年10月，在深圳高交会上，英国代表团推出了“无线无界限”展览，展示了英国在无线通信技术的创新及实力。同时，这个极富革新精神的展览，为中英两国的工业企业及相关消费者提供了关于英国最新3G技术和无线通信技术信息的全面的交流。

寻找特别时机强化活动主题，吸引社会焦点。比如在广州琶洲国际会展中心举行的“拉阔英伦酷派对”，吸引了广州超过500名年轻人的踊跃参与，互动派对展示了英国的创意元素，让中国的青年为之喝彩。

设计“创意英国互动网站”，以丰富多彩的方式把信息传递给目标受众。“创意英国互动网站”（www.thinkuk.cn），是为了配合“创意英国SMS互动游戏”而设立的。游戏通过互动答题的形式，鼓励参与者到“创意英国互动网站”上寻找答案，让参与者在乐趣中对今日英国最新的创意与创新成果有所了解。

为了让网站保持长久的吸引力，避免变成那种大而全的网站，“创意英国互动网站”选择将焦点集中在文化艺术、科技发明、商业贸易、时尚设计、体育传媒、环境保护、教育教学七个领域，并以七个风趣的“代言人”主持整个网站。其中，“快跟我来这里领略一番，精彩超酷”的口号对追求新奇、追求时尚的年轻人很有煽动力。

2004年1月，“创意英国”大型推广活动在中国画上了圆满的句号。

“创意英国”活动在中国四大城市北京、上海、广州和重庆共举办了150个活动。除此之外，活动还延伸至中国的乌鲁木齐和呼和浩特，充分显示了这一活动的规模及范围。

超过6.5万人参观了英国文化协会主办的“亚洲土地”大型雕塑展览。

接近2.3万人参加了在北京和深圳举办的“设计圣宴”。

北京有9 000人参与了“DNA发现50周年”活动。2 000人参加了“挑战英国国际金融业”活动，涉及中国各个省区近600个不同的金融机构。

80名电视纪录片专业人士参加了“2003环境保护电视节目大奖赛”。四川电视台揭晓的第一轮获胜者，赴英国拍摄英国环境保护科技项目。

作为交互式语言学习工具，“英语出租车”这一计算机游戏光盘在教育活动中共发售了15万张。

共有27间英国公司组成英国展览团，参加了第五届深圳高交会。这项名为“无线无界限”的无线通信技术展览，在这届高交会上获得了两项殊荣：“最佳组织奖”和“最佳展览设计奖”。

“创意英国”活动在中国与接近100个组织进行了合作。主要合作伙伴包括中央美术学院、北京天文馆、四川电视台、中国作家协会等。

“创意英国”活动通过一系列的创意构想，采用丰富多样的方式，向中国的青年人传达了英国的创新和合作精神，在中国取得了很好的效果，改变了很多人对英国国家形象的定势思维，在中国人心中树立了“创意英国”这一国家品牌形象。

塑造一个国家品牌对一个国家提升竞争力十分重要。“创意英国”活动在中国的开展，为中国留下了一个塑造国家品牌的优秀范例。

（资料来源：李坚.“创意英国”——塑造国家品牌.大经贸，2004（7）：56-57.）

【案例思考题】

1. 该案例是如何围绕“创意英国”这一核心品牌形象在中国进行国家品牌的策划与推广活动的？

2.“创意英国”活动改变了很多中国人对英国国家形象的定势思维，在中国人心中树立了“创意英国”这一国家品牌形象，其成功的原因是什么？

3. 该案例给中国国家品牌形象的塑造带来的启示是什么？

本章实训

【实训目的】

（1）正确分析不同类型公司品牌的发展战略、演变路径与管理方式。

（2）掌握区域品牌演进规律与形成的主要影响因素。

（3）理解国家品牌的内在规定性与外在规定性，学习国家品牌形象塑造的路径与方法。

【实训内容】

（1）按照公司品牌管理方式的典型特征分别选择先锋型、纵深型、联结型、象征型四种类型各一家典型企业，让学生分析该公司运用的品牌战略、公司品牌的演变路径与管理方式。

（2）选择国内外成功的区域品牌，分析其演进规律与形成的影响因素。

（3）分别选择总体概念的国家品牌、行业概念的国家品牌、企业概念的国家品牌和产品概念的国家品牌，分析总结不同层级国家品牌塑造的路径与方法。

【实训组织与步骤】

（1）学生分成5～6人一组，确定每人角色与分工。

（2）各组学生分别选择上述三个问题，进行二手资料的收集与整理，最终形成专题研究报告和制成PPT。

（3）各组在全班分别运用PPT进行课堂演示和专题报告交流，学生可针对各组报告内容进行提问。

（4）根据教师和各小组互评分数确定最终成绩。成绩评定标准：小组团队参与程度占30%；上台讲演、PPT演示占40%；品牌分析内容占30%。

（5）教师最后做点评。

延伸阅读

[1] 毕研韬，等. 品牌之道. 北京：中央编译出版社，2012.

[2] 许木松. 国家营销——新加坡国家品牌之道. 赵鲲，译. 杭州：浙江人民出版社，2012.

[3] 徐进. 国家品牌指数与中国国家形象分析. 国际关系学院学报，2012（1）：19-26.

[4] 中国广告编辑部. 各国国家形象塑造集锦. 中国广告，2008（12）：40-42.

参考文献

[1] 西蒙·安浩. 铸造国家、城市和地区的品牌：竞争优势识别系统. 葛岩，卢嘉杰，何俊涛，译. 上海：上海交通大学出版社，2010.

[2] 张黎明，胡豪．公司品牌的战略选择．北京：清华大学出版社，2011.

[3] 刘瑞旗，李平，等．国家品牌战略问题研究．北京：经济管理出版社，2012.

[4] 毕研韬，等．品牌之道．北京：中央编译出版社，2012.

[5] 孙丽辉，等．区域品牌形成与效应机理研究——基于温州集群品牌的实证分析．北京：人民出版社，2010.

[6] 顾强，任宝，张彦明．产业集群与品牌互动发展实证研究．中国产业集群第3辑．北京：机械工业出版社，2005：6-16.

[7] 胡大立，等．区域品牌内在机理与构建路径分析．经济前沿，2005（4）：29-32.

[8] 吴传清，李群峰，朱兰春．区域产业集群品牌的权属和效应探讨．学习与实践，2008（5）：23-28.

[9] 胡立彪．打造国家品牌的良好形象．中国品牌，2007（10）.